RPA财务机器人
应用与开发

RPA CAIWU JIQIREN YINGYONG YU KAIFA

主 编 徐 佳 赵春宇 王 慧

副主编 岳竞媛 赵玉静 仲 阳 杨雯洁

本书另配：教学课件
操作数据
软件下载

中国教育出版传媒集团

高等教育出版社·北京

新形态
教材

内容提要

本书是高等职业教育智慧财经系列教材之一。

本书根据高等职业教育教学理念、应用型技术技能人才培养目标和"大智移云物区"等信息技术发展对财务人员智能化提升的要求,依据企业财会岗位工作内容和工作能力岗位要求,校企合作进行教材整体结构设计、内容编写和媒体资源开发。本书共分为七个项目,分别是走进 RPA 财务机器人世界、RPA 财务机器人基础之 UiPath 认知、RPA 财务机器人之 Excel 应用、RPA 财务机器人之 Email 应用、RPA 财务机器人之 Web 应用、RPA 财务机器人之实战开发、RPA 财务机器人之部署与运维。为利教便学,部分学习资源以二维码的形式提供在教材的相关之处,可扫码获取。另外,本书另配有教学课件、操作数据、软件下载等教学资源供教师教学使用。

本书既可作为高等职业院校大数据与会计专业的教学用书,也可作为社会相关从业人员学习的参考用书。

图书在版编目(CIP)数据

RPA 财务机器人应用与开发 / 徐佳,赵春宇,王慧主编. —北京:高等教育出版社,2023.8(2024.7 重印)
ISBN 978 - 7 - 04 - 060801 - 4

Ⅰ.①R… Ⅱ.①徐… ②赵… ③王… Ⅲ.①财务管理-专用机器人-高等职业教育-教材 Ⅳ.①F275 ②TP242.3

中国国家版本馆 CIP 数据核字(2023)第 129647 号

策划编辑 钱力颖 宋 浩 **责任编辑** 宋 浩 **封面设计** 张文豪 **责任印制** 高忠富

出版发行	高等教育出版社	**网 址**	http://www.hep.edu.cn	
社 址	北京市西城区德外大街 4 号		http://www.hep.com.cn	
邮政编码	100120	**网上订购**	http://www.hepmall.com.cn	
印 刷	浙江天地海印刷有限公司		http://www.hepmall.com	
开 本	787mm×1092mm 1/16		http://www.hepmall.cn	
印 张	20			
字 数	500 千字	**版 次**	2023 年 8 月第 1 版	
购书热线	010-58581118	**印 次**	2024 年 7 月第 3 次印刷	
咨询电话	400-810-0598	**定 价**	43.00 元	

前　言

随着人工智能等技术的发展，RPA 应用带来了企业财务数字化转型的新浪潮，财务应用是 RPA 应用规模最大的领域之一。《中华人民共和国国民经济和社会发展第十四个五年规划和 2035 年远景目标纲要》提出要建设高质量的教育体系，高水平专业建设已经启动，在紧盯产业链条、紧盯市场信号、紧盯技术前沿、紧盯民生需求"四个紧盯"要求下，越来越多的院校已经将"RPA 财务机器人应用与开发"课程纳入课程体系。着眼各大院校人才培养需求，为赋能财会课堂育人实践，作者团队携手厦门科云信息科技有限公司等多方力量，采用"岗课赛证"融通的编写理念，推出"智慧财经"系列教材之一的《RPA 财务机器人应用与开发》，将会计岗位工作内容、教学内容、技能大赛与"1＋X"证书有机融合。

本书内容循序渐进，由浅入深。工作任务设计由简单到复杂，符合学生的认知规律。同时，本书结合实际案例，内容编排遵循"任务场景—任务准备—任务实施"的程序，使学生在完成任务的同时，能够有较好的获得感和体验感。

本书具有以下特色：

1. 课程思政，立德树人

为了发挥教材培根铸魂、启智增慧作用，推动社会主义核心价值观和党的二十大报告精神进教材、进课堂、进头脑，本书将财经商贸大类思政元素相关案例引入教材，方便教师在教学中实现"思政教育"与"专业教育"融合，实现专业课与思政课同向同行的教学目的，为专业建设形成渗透思政教育的格局奠定基础。

2. 与时俱进，内容新颖

教材开发与建设的核心是教学内容和结构的设计。本书的教学内容融合真实性、实用性和趣味性，将企业真实的案例以及账、证、表引入其中，将工作内容具体划分为项目，再针对项目设置工作任务，以工作任务为教学单元，以工作流程为教学过程，让学生置身于真正的工作环境中，激发学生的学习兴趣。

3. 校企合作，书证融通

本书的编写得到了厦门科云信息科技有限公司的大力支持，在开展校企合作中，编者以会计实际工作岗位为核心制订教材内容体系，提升教材质量。本书建设团队从企业需求角度出发，从教材大纲的编写，到项目的设置，再到实际工作案例，吸收了企业意见和建议，力争实现教材与企业需求一致。

本书的多位编者所在院校是1+X书证融通试点单位,同时也担任着1+X培训教师的工作,熟悉"企业财务与会计机器人应用职业技能等级证书"等多个职业技能等级证书的考试大纲,尽可能让本书为职业院校的"书证融通"教学提供参考。

4. 资源丰富,利教便学

本书结合主要知识点,讲解录制了多个视频,设计了超过500道配套习题,提供了一百余个实训案例,设计配套资源有:课程思政拓展知识、拓展阅读等相关二维码资源一百余个,并适当穿插学习建议、课程案例等融媒体资源,知识点与阅读案例结合,提高教材的趣味性。这既有助于提高学生对知识的理解,也有助于学生舒缓紧张的学习节奏。为利教便学,部分学习资源以二维码的形式提供在教材的相关之处,可扫码获取。此外本书另配有教学课件、操作数据、UiPath下载与安装说明等教学资源。

本书由大连职业技术学院徐佳、安徽商贸职业技术学院赵春宇、江苏财会职业学院王慧担任主编,大连职业技术学院岳竞媛、陕西工业职业技术学院赵玉静、大连职业技术学院杨雯洁担任副主编,大连职业技术学院仲阳参与编写。具体编写分工如下:项目一由徐佳编写;项目二、项目三、项目四、项目六由岳竞媛编写;项目五由杨雯洁编写;项目七由赵玉静编写;赵春宇、王慧负责本书的配套资源开发及整理;仲阳负责本书配套资料的整理。全书最后由徐佳总纂定稿。特别感谢厦门科云信息科技有限公司为本书提供了练习平台及丰富的配套资源。

由于编者自身能力有限,书中难免存在不足之处,恳请相关同行和广大使用者在使用本书的过程中及时反馈意见与建议,以便下次修订时完善。

编 者

2023 年 6 月

目 录

资源导航

⊃ 知识目标

1. 了解什么是 RPA 机器人。
2. 了解 RPA 机器人的应用领域及应用场景。
3. 明白财务人员为什么要学 RPA。

⊃ 技能目标

1. 能够对 RPA 在各领域的应用案例进行分析。
2. 能够理解 RPA 财务机器人带来的成效及应用。

⊃ 素养目标

1. 培养学生在使用 RPA 财务机器人工作时的工作责任感和严谨的工作态度、职业操守。
2. 强化学生道德素质建设,提高自身的工作协商、沟通及人际关系处理能力。

思维导图

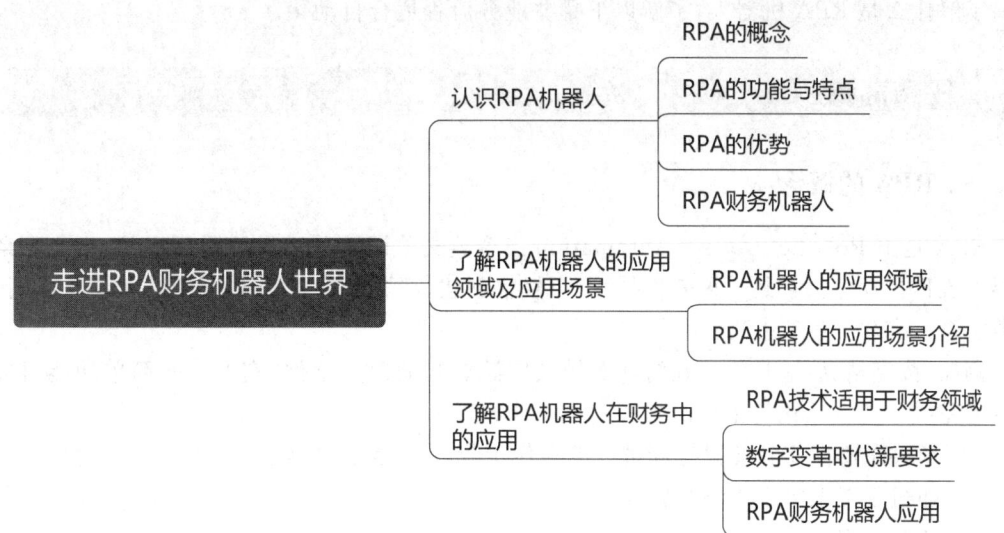

引思明理

中金公司"鲁班"RPA 团队

中金公司于 2021 年成立了专业的 RPA 团队——"鲁班"RPA 团队,以打造中金公司 RPA 能工巧匠为目标,自主研发了"鲁班"RPA 数字员工平台,为每个业务线解决业务收集需要,管理、实施和维护 RPA 流程的需求,结合市场上的主流 RPA 技术,打造中金公司自动化机器人生态系统,提升企业数字化运营能力。截至 2022 年 11 月月底,中金公司成功上线二百余个 RPA 机器人,服务全公司 17 个业务部门。"鲁班"RPA 团队成立至今,累计为公司节省工时近六万小时,工作效率提升 70%。

以前,在日常工作中,工作人员需要从各个财务系统中获取资金账户余额等大量数据,并进行整理汇总,其中涉及多个系统操作和处理规则,每次收集、处理、上传数据需花费约 150 分钟。在采用 RPA 解决方案之后,机器人自动收集、处理及汇总相关信息并完成操作,每次运行节省工时约 120 分钟。

想一想:随着金融业务越来越纷繁复杂,金融衍生产品越来越多,国内外产业深度融合,资本迅速扩张,在此背景下,衍生出的大数据、人工智能、财务共享服务、财务机器人等技术手段又不断地融入传统会计行业,对会计行业形成一轮又一轮的冲击。通过项目一的学习,思考会计人员如何成长为财务机器人无法代替的高级财务人才。

任务一 认识 RPA 机器人

任务场景

了解什么是 RPA 机器人,了解以下哪些业务流程适合自动化。

任务准备

什么是 RPA
机器人

一、RPA 的概念

RPA 是由 Robotic Process Automation 三个英文单词的首字母缩写而成的,中文翻译为机器人流程自动化。它是一种软件技术,可轻松创建、部署和管理软件机器人,模拟人的行为,与数字系统和软件进行互动。

例如,按键精灵,这是一款在游戏领域被广泛熟知的国产软件,它的一些简单功能可以帮助我们完成一些自动化的工作。它的基本工作原理为:

(1)通过录制操作者的鼠标和键盘的动作步骤,形成操作脚本。

(2)通过手工编辑方式编写脚本。

(3)执行流程。

二、RPA 的功能与特点

(一) RPA 的功能

RPA 通过模拟人与计算机的交互过程实现在各种应用程序上进行鼠标点击、键盘输入、读取信息等自动化操作,例如:

(1) 跨系统的数据搬运,系统的登录退出,模拟人点击、复制、录入数据动作。

(2) 自动处理文件,包括文件复制、移动、自动备份等。

(3) 结构化数据自动处理。

(4) Excel 自动化。

(5) 邮件自动化。

(6) 文字(optical character recognition,OCR)识别。

(二) RPA 的特点

RPA 作为一款能够将人的工作自动化的机器人软件,其作用是替代人在用户界面下完成重复性、标准化程度高、规则明确、大批量的日常事务操作。它具有以下几项显著的特点:

(1) 程序处理。通过用户界面或者脚本语言实现机器人对重复性任务的自动化处理。

(2) 基于明确的规则操作。RPA 机器人没有自己的思维,只会按照人预先设计好的规则执行任务。

(3) 非入侵性。由于 RPA 是通过模仿人的操作完成工作的,因此不需要更改应用系统的底层代码或访问数据库。RPA 就像"连接器",可以在不修改原有系统的同时将不同业务系统串联起来。RPA 的非侵入性特征使得 RPA 项目在实施过程中对原有应用系统的影响很小,风险也降到最低。

(4) 模拟用户手工操作及交互。RPA 机器人能够如同人一样操作电脑上的应用程序,如浏览器、办公邮箱、企业 ERP 系统等,同时 RPA 可完全模拟人的操作行为和操作顺序,例如点击鼠标左键,而单纯从电脑显示器上看是无法区分人操作还是由 RPA 操作的。

(5) 其他。例如,RPA 机器人可以"24×7"小时不间断地工作。

三、RPA 的优势

RPA 相对于人进行大量重复性操作有着非常明显的优势,主要体现在以下几个方面,具体如图 1-1 所示。

加速转型

全球63%的高管认为RPA是数字化转型的重要组成部分

节约成本

全球各行各业的企业都报告称,RPA 推动业务指标的快速提高

灵活性提高

RPA机器人可快速达到工作负荷峰,能够对大型需求高峰做出反应

精确度提高

57%的受访人指出RPA可减少人工失误

合规性更强

92%的受访人认为RPA的合规性已经"达到或超过预期"

生产力提高

全球68%的员工认为自动化提高了他们的生产力

员工创造更多价值

60%的高管认为RPA能让员工专注于更具战略性的工作

员工幸福度提高

57%的高管表示,RPA提高了员工参与度

图 1-1 RPA 的优势

四、RPA 财务机器人

RPA 财务机器人是机器人流程自动化技术在财务领域中的应用，虽然它有着"机器人"的名号，但它并不是我们传统印象中那种实体拟人型机器人，其实质还是在计算机上运行的一段程序，也可称为"软件机器人"。例如，RPA 发票填开机器人、RPA 网银付款机器人、RPA 银企对账机器人、RPA 一键报税机器人。

 任务实施

RPA 是一个虚拟的软件机器人，是通过特定的可模拟人类在计算机界面上进行操作的一种技术，按照规则自动执行相应的一个流程任务来代替或辅助人类完成相关的一个计算机操作。RPA 机器人适合高度手工的、重复的、且容易发生人为错误的流程，适合具有明确规则、成熟稳定的流程。

任务二　了解 RPA 机器人的应用领域及应用场景

 任务场景

了解工作中哪些财务场景可适用于机器人流程自动化。

RPA 机器人
的应用领域

 任务准备

一、RPA 机器人的应用领域

(一) RPA 机器人应用的行业领域

虚拟、高负荷、商业规则制约、可重复的流程都是自动化的潜在对象，因此 RPA 技术被广泛应用于各行各业，包括金融、电商、物流、医疗等行业领域。

(1) 制造业，物料清单自动化生成、库存管理、采购订单创建与管理、数据迁移、物流数据自动化、ERP、MES 系统整合等。

(2) 电商零售，自动退(换)货流程、营销与消费者行为自动分析、物流与供应链监控、客户服务支持等。

(3) 物流，运单处理、运输管理、客服管理、异常件处理等。

(4) 医疗，患者预约挂号、出院康复指导、账户结算、医院银行对账、医疗保险用户注册业务、索赔处理等。

(5) 银行，业务数据整理、银行同业对账、对公账户开立、信用卡处理、银联财务查询、信用卡账单自动发送等。

(6) 证券，业务清算、自动开闭市、开市期间监控、资管系统操作、估值数据读取、估值导入自动化等。

（二）RPA 机器人应用的职能领域

在财务、HR、IT 等职能领域，基于一定规则的批量、可重复的任务流程比比皆是，于是 RPA 在这些职能领域就有了用武之地。

（1）财务领域，银行回单下载、银企对账、纳税申报、发票填开、财务报表编制等。

（2）HR 领域，自动搜寻简历、简历跟踪归档、工资单管理、招聘流程、教育培训等。

（3）IT 领域，账号和权限开通、数据备份与恢复密码重置、邮件处理、文件传输协议（FTP）下载与上传等。

二、RPA 机器人的应用场景介绍

（一）电商领域——自动退换货流程

1. 业务痛点

（1）场景频率较高。

（2）投入时间多、成本高。

（3）时效性低。

2. 解决方案

电商行业使用 RPA 机器人来自动化退（换）货业务的整个流程，精准高效、省时省力，如图 1-2 所示。

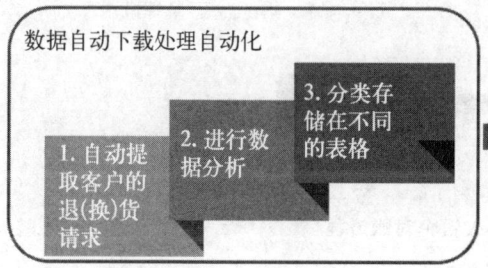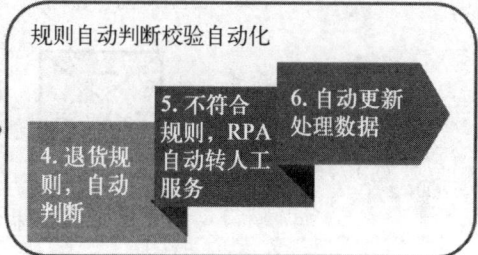

图 1-2 RPA 机器人自动化退（换）货业务流程

（二）银行领域——业务数据整理

1. 业务痛点

（1）数据处理整合能力弱。

（2）系统集成困难，运营效率低。

（3）没有足够时间，创新意识培养低效。

2. 解决方案

RPA 机器人能够为银行业在其业务部门、IT 部门、HR 部门、客户服务部门提供整合性的数据处理流程自动化，通过数据源的定时下载，数据的拆分、抓取、分析以及整合，报表的导出、整理、展示以及汇总，从而为各部门实现数字化管理及运营，如图 1-3 所示。

（三）财务领域——银企对账

1. 业务痛点

（1）对账过程繁琐，占用人员时间多，对账人力成本高。

（2）人工对账出错率高，对企业资金分配造成不利影响。

（3）U 盾等实物领用、保管等管理麻烦。

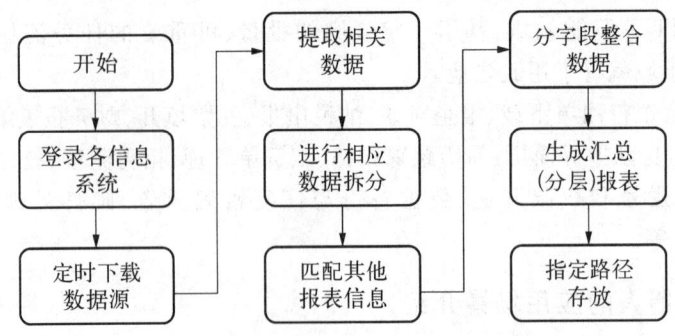

图1-3 RPA机器人业务数据整理处理流程自动化

2. 解决方案

RPA机器人分别下载各个银行或第三方支付平台流水单、对账单以及企业日记账,然后整理成统一格式再进行对账,最后将对账结果通过邮件发送给相关人员,如图1-4所示。

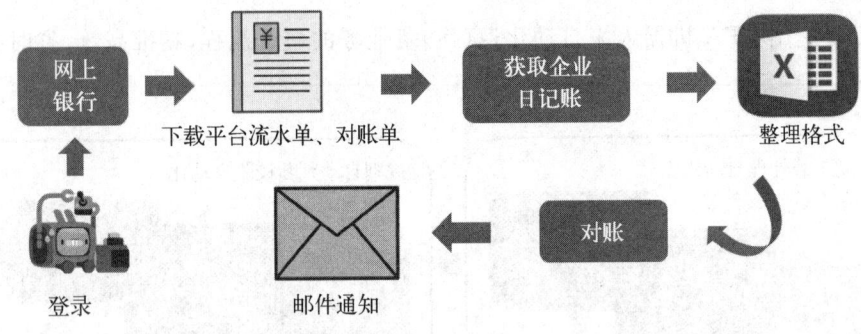

图1-4 RPA机器人银企对账流程

(四) HR 领域——自动搜寻简历

1. 业务痛点

(1) 大量的人工投入,成本高。

(2) 重复劳动多,投入时间多。

(3) 易造成人才流失。

2. 解决方案

自动搜寻简历机器人就是利用RPA机器人进行人事招聘,以实现网站搜索、筛选和解析简历流程的自动化,如图1-5所示。

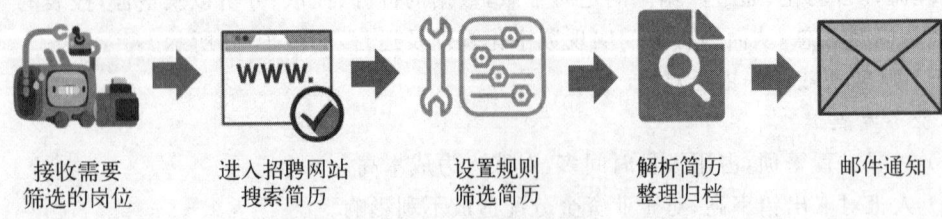

图1-5 RPA机器人自动搜寻简历流程

任务实施

在财务领域,比如发票的查验真伪、会计凭证的核算、财务报表的填制、业务单据的审核等,都适用于机器人流程自动化。

任务三　了解 RPA 机器人在财务中的应用

 任务场景

如果你是一名初级财务人员,不使用 RPA 财务机器人,你的工作会怎样呢?

 任务准备

财务人员为什么要学习RPA

一、RPA 技术适用于财务领域

（一）RPA 技术特点与财务业务特点相符合

RPA 技术特点为:RPA 作为一款能够将工作自动化的机器人软件,其作用主要是替代人在用户界面下完成重复性、标准化程度高、规则明确、大批量的日常事务操作。

财务业务特点为:财务属于强规则领域,在业务流程中存在大量重复的工作,例如排序筛选、数据录入、复制粘贴等操作,都需要通过手工完成,这些工作的业务特点与 RPA 技术的应用条件高度匹配。

（二）RPA 技术适合财务人员学习

RPA 技术简单易学,易用又稳定,通过组合就能组成机器人,且其特点是非侵入式、低代码的程序,非常适合零代码基础的财务人员学习。

二、数字变革时代新要求

数字变革时代对财务人员提出了新要求:

（1）数字变革时代,初级财务人员面临职业风险。如今大多数初级财务人员主要负责的财务工作就是大量重复、程序化的、规则统一的基础工作,比如发票填开、往来对账、纳税申报、会计凭证填制等,而这些工作 RPA 财务机器人都能完成。如若不学习 RPA,可能会有被机器人取代的风险。

（2）数字变革时代,企业对新兴人才的需求。身处数字化变革的时代大背景下,企业需要从庞大、混杂的数据中高效筛选有效数据并利用数据去创造价值。财务是企业天然的"大数据中心",也是企业数字化变革的有效切入点。因此,企业为加快数字化转型,在财务岗位上更加需要引进既懂财务又懂技术的数字化人才。

（3）实现个人工作价值最大化。虽然 RPA 财务机器人能取代财务人员完成基础工作,但这并不意味着 RPA 在抢财务人员的饭碗,反而是为那些有意从中低端财务人员向高端财务管理人员迈进的员工创造一个成长机会,从取代到升级,实现个人工作价值最大化。

三、RPA 财务机器人的应用

(一) RPA 财务机器人带来的成效

(1) RPA 财务机器人可完成财务基础工作,释放人力,让财务人员有更多的精力去从事更为复杂且更具有价值的工作。

(2) RPA 财务机器人能够降低财务工作中人工操作带来的风险,并能提高效率,降低人工成本。

(3) RPA 财务机器人具有灵活性。它可以根据财务工作中不同的操作业务,编写不同的脚本,组合生成满足要求的各种类型的财务机器人。

例如,开发与应用增值税发票填开机器人,可以为财务人员带来以下成效:① 快速有效地完成发票填开工作,大幅度提升工作效率;② 避免人工操作风险,明显降低错误率;③ 解放财务人员的双手去从事更有价值的工作。

(二) RPA 财务机器人应用

随着人工智能等新技术的发展,基于 RPA 技术的机器人在企业工作中不断地得到应用。虽然 RPA 技术并不是专门为财务工作开发的,但基于财务工作的特点,RPA 技术在财务领域的应用十分丰富,如表 1 - 1 所示。

表 1 - 1　RPA 技术在财务领域的应用

项　　目	内　　　　容
网银业务	网银付款机器人、网银审核机器人、工资发放机器人、银行对账单下载机器人、银企对账机器人等
发票业务	发票填开机器人、发票查验机器人、发票认证机器人等
会计核算	薪资核算机器人、费用报销机器人等
税务申报	增值税申报机器人、企业所得税申报机器人、个人所得税申报机器人等
……	……

 任务实施

如果没有 RPA 财务机器人,财务人员的工作是简单重复的,且无法保证工作不会出错。操作流程固定,处理规则明确,也是财务业务的一个特点。除此之外,如今财务工作很多应用系统是不相通的,可能会通过多个软件平台去获取一个数据去操作。

项目二   RPA 财务机器人基础之 UiPath 认知

⊃ **知识目标**

1. 了解 UiPath 的组成部分以及每个组件的功能。
2. 掌握 UiPath 中常用的变量。
3. 熟悉 UiPath 中常用的活动。
4. 掌握条件分支活动。
5. 掌握条件循环活动。

⊃ **技能目标**

1. 能够熟练运用 UiPath 的基本功能。
2. 能够熟练运用 UiPath 常用变量操作技巧。
3. 能够熟练运用 UiPath 各项活动,并设计利润计算机器人。

⊃ **素养目标**

1. 培养学生使用 RPA 财务机器人时精益求精的工匠精神和爱岗敬业的劳动态度。
2. 培养学生良好的数据安全意识和工作流程标准化的职业素养。
3. 增强学生自我技能提升意识和抗压能力。

 **思维导图**

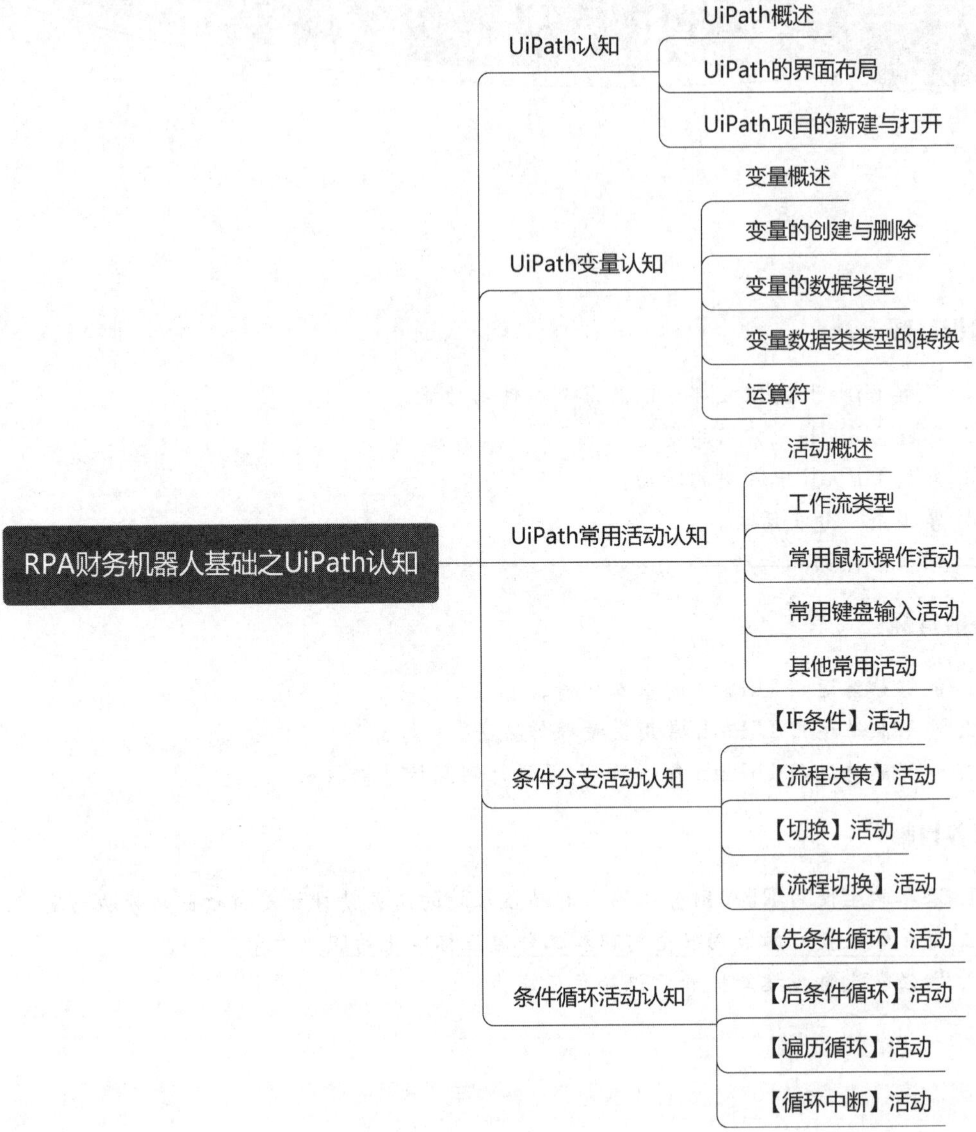

```
                                                    ┌─ UiPath概述
                                    UiPath认知 ──────┼─ UiPath的界面布局
                                                    └─ UiPath项目的新建与打开

                                                    ┌─ 变量概述
                                                    ├─ 变量的创建与删除
                                    UiPath变量认知 ──┼─ 变量的数据类型
                                                    ├─ 变量数据类型的转换
                                                    └─ 运算符

                                                    ┌─ 活动概述
                                                    ├─ 工作流类型
RPA财务机器人基础之UiPath认知 ──── UiPath常用活动认知 ┼─ 常用鼠标操作活动
                                                    ├─ 常用键盘输入活动
                                                    └─ 其他常用活动

                                                    ┌─ 【IF条件】活动
                                                    ├─ 【流程决策】活动
                                    条件分支活动认知 ─┼─ 【切换】活动
                                                    └─ 【流程切换】活动

                                                    ┌─ 【先条件循环】活动
                                                    ├─ 【后条件循环】活动
                                    条件循环活动认知 ─┼─ 【遍历循环】活动
                                                    └─ 【循环中断】活动
```

 **引思明理**

中国企业 RPA 应用从 0 到 1

　　几年前,RPA 还不普及,但今天大家都已经非常了解了。从最早 20 世纪 90 年代的 ERP 系统建设到劳动力外包,发展到整个共享中心的推广,再到近年来 RPA 的实施部署以及未来的人工智能的使用,企业一直在围绕着资源、成本、效率与管控来推动其管理的变革。例如,前几十年企业还一直希望用廉价劳动力来替代费用高昂的劳动力,而未来二十年则是考虑用机器人来替代廉价劳动力,这就是企业从成本角度在考虑企业变革。

这两年,RPA 市场蓬勃发展,据初步估计,有 40%～60% 的业务流程将会或多或少地被 RPA 替代。现在的 RPA 是一个"傻徒弟",就是要"逼"着你把事情讲清楚然后去执行。所以, RPA 擅长替代处理重复、大规模、大容量、枯燥易出错的人工操作,例如处理邮件自动收发、报表核对、对账等工作时,RPA 的优势就非常明显,这已是多数企业的共识。企业对 RPA 的诉求在不同的发展阶段会有所不同,目前的主要问题是成本和效率的问题。现在很多公司人力资源稀缺,特别是在企业快速成长期,人员储备跟不上。另一方面,很多企业尽管有人,但是离职率很高,因为太多的人在做"机器做的事情",而员工更希望做回"人做的事情"。应用 RPA 可以让员工的工作回归到创造上来,从而让人更有价值地去工作。

短短两年时间,安永咨询在大中华区实施了超过一百个 RPA 的案例,最早是从全球公司传入亚太区,后来引入中国,发展到大型民企以及央企。当下大家基本在同一条起跑线上。民企很大的驱动力在于公司系统原来建设得没有那么成熟,引入 RPA,成本节约动力更强。而央企的动力在于其业务规模非常大,都是几千亿元或者上万亿元收入规模的公司,引入 RPA 的规模效应会很突出,自然也有很强的使用需求。安永咨询在对大中华区财富 500 强企业做的一些调研中发现:有 78% 的受访企业开始使用 RPA,而半数的受访企业只部署了 1～5 个 RPA 机器人,基本上处于初步阶段,我们把它定义为从"0"到"1"阶段。有 82% 的公司做完之后很满意,达到了预期甚至超过预期的效果。公司从成本、效率、管控等方面都有提升。

想一想: 在 RPA 财务机器人不断落地应用的今天,思考财务工作者应该如何与时俱进,实现自身的可持续发展。

任务一　UiPath 认知

任务场景

UiPath 介绍

在 UiPath 中创建一个项目命名为"示例 1",设计一个机器人向大家打招呼,内容为 "Hello,UiPath"。

任务准备

一、UiPath 概述

UiPath 产品是由 UiPath 公司开发的 RPA 软件,用于实现企业日常工作的自动化,是 RPA 领域最受欢迎的软件之一。UiPath 由设计平台(Studio)、机器人(Robot)和控制平台 (Orchestrator)三大组件组成,这三大组件间的关系如图 2-1 所示。

(一) UiPath Studio

UiPath Studio 是 UiPath 软件中负责机器人流程设计和开发的环境,也就是说它可以用来编辑以指挥机器人自动工作的控制流程。指挥机器人工作需要编写程序代码,但 UiPath Studio 却不需要用户掌握很多的编程知识。UiPath Studio 是低代码开发环境,它提供一种图

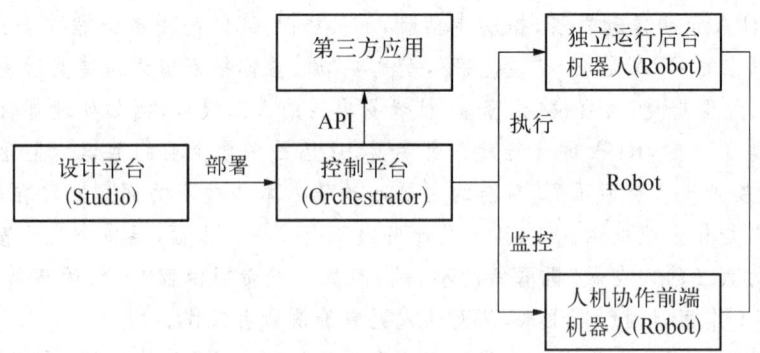

图 2 - 1　UiPath 三大组件的关系

形化界面来帮助用户完成机器人工作流程的编辑和开发,操作界面友好,用户可以非常方便地设计出各种机器人自动化流程。

(二) UiPath Robot

在 UiPath Studio 中设计好的机器人自动化流程由 UiPath Robot 来运行,"Robot"也就是常说的"机器人",也称"虚拟劳动力"。Robot 运行流程的方式有两种:其一是全自动运行,不需要人工参与,也称无人值守运行方式;其二是由人工参与控制流程的运行方式。

(三) UiPath Orchestrator

UiPath Orchestrator 是机器人的管理者,它可以集中调度、管理和监控所有机器人。

综上所述,UiPath 的三大组件相互配合,UiPath Studio 负责规划和开发机器人功能,UiPath Robot 负责运行机器人流程,UiPath Orchestrator 负责管理和监控机器人,三者共同组成了一个完整的 RPA 软件平台。

二、UiPath 的界面布局

UiPath 产品主要包含三个界面,分别为:主页界面、设计界面、调试界面,每个界面有特定的功能。

(一) 主页界面

主页界面左侧主要为软件基础设置的一些选项卡,包括打开、开始、工具、模板、团队、设置和帮助。

1. 主页界面——开始

主页界面"开始"选项卡包括打开、打开最近使用的文件、新建项目、从模板新建这几个栏目,如图 2 - 2 所示。

(1) 点击打开中的打开本地项目,用于浏览并打开现有项目。

(2) 打开最近使用的文件,显示最近打开项目的记录。

(3) 新建项目——流程,用于从空白项目开始设计新的自动化流程。

(4) 从模板新建 UiPath 还提供一些流程模板,可以从模板新建中选择。

2. 主页界面——工具

主页界面"工具"选项卡主要包括应用程序与 UiPath 扩展程序两个栏目,如图 2 - 3 所示。

(1) 应用程序,包括用户界面探测器、项目依赖项批量更新工具、Microsoft Office Interop 修复工具。

(2) UiPath 扩展程序,用于将自动化能力扩展至网页浏览器、Java 应用程序、Silverlight 应用程序、Citrix 应用程序等。

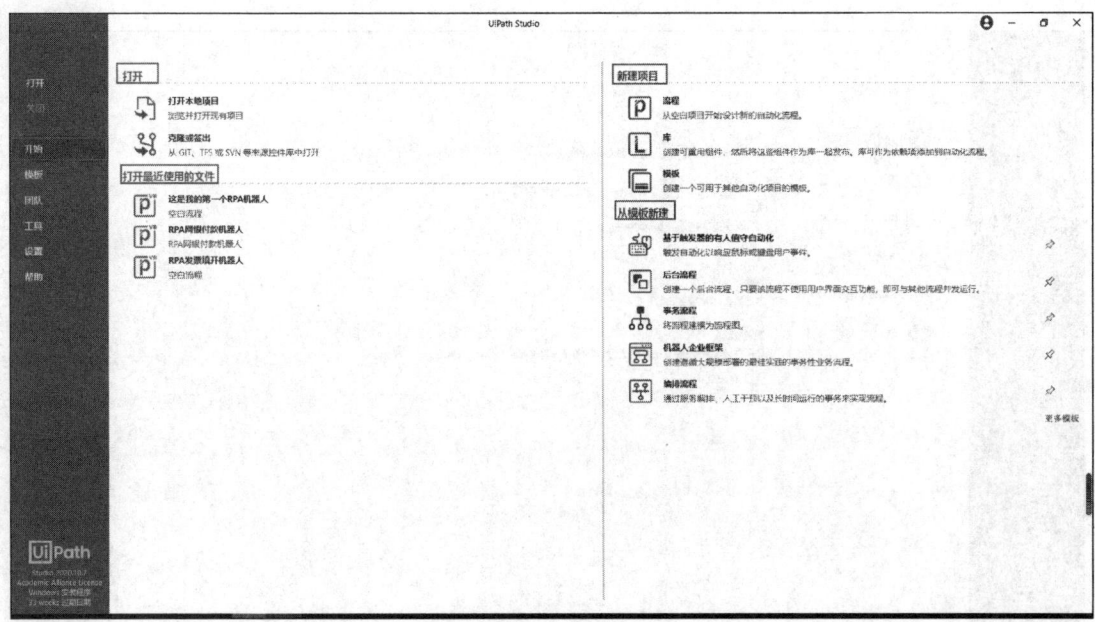

图 2-2 主页界面——开始

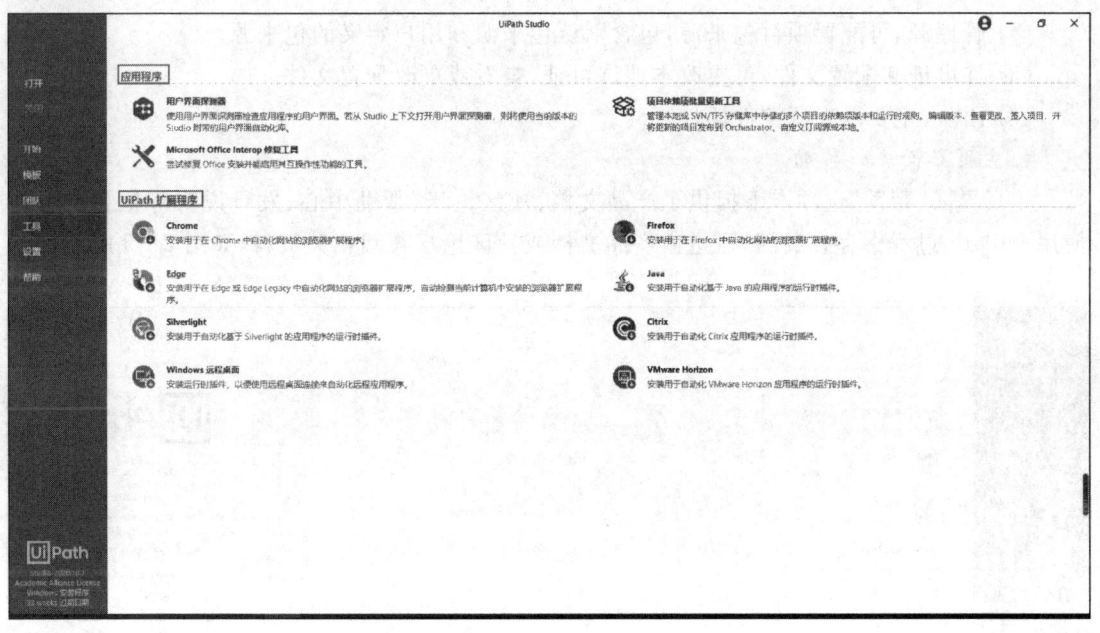

图 2-3 主页界面——工具

3. 主页界面——设置

主页界面"设置"选项卡下包含常规、设计、位置、管理源、许可证和配置文件及团队栏目,如图 2-4 所示。

(1) 常规,可修改 UiPath Studio 界面语言、主体颜色等。

(2) 设计,可保存并发布、执行、设计样式等。

(3) 位置,可更改发布流程、发布库、发布项目模板等的位置。

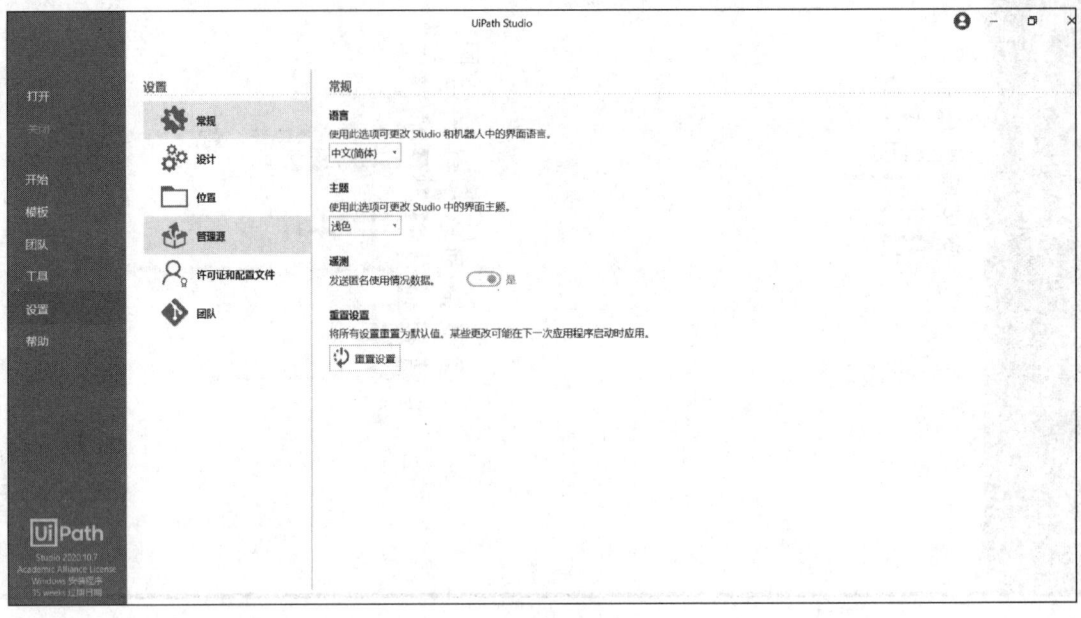

图 2-4　主页界面——设置

（4）管理源，可配置项目包来源，包含默认包来源和用户定义的包来源。

（5）许可证和配置文件，可更改本地许可证，查看或更改配置文件。

（6）团队，主要是来源控件插件。

4. 主页界面——帮助

主页界面"帮助"选项卡下提供了产品文档、社区论坛、帮助中心、发行说明等栏目。若在使用 UiPath 过程中存在疑问，可进入产品文档或社区论坛查阅相关资料，如图 2-5 所示。

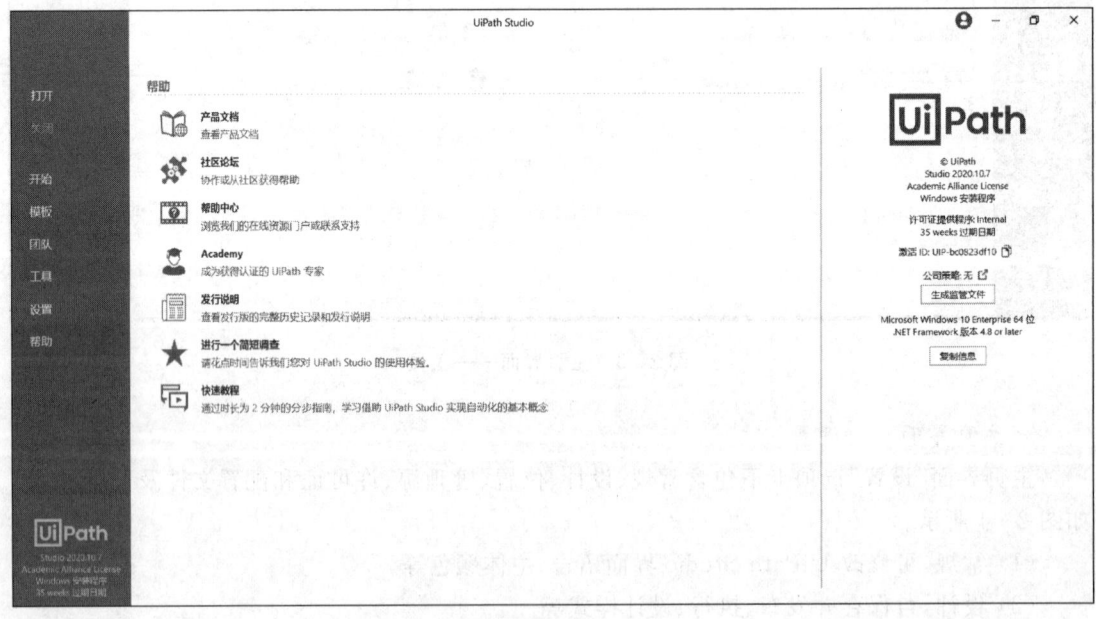

图 2-5　主页界面——帮助

（二）设计界面

UiPath 设计界面主要包含快捷菜单栏、项目面板、活动面板、工作流设计面板等多个栏目面板。

1. 设计界面——快捷菜单栏

设计界面"快捷菜单栏"功能丰富，包含新建、保存、调试文件、管理程序包、录制、屏幕抓取等多种功能，如图 2-6 所示。

图 2-6　设计界面——快捷菜单栏

（1）新建，可以创建或启动序列、流程图、状态机全局处理程序。其中：序列表示最小类型的项目，适用于线性过程，可作为状态机或流程图的一部分；流程图适用于更复杂的业务逻辑，能够通过多个分支逻辑运算符以更多样化的集成决策和连接活动；状态机适用于大型项目；全局处理程序属于一种工作流类型，在遇到执行错误时可以确定项目的行为，如图 2-7 所示。

（2）保存，可以保存当前所设计的工作流程。

（3）调试文件，可以用于调试运行工作流程。

（4）管理程序包，可以用于安装和更新程序包。

（5）录制，可以用于在屏幕上捕获用户的动作并将其转换为序列。

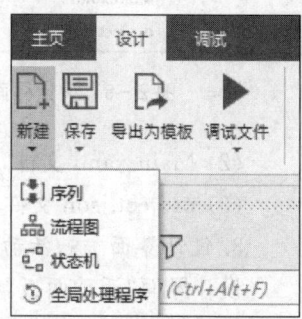

图 2-7　快捷菜单栏——新建

（6）屏幕抓取，使用全文、原生或 OCR 方法从指定用户界面元素或文档中提取数据。

（7）数据抓取，可以用于抓取浏览器、应用程序或文档界面上的结构化数据。

（8）用户界面探测器，属于高级工具，可以为特定用户界面元素创建一个自定义选取器。它用于帮助我们用变量去替代选择器时，查看修改后的元素是否有效，并用来查找元素与元素间的不同点与相同点。

（9）导出到 Excel，将当前流程中使用的活动得出数据导出至 Excel。

（10）发布，发布当前流程，以供使用。

2. 设计界面——项目面板

设计界面"项目面板"主要包括依赖项、screenshots 文件夹、settings 文件夹、Main. xaml 文件、project.json 文件等栏目文件资源，如图 2-8 所示。

（1）依赖项是官方或者他人制作的封装好的组件，是脚本开发和运行中所必备的。每个 UiPath 项目都默认需要以下四个依赖项：即 UiPath. Excel. Activities＝2.9.5，UiPath. Mail. Activities＝1.9.5，UiPath. System. Activities，20.10.4，UiPath. UIAutomation. Activities＝20.10.9。"＝"的左侧为包名，右侧为版本号。

【注意】当依赖项缺失，依赖项会加载为红色，可以右击该依赖项，选择修复依赖项。

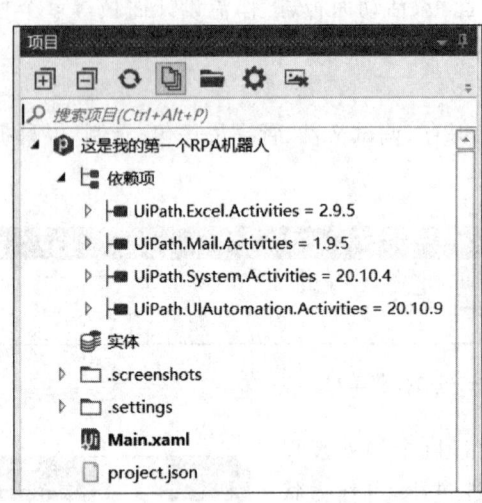

图 2-8　设计界面——项目面板　　　　　图 2-9　设计界面——活动面板

（2）Main.xaml 文件，该文件包含主工作流程。

（3）project.json 文件，该文件包含自动化项目信息文件。

3. 设计界面——活动面板

设计界面"活动面板"包含了项目需要的基本活动，可以直接调用，也可以在搜索栏中搜索需要的活动。UiPath 中的活动提供了不同应用程序所需的各种自动化操作。将其拖至工作区中，并对其进行配置，使其能够根据每个活动的需求工作，如图 2-9 所示。

4. 设计界面——工作流设计面板

设计界面"工作流设计面板"显示当前的自动化项目流程，例如单击"打开主工作流"，将活动拖至设计区进行流程设计开发的操作。在流程设计的过程中可根据功能需求配置相应活动属性，如图 2-10 所示。

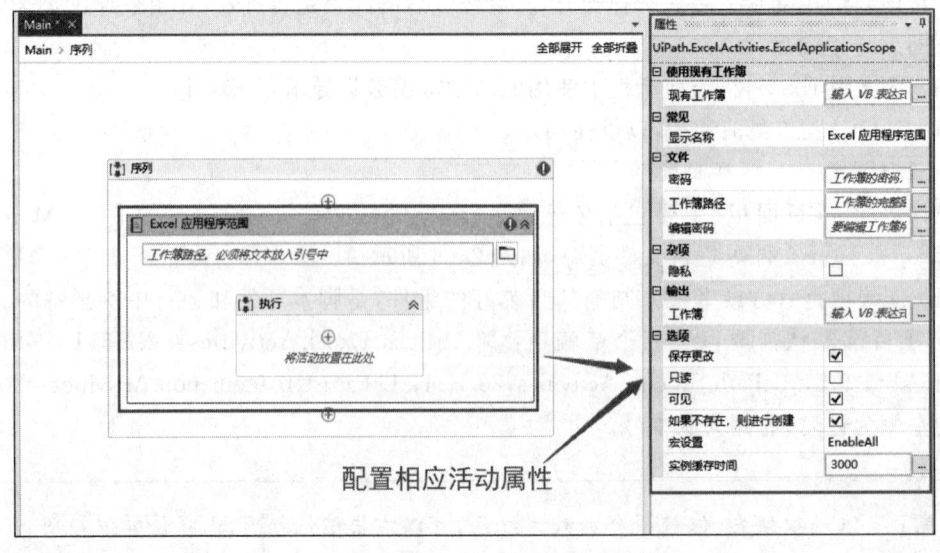

图 2-10　设计界面——工作流设计面板

（三）调试界面

UiPath 调试界面主要用于调试文件、断点测试、慢步骤以及打开日志等。调试文件结束后，打开输出面板即可看到相对应的调试结果，如图 2-11 所示。

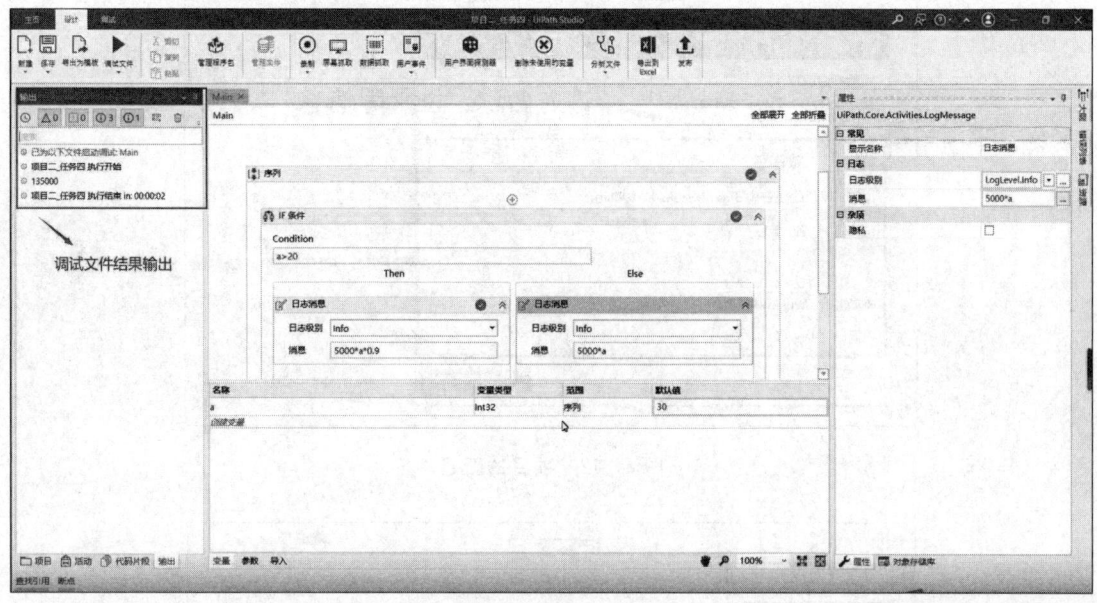

图 2-11 调试界面

（1）调试运行流程文件，用于调试流程文件。

（2）断点，用于对可能触发执行问题的活动有意暂停调试流程。

（3）慢步骤，用于在调试过程中更仔细地查看任何活动。启用了此操作时，调试过程中将高亮显示各项活动。

（4）执行历史记录，查看已执行的历史记录。

（5）高亮显示元素，高亮显示时，被选中的元素在流程执行过程中会有红色标识。

（6）日志活动，日志记录，当其被开启时，会详细记录每一个活动。

（7）继续处理意外，此调试功能默认禁用。

（8）画中画，在计算机上的单独会话中执行和调试流程或库。

（9）打开日志，打开本地存储的日志。

三、UiPath 项目的新建与打开

（一）项目的新建

打开 UiPath Studio，在主页界面的开始选项卡下，点击"新建项目—流程"，即弹出一个"新建空白流程"对话框，在此对话框中输入名称、位置等信息，单击"创建"按钮，即可完成一个项目的新建，如图 2-12 所示。

（二）项目的打开

打开 UiPath Studio，在主页界面的开始选项卡下，点击"打开本地项目"，即弹出最新打开的项目文件，在此可更改选择要打开的项目文件，单击文件中的"project.json"，再单击"打开"按钮，即可完成项目的打开，如图 2-13 所示。

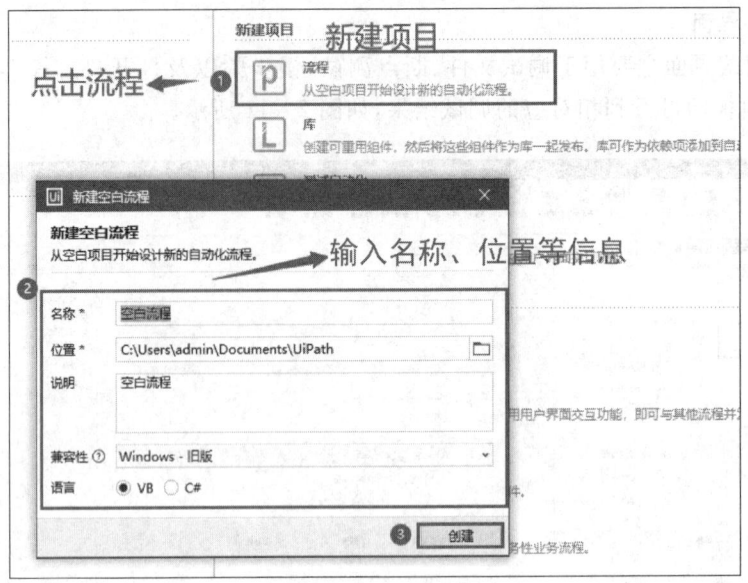

图 2-12　项目的新建

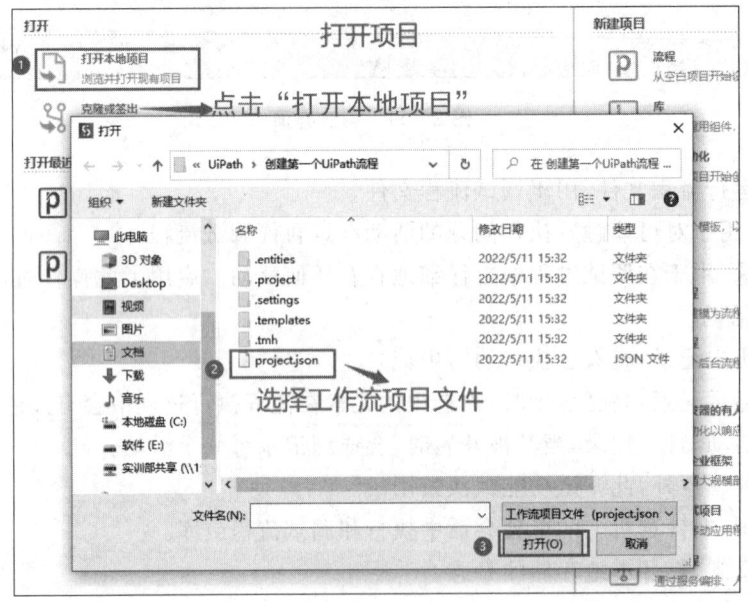

图 2-13　项目的打开

任务实施

　　步骤一：打开 UiPath 软件,在该软件的主页界面点击"流程"新建项目,然后弹出一个新建空白流程框,修改名称为"示例 1","位置"与"说明"处无须修改,如图 2-14 所示。

　　步骤二：单击主页面上的"打开主工作流",如图 2-15 所示。单击左侧的活动面板,在搜索框内输入"序列",拖拽"System—Activities—Statements"类别下的"序列"至主页面的"⊕"处,该步骤表示在主工作流中添加一个【序列】活动,如图 2-16 所示。

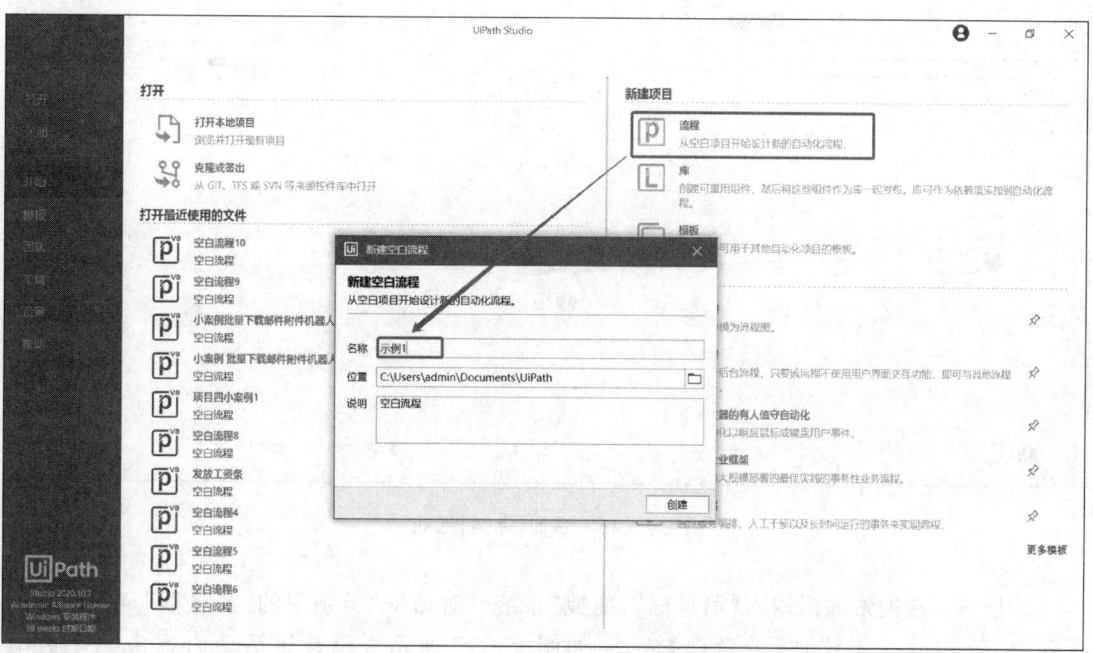

图 2-14　新建空白流程

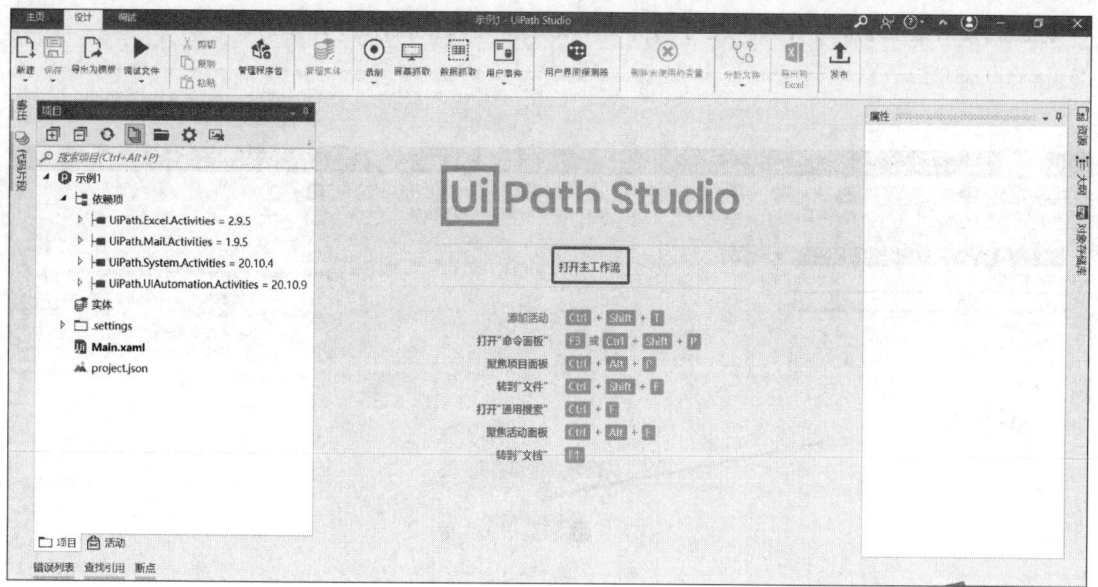

图 2-15　打开主工作流

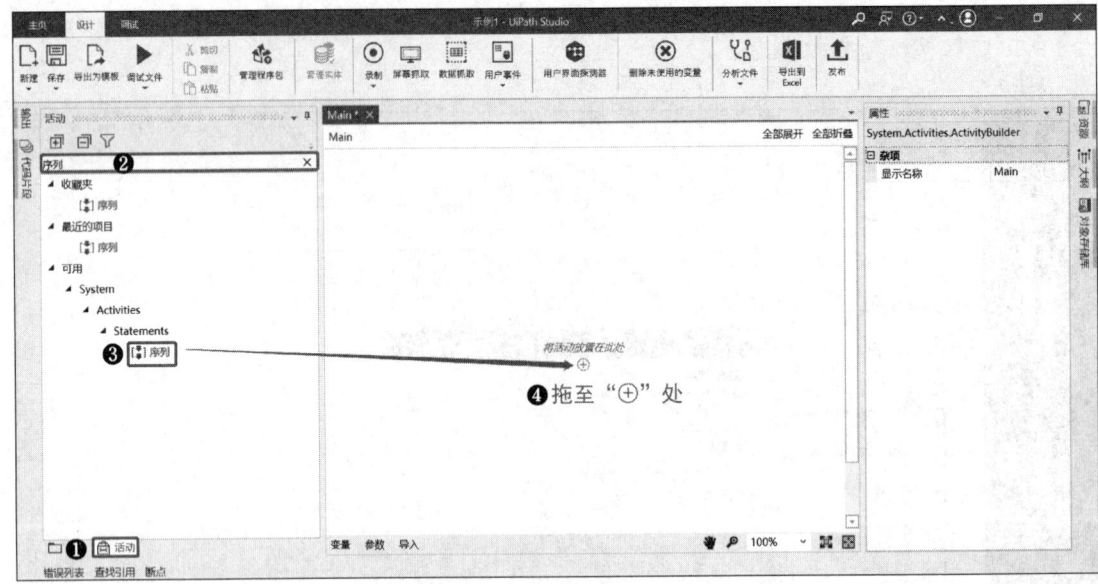

图 2-16　添加【序列】活动

步骤三：在搜索框内输入"消息框"，拖拽"系统—对话框"类别下的"消息框"至序列内的"⊕"处，该步骤表示添加【消息框】活动，如图 2-17 所示。设置该活动内容为："Hello,UiPath"，如图 2-18 所示。

【注意】【消息框】活动的文本是字符串，必须放在英文格式下的引号内。

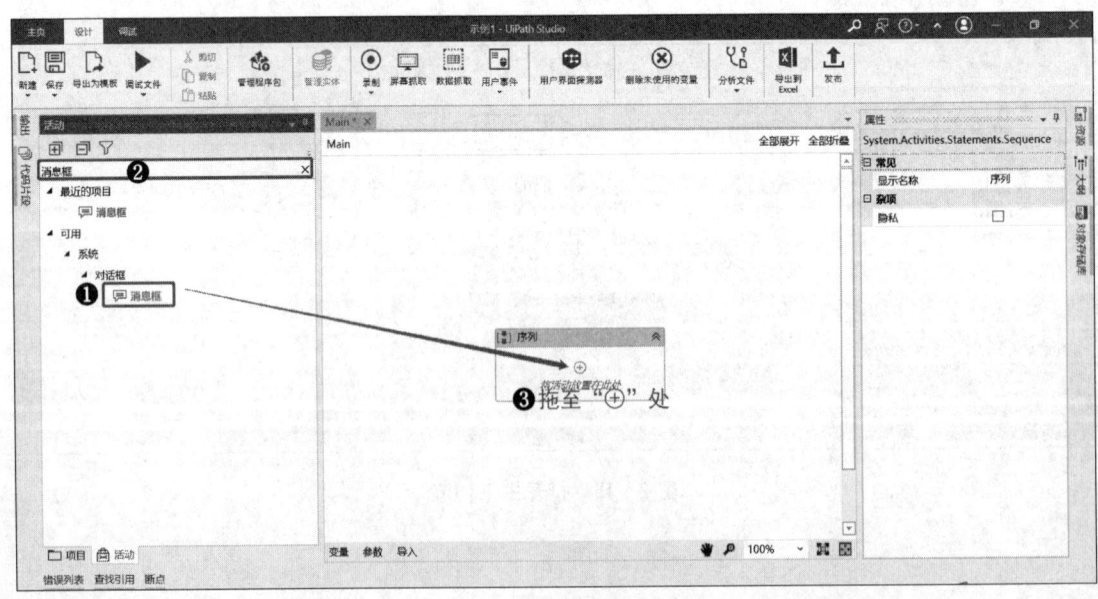

图 2-17　添加【消息框】活动

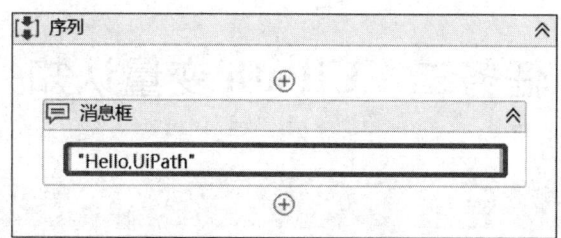

图 2-18　设置【消息框】活动文本

步骤四：单击设计面板的"调试文件"按钮，运行 RPA 机器人，如图 2-19 所示。

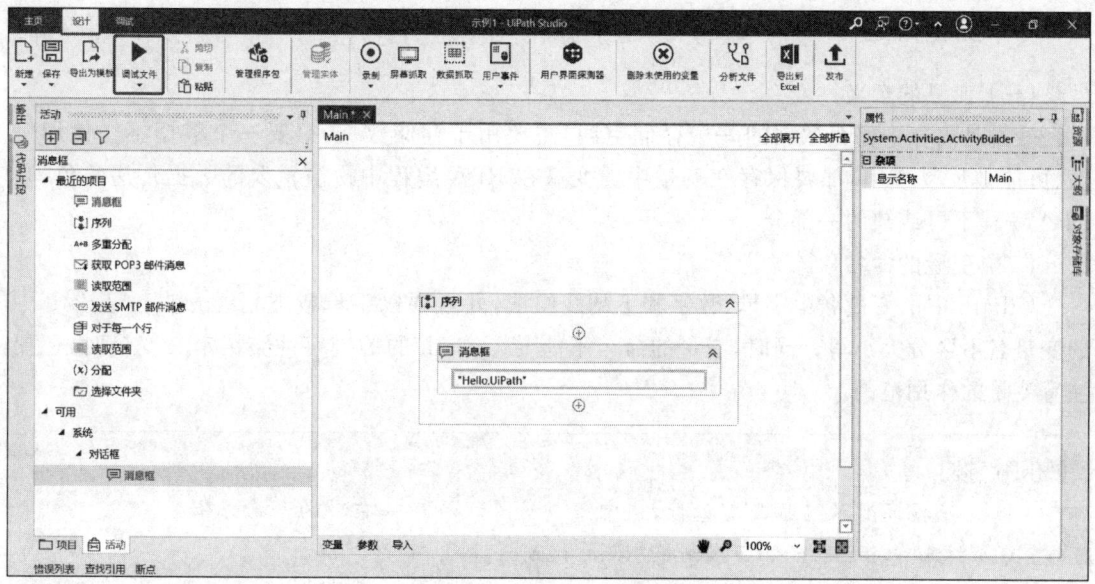

图 2-19　运行 RPA 机器人

步骤五：流程运行结果如图 2-20 所示。

图 2-20　流程运行结果

任务二 UiPath 变量认知

任务场景

在 UiPath 中创建变量"a",其数据类型为"String",值为"2021 年资产负债表",并输出该变量。

任务准备

UiPath 变量
(一)

一、变量概述

(一)变量的含义

变量是内存中保存数据的一个存储空间,主要用于存储数据,只要一个数据不止使用一次、可能被反复使用,都要保存在变量中。变量在 RPA 编程中扮演重要的数据传递角色,是 RPA 编程不可或缺的一部分。

(二)变量的命名

UiPath 中的变量名由字母、数字和下划线组成,并且要以字母或下划线开头。UiPath 中的变量名不区分大小写。同时,变量的命名不能与 UiPath 的关键字冲突。定义变量时,还要注意变量的作用范围。

【知识点拨】

1. 为了提高变量名称的可读性,通常遵循计算机程序语言中的命名惯例:

(1)蛇形命名法:First1_Name2、first_name2。

(2)大/小驼峰命名法:FirstName、lastName。

(3)帕斯卡命名法:First1Name2、First1Name。

2. 由于财务工作中较多专业名词,财务人员在开发财务机器人过程中可以使用中文对变量进行命名。例如,净利润、企业所得税等。

(三)变量的值

变量的值支持多种数据类型,包括从通用值、文本、数字、数据表、时间和日期、UiElement 到任何 .NET 变量类型,如图 2-21 所示。使用变量前应先根据所存储数据的特点为变量选择合适的数据类型。数据类型决定了数据在内存中的存放方式和占用内存的大小,决定了数

数字

文本

图片

数据表

图 2-21 变量的值支持的数据类型

据的取值范围和可对数据执行的操作。

二、变量的创建与删除

(一) 变量的创建

1. 在变量面板中创建变量

在 UiPath 的变量面板中,单击"创建变量",即可新增一个变量行,输入变量名称,选择变量类型,范围、默认值后即完成创建,如图 2-22 所示。如果默认值为空,则变量将使用其类型的默认值进行初始化。例如,创建一个变量,变量类型为"Int32",默认值则为"0"。

【注意】仅当"设计器"面板包含至少一个活动时,才能创建变量。

图 2-22 在变量面板中创建变量

2. 在活动主体的属性面板中创建变量

在活动主体的属性面板中,右键单击可以编辑的字段,并在打开的快捷菜单中选择"创建变量",或者按快捷键"Ctrl+K",输入变量名后按回车键即可创建变量,如图 2-23 所示。创

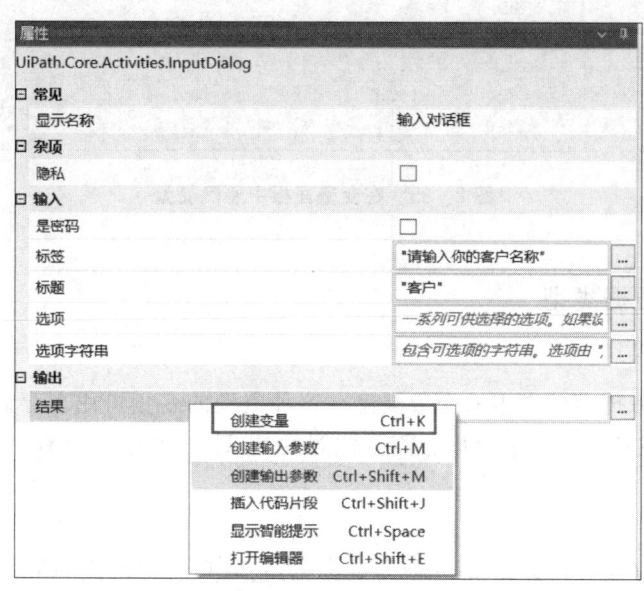

图 2-23 在活动主体的属性面板中创建变量

建好的变量可在变量面板中查看和编辑。

3. 直接在活动主体中创建变量

在活动中右键单击可以编辑的字段，并在打开的菜单中选择"创建变量"，或者按快捷键"Ctrl＋K"，输入变量名后按回车键即可创建变量，如图 2-24 所示。创建好的变量可在变量面板中查看和编辑。

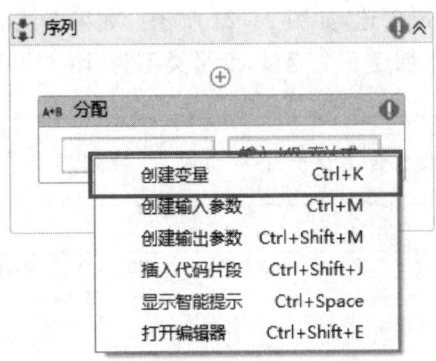

图 2-24 直接在活动主体中创建变量

（二）变量的删除

在"变量"面板中，右键单击该变量并选择"删除"，或者选中该变量并在键盘上按"Delete"键，如图 2-25 所示。

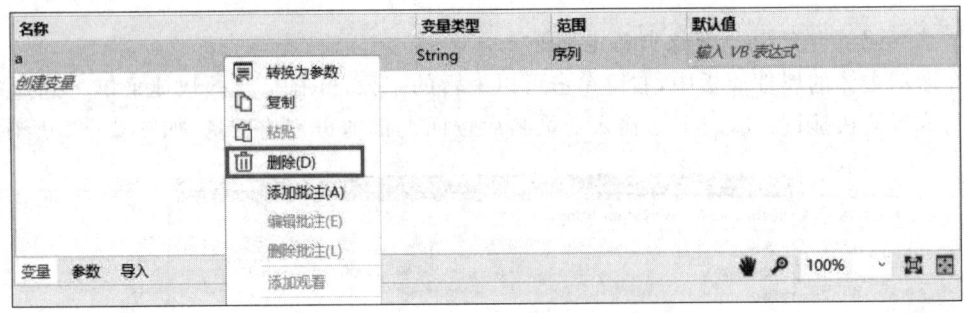

图 2-25 在变量面板中删除变量

三、变量的数据类型

（一）String

String 是一种只能存储文本的变量类型。这种类型的变量可用于存储任何文本信息，如员工姓名、用户名或任何其他字符串。需要注意的是，UiPath 中的所有字符串必须放在英文格式下的引号内。

（二）Boolean

Boolean 也称为布尔值变量，是一种变量类型，它只有两个可能的值：True 或 False。这个变量能帮助使用者作出决策，从而更好地控制流程。

[**例2-1**]　在UiPath中创建变量"a",其数据类型为"Boolean",并输出该变量。

➤ **操作步骤**

步骤一:在序列中添加"编程—调试"类别下的【日志消息】活动,日志级别选择"Info",在消息处按快捷键"Ctrl+K"创建变量"a",如图2-26所示。

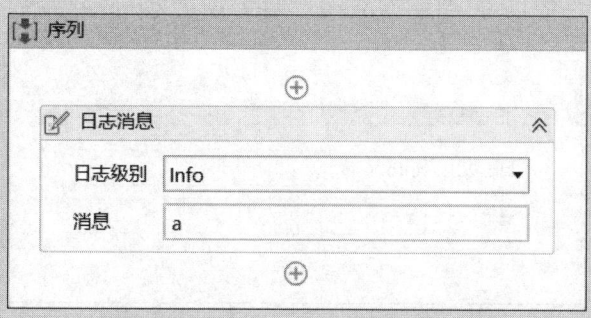

图2-26　添加【日志消息】活动及创建变量

步骤二:先单击【日志消息】活动,再打开变量面板,修改"a"的变量类型为"Boolean",如图2-27所示。

名称			变量类型	范围	默认值
a			Boolean	序列	输入 VB 表达式
变量　参数　导入					🖐 🔍 100% ▾

图2-27　在变量面板中修改变量类型

步骤三:【日志消息】活动输出结果如图2-28所示。

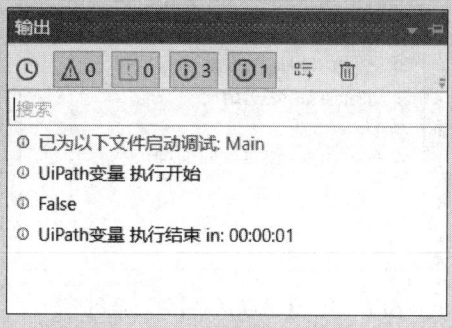

图2-28　【日志消息】活动输出结果

（三）Int32

Int32是数字变量,也称为整数或Int32,用于存储数字信息。它可以用于执行方程或比较,传递重要数据和许多其他信息。

[**例 2 - 2**]　在 UiPath 中创建变量"a",其数据类型为"Int32",值为"11",并输出该变量。

➢ **操作步骤**

步骤一:在序列中添加"编程—调试"类别下的【日志消息】活动,日志级别选择"Info",在消息处按快捷键"Ctrl＋K"创建变量"a",如图 2-29 所示。

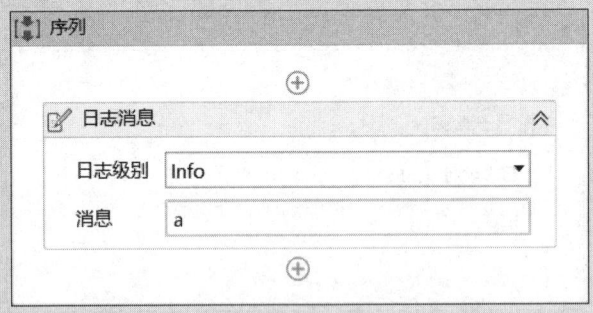

图 2-29　添加【日志消息】活动及创建变量

步骤二:单击【日志消息】活动,再打开变量面板,修改"a"的变量类型为"Int32",默认值为"11",如图 2-30 所示。

名称	变量类型	范围	默认值
a	Int32	序列	11

变量　参数　导入　　　　　　　　　　　　100% ∨

图 2-30　在变量面板中修改变量类型

步骤三:【日志消息】活动输出结果,如图 2-31 所示。

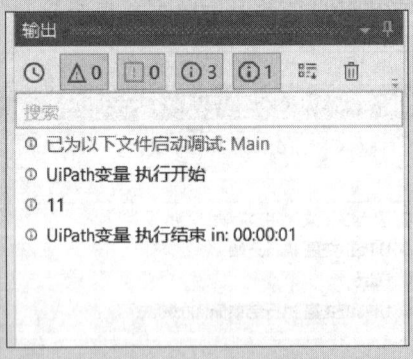

图 2-31　【日志消息】活动输出结果

(四) Array

Array 数组变量是一种用于存储同一类型的多个值的变量。在 UiPath 中可以创建由数字、字符串、布尔值等组成的数组。通过添加数组项的索引号,可以访问它们的值并将其写入到文本文件中。例如[例 2-3]中的"a(0)",表示索引该变量中的第一个值。

[例 2-3]　在 UiPath 中创建变量"a",其数据类型为"Array of [T]"的"String[]"类型,值为"{"营业收入","营业成本"}",并输出该数组变量的第一个值。

➢ 操作步骤

步骤一:在序列中添加"编程—调试"类别下的【日志消息】活动,日志级别选择"Info",如图 2-32 所示。

图 2-32　【日志消息】活动选择日志级别

步骤二:单击【日志消息】活动,再打开变量面板,单击创建变量,将变量命名为"a",修改"a"的变量类型为"Array of [T]"下的"String"类型,默认值为"{"营业收入","营业成本"}",然后在【日志消息】活动的消息处输入"a(0)",具体如图 2-33、图 2-34 所示。

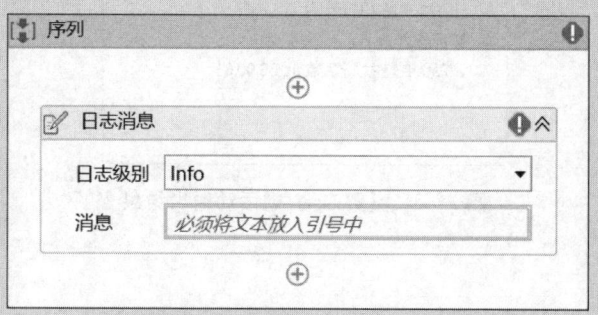

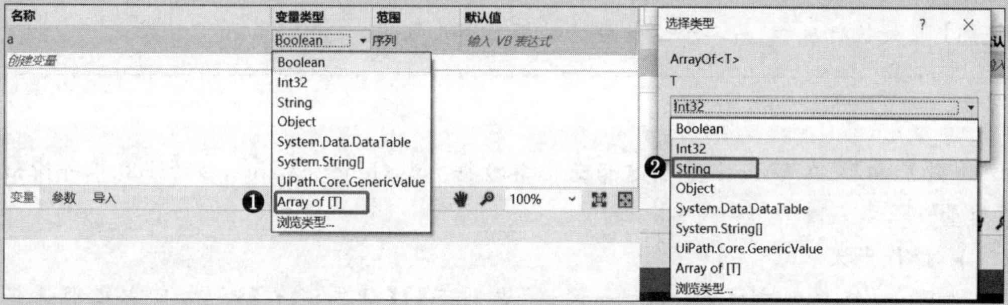

图 2-33　在变量面板中修改变量类型

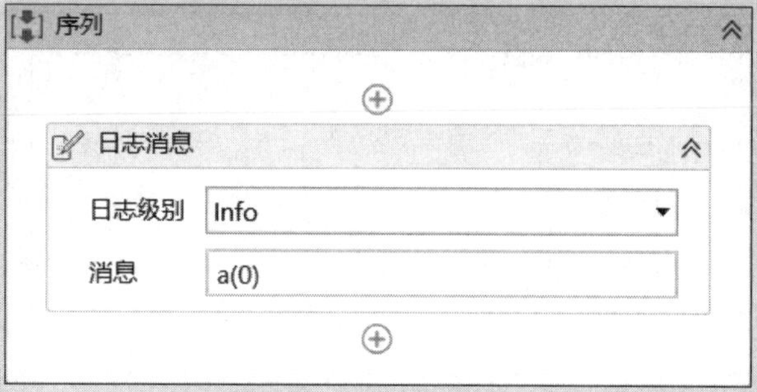

图 2-34　在消息处输入数组变量第一个值

步骤三：【日志活动】活动输出结果，如图 2-35 所示。

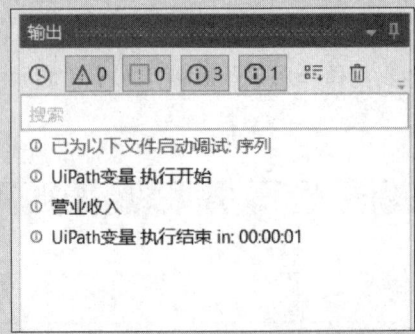

图 2-35　【日志消息】活动输出结果

（五）GenericValue

GenericValue 是一种可以存储任何类型数据的变量，也叫作泛型，包括文本、数字、日期和数组，它是 UiPath Studio 特有的。在 UiPath Studio 具有泛型值变量的自动转换机制，可以通过定义它们的表达式来达到预期结果。表达式中的第一个元素的数据类型用作 Studio 执行操作时的准则。例如，当两个泛型值变量执行"+"运算时，如果表达式中的第一个变量定义为字符串，则结果是这两个变量的拼接。如果第一个变量定义为整数，则结果是这些整数的和。

【注意】此处执行求和，第二个变量存储数据应当为数字。

［例 2-4］　在 UiPath 中创建变量 a，其数据类型 GenericValue，值为 100.1，并输出该变量。

➢ **操作步骤**

步骤一：在序列中添加"编程—调试"类别下的【日志消息】活动，日志级别选择"Info"，在消息处按快捷键"Ctrl+K"创建变量"a"，如图 2-36 所示。

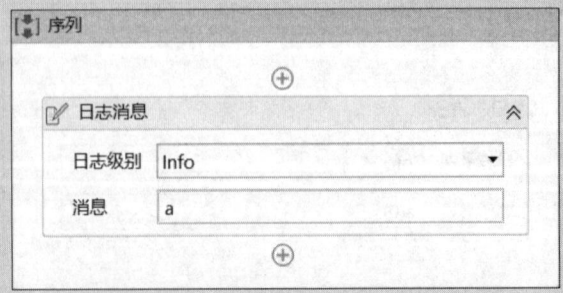

图 2-36　添加【日志消息】活动及创建变量

步骤二：单击【日志消息】活动，再打开变量面板，修改"a"的变量类型为"GenericValue"，默认值为 100.1，如图 2-37、图 2-38 所示。

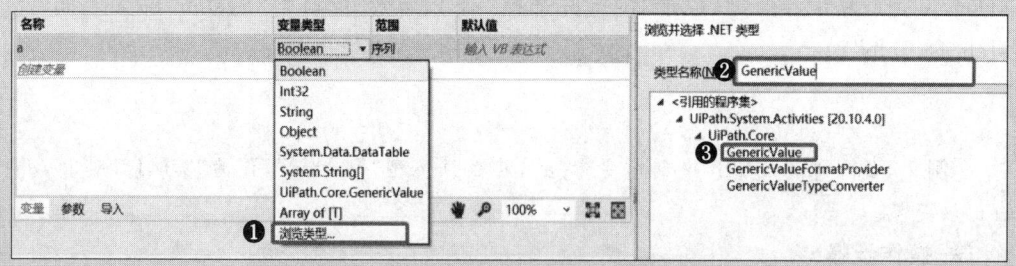

图 2-37　在变量面板中修改变量类型

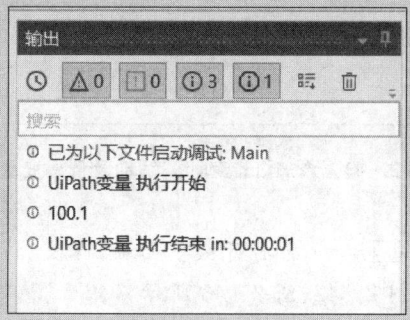

图 2-38　在变量面板中输入默认值

步骤三：【日志消息】活动输出结果，如图 2-39 所示。

图 2-39　【日志消息】活动输出结果

（六）DataTable

DataTable 可以存储大量信息，并充当数据库或包含行和列的简单电子表格。位于"浏览并选择.NET 类型"窗口中"System.Data 命名空间"下方"System.Data—DataTable"，如图 2-40 所

图 2-40　在变量面板中选择变量类型

示。DataTable变量可用于将特定数据从一个数据库迁移到另一个数据库,从网站获取信息并将其以本地方式存储在电子表格中。

（七) Double

Double是双精度浮点型,位于"浏览并选择.NET类型"窗口中"System命名空间"下方"System.Double"。

［例 2 - 5］　在 UiPath 中创建变量"a",其数据类型"Double",值为"3.141 592 6",并输出该变量。

➢ **操作步骤**

步骤一:在序列中添加"编程—调试"类别下的【日志消息】活动,日志级别选择"Info",在消息处按快捷键"Ctrl+K"创建变量"a",如图 2-41 所示。

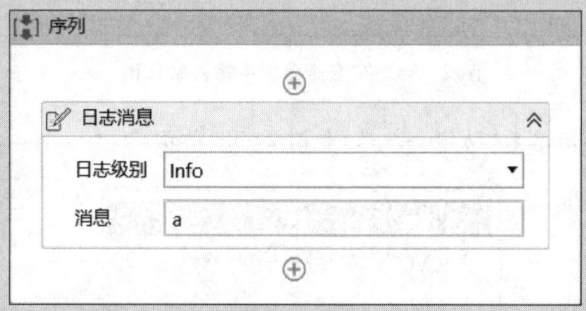

图 2-41　添加【日志消息】活动及创建变量

步骤二:单击【日志消息】活动,再打开变量面板,修改"a"的变量类型为"Double",默认值为"3.141 592 6",如图 2-42、图 2-43 所示。

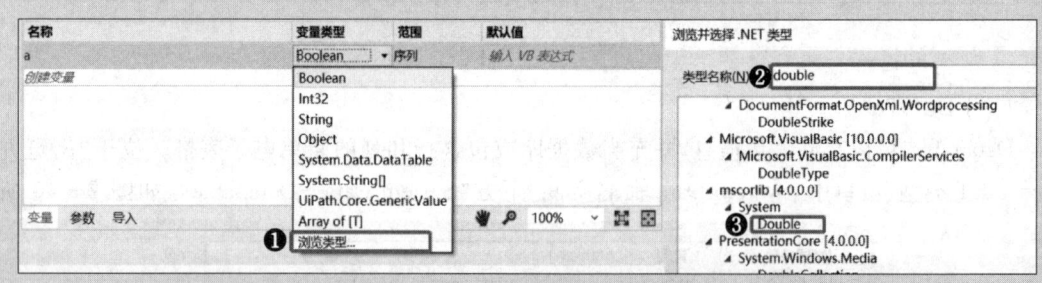

图 2-42　在变量面板中修改变量类型

名称	变量类型	范围	默认值
a	Double	序列	3.1415926

| 变量 | 参数 | 导入 | | | | | 100% | | | |

图 2-43　在变量面板中输入默认值

步骤三:【日志消息】活动输出结果,如图 2 - 44 所示。

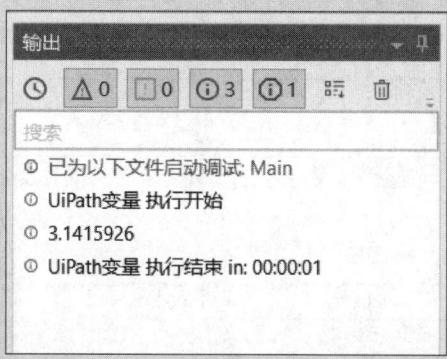

图 2 - 44 【日志消息】活动输出结果

四、变量数据类型的转换

变量的数据类型间是可以互相转换的,它可分为隐式转换和显式转换。隐式转换是系统的默认转换方式,即不需要特别声明即可在所有情况下进行。显式转换是一种强制性的转换方式,显式转换使用类型转换关键字,变量数据类型的转换如表 2 - 1 所示。

UiPath 变量
(二)

表 2 - 1 变量数据类型的转换

目标数据类型	转 换 方 法
转换成 Inter 类型	CInt()或 Integer.Parse()
转换成浮点数值类型	CDbl()或 Double.Parse()
转换成时间类型	datetime.parse()
转换成 String 类型	ToString
换行符	vbcrlf

[例 2 - 6] 2021 年 A 公司销售收入为 150 000 元,销售成本为 90 000 元。设计一个机器人计算 A 公司 2021 年销售毛利率。其中涉及的活动:【分配】活动和【日志消息】活动。

➤ 操作步骤

步骤一:在序列中添加一个"System—Activities—Statements"类别下的【分配】活动,在该活动内按快捷键"Ctrl+K"输入变量名为"销售收入",令销售收入="150000",如图 2 - 45 所示。

【注意】该活动内创建变量的初始数据类型为 String，此处为了使用函数转换变量类型，因此不在变量面板中变更变量类型。

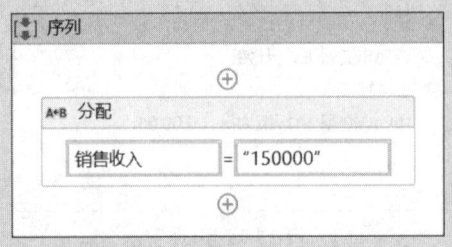

图 2 - 45　添加第一个【分配】活动

步骤二：如图 2 - 46 所示，继续添加一个 "System—Activities—Statements" 类别下的【分配】活动，在该活动内按快捷键 "Ctrl＋K" 输入变量名为 "销售成本"，令销售成本 = "90000"。

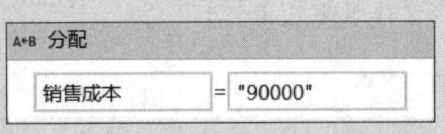

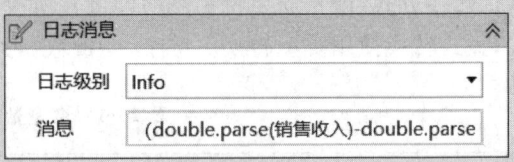

图 2 - 46　添加第二个【分配】活动　　　　图 2 - 47　设置【日志消息】活动，输出销售毛利率

步骤三：如图 2 - 47 所示，继续添加一个 "编程—调试" 类别下的【日志消息】活动，日志级别为 "Info"，消息处输入销售毛利率计算公式，由于前面创建的变量类型为 String 类型，因此使用函数 "double.parse()" 将 String 变量类型转换为 Double 变量类型。【日志消息】活动的消息输入为 "(double.parse(销售收入)-double.parse(销售成本))/double.parse(销售收入)"。

步骤四：【日志消息】活动输出结果，如图 2 - 48 所示。

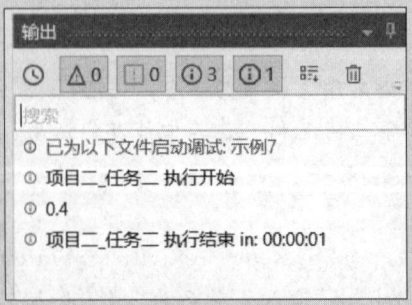

图 2 - 48　【日志消息】活动输出结果

五、运算符

运算符是用于执行某种运算的符号,UiPath中的运算符大致可以分为五种类型:算术运算符、连接运算符、关系运算符、赋值运算符和逻辑运算符。

(一)算术运算符

算术运算符用于处理数值计算,UiPath中的常见算术运算符如表2-2所示。

表2-2　UiPath中的常见算术运算符

符　号	具　体　含　义	假设 A＝2,B＝7
＾	幂	B＾A 结果为 49
＋	加法运算	A＋B 结果为 9
－	减法运算	A－B 结果为－5
＊	乘法运算	A＊B 结果为 14
/	将一个操作数除以另一个操作数,并返回一个浮点结果	B/A 结果为 3.5
\	将一个操作数除以另一个操作数,并返回一个整数结果	B\A 结果为 3
Mod	取余数	B Mod A 结果为 1

[例2-7]　2021年A公司销售收入为150 000元,销售成本为90 000元。设计一个机器人计算A公司2021年销售毛利率。其中涉及的活动:【分配】活动和【日志消息】活动。

➤ 操作步骤

步骤一:在序列中添加三个"System—Activities—Statements"类别下的【分配】活动,在第一个【分配】活动内按快捷键"Ctrl＋K"输入变量名为"销售收入",单击该活动,打开变量面板,修改该变量的类型为"Double",值为"150 000";在第二个【分配】活动内按快捷键"Ctrl＋K"输入变量名为"销售成本",单击该活动,打开变量面板,修改该变量的类型为"Double",值为"90 000";在第三个【分配】活动内按快捷键"Ctrl＋K"输入变量名为"销售毛利率",单击该活动,打开变量面板,修改该变量的类型为"Double",值为"(销售收入—销售成本)/销售收入",具体如图2-49、图2-50所示。

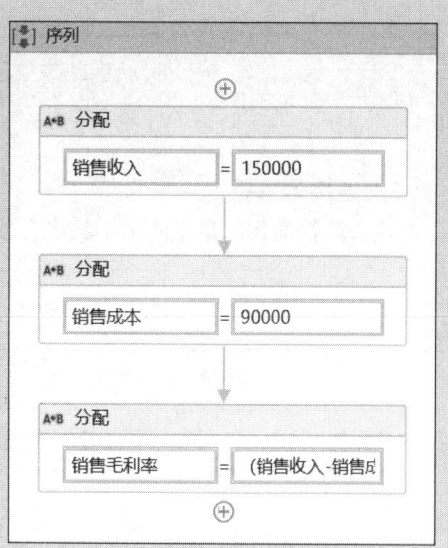

图2-49　添加三个【分配】活动

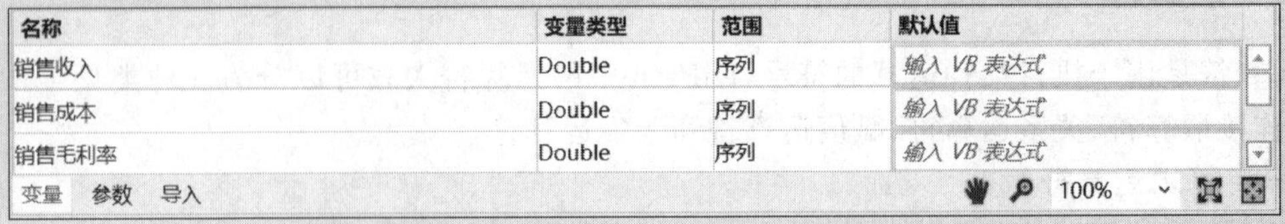

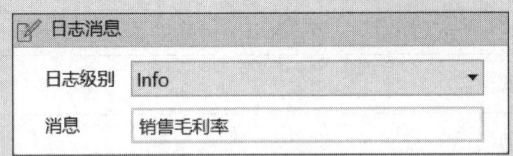

名称
变量类型
范围
默认值
销售收入
Double
序列
输入 VB 表达式
销售成本
Double
序列
输入 VB 表达式
销售毛利率
Double
序列
输入 VB 表达式
变量 参数 导入
100%

图 2-50 在变量面板中修改变量类型

步骤二：继续在第三个【分配】活动后面添加"编程—调试"类别下的【日志消息】活动，日志级别为"Info"，消息为"销售毛利率"，如图 2-51 所示。

日志消息
日志级别
Info
消息
销售毛利率

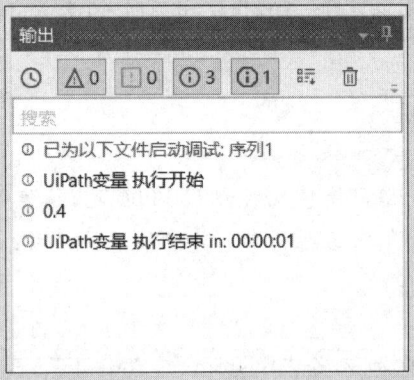

图 2-51 设置【日志消息】活动，输出销售毛利率

步骤三：【日志消息】活动输出结果，如图 2-52 所示。

输出
0
0
3
1
搜索
已为以下文件启动调试: 序列1
UiPath变量 执行开始
0.4
UiPath变量 执行结束 in: 00:00:01

图 2-52 【日志消息】活动输出结果

(二) 连接运算符

连接运算符的作用是把两个字符串合并成一个字符串，UiPath 的连接运算符如表 2-3 所示。

表 2-3 连接运算符

类 别	运算符号	含 义	样 例
连接运算符	& 或＋	字符串连接	字符串"科"与字符串"云"的连接结果为"科云"

(三) 关系运算符

关系运算符，也称比较运算符，其比较的结果是一个逻辑值(真或假)。UiPath 的常见关系运算符如表 2-4 所示。

表 2-4 关系运算符

类 别	运算符号	含 义	假设变量 a=10,b=6
关系运算符	=	等 于	a=b 的关系运算结果为"False"
	>	大 于	a>b 的关系运算结果为"True"
	<	小 于	a<b 的关系运算结果为"False"
	>=	大于等于	a>=5 的关系运算结果为"True"
	<=	小于等于	a<=5 的关系运算结果为"False"
	<>	不等于	a<>b 的关系运算结果为"True"

（四）赋值运算符

UiPath 中的赋值运算符是"="，该运算符把赋值号右边表达式的计算结果赋给左边的变量。UiPath 中的赋值运算符如表 2-5 所示。

表 2-5 赋值运算符

类 别	运算符号	含 义	样 例
赋值运算符	=	赋值	a=10 的结果是为变量 a 赋值为 10

（五）逻辑运算符

逻辑运算符是针对逻辑值进行运算的符号,其运算结果也是一个逻辑值。例如,用逻辑运算符把多个关系表达式连接起来组成一个复杂的逻辑表达式,这种逻辑表达式常用于作为分支程序或循环程序的条件判断。UiPath 中的常见逻辑运算符如表 2-6 所示。

表 2-6 UiPath 中的常见逻辑运算符

类 别	运算符号	含 义	假设变量 a=10,b=6
逻辑运算符	And	并 且	a>5 And a<11 的逻辑运算结果为"True"
	Or	或 者	a>8 Or b<8 的逻辑运算结果为"True"
	Not	取 反	Not a>5 的逻辑运算结果为"False"

（六）UiPath 运算符的优先级

UiPath 中的表达式可以由多种运算符号连接多种类型的值组成,当一个表达式中包含多种不同的运算符时,要注意辨别这些运算符的优先级。UiPath 运算符的优先级从高到低顺序如下：算术运算符（连接运算符），关系运算符，逻辑运算符，赋值运算符。

具体来说，各常见运算符的优先级从高到低顺序如下：＊和／，Mod，＋和－，＆，关系运算符（所有关系运算符级别相同），Not，And，Or，＝。

 任务实施

步骤一：在序列中添加"编程—调试"类别下的【日志消息】活动，日志级别选择"Info"，在消息处按快捷键"Ctrl＋K"创建变量 a，如图 2 – 53 所示。

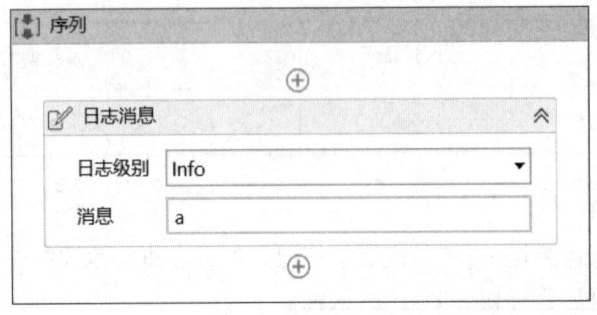

图 2 – 53　添加【日志消息】活动及创建变量

步骤二：单击【日志消息】活动，再打开变量面板，修改"a"的变量类型为"String"，默认值为："2021 年资产负债表"。

名称	变量类型	范围	默认值
a	String	序列	"2021年资产负债表"
变量　参数　导入			100%

图 2 – 54　在变量面板中修改变量类型及输入默认值

步骤三：【日志消息】活动输出结果，如图 2 – 55 所示。

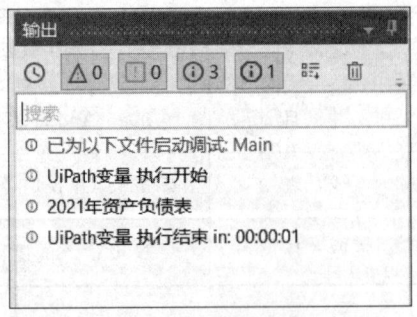

图 2 – 55　【日志消息】活动输出结果

任务三 UiPath 常用活动认知

任务场景

根据《中华人民共和国税法》(以下简称"《税法》")规定,依法在中国境内成立的居民企业,征收企业所得税时适用 25% 的基本税率。本任务要求设计 RPA 利润计算机器人,使其能根据用户输入的企业总收入与成本费用,自动计算出企业的利润、净利润及净利率。

任务准备

UiPath 常用
活动介绍〔一〕

一、活动概述

(一) 活动的含义

活动(Activity)是流程自动化的基石,可以将其理解为"拼图碎片",是构成自动化程序的最小模块。UiPath 中,活动的复杂性各不相同,用户可以根据其需求对活动进行相应的设置。

(二) UiPath 项目依赖项

在 UiPath 中每个新建流程都默认包含四个项目依赖项。依赖项就是软件官方或者他人制作的封装好的活动组件,是脚本开发和运行中所必备的,如图 2-56 所示。

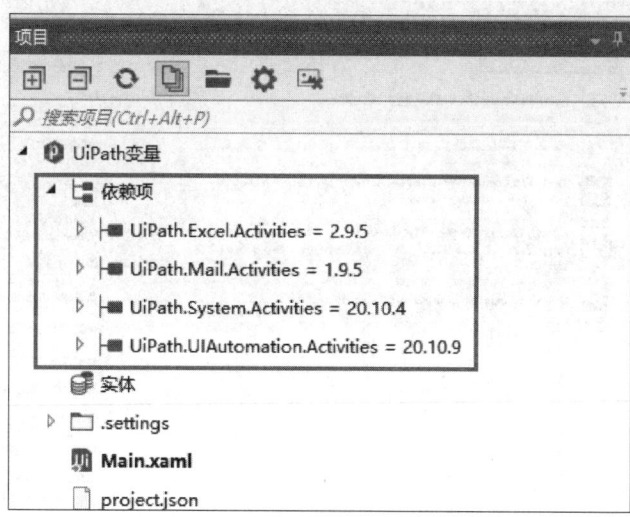

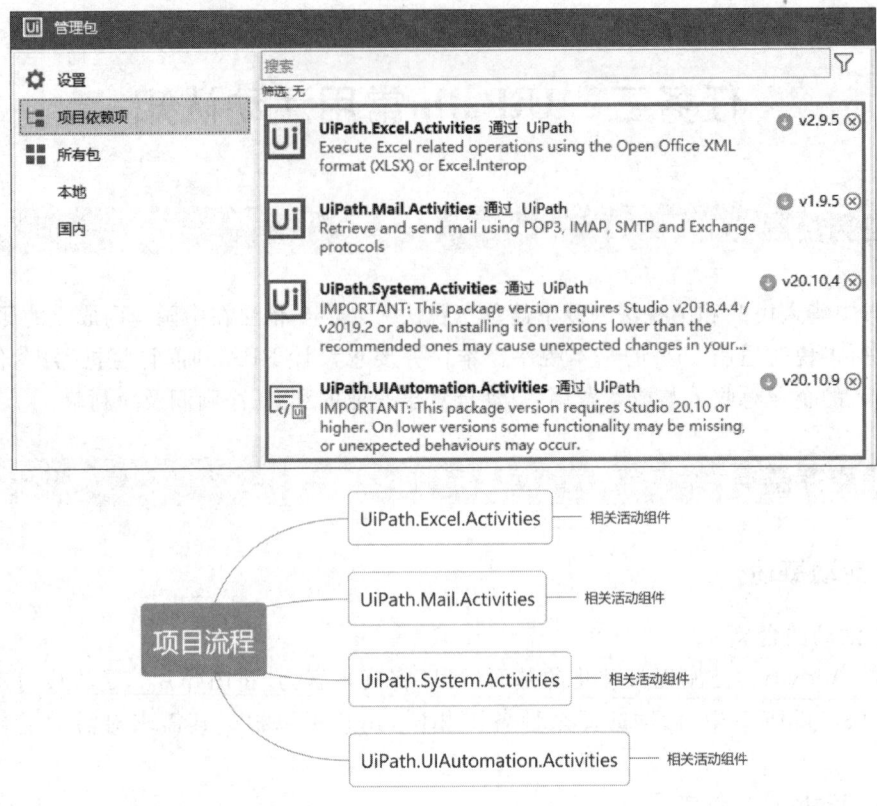

图 2 - 56　UiPath 项目依赖项

下载活动程序包，如图 2 - 57 所示。

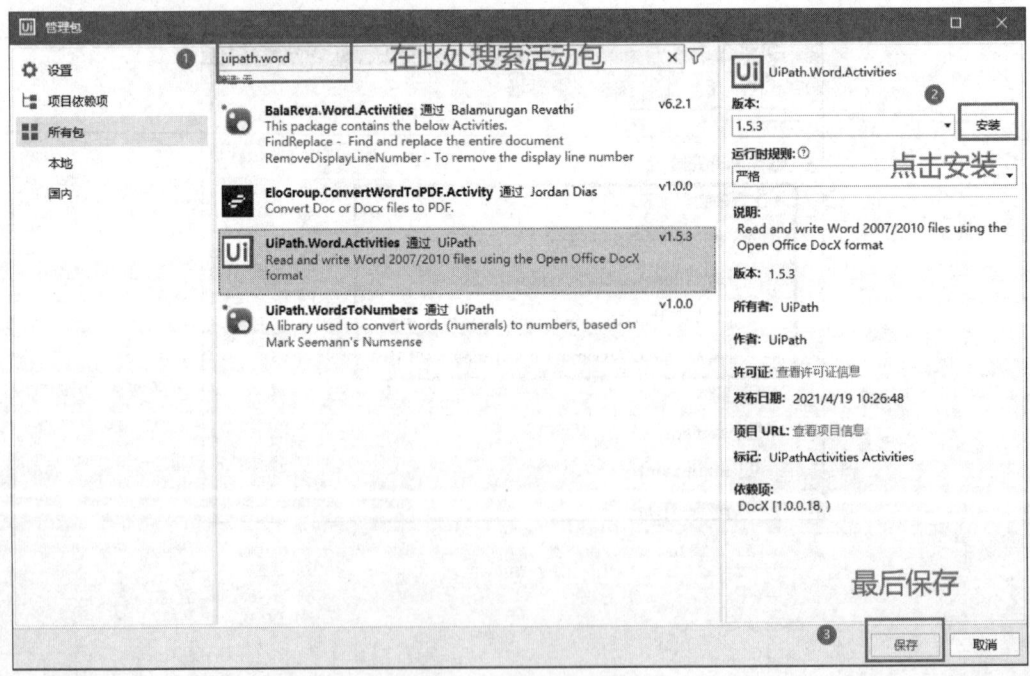

图 2 - 57　下载活动程序包

二、工作流类型

（一）序列

序列是最小类型的项目，用于创建由许多子活动组成的线性流程，如图2-58所示。序列中的子活动均按顺序执行。该活动既可作为独立的自动化项目，也可作为流程图或状态机的一部分，从而可以对特定活动作出分组。

图2-58 序列

（二）流程图

流程图是展示过程的图形表示，能轻松查看和遵循流程，如图2-59所示。它可通过多种方式相互连接，能够自动执行简单操作并创建复杂的业务流程。流程图既可用作独立的自动化项目，也可包含在更广泛的程序中。

图2-59 流程图

【知识点拨】

序列适合活动相互跟随的简单场景，能够方便地从一个活动转到另一个活动，且不会使项目发生混乱。流程图适合用于更复杂的分支逻辑，用于创建复杂的业务流程并以多种方式连接活动。

三、常用鼠标操作活动

UiPath中的鼠标活动是UiPath机器人用于模拟人为操作鼠标的一种方法。例如，"用户界面自动化—元素—鼠标"类型下有鼠标的单击、双击和悬停等活动，这些活动可以模拟人为操作单击鼠标或双击鼠标或鼠标悬停等操作。

以【单击】活动为例，【单击】活动是单击指定的用户界面元素。该活动在"可用—用户界面自动化—元素—鼠标"类别下，如图2-60、图2-61所示。

图2-60 【单击】活动

图 2-61 【单击】活动的属性面板

【单击】活动属性介绍如表 2-7 所示。

表 2-7 【单击】活动属性介绍

属　　性	功　　能
出错时继续	在当前活动失败的情况下,仍继续执行剩余的活动
在此之前延迟	执行活动之前的延迟时间,默认时间为 200 毫秒
在此之后延迟	执行活动之后的延迟时间,默认时间为 300 毫秒
单击类型	指定模拟点击事件时所使用的鼠标点击类型(单击、双击、向上滚动、向下滚动),默认选择为单击
鼠标按键	用于执行点击操作的鼠标键(左键、右键和中键),系统会默认选择鼠标左键
修饰键	用于添加修饰键,可用的选项如下:Alt、Ctrl、Shift、Win
发送窗口消息	勾选后单击可在后台工作,默认情况下,该复选框为未选中状态
如果禁用则更改	如果选中,即使禁用指定的用户界面元素,系统也仍会执行模拟点击操作
模拟单击	勾选后单击可在后台工作

【知识点拨】

　　在使用【单击】活动时,建议勾选模拟单击或发送窗口消息,避免调试时鼠标移位导致报错。发送窗口消息跟模拟单击二者只能勾选其中一项。发送窗口消息与模拟单击区别表如表 2-8 所示。

表 2-8　发送窗口消息与模拟单击区别表

属　性	发送窗口消息	模拟单击	不勾选二者
含义	通过向目标程序发送一条特定消息的方式执行点击	通过使用目标应用程序点击	通过硬件驱动程序执行点击
后台运行	可以后台运行	可以后台运行	不能后台运行
速度	—	最快	最慢
兼容性	兼容大多数桌面应用程序	—	兼容所有桌面应用程序

四、常用键盘输入活动

(一)【设置文本】活动

　　【设置文本】活动是能够将字符串写入指定用户界面元素的"文本"属性。该活动在"可用—用户界面自动化—元素—控件"类别下,如图 2-62、图 2-63 所示。

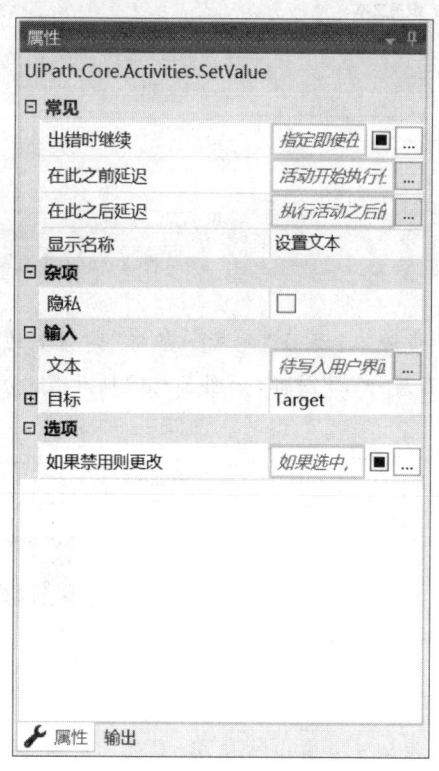

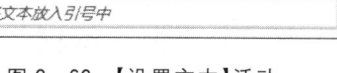

图 2-62　【设置文本】活动　　　　　图 2-63　【设置文本】活动属性面板

【设置文本】活动主要属性及其功能如表 2-9 所示。

表 2-9 【设置文本】活动主要属性及其功能

属 性	功 能
文 本	待写入用于界面元素的"文本"属性的字符串
选取器	用于在执行活动时查找特定用户界面元素的"文本"属性,它实际上是 XML 片段,用于指定要查找的图形用户界面元素及其一些父元素的属性

[例 2-8] 使用谷歌浏览器打开百度网页,在搜索栏中键入"国家税务总局"。其中涉及的活动:【单击】活动和【设置文本】活动。

➤ **操作步骤**

步骤一:先在谷歌浏览器中打开百度网页,然后在序列中添加"元素—控件"类别下的【设置文本】活动,点击该活动的"指明在屏幕上"拾取百度网页的搜索框,并设置输入内容为:"国家税务总局",如图 2-64 所示。

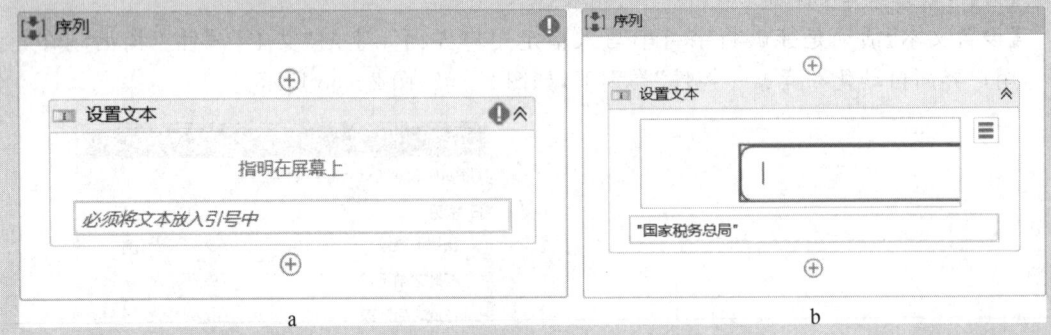

a   b

图 2-64 【设置文本】活动输入图示

步骤二:添加"元素—鼠标"类别下的【单击】活动,点击该活动的"指明在屏幕上"拾取"百度一下"图标,如图 2-65 所示。

图 2-65 添加【单击】活动

步骤三:输出结果,如图 2-66 所示。

图 2-66 在百度网页输入"国家税务总局"进行搜索

(二)【输入信息】活动

【输入信息】活动是向用户界面元素发送按键,它支持特殊按键,且可以从下拉列表中选择。该活动在"可用—用户界面自动化—元素—键盘"类别下,如图 2-67、图 2-68 所示。

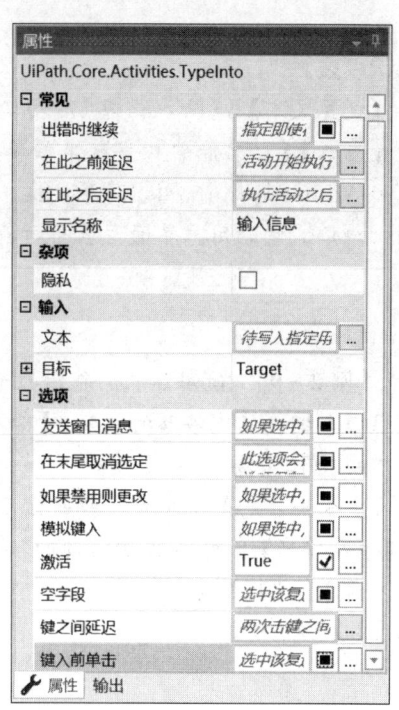

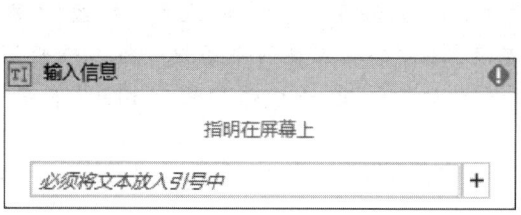

图 2-67 【输入信息】活动   图 2-68 【输入信息】活动属性面板

【输入信息】活动主要属性及其功能如表 2-10 所示。

表 2-10 【输入信息】活动主要属性及其功能

属 性	功 能
文本	待写入指定用户界面元素的文本。支持特殊按键,且可以从活动下拉列表中选择
发送窗口消息	勾选后单据可在后台工作,默认情况下,该复选框为未选中状态
在末尾取消选定	在文本输入后添加完整事件,以触发某些界面响应
如果禁用则更改	如果选中,即使禁用指定的用户界面元素,系统也仍会执行键入操作
模拟键入	勾选后单击可在后台工作
激活	默认勾选。选择该复选框时,系统会将指定用户界面元素置于前台,并在写入文本前将其激活
空字段	选中该复选框时,系统会在写入文本前清除用户界面元素中所有之前存在的内容
键之间延迟	两次击键之间的延迟时间,默认时间为 10 毫秒,最大值为 1 000 毫秒
键之前单击	选中该复选框时,在写入文本之前单击指定用户界面元素

【知识点拨】

　　【设置文本】与【输入信息】活动二者虽然都是在界面中输入内容,但存在部分差异。【设置文本】活动只能输入字符串信息,而【输入信息】活动除了字符串之外还支持特殊按键,如 Alt、Ctrl、Shift、F1、F2 等按键。另外,在属性上输入信息的设置更丰富,可以触发某些界面响应、清除用户界面元素中所存在的内容、键入前单击等设置。

　　[例 2-9] 使用谷歌浏览器打开百度网页,在搜索栏中键入"国家税务总局",要求使用回车键。其中涉及的活动:【输入信息】活动。

　　➤ 操作步骤

　　步骤一:先在谷歌浏览器中打开百度网页,然后在序列中添加"元素—键盘"类别下的【输入信息】活动,点击该活动的"指明在屏幕上"拾取百度网页的搜索框。接着设置输入内容为"国家税务总局",再点击该活动的"+"选择特殊按键"Enter"即可,如图 2-69 所示。

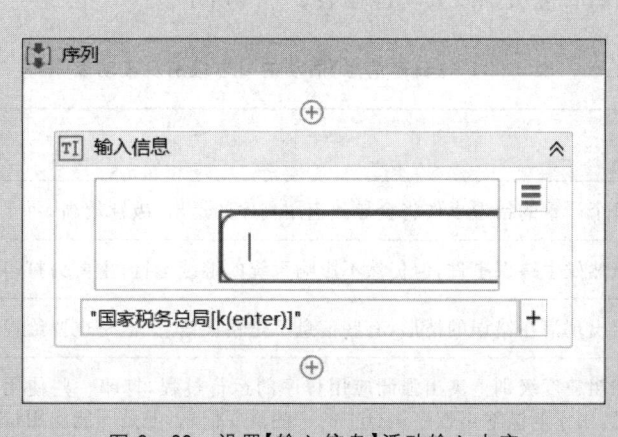

图 2-69　设置【输入信息】活动输入内容

步骤二：输出结果如图 2-70 所示。

图 2-70　在百度网页中输入"国家税务总局"进行搜索

五、其他常用活动

(一)【日志消息】活动

【日志消息】活动是在指定的级别写入指定的诊断消息。该活动在"可用—编程—调试"类别下。日志级别分为 FATAL、ERROR、WARN、INFO 以及 TRACE 五个级别，如图 2-71 所示。

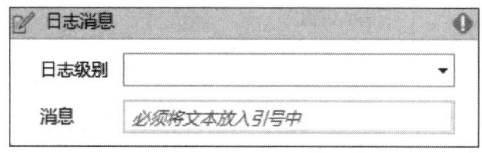

图 2-71　【日志消息】活动

UiPath 常用活动介绍(二)

【日志消息】活动的日志级别及其功能如表 2 - 11 所示。

表 2 - 11　【日志消息】活动的日志级别及其功能

日志级别	功　　能
FATAL	指出每个严重的错误事件将会导致应用程序的退出，级别较高
ERROR	指出虽然发生错误事件，但仍然不影响系统的继续运行，主要为打印错误和异常信息
WARN	指出会出现潜在错误的情形，有些信息不是错误信息，但是也要给程序员的一些提示
INFO	消息在粗粒度级别上突出强调应用程序的运行过程，打印一些使用者感兴趣的或者重要的信息，用于调试输出程序运行中的一些重要信息，但是不能滥用，避免打印过多的日志
TRACE	很低的日志级别，一般不会使用

(二)【分配】活动

【分配】活动是将任何值分配给变量或参数。它常用于循环语句中，给变量重新赋值，令机器人进入下一次循环条件判断。该活动在"可用—System—Activities—Statements"类别下，如图 2 - 72 所示。

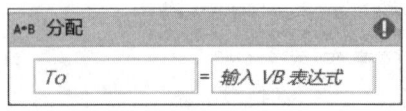

图 2 - 72　【分配】活动

(三)【输入对话框】活动

【输入对话框】活动是显示一个对话框，通过其中的标签消息和输入字段提示用户。该活动在"可用—系统—对话框"类别下，如图 2 - 73、图 2 - 74 所示。

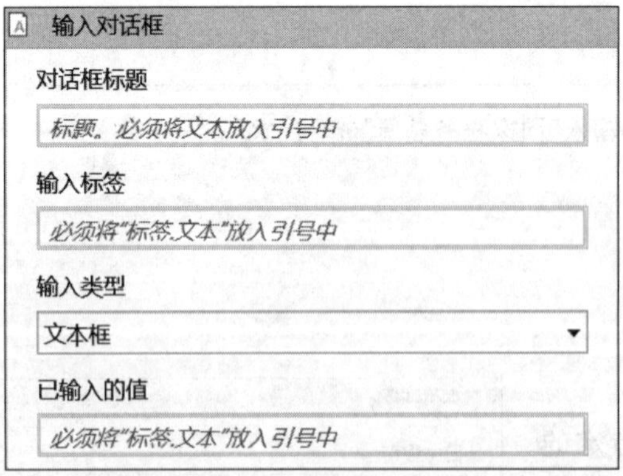

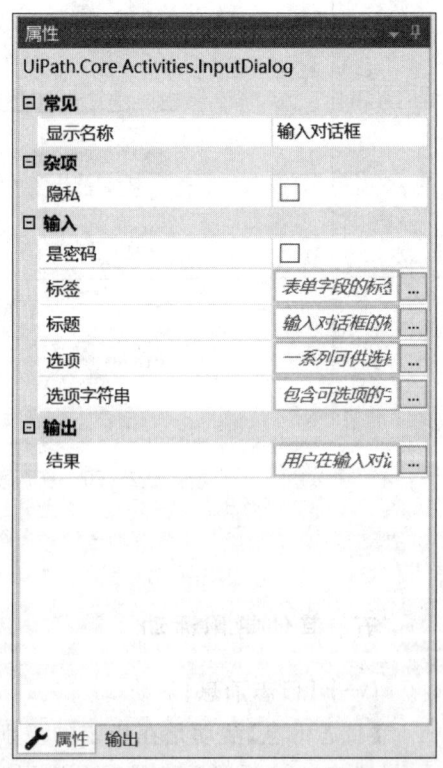

图 2 - 73　【输入对话框】活动

图 2 - 74　【输入对话框】活动属性面板

【输入对话框】活动主要属性及其功能如表2-12所示。

表2-12　【输入对话框】活动主要属性及其功能

属　性	功　能
标签	表单字段的标签
标题	输入对话框的标题
选项	一系列可供选择的选项,该字段仅支持字符串数组变量,例如：{"项目1" "项目2" "项目3"}
选项字符串	包含可供选择的选项的字符串,该字段仅支持字符串变量
结果	用户在输入对话框中插入的值

[例2-10]　令机器人接收用户输入的A公司2021年营业收入值32 450 000 000元,并通过日志消息将该值输出。其中涉及的活动：【输入对话框】活动和【日志消息】活动。

➤ **操作步骤**

步骤一：在序列中添加"系统—对话框"类别下的【输入对话框】活动,设置该活动的对话框标题为："营业收入",输入标签为："请输入A公司营业收入",输入类型选择"文本框",并在已输入的值创建变量"a",如图2-75所示。

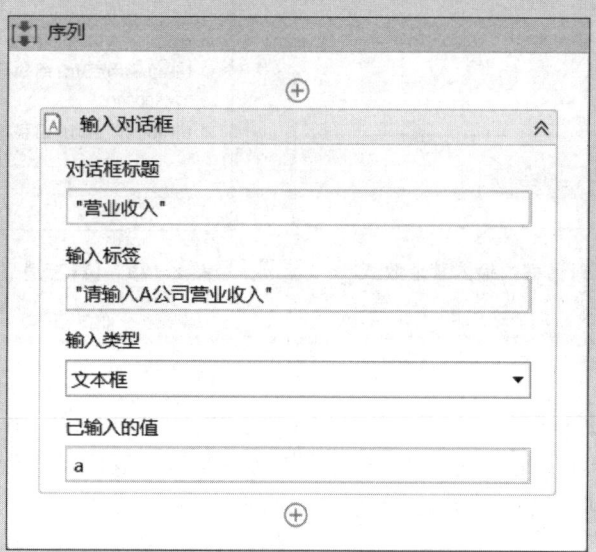

图2-75　【输入对话框】活动设置

步骤二：打开变量面板,修改该变量的数据类型为"Double",如图2-76所示。

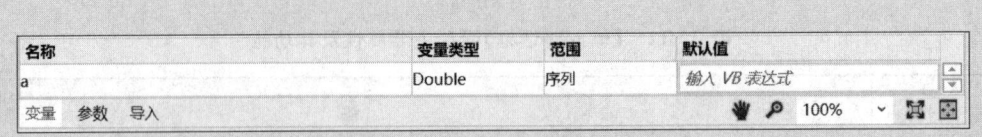

图 2-76　在变量面板中修改变量类型

步骤三：继续添加"编程—调试"类别下的【日志消息】活动，设置该活动的日志级别为"Info"，消息为"a"，如图 2-77 所示。

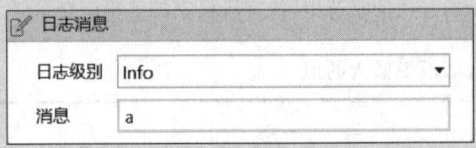

图 2-77　【日志消息】活动设置

步骤四：点击"调试文件"，根据机器人弹出的对话框输入"32450000000"，如图 2-78 所示。

步骤五：【日志消息】活动输出结果，如图 2-79 所示。

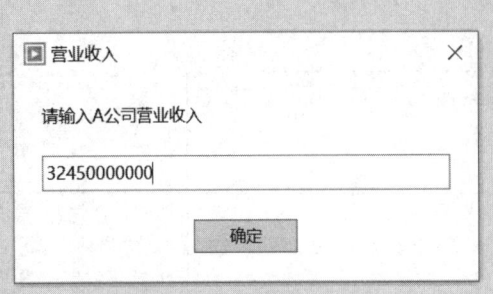

图 2-78　对话框内输入营业收入

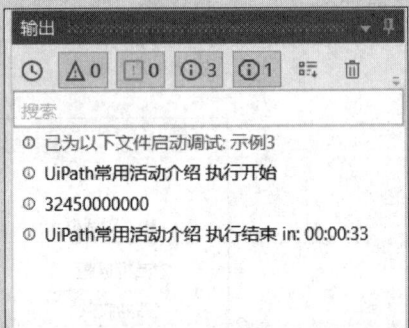

图 2-79　【日志消息】活动输出结果

（四）【获取文本】活动

【获取文本】活动是从指定用户界面元素提取文本值。该活动在"可用—用户界面自动化—元素—控件"类别下，如图 2-80、图 2-81 所示。

图 2-80　【获取文本】活动

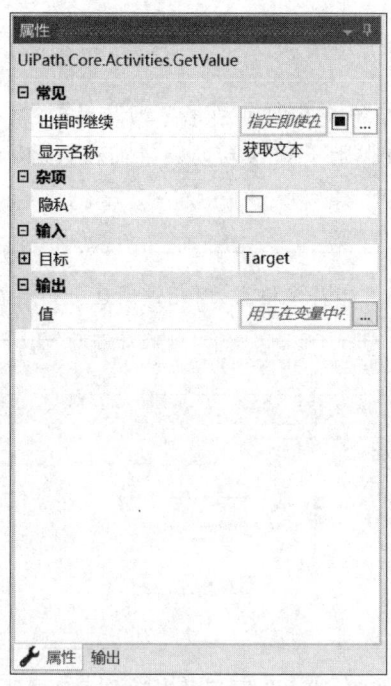

图 2-81 【获取文本】活动属性面板

【获取文本】活动主要属性及其功能如表 2-13 所示。

表 2-13 【获取文本】活动主要属性及其功能

属 性	功 能
出错时继续	指定自动化是否应该在活动出现错误时继续,该字段仅支持布尔值(True 或 False),默认值为"False"。因此,如果该字段为空白并引发错误,则项目的执行将停止。如果该值设置为"True",则无论出现任何错误,项目都会继续执行
值	用于将指定用户界面元素中的文本存储在变量中,该字段中创建的变量为通用值类型

（五）【消息框】活动

【消息框】活动是显示一个具有给定文本的消息框,其中包含各种按钮选项。在"可用—系统—对话框"类别下,如图 2-82 所示。

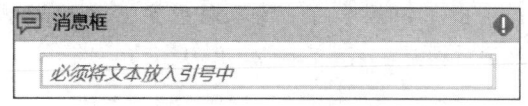

图 2-82 【消息框】活动

[例 2-11] 当投资者想去投资"贵州茅台"这只股票时,通常会去观察其股价信息,以帮助判断该股票状况。利用 UiPath 制作一个"股票信息查询机器人",提示贵州茅台的股价信息。

股票信息查询机器人

➢ 操作步骤

步骤一：在序列中添加"用户界面自动化—浏览器"类别下的【打开浏览器】活动，输入 URL 为："www.163.com"，打开该活动的属性面板，修改浏览器类型为"Chrome"，如图 2-83、图 2-84 所示。

> 【注意】输入的 URL 必须是字符串格式，因此该网址必须放在英文格式下的引号内。

图 2-83　设置【打开浏览器】活动网址

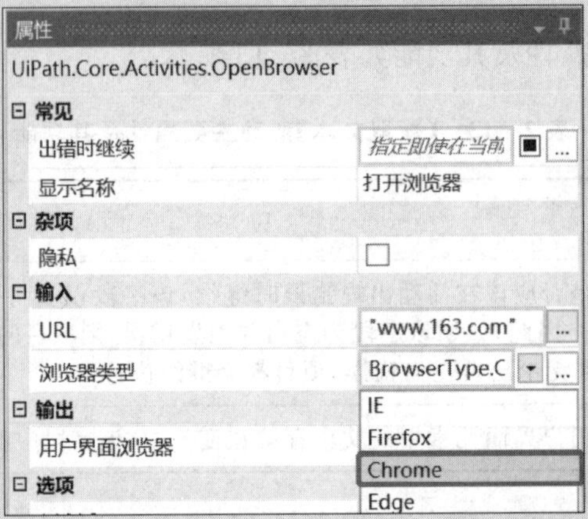

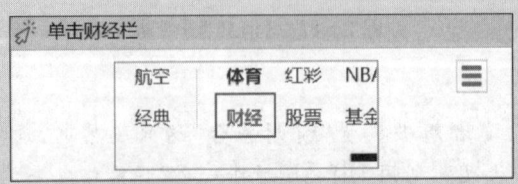

图 2-84　设置【打开浏览器】活动属性

步骤二：在"Do"序列中添加"元素—鼠标"类别下的【单击】活动，并修改该活动名称为"单击财经栏"，单击"指出浏览器中的元素"，拾取主页导航栏中的"财经"，该步骤表示令机器人模拟用户单击"财经"链接，如图 2-85 所示。

图 2-85　单击"财经"链接

步骤三：添加"用户界面自动化—元素—键盘"类别下的【输入信息】活动，并修改该活动名称为"输入股票代码"，单击"指出浏览器中的元素"，指出输入股票代码的位置，输入文本为："600519"。该步骤表示令机器人模拟用户在搜索框输入要查询的股票代码，如图2-86所示。

图2-86 输入股票代码

图2-87 单击搜索

步骤四：添加"元素—鼠标"类别下的【单击】活动，并修改该活动名称为"单击搜索"，单击此活动的"指出浏览器中的元素"，选中网易"财经"界面中的"搜索"按钮。该步骤表示令机器人模拟用户单击"搜索"按钮，如图2-87所示。

步骤五：添加"用户界面自动化—元素—控件"类别下的【获取文本】活动，并修改该活动名称为"获取股价信息"，单击"指出浏览器中的元素"，然后选中网页中贵州茅台的股价作为获取文本的目标，在该活动的属性面板输出值处设置变量"price"，该变量用于接收获取到的股价信息，变量类型为"String"。该步骤表示令机器人模拟用户操作获取贵州茅台的股价信息，具体如图2-88、图2-89和图2-90所示。

> 【注意】由于股价不断变化，为增强流程的通用性，可打开【获取文本】活动下的编辑选取器，对编辑选取器中的价格"1879.00(1.85%)(600519)"用通配符"＊"替换。

图2-88 获取股价信息

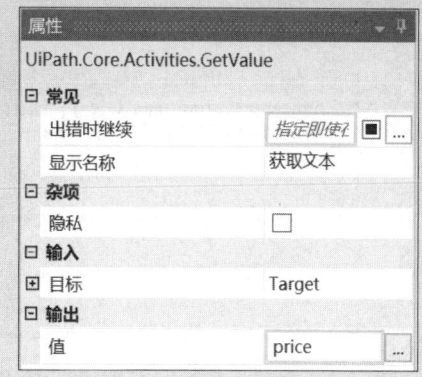

图2-89 设置【获取文本】活动属性

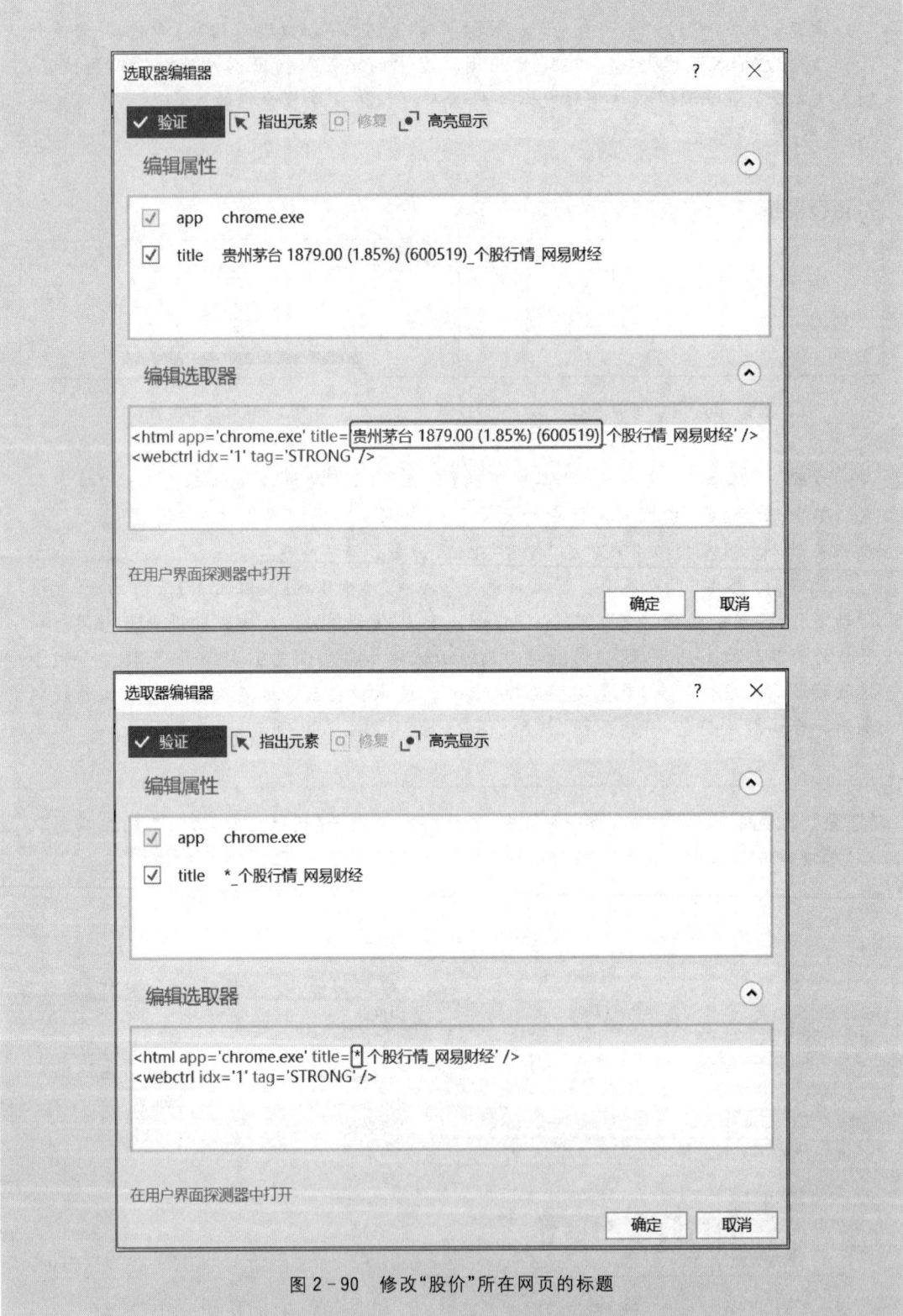

图 2-90　修改"股价"所在网页的标题

步骤六：添加"系统—对话框"类别下的【消息框】活动，输入文本："贵州茅台今日股价为"＋price｜"元。"。该步骤表示令机器人对自动获取到的贵州茅台股价信息进行反馈，如图 2-91 所示。

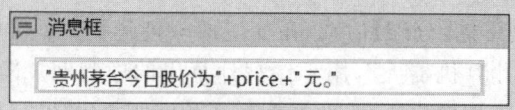

图 2-91　添加【消息框】活动输出股价信息

步骤七：输出结果。点击"调试文件"按钮，股票信息查询机器人即会通过消息框弹出贵州茅台今日股价，如图 2-92 所示。

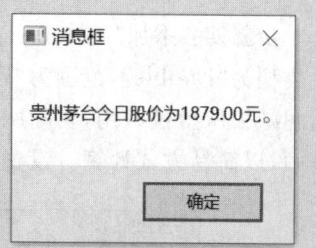

图 2-92　消息框提示贵州茅台今日股价

任务实施

步骤一：添加"System—Activities—Statements"类别下的【序列】活动，修改名称为"RPA 利润计算机器人"。为进行利润计算，首先需要获取收入等相关数据。在序列中添加"系统—对话框"类别下的【输入对话框】活动，在显示名称中增加"（输入总收入）"。对话框标题设置为："输入相关数据"，输入标签设置为："请输入公司本年总收入："，在已输入的值选项框中右击创建变量："收入"，右击创建的变量为通用变量，类型为"String"，为方便后续公式中直接运用此变量进行计算，修改变量类型为"Double"，用于储存输入的总收入数据，如图 2-93 所示。

图 2-93　添加【输入对话框】活动（输入总收入）　　图 2-94　添加【输入对话框】活动（输入成本费用）

步骤二：添加"系统—对话框"类别下的【输入对话框】活动，在显示名称中增加"（输入成本费用）"。对话框标题设置为："输入相关数据"，输入标签设置为："请输入公司本年成本费用："，在已输入的值选项框中右击创建变量"成本费用"，修改变量类型为"Double"，用于储存输入的成本费用数据，如图 2-94 所示。

步骤三：开始计算利润等指标，添加"工作流—控件"类别下的【分配】活动，在变量面板创

图 2-95　设置【分配】活动
　　　　　计算利润

建变量："利润"，变量类型为"Double"，范围为"RPA 利润计算机器人"，用于储存计算出的利润。由于利润、收入、成本费用几个变量均为 Double 类型，可直接计算，因此设置【分配】活动，令"利润＝收入－成本费用"，如图 2-95 所示。

　　步骤四：添加"工作流—控件"类别下的【分配】活动，在变量面板创建变量："净利润"，变量类型为"Double"，范围为"RPA 利润计算机器人"，用于储存计算出的净利润。净利润等于利润减去所得税费用，实际所得税计算工作较为复杂，此处暂时不考虑所得税计算过程中的调整额，以简易方式计算。设置【分配】活动，令"净利润＝利润＊（1－0.25）"，如图 2-96 所示。

图 2-96　设置【分配】活动计算净利润　　　图 2-97　设置【分配】活动计算净利率

　　步骤五：添加"工作流—控件"类别下的【分配】活动，在变量面板创建变量："净利率"，变量类型为"Double"，范围为"RPA 利润计算机器人"，用于储存计算出的净利率。净利率等于净利润与总收入的比值。设置【分配】活动，令"净利率＝净利润/收入"，如图 2-97 所示。

　　步骤六：至此，利润指标已经计算完成，结果均储存在对应的变量中，需要输出。添加"系统—对话框"类别下的【消息框】活动，在显示名称中增加"（输出结果）"。输入文本设置为："公司经营利润分析情况如下："＋vbcrlf＋"（1）利润总额："＋利润.ToString＋"元"＋vbcrlf＋"（2）净利润："＋净利润.ToString＋"元"＋vbcrlf＋"（3）净利率："＋formatpercent（净利率.ToString）。其中，"vbcrlf"为换行语法，"formatpercent()"是将数值转换成百分数形式的函数。当运行完成及计算结束，会弹出消息框，显示计算结果，如图 2-98 所示。

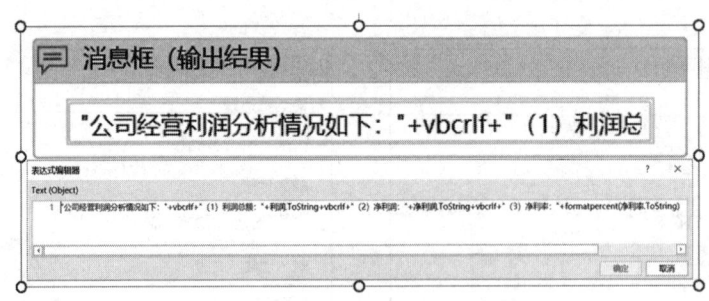

图 2-98　设置【消息框】活动输出结果

　　步骤七：输出结果。点击"调试文件"，在弹出的输入对话框内输入收入为"3 000 000"，成本费用为"2 500 000"，运行结果如图 2-99 所示。

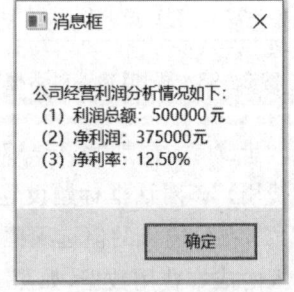

图 2-99　公司经营利润分析情况

任务四 条件分支活动认知

 任务场景

根据《税法》规定,居民取得的工资薪金所得,应当按照累计预扣法计算预扣税款,计算公式为:本期应预扣预缴税额=(累计预扣预缴应纳税所得额×预扣-速算扣除数)-累计减免税额-累计已预扣预缴税额。累计减免税额符合个人所得税减免税情况才扣除,本案例不考虑累计减免税额。要求使用 UiPath 设计一个"居民工资薪金所得计算"机器人计算个人所得税。

 任务准备

一、【IF 条件】活动

(一)【IF 条件】活动概述

UiPath 条件分支活动

【IF 条件】活动是 UiPath 提供的条件分支活动之一,活动包含 Condition、Then、Else。在流程执行的过程中先判断 Condition 中的条件,如果条件判断结果为"True",则执行"Then"中的活动;如果条件判断结果为"False",则执行"Else"中的活动。【IF 条件】活动位于"可用—System—Activities—Statements"类别下,如图 2-100 所示。

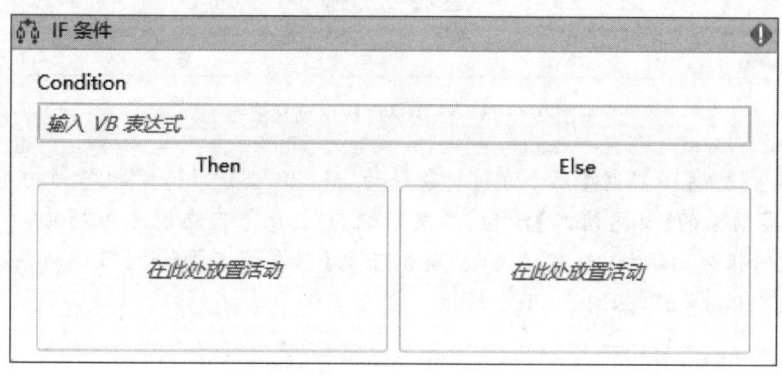

图 2-100 【IF 条件】活动介绍

例如,已知变量"a=10",在【IF 条件】活动的 Condition 内输入"a>7",则判断结果为"True",此时机器人流程执行"Then"分支内的活动。已知变量"a=3",在【IF 条件】活动的 Condition 内输入"a>7",则判断结果为"False",此时机器人流程执行 Else 分支内的活动,如图 2-101 所示。

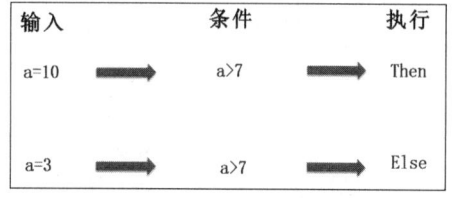

图 2-101 【IF 条件】活动案例

(二)【IF 条件】活动使用场景及适用工作流

【IF 条件】活动用于处理一些决策性质的事件,根据不同的条件执行不同的逻辑。【IF 条件】活动既可以用于流程图中,也可以用于序列中。

[例 2-12]　Z 公司为清理库存,决定打折销售一批存货。A 商品单价为 5 000 元,当购买数量大于 20 件时,商品总价打九折;小于等于 20 件时,不打折。要求:设计一个机器人来计算购买数量为 30 件商品时的总价。其中涉及的活动:【IF 条件】活动、【日志消息】活动。

➤ 操作步骤

步骤一:在序列中添加"System—Activities—Statements"类别下的【IF 条件】活动,打开变量面板创建变量"a",修改变量类型为"Int32",默认值为"30",如图 2-102 和图 2-103 所示。

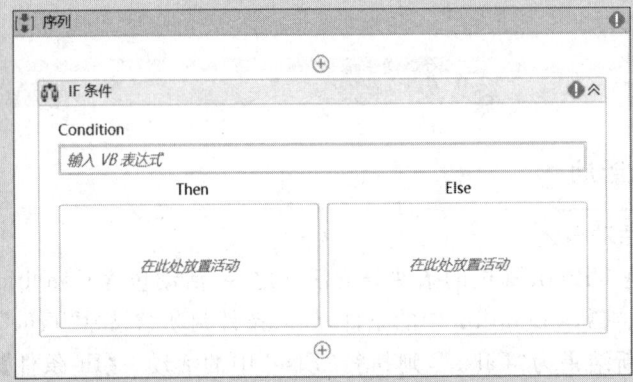

图 2-102　添加【IF 条件】活动

图 2-103　在变量面板中创建变量

步骤二:设置【IF 条件】活动的判断条件为"a>20",在"Then"执行语句内添加"编程—调试"类别下的【日志消息】活动,日志级别为"Info",日志消息为"5000 * a * 0.9"。在"Else"执行语句内添加"编程—调试"类别下的【日志消息】活动,日志级别为"Info",日志消息为"5000 * a",如图 2-104 所示。

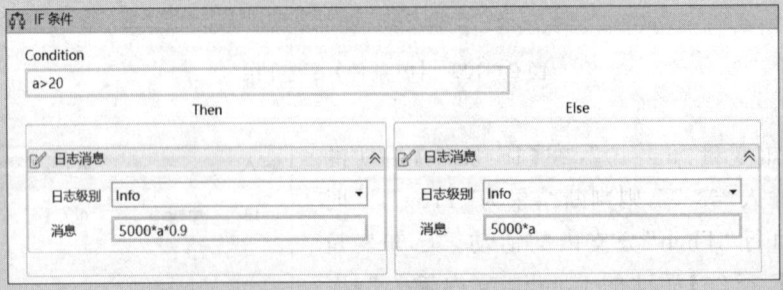

图 2-104　【IF 条件】判断设置

步骤三：【日志消息】活动输出结果，如图2-105所示。

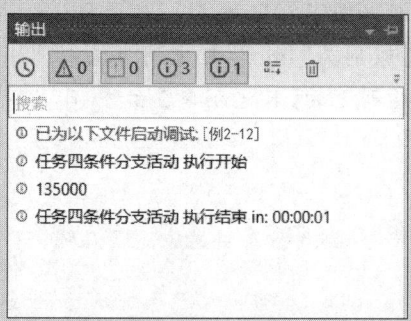

图2-105 【日志消息】活动输出结果

[**例2-13**] Z公司为清理库存，决定打折销售一批存货。A商品单价为5 000元，当购买数量大于20件时，商品总价打九折，小于等于20件时，不打折。要求：设计一个机器人，能接收用户输入的购买数量，并计算购买数量为25件时的总价。其中涉及的活动：【输入对话框】活动、【IF 条件】活动和【日志消息】活动。

➤ **操作步骤**

步骤一：在序列中添加一个"系统—对话框"类别下的【输入对话框】活动，设置该活动的对话框标题为："购买件数"，输入标签为："请输入购买件数"，输入类型为"文本框"。在已输入的值中创建变量"a"，如图2-106所示。

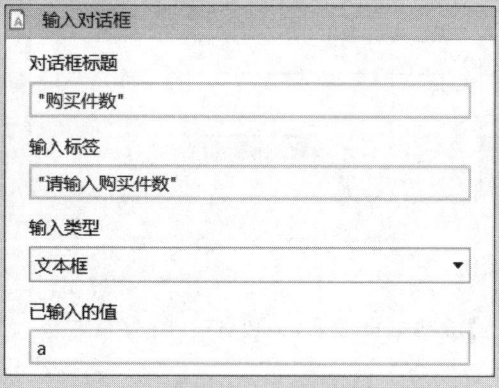

图2-106 【输入对话框】活动设置

步骤二：打开变量面板，修改变量类型为"Int32"，如图2-107所示。

名称	变量类型	范围	默认值
a	Int32	序列	输入 VB 表达式
变量 参数 导入			🖑 🔍 100% ⌄

图2-107 在变量面板修改变量类型

步骤三：继续添加"System—Activities—Statements"类别下的【IF 条件】活动，设置【IF 条件】活动的判断条件为"a＞20"，在"Then"执行语句内添加"编程—调试"类别下的【日志消息】活动，日志级别为"Info"，日志消息为"5000＊a＊0.9"。在 Else 执行语句内添加"编程—调试"类别下的【日志消息】活动，日志级别为"Info"，日志消息为"5000＊a"。

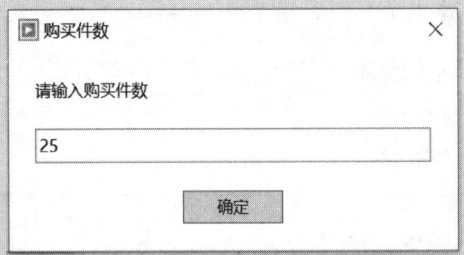

图 2-108　【IF 条件】判断设置

步骤四：点击"调试文件"，根据机器人弹出的文本框输入数量"25"，如图 2-109 所示。

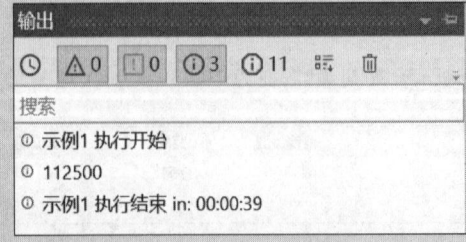

图 2-109　输入购买件数

步骤五：【日志消息】活动输出结果，如图 2-110 所示。

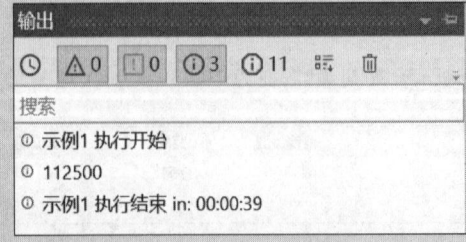

图 2-110　【日志消息】活动输出结果

二、【流程决策】活动

(一)【流程决策】活动概述

【流程决策】活动是当满足流程决策指定条件时,执行两个分支之一的活动。默认情况下,分支的名称为"True"和"False",该名称可以在属性面板中修改。流程决策活动位于"可用—工作流—流程图"类别下,具体如图 2-111 和图 2-112 所示。

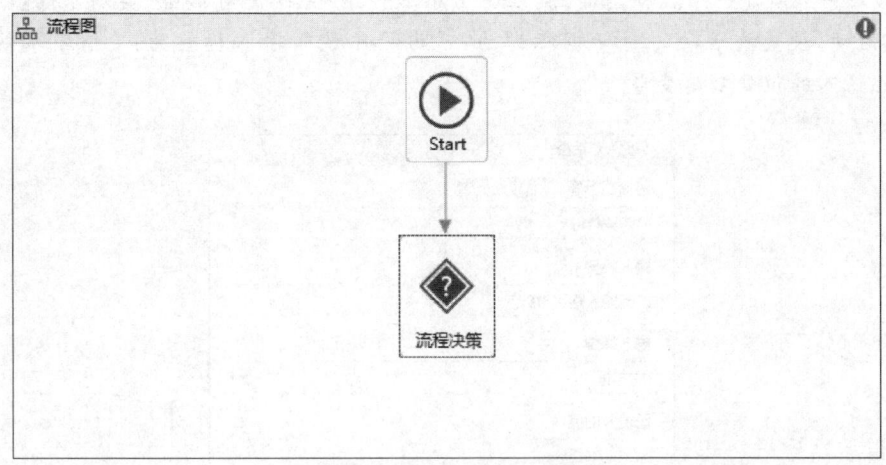

图 2-111 【流程决策】活动

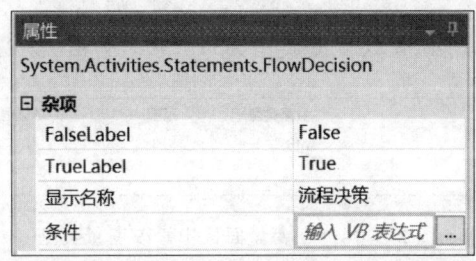

图 2-112 【流程决策】活动属性面板

【流程决策】活动主要属性及其功能如表 2-14 所示。

表 2-14 【流程决策】活动主要属性及其功能

属　　性	功　　能
TrueLabel	默认情况下,此项填写为"True",此处添加的字符串不必放在引号之间
FalseLabel	默认情况下,此项填写为"False",此处添加的字符串不必放在引号之间
条件	在执行两个分支之一之前要分析的条件,该字段仅支持布尔表达式

(二)【流程决策】活动使用场景及适用工作流

流程决策可以用于处理一些决策性质的事件,相当于【IF 条件】活动。但是流程决策只能在流程图中使用,不能单独添加在序列内。

［**例 2－14**］ Z公司为清理库存，决定打折销售一批存货。A 商品单价为 5 000 元，当购买数量大于 20 件时，商品总价打九折，小于等于 20 件时，不打折。设计一个机器人能接收用户输入的购买数量，并计算购买商品数量为 15 件时的总价。其中涉及的活动：【输入对话框】活动、【流程决策】活动和【日志消息】活动。

➢ **操作步骤**

步骤一：新建一个流程图，在流程图中添加一个“系统—对话框”类别下的【输入对话框】活动，设置该活动的对话框标题为："购买件数"，输入标签为："请输入购买件数"，已输入的值处创建变量“a”。

输入对话框
对话框标题
"购买件数"
输入标签
"请输入购买件数"
输入类型
文本框
已输入的值
a

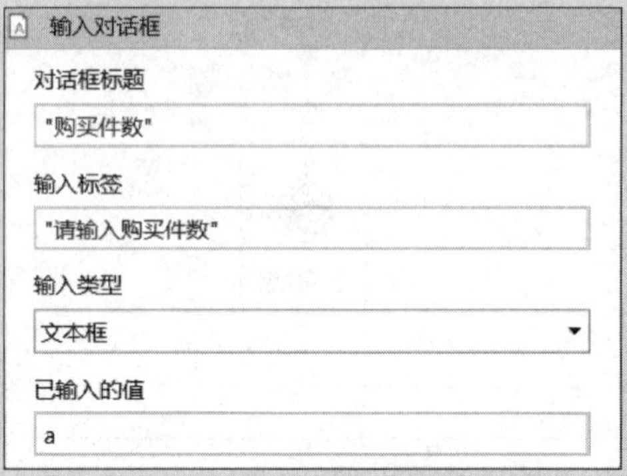

图 2－113　【输入对话框】活动设置

步骤二：打开变量面板，修改变量类型为“Int32”，如图 2－114 所示。

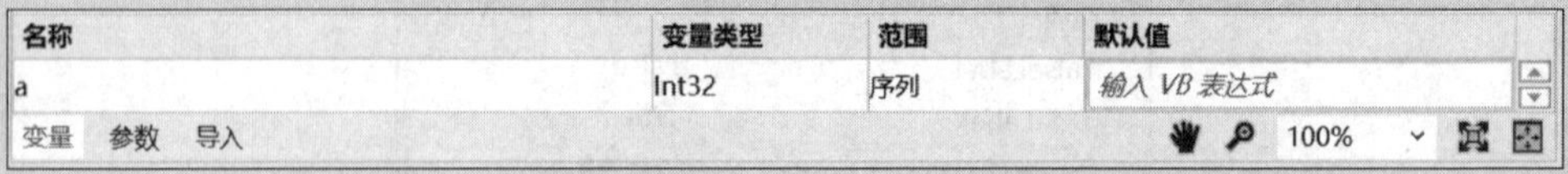

名称
变量类型
范围
默认值
a
Int32
序列
输入 VB 表达式
变量
参数
导入
100%

图 2－114　在变量面板中修改变量类型

步骤三：继续添加一个“工作流—流程图”类别下的【流程决策】活动，设置该活动的判断条件为“a>20”，如图 2－115 所示。

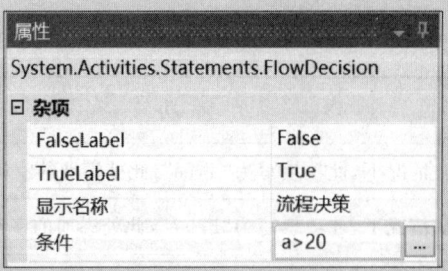

属性
System.Activities.Statements.FlowDecision
杂项
FalseLabel
False
TrueLabel
True
显示名称
流程决策
条件
a>20

图 2－115　设置【流程决策】活动判断条件

步骤四：在【流程决策】活动的“True”方向上添加一个“编程—调试”类别下的【日志消息】活动，设置该活动的日志级别为“Info”，日志消息为“5000 * a * 0.9”，如图 2－116 所示。

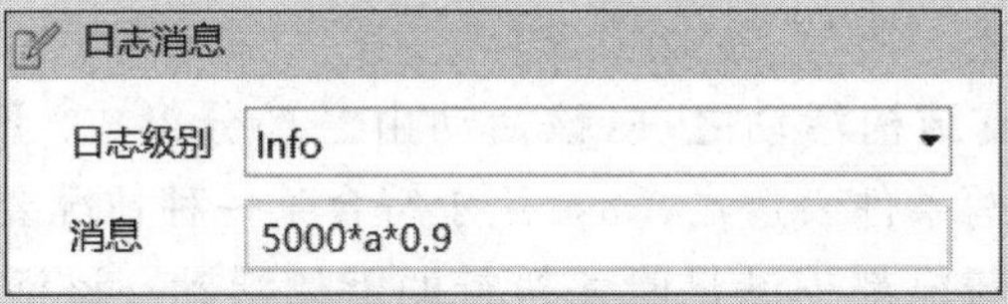

图 2 - 116 【日志消息】活动设置

步骤五：在【流程决策】活动的"False"方向上添加一个"编程—调试"类别下的【日志消息】活动，设置该活动的日志级别为"Info"，日志消息为"5000 ＊ a"，如图 2 - 117 所示。

图 2 - 117 【日志消息】活动设置

步骤六：点击"调试文件"，根据机器人弹出的文本框输入"15"，如图 2 - 118 所示。

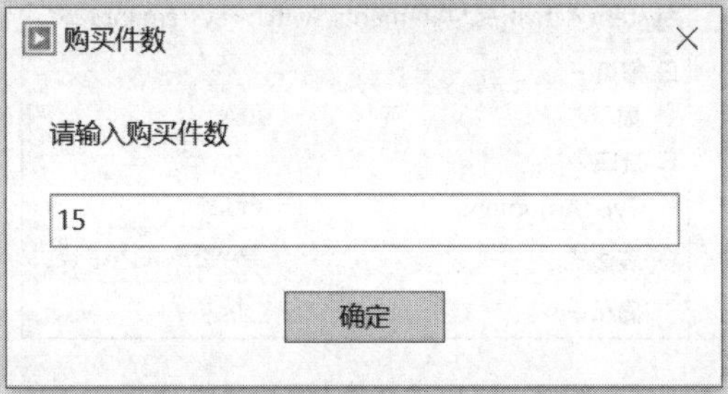

图 2 - 118 输入购买件数

步骤七：【日志消息】活动输出结果，如图 2 - 119 所示。

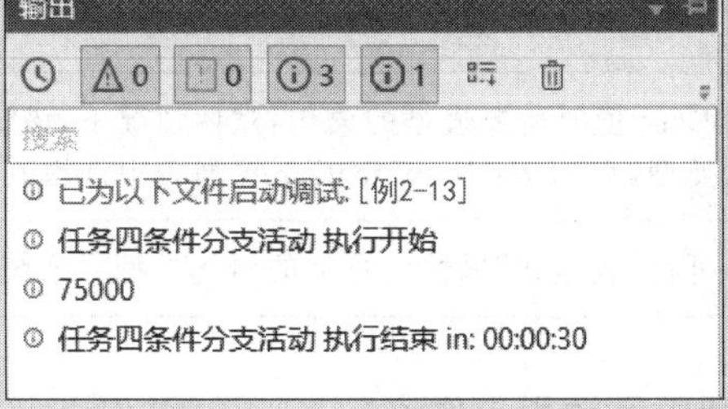

图 2 - 119 【日志消息】活动输出结果

三、【切换】活动

(一)【切换】活动概述

【切换】活动也是分支结构活动之一,该活动由三部分组成:Expression、Default、Case。其中,Expression 用于编写条件表达式,Case 用于符合某一种情况要执行的一个或一组活动;Default 用于包含在所有情况都不满足时才执行的默认活动。该活动位于"可用—System—Activities—Statements"类别下,如图 2-120、图 2-121 所示。

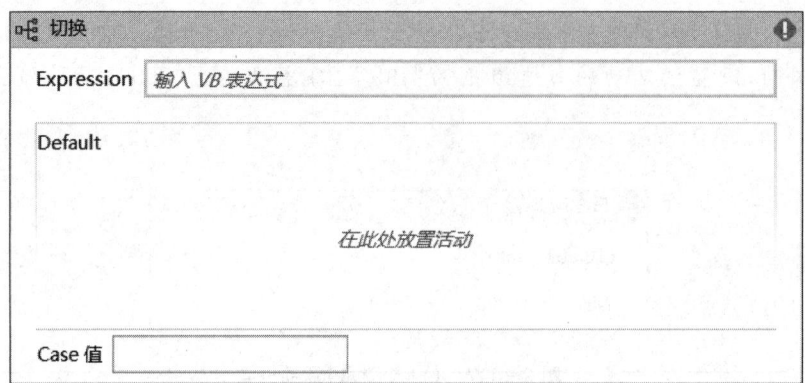

图 2-120　【切换】活动图示

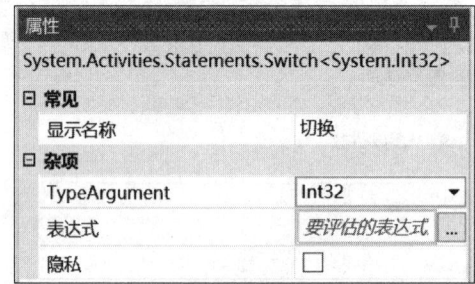

图 2-121　【切换】活动属性面板

【切换】活动主要属性及其功能如表 2-15 所示。

表 2-15　【切换】活动主要属性及其功能

属　　性	功　　能
表达式	执行某个 Case 值时所要遵循的语句,默认情况下,该字段支持的变量类型为"Int32"。若要更改类型,在"TypeArgument"下拉列表中选择其他选项
TypeArgument	用于选择可在"表达式"属性中添加的语句类型。系统默认选择 Int32

(二)【切换】活动使用场景及适用工作流

【切换】活动是多条件分支活动,专门用于根据不同的情况,选择其中一种情况执行。如果必须针对三个或以上情况进行判断,则可以使用切换活动。

[例2-15] 增值税发票类型,可分为"增值税专用发票""增值税普通发票""增值税电子普通发票"。设计一个机器人,令机器人根据用户选择的发票类型,执行输出选择的发票类型。其中涉及活动:【切换】活动、【日志消息】活动和【输入对话框】活动。

➤ **操作步骤**

步骤一:在序列中添加一个"系统—对话框"类别下的【输入对话框】活动,设置该活动的对话框标题为:"发票类型",输入标签为:"请选择发票类型",输入类型选择:"多选",输入选项输入:"增值税专用发票;增值税普通发票;增值税电子发票",在已输入的值处创建变量"a",如图2-122所示。

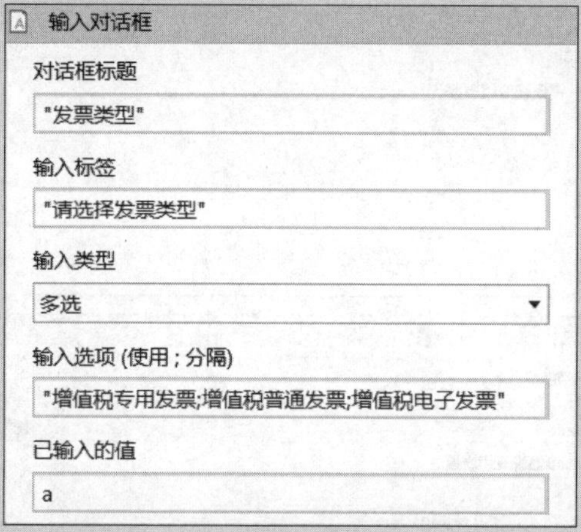

图2-122　【输入对话框】活动设置

步骤二:继续添加一个"System—Activities—Statements"类别下的【切换】活动,将该活动的属性"TypeArgument"更改为"String",在表达式中输入变量"a",如图2-123和图2-124所示。

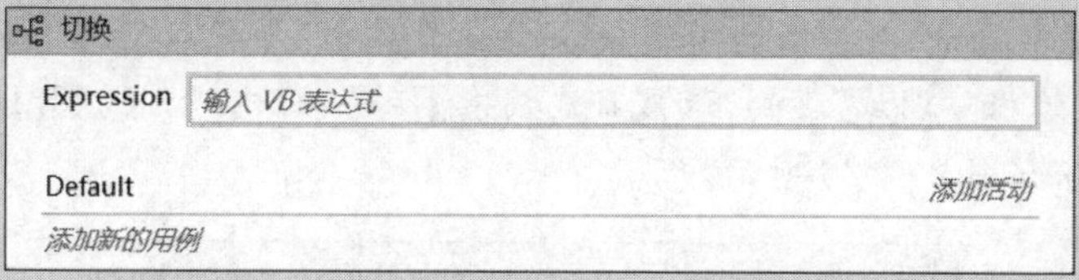

图2-123　【切换】活动图示

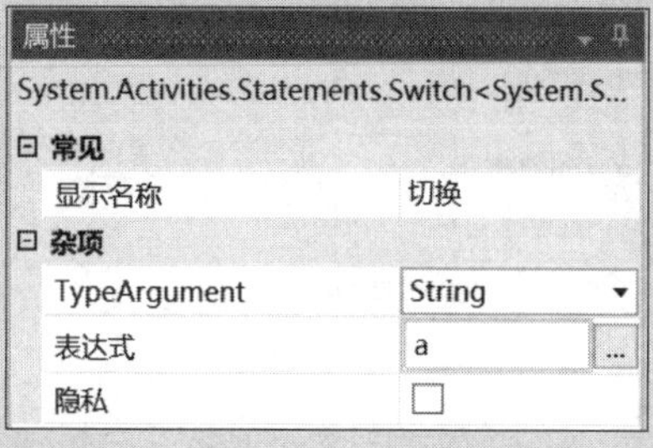

图2-124　【切换】活动属性面板设置

步骤三：在【切换】活动处单击"添加新的用例"，Case 值更改为"增值税专用发票"，然后在该分支下添加一个"编程—调试"类别下的【日志消息】活动，日志级别为"Info"，消息为："增值税专用发票"，如图 2-125 所示。

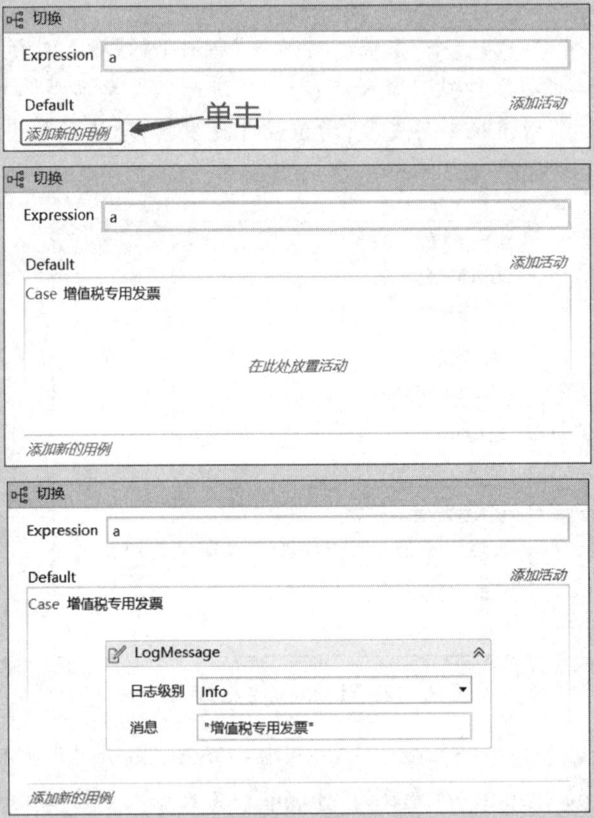

图 2-125 添加增值税专用发票用例

步骤四：继续点击"添加新的用例"，Case 值更改为"增值税普通发票"，然后在该分支下添加一个"编程—调试"类别下的【日志消息】活动，日志级别为"Info"，消息为："增值税普通发票"，如图 2-126 所示。

图 2-126 添加增值税普通发票用例

步骤五：继续点击"添加新的用例"，Case 值更改为"增值税电子发票"，然后在该分支下添加一个"编程—调试"类别下的【日志消息】活动，日志级别为"Info"，消息为："增值税电子发票"。

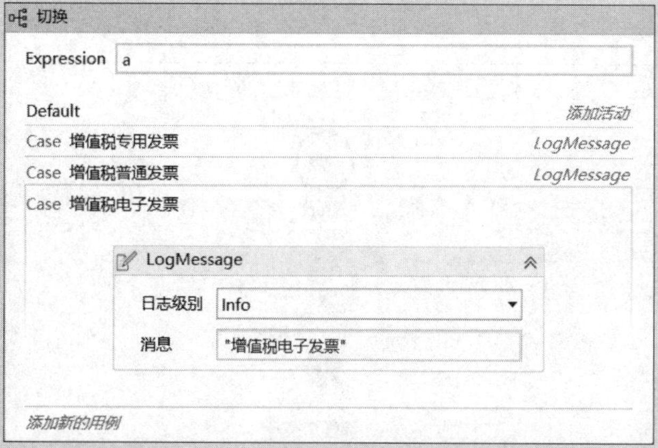

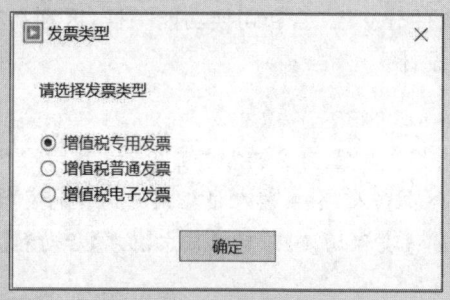

图 2 - 127　添加增值税电子发票用例

步骤六：点击"调试文件"，根据机器人弹出的文本框选择"增值税专用发票"，如图 2 - 128 所示。

图 2 - 128　选择发票类型

步骤七：【日志消息】活动输出结果，如图 2 - 129 所示。

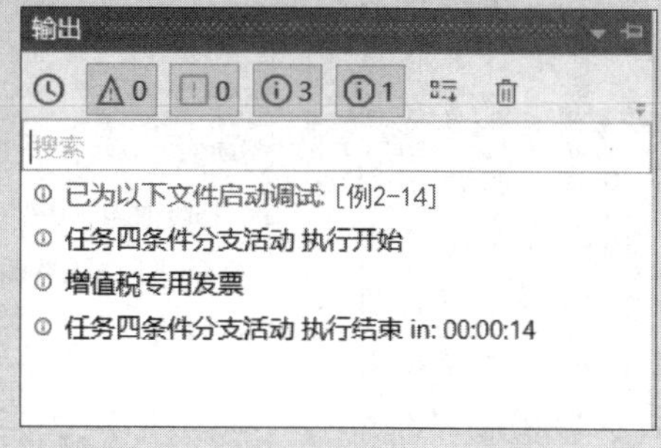

图 2 - 129　【日志消息】活动输出结果

四、【流程切换】活动

(一)【流程切换】活动概述

【流程切换】活动是为一种特定于流程图的活动,可控制三个或更多个分支,并根据指定条件择一执行。流程切换活动位于"可用—工作流—流程图"类别下,如图 2-130 所示。

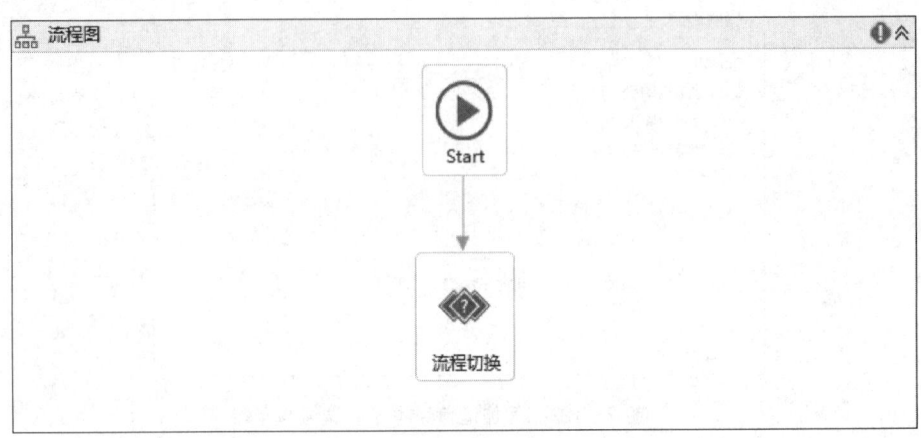

图 2-130　【流程切换】活动图示

(二)【流程切换】活动使用场景及适用工作流

【流程切换】活动是多条件分支活动,和切换功能一样,区别在于流程切换仅在流程图中使用,一般用于大型程序逻辑设计。

[例 2-16]　增值税发票类型,可分为"增值税专用发票""增值税普通发票""增值税电子普通发票"。设计一个机器人,令机器人根据用户选择的发票类型,执行输出选择的发票类型。其中涉及的活动:【流程切换】活动、【日志消息】活动和【输入对话框】活动。

➤ 操作步骤

步骤一:新建一个流程图,在流程图中添加一个"系统—对话框"类别下的【输入对话框】活动,设置该活动的对话框标题为:"发票类型",输入标签为:"请选择发票类型",输入类型选择:"多选",输入选项输入:"增值税专用发票;增值税普通发票;增值税电子发票",在已输入的值中创建变量"a",如图 2-131 所示。

步骤二:继续添加一个"工作流—流程图"类别下的【流程切换】活动,将该活动的属性"TypeArgument"更改为"String",输入表达式为"a",如图 2-132 和图 2-133 所示。

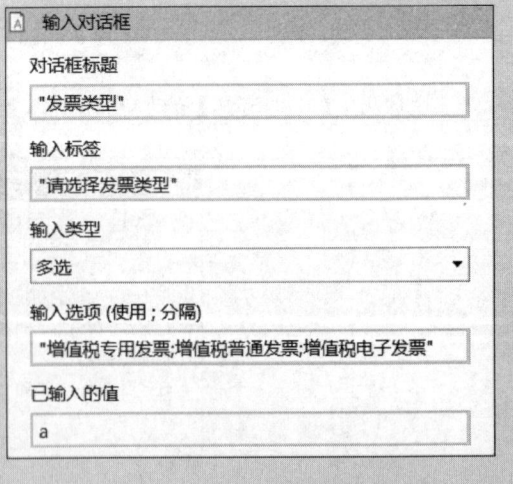

图 2-131　【输入对话框】活动设置

图 2 - 132　添加【流程切换】活动

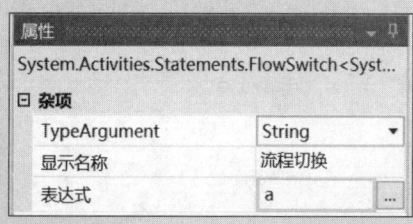

图 2 - 133　【流程切换】活动属性面板设置

步骤三：添加一个"编程—调试"类别下的【日志消息】活动连接"工作流—流程图"类别下的【流程切换】活动，该条连接线为"Default"，设置【日志消息】活动的日志级别为"Info"，消息为："增值税电子普通发票"，如图 2 - 134 所示。

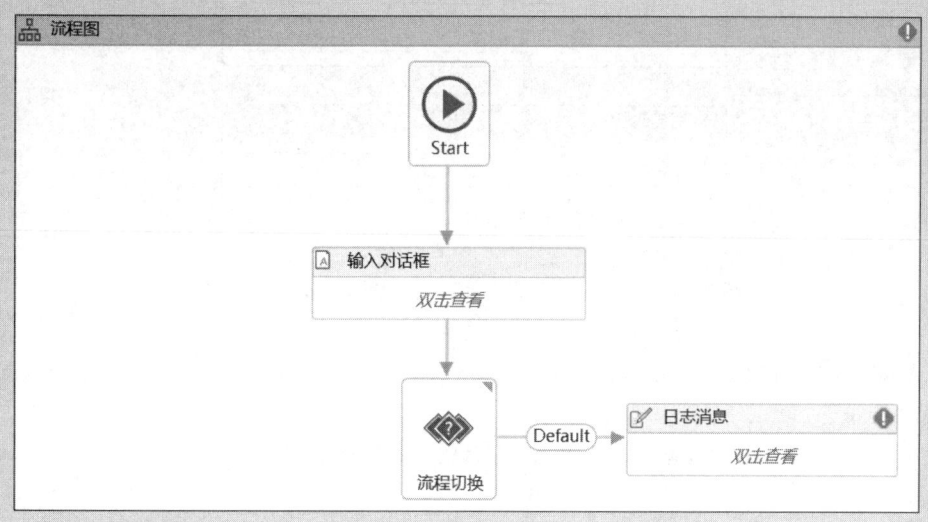

日志消息

日志级别	Info ▼
消息	"增值税电子普通发票"

图 2-134　增值税电子普通发票的设置

步骤四：添加一个"编程—调试"类别下的【日志消息】活动连接"工作流—流程图"类别下的【流程切换】活动,连接线的 Case 值更改为:"增值税专用发票",设置该活动的日志级别为"Info",消息为:"增值税专用发票"。继续添加一个"编程—调试"类别下的【日志消息】活动连接"工作流—流程图"类别下的【流程切换】活动,连接线的"Case"值更改为:"增值税普通发票",设置该活动的日志级别为"Info",消息为:"增值税普通发票",如图 2-135 所示。

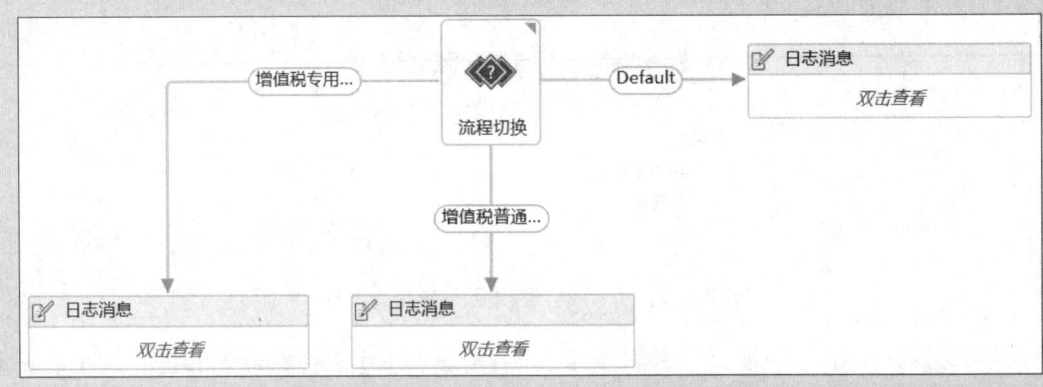

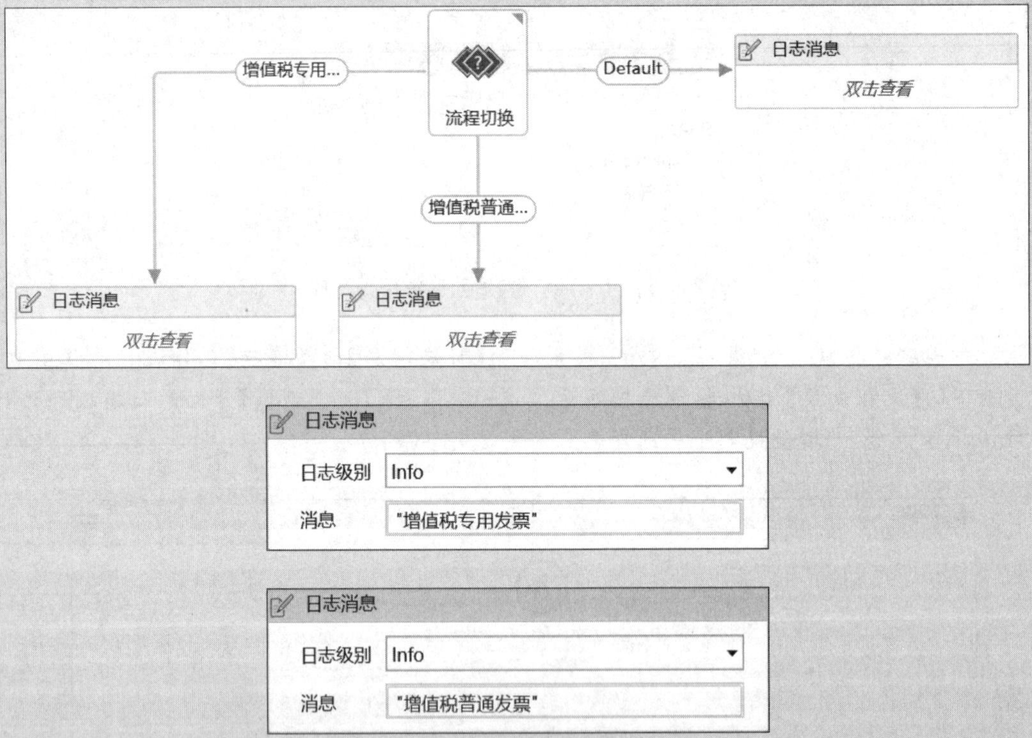

日志消息

日志级别	Info ▼
消息	"增值税专用发票"

日志消息

日志级别	Info ▼
消息	"增值税普通发票"

图 2-135　增值税专用发票和增值税普通发票的设置

步骤五：点击"调试文件",根据机器人弹出的文本框选择"增值税普通发票",如图 2-136 所示。

步骤六：【日志消息】活动输出结果,如图 2-137 所示。

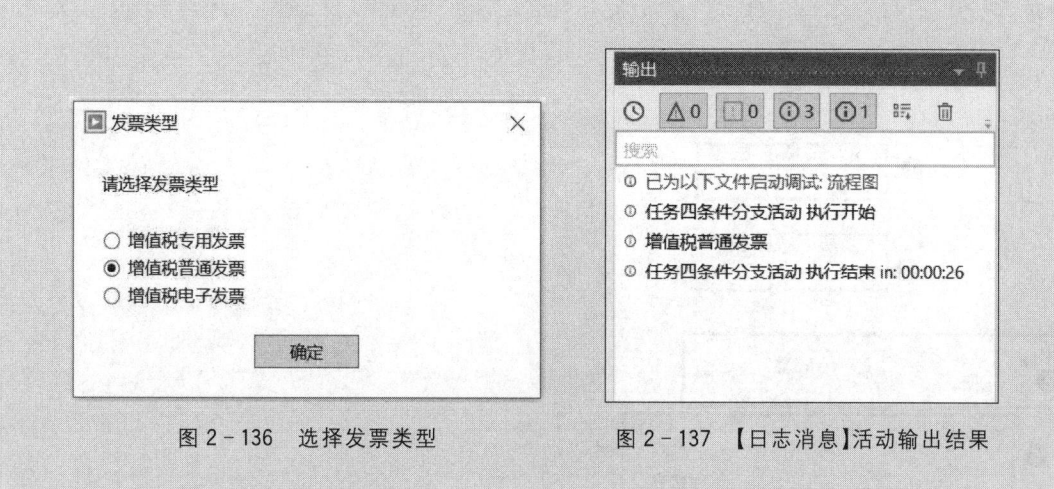

图 2-136　选择发票类型　　　　　图 2-137　【日志消息】活动输出结果

任务实施

> **操作步骤**

步骤一：在序列中添加"工作流—控件"类别下的【先条件循环】活动,输入循环条件为"True",如图2-138所示。这是一个条件永远为真的循环,如果不手动终止机器人的运行,机器人就会永远执行。

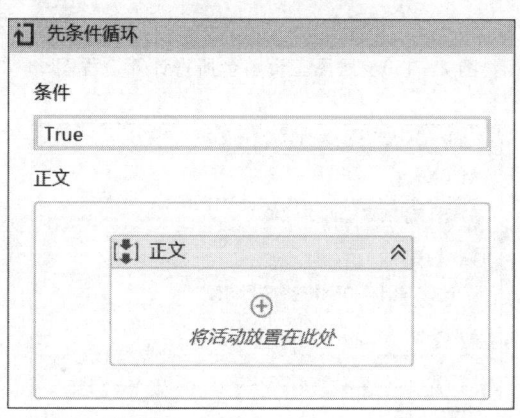

图 2-138　设置【先条件循环】活动判断条件

步骤二：在正文序列内添加"工作流—流程图"类别下的【流程图】活动,再在【流程图】活动中添加8个活动来完成整体流程设计,如图2-139所示。由于居民工资薪金所得税计算存在多重条件判断,因此可通过流程决策语句来设计流程。

步骤三：在【流程图】活动内添加一个"系统—对话框"类别下的【输入对话框】活动,并修改名称为:"输入对话框(输入累计预扣预缴应纳税所得额)"。输入对话框标题为:"累计预扣预缴应纳税所得额",输入标签为:"请输入累计预扣预缴应纳税所得额",在已输入的值处创建变量"Taxableincome",变量类型为"Double",范围为"序列",该变量用于存储用户输入的累计预扣预缴应纳税所得额,如图2-140所示。

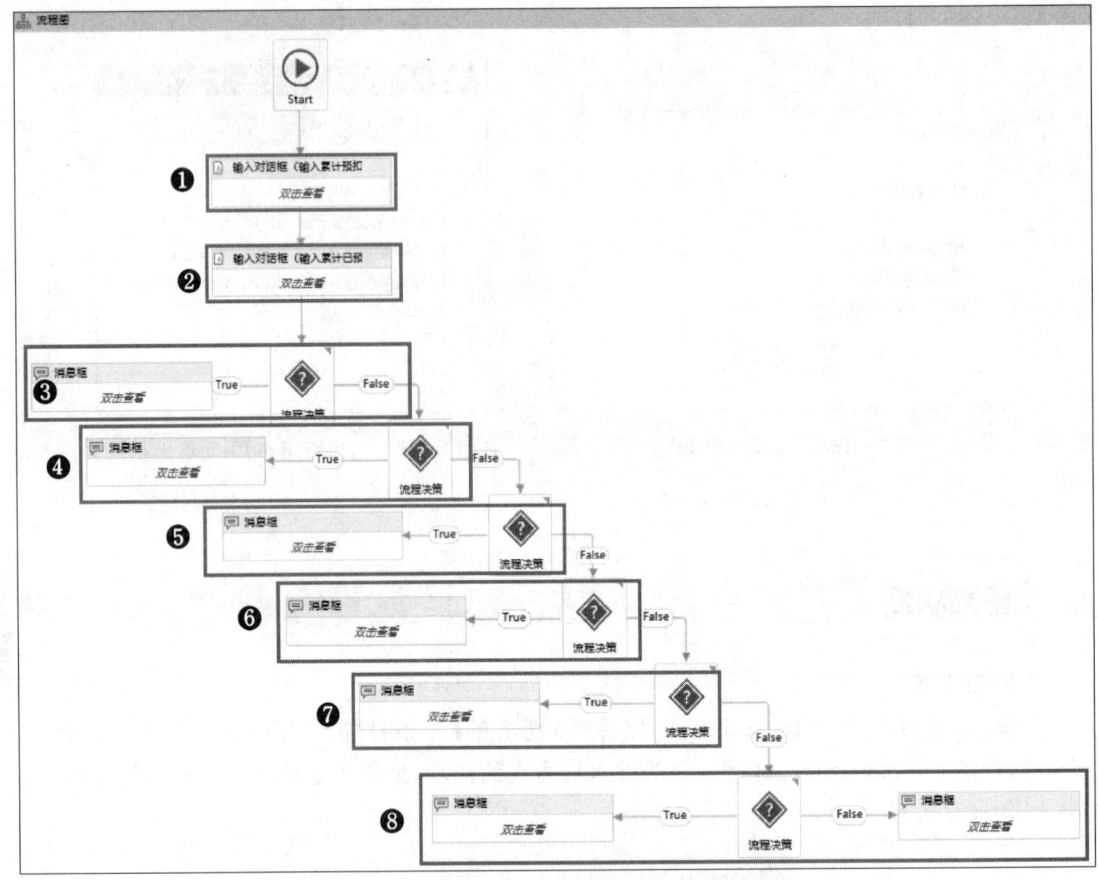

图 2-139　居民工资薪金所得计算流程图

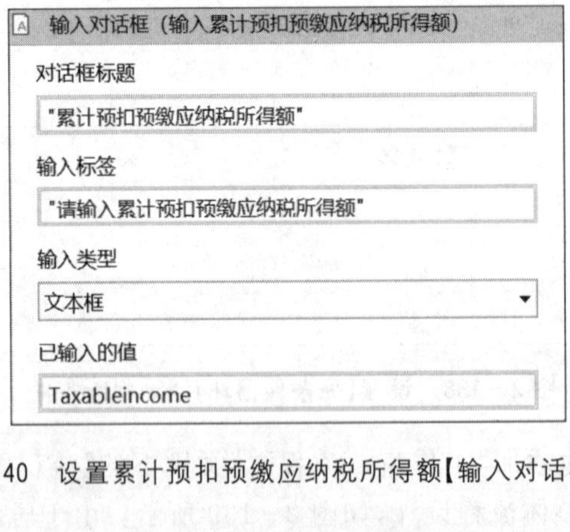

图 2-140　设置累计预扣预缴应纳税所得额【输入对话框】活动

步骤四：继续添加一个"系统—对话框"类别下的【输入对话框】活动，并修改名称为："输入对话框（输入累计已预扣预缴税额）"。输入对话框标题为："累计已预扣预缴税额"，输入标签为："请输入累计已预扣预缴税额"，在已输入的值处创建变量"Tax"，变量类型为"Int32"，范围为"序列"，该变量用于存储用户输入的累计已预扣预缴税额，如图 2-141 所示。

步骤五：在第二个【输入对话框】活动下，添加第一个"工作流—流程图"类别下的【流程决策】活动，设置判断条件"Taxableincome≤=36000"，在判断结果为"True"的方向上添加一个"系

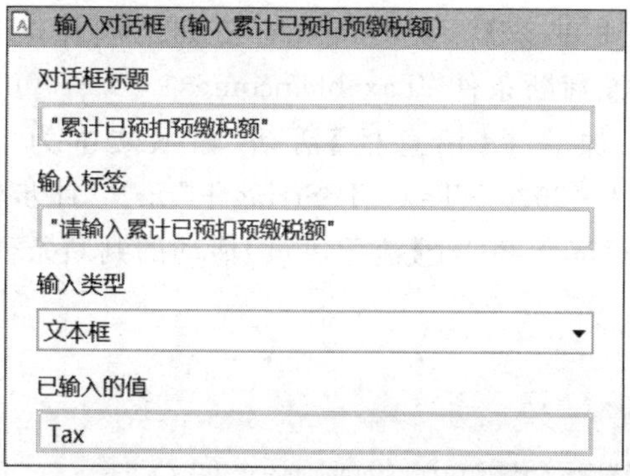

输入对话框 (输入累计已预扣预缴税额)

对话框标题

"累计已预扣预缴税额"

输入标签

"请输入累计已预扣预缴税额"

输入类型

文本框

已输入的值

Tax

图 2-141 设置累计已预扣预缴应纳税所得额【输入对话框】活动

统一对话框"类别下【消息框】活动,输入文本为:"本期应预扣预缴税额为"+(Taxableincome *
0.03 - Tax).ToString。此步骤的功能是当机器人接收的累计预扣预缴应纳税所得额符合小
于或等于 36 000 元的条件时,将计算出的个税值进行反馈,如图 2-142 和图 2-143 所示。

【注意】【消息框】活动内的提示消息应为 String 类型,因此需要对计算出的金额进行变量
转换,转换为 String 类型。转换为 String 类型变量的方法为"CStr(X)"或"X.Tostring",其
中"X"为需要转换的变量,转换结果即(Taxableincome * 0.03 - Tax).ToString。

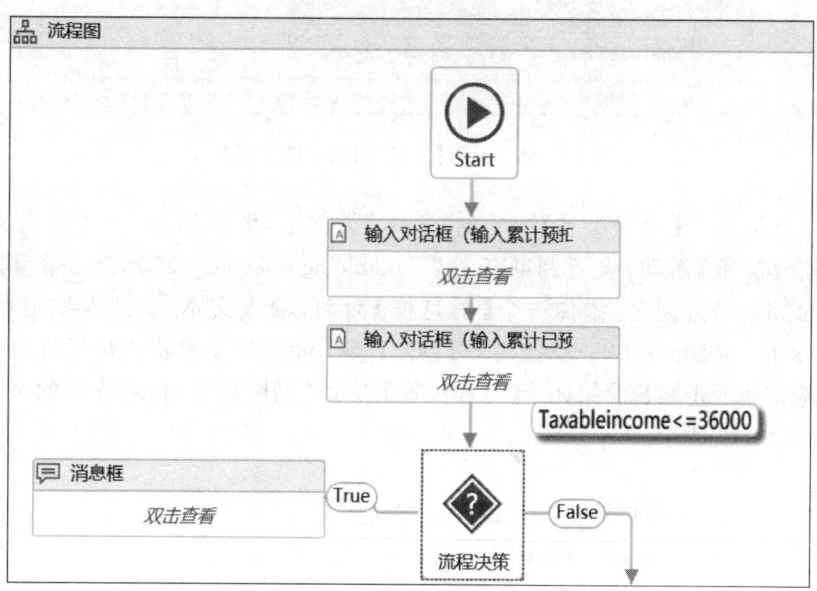

图 2-142 第一个【流程决策】活动流程图

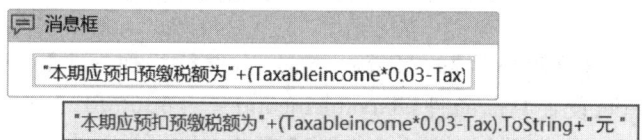

图 2-143 设置【消息框】活动提示消息

步骤六：在第一个【流程决策】活动的"False"方向上添加一个【流程决策】活动，即第二个【流程决策】活动，设置判断条件"Taxableincome≤＝144000"。在第二个【流程决策】活动的"True"方向上，添加一个【消息框】活动，输入文本为："本期应预扣预缴税额为"＋(Taxableincome * 0.1－2520－Tax).ToString＋"元"。此步骤功能是当机器人接收的累计预扣预缴应纳税所得额符合第二个【流程决策】活动的判断条件时，将计算出的个税值进行反馈，如图 2－144 所示。

图 2－144　设置【消息框】活动提示消息

步骤七：在第二个【流程决策】活动的"False"方向上，再添加一个【流程决策】活动，即第三个【流程决策】活动，设置判断条件"Taxableincome≤＝300000"。在第三个【流程决策】活动的"True"方向上，添加一个【消息框】活动，输入文本为："本期应预扣预缴税额为"＋(Taxableincome * 0.2－16920－Tax).ToString＋"元"。此步骤功能是当机器人接收的累计预扣预缴应纳税所得额符合第三个【流程决策】活动的判断条件时，将计算的个税值结果进行反馈，如图 2－145 所示。

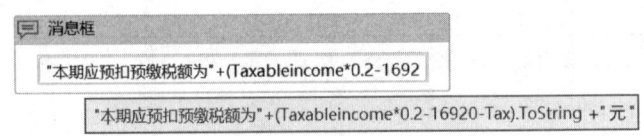

图 2－145　设置【消息框】活动提示消息

步骤八：在第三个【流程决策】活动的"False"方向上，继续添加一个【流程决策】活动，即第四个【流程决策】活动，设置判断条件"Taxableincome≤＝420000"。在第四个【流程决策】活动的"True"方向上，添加一个【消息框】活动，输入文本为："本期应预扣预缴税额为"＋(Taxableincome * 0.25－31920－Tax).ToString。此步骤功能是当机器人接收的累计预扣预缴应纳税所得额符合第四个【流程决策】活动的判断条件时，将计算的个税值结果进行反馈，如图 2－146 所示。

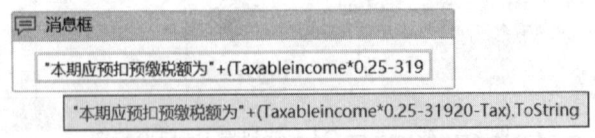

图 2－146　设置【消息框】活动提示消息

步骤九：在第四个【流程决策】的"False"方向上，继续添加一个【流程决策】活动，即第五个【流程决策】活动，设置判断条件"Taxableincome≤＝660000"。在第五个【流程决策】活动的"True"方向上，继续添加一个【消息框】活动，输入文本为："本期应预扣预缴税额"＋(Taxableincome * 0.3－52920－Tax).ToString＋"元"。此步骤功能是当机器人接收的累计预扣预缴应纳税所得额符合第五个【流程决策】活动的判断条件时,将计算的个税值结果进行反馈,如图 2－147 所示。

图 2－147 设置【消息框】活动提示消息

步骤十:在第五个【流程决策】的"False"方向上,继续添加一个【流程决策】活动,即第六个【流程决策】活动,设置判断条件"Taxableincome＜＝960000"。在第六个【流程决策】活动的"True"方向上,添加一个【消息框】活动,输入文本为:"本期应预扣预缴税额为"＋(Taxableincome ＊ 0.35－85920－Tax).ToString＋"元"。在第六个【流程决策】活动的"False"方向上,添加一个【消息框】活动,输入文本为:"本期应预扣预缴税额为"＋(Taxableincome ＊ 0.45－181920－Tax).ToString＋"元"。此步骤功能是让机器人根据接收到的累计预扣预缴应纳税所得额在第六个【流程决策】活动中进行判断,根据判断结果输出不同的个税计算额,如图 2－148 和图 2－149 所示。

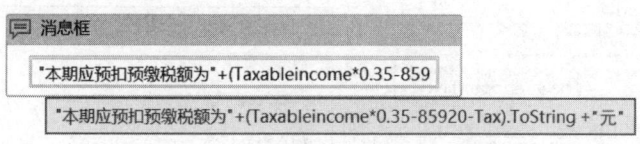

图 2－148 设置【消息框】活动提示消息

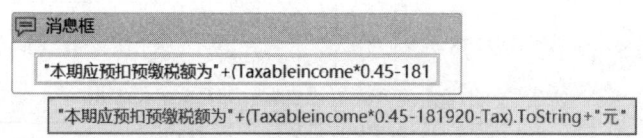

图 2－149 设置【消息框】活动提示消息

步骤十一:输出结果,如图 2－150 所示。

假设累计预扣预缴应纳税所得额为 120 000 元,累计已预扣预缴税额为 825 元,点击"调试文件",运行结果如图 2－150 所示。

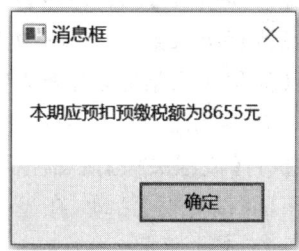

图 2－150 消息框提示本期应预扣预缴税额

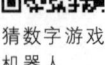

猜数字游戏
机器人

猜数字游戏机器人

【任务描述】

系统随机生成一个 1～100 的数字。用户从键盘输入一个猜测的数字，系统对用户输入的数字与随机生成的数字进行比较，若输入的数字小于随机数，则输出"猜小了"；若输入的数字大于随机数，则输出"猜大了"；若输入的数字等于随机数，则输出"恭喜你猜对啦"。请根据规则设计一个猜数字游戏机器人。

【任务开发】

步骤一：新建流程图，修改名称为"猜数字游戏机器人"，添加"工作流—控件"类别下的【分配】活动，显示名称中增加"（随机生成数字）"。接着在变量面板创建变量"随机数"，变量类型为"Int32"，范围为"猜数字游戏机器人"，用于储存系统随机生成的数字。使用"new random().Next()"函数可以随机生成指定范围内的整数，例如，"new random().Next(1,100)"可以随机生成 1～100 的正整数。设置【分配】活动，令"随机数＝new random().Next(1,100)"，目的是将随机生成的正整数赋值给变量随机数，如图 2-151 所示。

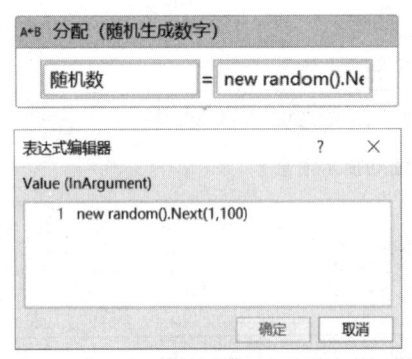

图 2-151　【分配】活动设置随机数　　　图 2-152　【输入对话框】活动输入猜测数字

步骤二：添加"系统—对话框"类别下的【输入对话框】活动，在显示名称中增加"（输入猜测数字）"。对话框标题设置为："输入数字"，输入标签设置为："请输入猜测的数字"，在已输入的值选项框中右击创建变量"猜测数"，修改变量类型为"Int32"，范围为"猜数字游戏机器人"，用于储存输入的猜测数字，如图 2-152 所示。

步骤三：添加"工作流—流程图"类别下的【流程决策】活动，设置判断条件为"猜测数＜随机数"，即猜测数小于随机数时执行【流程决策】活动左侧为真的流程——弹出消息框提示"猜小了"；当猜测数大于随机数时执行【流程决策】活动右侧为假的流程——进入下一流程决策，判断是猜大了还是猜对了，如图 2-153 所示。

步骤四：猜测数小于随机数时执行【流程决策】活动左侧为真的流程，弹出消息框提示"猜小了"。添加"系统—对话框"类别下的【消息框】活动，在显示名称中增加"（提示猜小了）"，消息框内文本设置为："猜小了"，如图 2-154 所示。

步骤五：当猜测数大于随机数时，执行【流程决策】活动右侧为假的流程——进入下一流

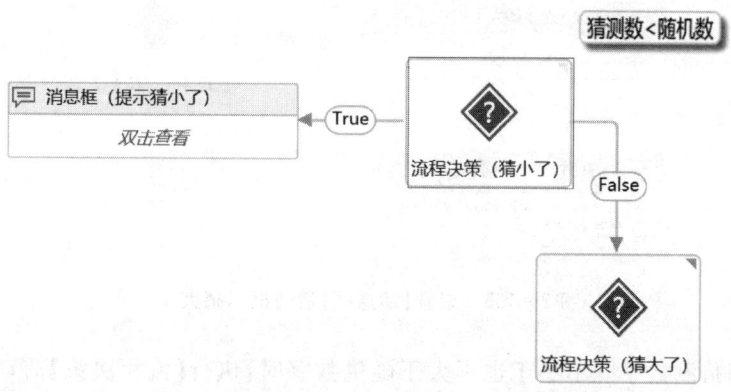

图 2-153 【流程决策】(猜小了)活动设置

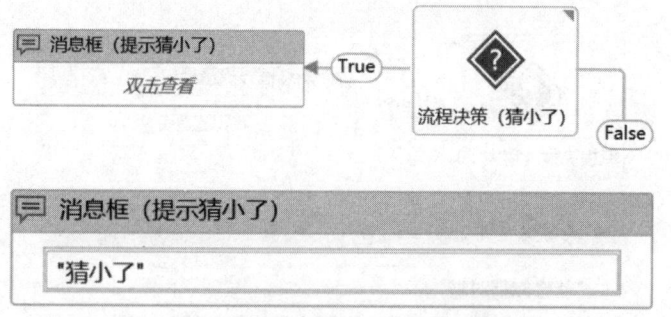

图 2-154 设置【消息框】活动提示"猜小了"

程决策,判断是猜大了还是猜对了。添加"工作流—流程图"类别下的【流程决策】活动,设置判断条件为"猜测数＞随机数",即猜测数大于随机数时执行【流程决策】活动左侧为真的流程——弹出消息框提示"猜大了";当猜测数字既不小于也不大于随机数字时,执行【流程决策】活动右侧为假的流程——弹出消息框提示"恭喜你猜对啦",如图 2-155 所示。

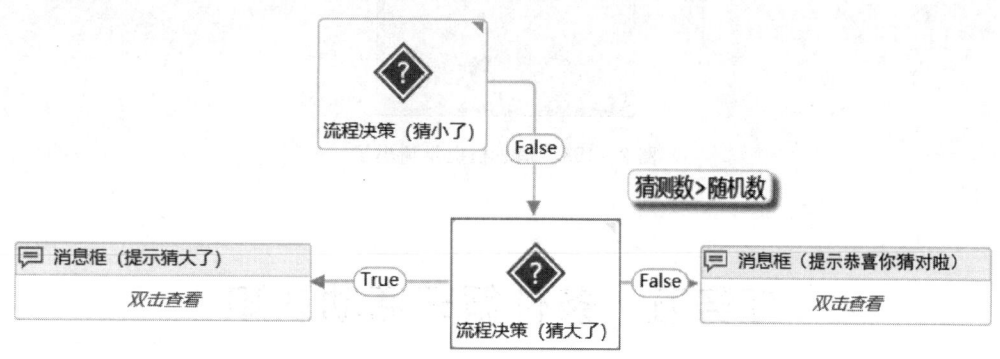

图 2-155 【流程决策】(猜大了)活动设置

步骤六:猜测数字大于随机数字时,执行【流程决策】活动左侧为真的流程——弹出消息框"提示猜大了"。添加"系统—对话框"类别下的【消息框】活动,在显示名称中增加"(提示猜大了)",消息框内文本设置为:"猜大了",如图 2-156 所示。

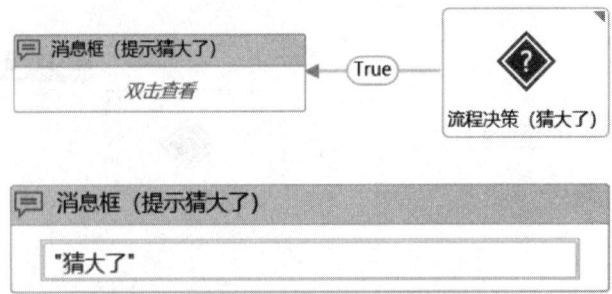

图 2 - 156　设置【消息框】活动提示猜大了

步骤七：当猜测数字既不小于也不大于随机数字时，执行【流程决策】活动右侧为假的流程——弹出消息框"提示猜对了"。添加"系统—对话框"类别下的【消息框】活动，在显示名称中增加"（提示猜对了）"，消息框内文本设置为："恭喜你猜对啦"，如图 2 - 157 所示。

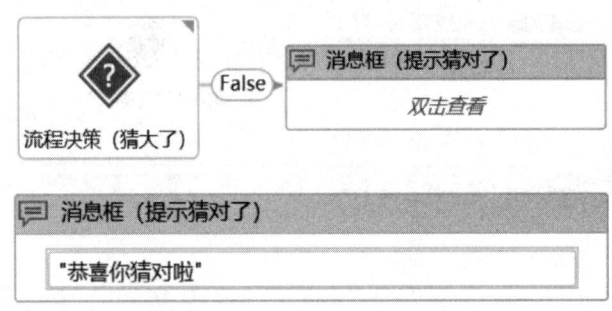

图 2 - 157　设置【消息框】活动提示猜对了

步骤八：输出结果。点击"调试文件"，输入猜测数字"10"，运行结果如图 2 - 158 所示。

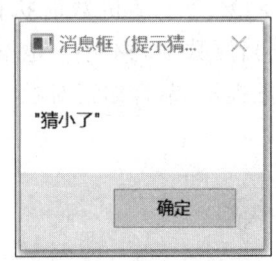

图 2 - 158　消息框提示猜小了

任务五　条件循环活动认知

条件循环活动

任务场景

根据《税法》规定，依法在中国境内成立的居民企业，征收企业所得税时适用 25% 的基本税率。而对于部分企业，可适用 20%、15% 和 10% 的征收率。例如，符合条件的小型微利企业适用20％的征收率,国家需要重点扶持的高新技术企业则适用15％的征收率。假设暂时不考虑适用15％征收率的其他类型企业以及适用10％征收率的企业,设计 RPA 企业所得税测算机器人,使其能自动计算出企业的应纳所得税额。

 任务准备

一、【先条件循环】活动概述

(一)【先条件循环】活动

【先条件循环】活动是 UiPath 的条件循环活动之一。当流程中需要满足某种条件就重复执行某项事务时,就可以使用【先条件循环】活动,如图 2-159 所示。

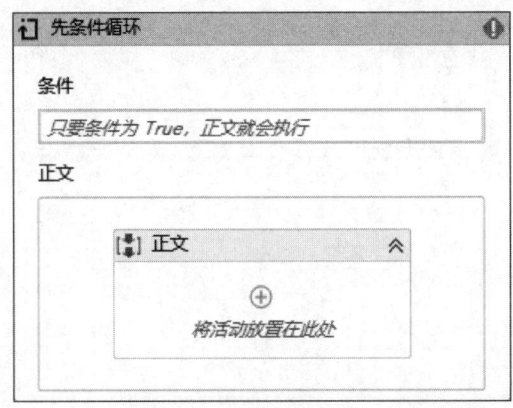

图 2-159 【先条件循环】活动

(二)【先条件循环】活动使用场景及适用工作流

【先条件循环】活动由条件和正文两部分组成,当流程执行到该活动时,程序会先执行条件,如果条件判断为"True",则继续执行正文内的活动,如此循环往复,直到条件判断为"False"时,结束循环,如图 2-160 所示。

【注意】如果【先条件循环】条件判断永远为"True",则会进入死循环。

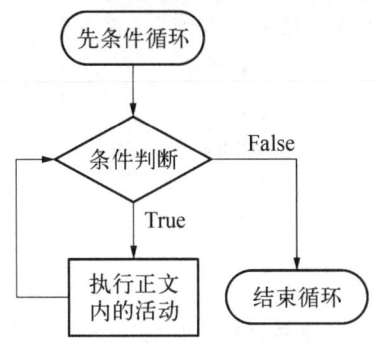

图 2-160 【先条件循环】活动介绍

[**例 2-17**]　李明购买了一款 10 000 元的理财产品,期限为 10 年,年利率为 2.75%,每年复利一次。要求设计一个机器人,计算该理财产品每年年末的本利和,并将计算结果输出。其中涉及的活动:【分配】活动、【先条件循环】活动和【日志消息】活动。

　➤ **操作步骤**

　　步骤一:添加"System—Activities—Statements"类别下的【序列】活动,在【序列】中添加"工作流—控件"类别下的【先条件循环】活动。在变量面板中创建变量"存款年限",变量类型为"Int32",范围为"序列",默认值为"1"。由于本示例中理财产品的存款年限为 10 年,因此设置【先条件循环】的条件为"存款年限<=10",如图 2-161 和图 2-162 所示。

图 2-161　【先条件循环】活动判断条件设置

名称	变量类型	范围	默认值
存款年限	Int32	序列	1
变量　参数　导入			97%

图 2-162　在变量面板中创建变量存款年限

　　步骤二:在【先条件循环】的"正文"中添加"System—Activities—Statements"类别下的【分配】活动。在变量面板中创建变量"本利和"和"本金",变量类型均为 Double,范围为"序列",其中本金的默认值设置为"10000"。设置【分配】活动,令"本利和=本金*(1+0.0275)",如图 2-163 和图 2-164 所示。

名称	变量类型	范围	默认值
存款年限	Int32	序列	1
本利和	Double	序列	输入 VB 表达式
本金	Double	序列	10000
变量　参数　导入			100%

图 2-163　在变量面板中创建变量"本利和"和"本金"

图2-164　【分配】活动设置本利和

步骤三：添加"编程—调试"类别下的【日志消息】活动，设置"日志级别"为"Info"，消息为："第"＋存款年限.ToString＋"年年末的本利和为："＋本利和.ToString＋"元"，即可输出上一步【分配】活动计算出的本利和，如图2-165所示。

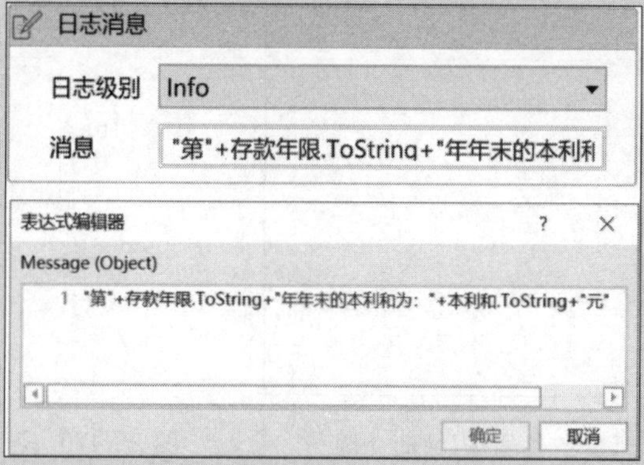

图2-165　【日志消息】活动输出本利和

步骤四：由于本示例为复利计算，因此每一年年末的本利和即为下一年年初的本金。添加"System—Activities—Statements"类别下的【分配】活动，令"本金＝本利和"，如图2-166所示。

图2-166　【分配】活动设置本金

步骤五：为控制【先条件循环】活动能进入下一年的本利和计算，添加"System—Activities—Statements"类别下的【分配】活动，令"存款年限＝存款年限＋1"，如图2-167所示。

图2-167　【分配】活动设置存款年限

步骤六：【日志消息】输出结果，如图2-168所示。

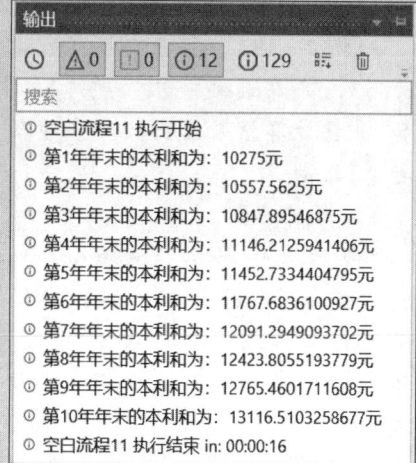

图2-168　【日志消息】活动输出每年年末本利和

二、【后条件循环】活动

(一)【后条件循环】活动概述

【后条件循环】活动也是条件循环活动。该活动和【先条件循环】活动功能类似,二者的区别是【后条件循环】活动会至少执行一遍循环体内的事务,而【先条件循环】有可能一开始条件都不满足而没有执行循环体内的事务,如图 2-169 所示。

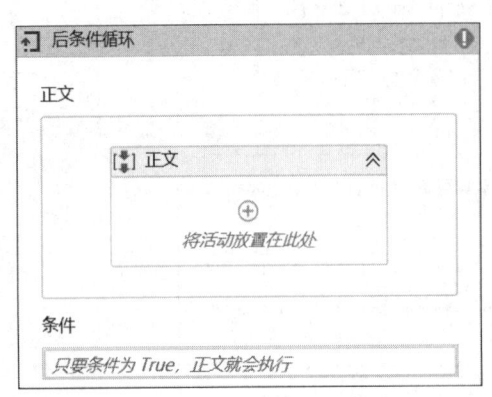

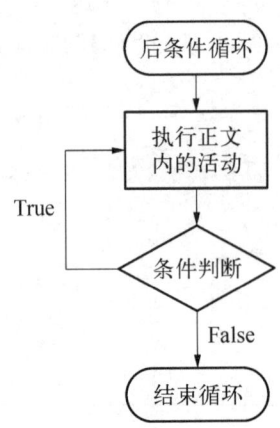

图 2-169　【后条件循环】活动介绍　　　　图 2-170　【后条件循环】活动原理

(二)【后条件循环】活动使用场景及适用工作流

【后条件循环】活动由条件和正文两部分组成,当流程执行到该活动时,程序会先执行一次正文内的活动,然后再进入条件判断,如果条件判断为"True",则继续执行正文内的活动,如此循环往复,直到条件判断为"False"时,结束循环,如图 2-170 所示。

[例 2-18]　李明购买了一款 10 000 元的理财产品,期限为 10 年,年利率为 2.75%,每年复利一次。要求设计一个机器人,计算该理财产品每年年末的本利和,并将计算结果输出。其中涉及的活动:【分配】活动、【后条件循环】活动和【日志消息】活动。

➤ 操作步骤

步骤一:添加"System—Activities—Statements"类别下的【序列】活动,在【序列】中添加"工作流—控件"类别下的【后条件循环】活动。在变量面板中创建变量"存款年限",变量类型为"Int32",范围为"序列",默认值为"1"。由于本示例中理财产品的存款年限为 10 年,因此设置【后条件循环】的条件为存款年限≤10,如图 2-171 和图 2-172 所示。

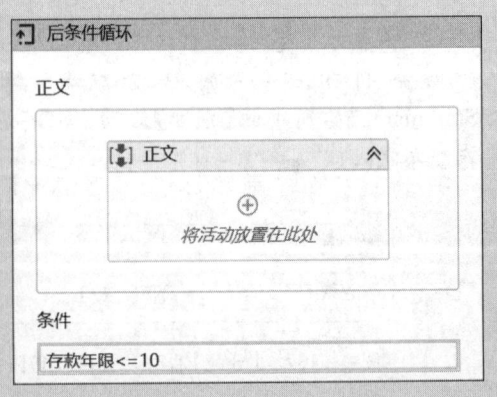

图 2-171　【后条件循环】活动判断条件设置

名称	变量类型	范围	默认值
存款年限	Int32	序列	1
变量　参数　导入			🖐 🔎 97% ⌄

图 2-172　在变量面板中创建变量存款年限

步骤二：在【后条件循环】活动的"正文"中添加"System—Activities—Statements"类别下的【分配】活动。在变量面板中创建变量"本利和"和"本金"，变量类型均为"Double"，范围为"序列"，其中本金的默认值设置为"10000"。设置【分配】活动，令"本利和＝本金 * (1＋0.0275)"，如图 2-173 和图 2-174 所示。

名称	变量类型	范围	默认值
存款年限	Int32	序列	1
本利和	Double	序列	输入 VB 表达式
本金	Double	序列	10000
变量　参数　导入			🖐 🔎 100% ⌄

图 2-173　在变量面板中创建变量"本利和"和"本金"

图 2-174　【分配】活动设置本利和

步骤三：添加"编程—调试"类别下的【日志消息】活动，设置日志级别为"Info"，消息为："第"＋存款年限.ToString＋"年年末的本利和为："＋本利和.ToString＋"元"，即可输出上一步【分配】活动计算出的本利和，如图 2-175 所示。

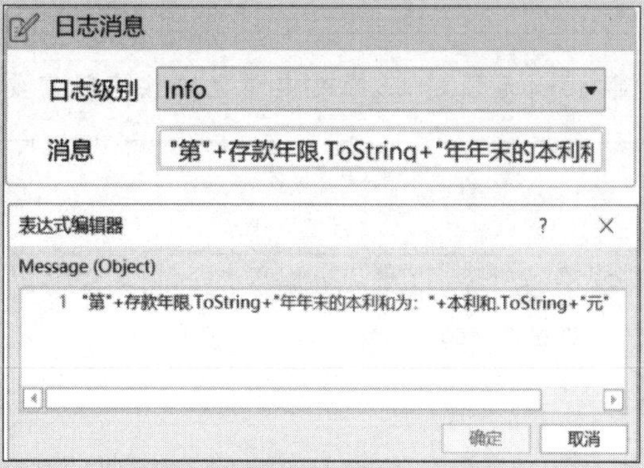

图 2-175　【日志消息】活动输出本利和

步骤四：由于本示例为复利计算，因此每一年年末的本利和即为下一年年初的本金。添加"System—Activities—Statements"类别下的【分配】活动，令"本金＝本利和"，如图 2-176 所示。

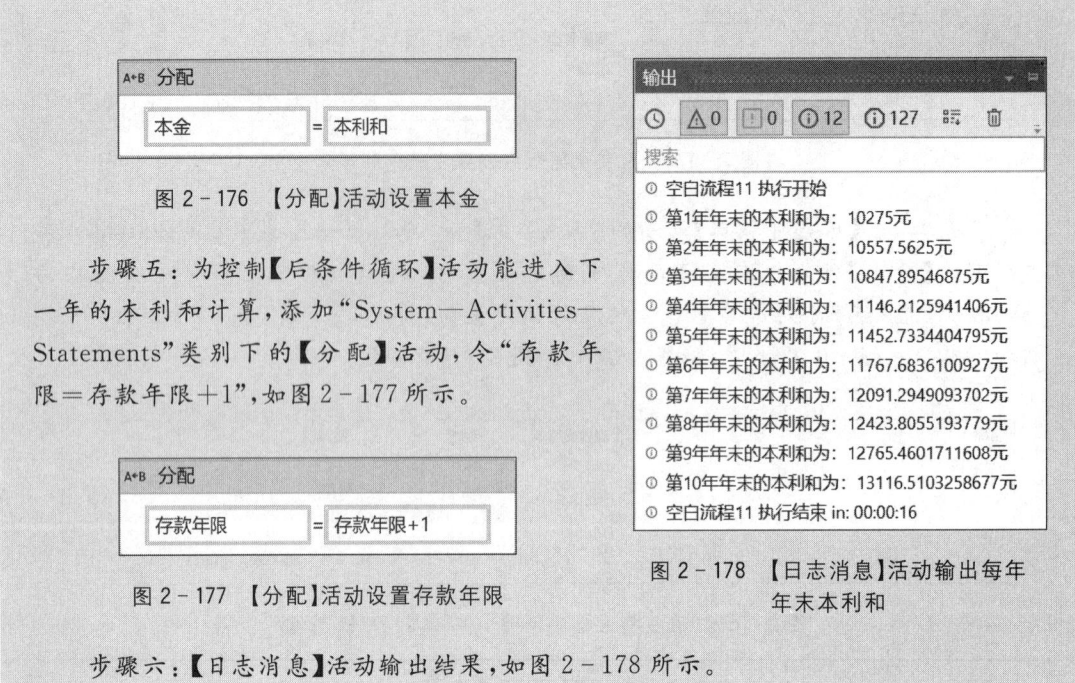

图 2-176 【分配】活动设置本金

步骤五：为控制【后条件循环】活动能进入下一年的本利和计算，添加"System—Activities—Statements"类别下的【分配】活动，令"存款年限＝存款年限＋1"，如图 2-177 所示。

图 2-177 【分配】活动设置存款年限

图 2-178 【日志消息】活动输出每年年末本利和

步骤六：【日志消息】活动输出结果，如图 2-178 所示。

三、【遍历循环】活动

【遍历循环】活动用于循环遍历集合中的每个元素。当要对某个集合中的每个元素执行相同操作时，便可使用【遍历循环】活动。当流程执行到该活动时，由变量"item"遍历表达式，取集合中的第一个元素，再执行正文内的活动，如此遍历循环，直到集合中最后一个元素执行完正文内的活动为止，如图 2-179 所示。

【注意】该活动下的变量 item 无须定义，此处变量也可按实际需要自行定义名称。

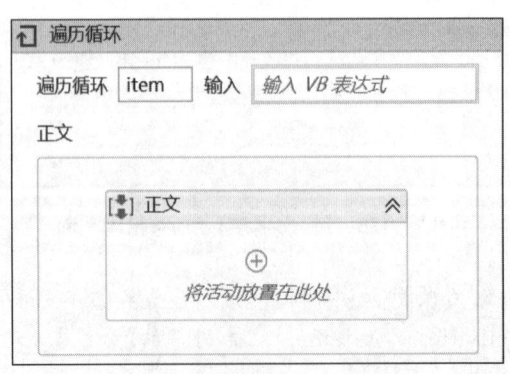

图 2-179 【遍历循环】活动介绍

四、【循环中断】活动

(一)【中断】活动

【中断】活动是一种中断活动过程的中止,只能用于循环体中,表示在运行循环活动中退出循环活动(【遍历循环】活动,【先条件循环】活动,【后条件循环】活动),中断后可使用继续活动继续执行下一个工作流,如图 2-180 所示。

图 2-180　【中断】活动图示　　　　　　　　图 2-181　【继续】活动图示

(二)【继续】活动

【继续】活动也是一种中断活动,与【中断】活动不同的是,【继续】活动是中断并跳过指定节点后,继续运行下一个节点,整个循环并不会结束,如图 2-181 所示。

[例 2-19]　李明购买了一款 10 000 元的理财产品,期限为 10 年,年利率为 2.75%,每年复利一次。要求设计一个机器人,令机器人通过遍历循环数组"{1,2,3,4,5,6,7,8,9,10}",完成每年年末的本利和的计算,并将结果输出。其中涉及的活动:【分配】活动、【遍历循环】活动和【日志消息】活动。

➤ 操作步骤

步骤一:添加"System—Activities—Statements"类别下的【序列】活动,在【序列】中添加"System—Activities—Statements"类别下的【分配】活动。在变量面板中创建变量"存款年限",变量类型为"Int32[]",范围为"序列"。由于本示例中理财产品的存款年限为 10 年,因此设置【分配】活动,令"存款年限={1,2,3,4,5,6,7,8,9,10}",如图 2-182 所示。

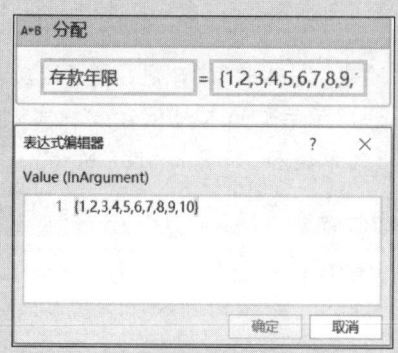

图 2-182　【分配】活动设置存款年限

步骤二:在【分配】活动后添加"工作流—控件"类别下的【遍历循环】活动,由于此【遍历循环】活动所要循环的变量为"存款年限",变量类型为"为 Int32",在【遍历循环】的属性界面设置 TypeArgument 为"Int32",值为变量"存款年限"。每一次循环,item 都会依次引用数组"存款年限"中的元素,如图 2-183 和图 2-184 所示。

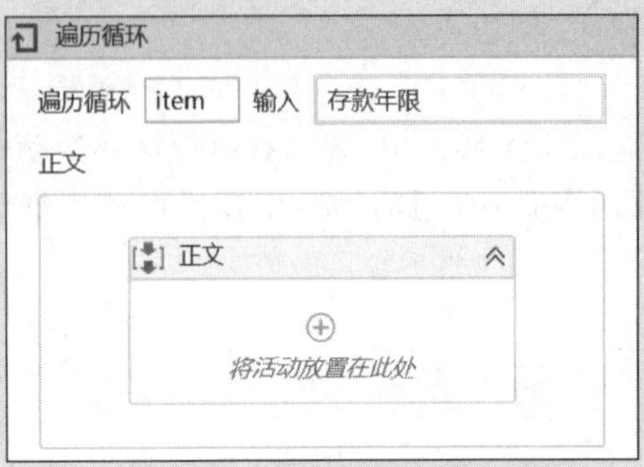

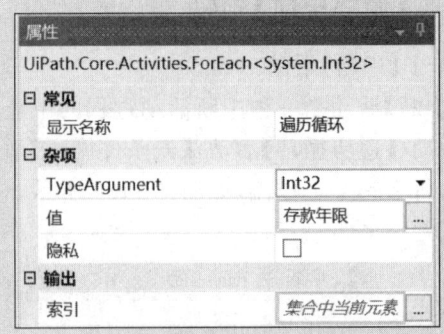

图 2-183 【遍历循环】活动输入存款年限　　　　图 2-184 【遍历循环】活动属性面板

步骤三：添加"System—Activities—Statements"类别下的【分配】活动。在变量面板中创建变量"本利和"和"本金"，变量类型均为"Double"，范围为"序列"，其中本金的默认值设置为"10000"。设置【分配】活动，令"本利和＝本金＊(1+0.0275)"，如图 2-185 和图 2-186 所示。

图 2-185 【分配】活动设置本利和

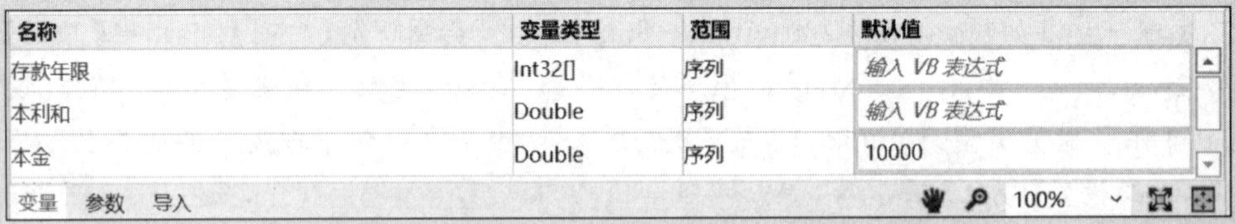

名称	变量类型	范围	默认值
存款年限	Int32[]	序列	输入 VB 表达式
本利和	Double	序列	输入 VB 表达式
本金	Double	序列	10000

| 变量　参数　导入 | | | 🖐 🔍 100% ∨ |

图 2-186 在变量面板中创建变量"本利和"和"本金"

步骤四：添加"编程—调试"类别下的【日志消息】活动，设置日志级别为"Info"，消息为："第"+item.ToString+"年年末的本利和为："+本利和.ToString+"元"，即可输出上一步【分配】活动计算出的本利和，如图 2-187 所示。

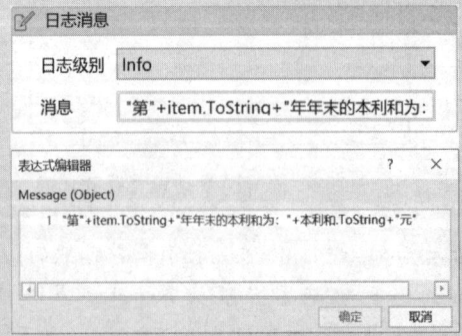

图 2-187 【日志消息】活动设置

步骤五：由于本示例为复利计算，因此每一年年末的本利和即为下一年年初的本金。添加"System—Activities—Statements"类别下的【分配】活动，令"本金＝本利和"，如图 2-188 所示。

图 2-188　【分配】活动设置本金

步骤六：【日志消息】活动输出结果，如图 2-189 所示。

图 2-189　【日志消息】活动输出每年年末本利和

 任务实施

企业所得税测算机器人——任务实施

➤ **操作步骤**

步骤一：新建序列，修改名称为"企业所得税测算机器人"。添加"工作流—控件"类别下的【先条件循环】活动，条件设置为"True"，即正文会一直执行，如图 2-190 所示。

步骤二：在【先条件循环】活动的正文内添加"系统—对话框"类别下的【输入对话框】活动，对话框标题设置为："企业所得税测算机器人"，输入标签设置为："是否测算企业所得税："，输入类型选择"多选"，输入选项设置为："继续;退出"，在已输入的值选项框中右击创建变量"是否继续"，用于储存选项继续和退出，如图 2-191 所示。

步骤三：添加一个"工作流—控制"类别下的【IF 条件】活动，设置该活动的判断条件为：是否继续＝"继续"，即当在第一个【输入对话框】活动中选择"继续"时，执行 Then 的活动，否则执行 Else 语句下的活动，如图 2-192 所示。

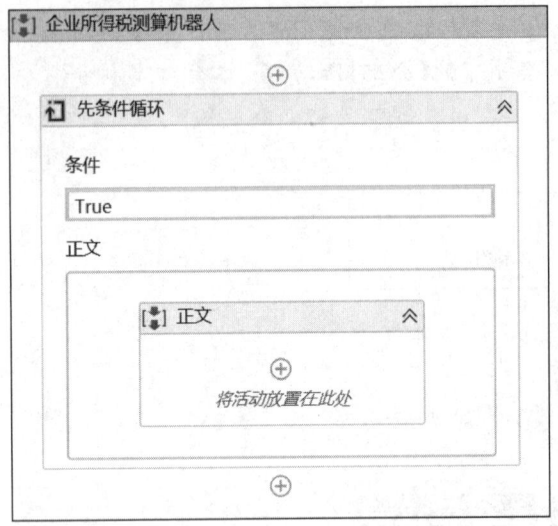

图 2-190 【先条件循环】活动判断条件设置

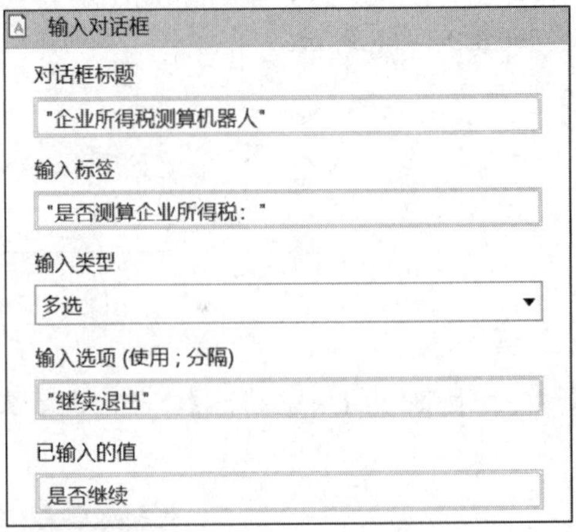

图 2-191 【输入对话框】活动设置

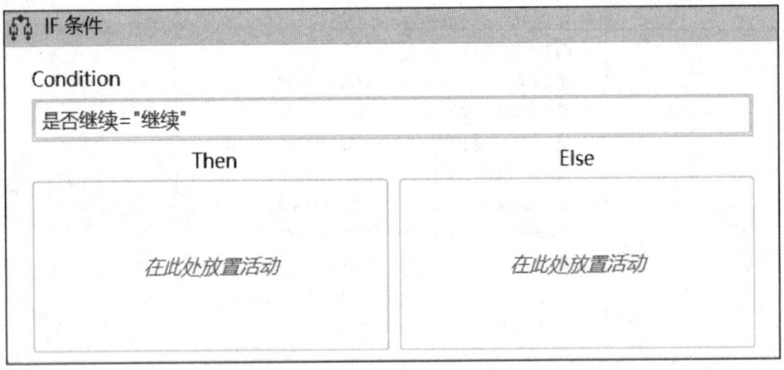

图 2-192 【IF 条件】活动判断条件设置

步骤四：当条件不成立时,意味着第一个【输入对话框】活动运行时选择了"退出"选项。在 Else 方向中添加"工作流—控件"类别下的【中断】活动,用于跳出【先条件循环】活动,如图 2-193 所示。

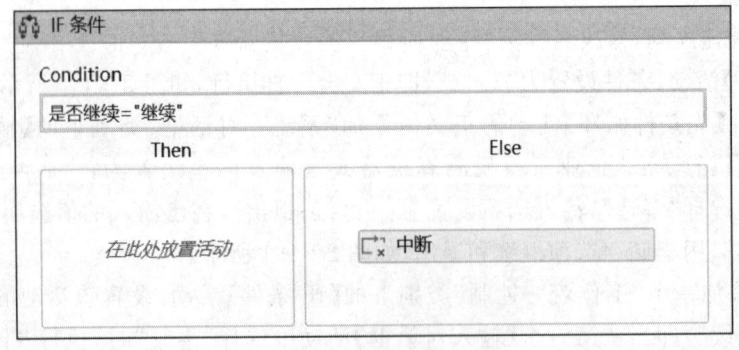

图 2-193 【中断】活动设置

步骤五：添加"系统—对话框"类别下的【输入对话框】活动，对话框标题设置为："企业所得税测算机器人"，输入标签设置为："当前企业是否小微企业："，输入类型选择"多选"，输入选项数组设置为："是;否"，在已输入的值选项框中右击创建变量"是否小微企业"，用于储存选项是和否，如图2-194所示。

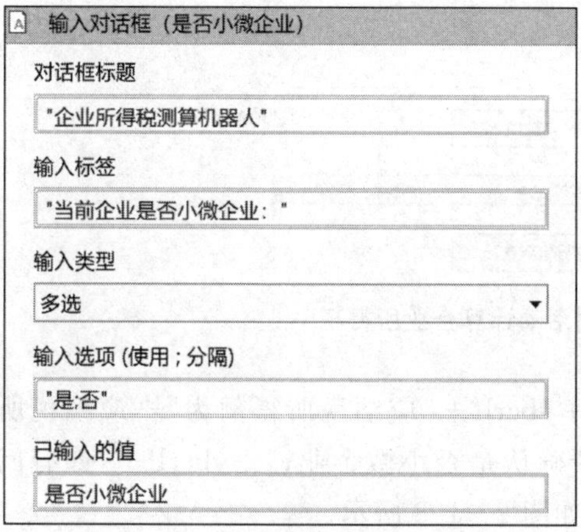

图2-194 【输入对话框】活动设置

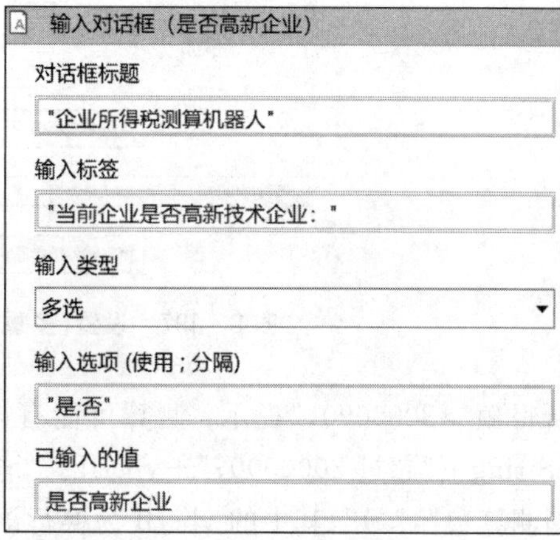

图2-195 【输入对话框】活动设置

步骤六：添加"系统—对话框"类别下的【输入对话框】活动，对话框标题设置为："企业所得税测算机器人"，输入标签设置为："当前企业是否高新技术企业："，输入类型选择"多选"，输入选项数组设置为："是;否"，在已输入的值选项框中右击创建变量"是否高新企业"，用于储存选项是和否，如图2-195所示。

步骤七：添加"系统—对话框"类别下的【输入对话框】活动，对话框标题设置为："企业所得税测算机器人"，输入标签设置为："请输入当前企业应纳税所得额"，输入类型选择"文本框"，在已输入的值选项框中右击创建变量"应纳税所得额"，修改变量类型为"Double"，范围为企业所得税测算机器人，用于储存输入的应纳税所得额数值，如图2-196所示。

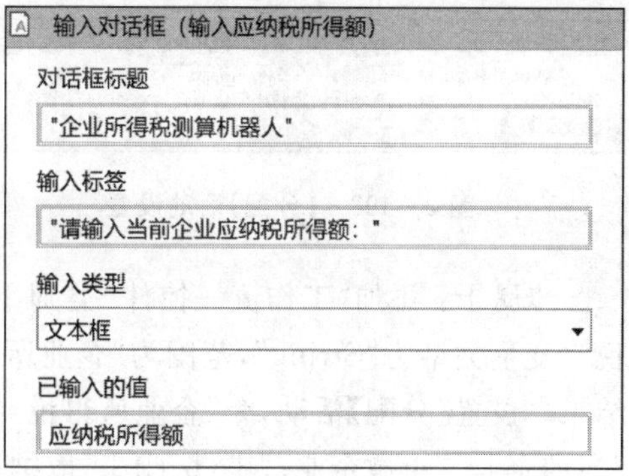

步骤八：添加"工作流—控件"类别下的【多重分配】活动，在变量面板中创建三个变量：普通企业所得税、小微企业所得税、高新企业所得税。变

图2-196 【输入对话框】活动设置

量类型选择"Double"，范围为"企业所得税测算机器人"。设置【多重分配】活动，按照计算规则将结果分配给三个变量：令"普通企业所得税＝If(应纳税所得额＞0,应纳税所得额 * 0.25,0)""小微企业所得税＝If(应纳税所得额＞0,If(应纳税所得额＜＝1000000,应纳税所得额 * 0.125 * 0.2,应纳税所得额 * 0.05-25000),0)""高新企业所得税＝If(应纳税所得额＞0,应纳税所得额 * 0.15,0)"，如图2-197所示。

步骤九：添加"工作流—控件"类别下的【分配】活动，在变量面板创建变量"输入有误"，变量类型为"String"，范围为"企业所得税测算机器人"，用于储存输入的应纳税所得额是否符合小微企业条件的判断结果。设置【分配】活动，令"输入有误＝if(是否小微企业＝"是"And 应

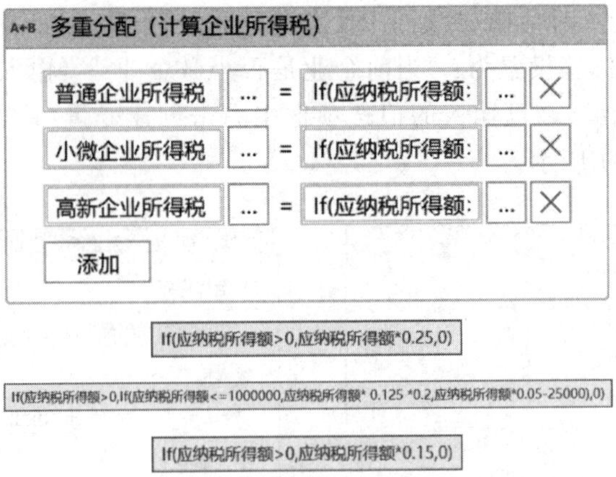

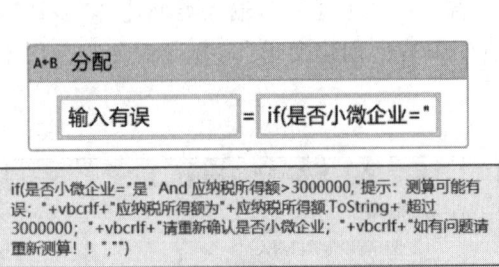

图 2-197 设置【多重分配】活动计算企业所得税

纳税所得额＞3000000,"提示：测算可能有误;"＋vbcrlf＋"应纳税所得额为"＋应纳税所得额.ToString＋"超过 3000000;"＋vbcrlf＋"请重新确认是否小微企业;"＋vbcrlf＋"如有问题请重新测算!!","")",其中的 vbcrlf 为换行语法,如图 2-198 所示。

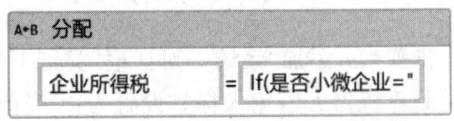

图 2-199 【分配】活动设置

图 2-198 【分配】活动设置

步骤十：添加"工作流—控件"类别下的【分配】活动,在变量面板中创建变量"企业所得税",变量类型为"String",范围为"企业所得税测算机器人",用于储存整个计算后的最终输出结果。设置【分配】活动,令"企业所得税＝If(是否小微企业＝"是",If(是否高新企业＝"否","当前企业是小微企业;"＋vbcrlf＋"应纳税额测算:"＋小微企业所得税.ToString＋"元。"＋vbcrlf＋输入有误,"当前企业既是小微企业又是高新技术企业;"＋vbcrlf＋"按小微企业应纳税额测算:"＋小微企业所得税.ToString＋"元;"＋vbcrlf＋"按高新技术企业应纳税额测算:"＋高新企业所得税.ToString＋"元;"＋vbcrlf＋"建议按小微企业优惠政策缴纳企业所得税。"＋vbcrlf＋输入有误),If(是否高新企业＝"是","当前企业是高新技术企业;"＋vbcrlf＋"应纳税额测算:"＋高新企业所得税.ToString＋"元。","当前企业无企业所得税税收优惠;"＋vbcrlf＋"应纳税额测算:"＋普通企业所得税.ToString＋"元。"))",其中的 vbcrlf 为换行语法,如图 2-199 所示。

步骤十一：添加"系统—对话框"类别下的【消息框】活动,消息框内文本设置为变量"企业所得税",如图 2-200 所示。

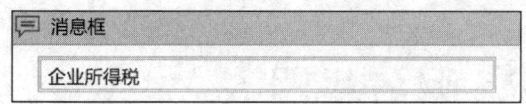

图 2-200 【消息框】活动输出企业所得税

步骤十二:【消息框】活动输出结果。假设一家小微企业的应纳税所得额为 2 600 000 元,点击"调试文件",运行结果如图 2-201 所示。

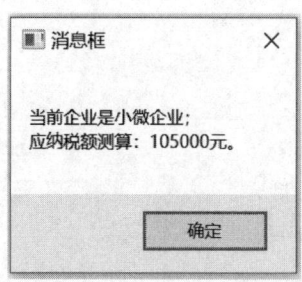

图 2-201 【消息框】活动输出应纳税额测算

项目三　RPA 财务机器人之 Excel 应用

○ 知识目标

1. 掌握 Excel 类别下活动的应用。
2. 了解工作簿类别下活动的应用。
3. 理解区分数据表和 Excel。
4. 掌握读取数据表的方法。
5. 掌握数据表类别下的常用活动。

○ 技能目标

1. 能够熟练运用 Excel 基本活动，设计工资结算机器人。
2. 能够掌握数据表类别下的常用活动，设计费用汇总机器人。

○ 素养目标

1. 培养学生对信息技术前沿知识和核心素养的认同。
2. 培养学生利用 RPA 财务机器人解决 Excel 应用问题的综合素养能力。
3. 培养学生爱岗敬业和科学合理的专业素养。

思维导图

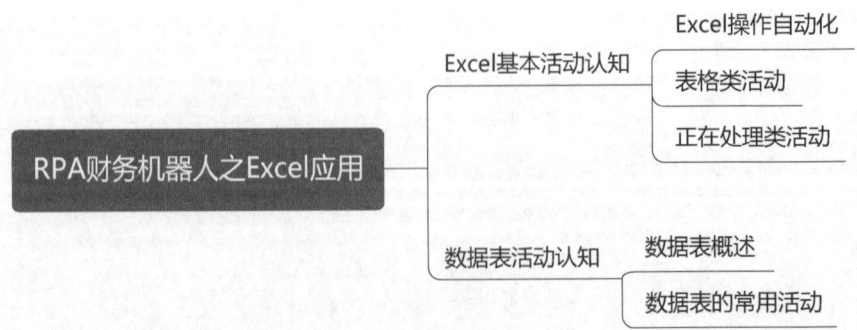

引思明理

中信证券 RPA 流程处理变更文件

中信证券为开展跨境业务,需长期订购数据厂商的境外金融数据产品。厂商定期编制产品变更说明,通过邮件或主页发布,客户须及时跟踪数据变更,评估受系统影响并及时响应。由于厂商未针对特定客户进行定制说明,所以在大量变更信息中,只有少量涉及特定客户已购买产品的信息需要关注。由于过去数据团队需安排专人,从不同渠道下载产品变更说明,阅读全文并整理与公司相关的数据变更信息报表,耗时较长且信息容易遗漏,因此中信证券考虑研发 RPA 流程处理变更文件。中信证券综合运用全文识别、表格识别、自然语言理解等技术,解决关键技术难点,并嵌入 RPA 流程中。首先,基于表格识别 OCR,对每个单页提取其包含的若干表格以及表格中的每行信息;其次,将多行单元格合并为一行,由于多行单元格属性名只在某一行出现(第一行或中间某行),需要基于属性值来判断,主要利用神经语言程序学(Neuro-Linguistic Programming, NLP)中语言模型(Language Model)对相邻两行属性值内容前后连贯性进行打分,判定两行是否为连贯内容,此外也利用某些属性值固有规则判断相邻两行是否为一个属性值内容;再次,利用变更数据表属性要素排列规律,判断前页最后一个表格和后页第一个表格是否来自同一个变更表;最后,对于跨页表格两个边界行,如果其属性名相同或后页第一行属性名为空则合并,否则不合并。

想一想:通过项目三的学习,思考在 RPA 财务机器人的 Excel 应用中,如何实现多流程之间的智能协同,以提供更为强大的数据处理能力。

任务一 Excel 基本活动认知

任务场景

在 UiPath 中创建一个项目命名为"示例 1",设计一个机器人。企业每个月都需要做工资表,工资结算工作通常需要员工的基础信息、考勤数据、各部门奖金数据、各部门加班费数据等进行综合计算。虽然借助 Excel 这样的办公软件可以很快地完成此项工作,但若是集团公司旗下有好几百家公司,每个月都重复编写计算函数、重复进行计算的工作量就会无比巨大,也很容易出错。作为集团公司的工资核算人员,请结合 Excel 和 UiPath,利用员工的基础信息、本月考勤、本月奖金、本月加班费等数据,设计和开发"工资结算机器人",以达到 30 秒内准确生成集团工资表的目标。

任务准备

一、Excel 操作自动化

UiPath 中与操作 Excel 有关的活动主要用于帮助各种类型的企业用户实现 Microsoft

Excel 基本活动介绍(一)

Excel 数据处理自动化。与操作 Excel 有关的活动包括从单元格、列、行或范围中读取数据,向其他电子表格或工作簿写入数据,从 Excel 中提取公式,等等。UiPath 中操作 Excel 的活动主要包括"应用程序集成—Excel"类别下的活动和"系统—文件—工作簿"类别下的活动。

"应用程序集成—Excel"类别下的活动都必须包含在"Excel 应用程序范围"活动里,不能单独使用,同时各个活动要操作的 Excel 工作簿路径统一在【Excel 应用程序范围】活动里设置,如图 3-1 所示。

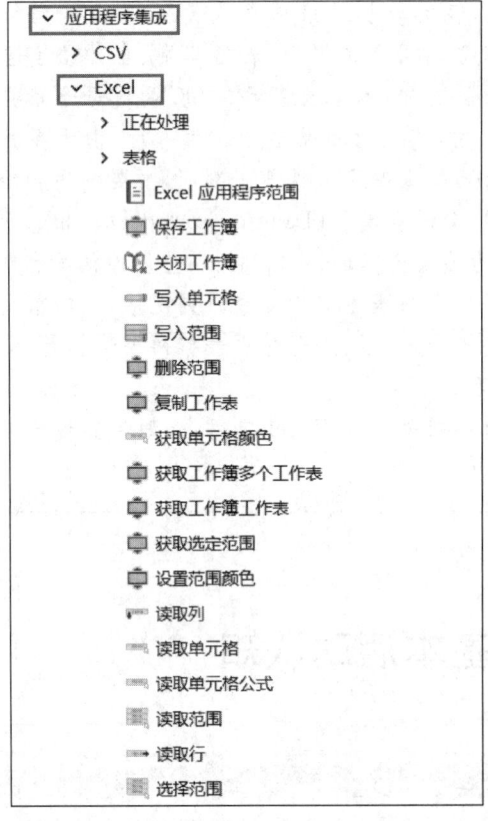

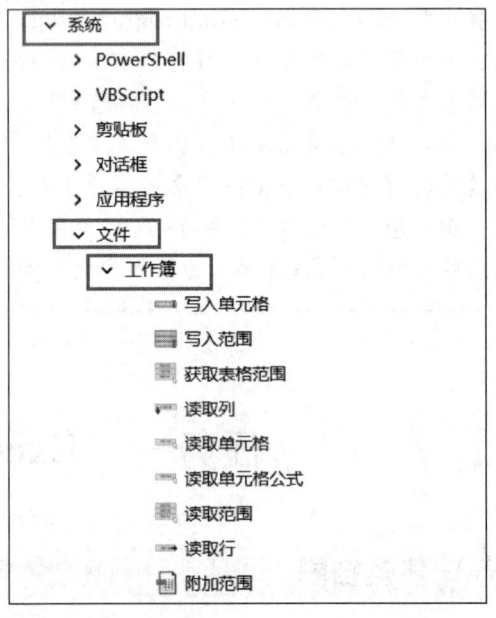

图 3-1　【Excel】类别下的活动　　　　图 3-2　"工作簿"类别下的活动

"系统—文件—工作簿"类别下的活动,在对 Excel 工作簿进行操作时,需要为每个活动各自设置工作簿路径。

相比较而言,图 3-1 中的功能比图 3-2 中的功能更丰富。

二、表格类活动

Excel 自动化的表格类活动主要包括【Excel 应用程序范围】活动等,表格类活动的主要功能是对单元格进行基本操作,如对单元格进行读取、写入等操作。

（一）【Excel 应用程序范围】活动

【Excel 应用程序范围】活动在"应用程序集成—Excel—表格"类别下,该活动用于打开 Excel 工作簿并为其他 Excel 活动提供数据范围。当此活动结束时,机器人将关闭指定的工作簿和 Excel 应用程序。如果在该活动的"输出—工作簿"属性中提供了类型为 Workbook Application 的变量,则工作簿数据将保存在相应的变量中,即使此活动结束,该变量中的数据仍然可以使用。如果指定的工作簿文件不存在,此活动将创建一个新的 Excel 工作簿,如图 3 - 3 所示。

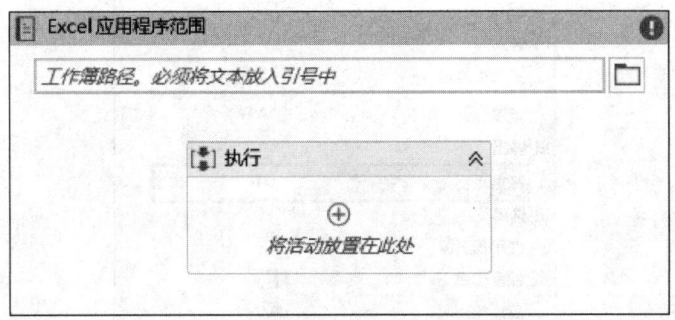

图 3 - 3　【Excel 应用程序范围】活动图示

(二)【读取范围】活动

【读取范围】活动是从 Excel 工作表中读取指定范围内的若干个单元格数据。在【Excel 应用程序范围】活动的执行序列内添加一个【读取范围】活动,令机器人读取"工资结算明细表"中"A:F"范围内的数据,如图 3 - 4 所示。

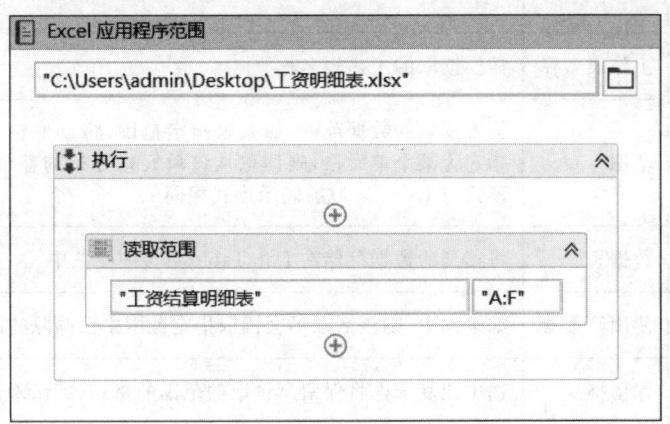

图 3 - 4　【读取范围】活动图示

在【读取范围】活动属性面板的输出数据表处设置变量 DT,即将读到的数据保存在变量 DT 中,如图 3 - 5 所示。

【注意】属性面板中的"添加标头"选项默认为选中状态,即该活动会自动提取指定电子表格范围中的列标题。

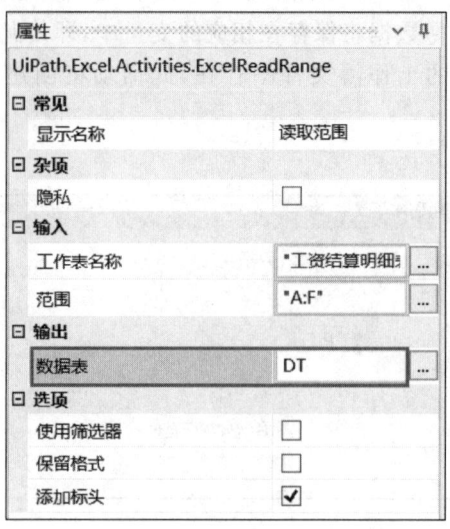

图 3-5 【读取范围】活动属性面板

【读取范围】活动的主要属性及其功能如表 3-1 所示。

表 3-1 【读取范围】活动的主要属性及其功能

活 动	属 性	参 数	功 能
读取范围	输入	工作表名称	需要读取的工作表名称
		范围	指要读取的数据范围,如果未指定范围,将读取整个表格;如果将范围指定为某个单元格,则读取从该单元格开始的整个表格。范围的表示形式与 Excel 区域的表示形式相同
	输出	数据表	将读到的数据存储在 DataTable 类型的变量中
	选项	使用筛选器	如果选中,则该活动不会读取指定范围中已筛除的内容,默认未选中
		保留格式	选中此复选框将保留所读取的范围的格式,默认未选中
		添加标头	如果选中,则将提取指定数据范围中的列标头,默认选中

[例 3-1] 已知"A 公司费用汇总表.xlsx"内包含三张表,分别为:1 号门店经营费用、2 号门店经营费用与 3 号门店经营费用,如图 3-6 所示。要求设计一个机器人读取"1 号门店经营费用"表并通过消息框提示费用合计金额。其中涉及的活动:【Excel 应用程序范围】活动、【读取范围】活动和【消息框】活动。

	A	B	C	D	E	F	G	H	I
1	期间	管理费用	职工薪酬	折旧摊销	办公费	修理费	差旅费	水电	合计
2	2022.01	7000	540666	3200	2500	1900	28000	7600	590866
3	2022.02	8001	541669	3200	3000	2000	30000	7800	595670
4	2022.03	7332	541669	3200	3000	2100	35700	7800	600801
5	2022.04	7333	541669	3200	3500	2200	26799	7654	592355
6	2022.05	7433	541669	3200	3300	1500	39000	7324	603426
7	2022.06	7533	541669	3200	3100	1600	47888	7543	612533
8	2022.07	7655	541669	3200	2900	1700	25688	7634	590446
9	2022.08	7766	541669	3200	2700	1800	45632	8764	611531
10	合计	60053	4332349	25600	24000	14800	278707	62119	4797628
11									
12									

I10 =SUM(B10:H10)

1号门店经营费用 2号门店经营费用 3号门店经营费用

图 3-6　A 公司费用汇总表

> **操作步骤**

步骤一：在序列中添加"应用程序集成—Excel"类别下的【Excel 应用程序范围】活动。为该活动设置工作簿路径，单击"浏览"按钮，选择"A 公司费用汇总表.xlsx"文件，如图 3-7 所示。

【注意】需将"A 公司费用汇总表.xlsx"保存在当前 RPA 项目文件夹中，即将文件保存在相对路径下。

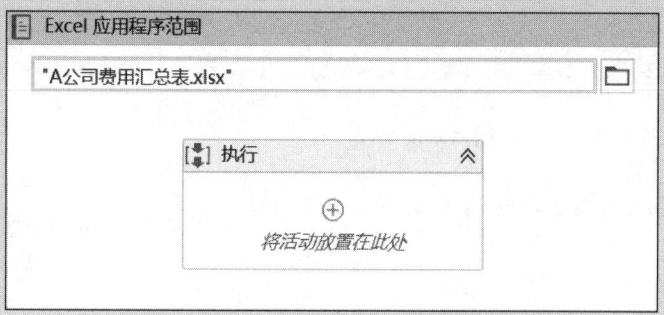

图 3-7　添加【Excel 应用程序范围】活动

　　步骤二：在【Excel 应用程序范围】活动下的执行序列中添加"应用程序集成—Excel"类别下的【读取范围】活动。打开该活动的属性面板,设置工作表名称为:"1号门店经营费用",范围为:"A：I"。在输出数据表处创建变量"Data",变量类型为"DataTable",范围为"执行",该变量 Data 用于存储"1 号门店经营费用"表中 A 列至 I 列的数据,如图 3-8 所示。

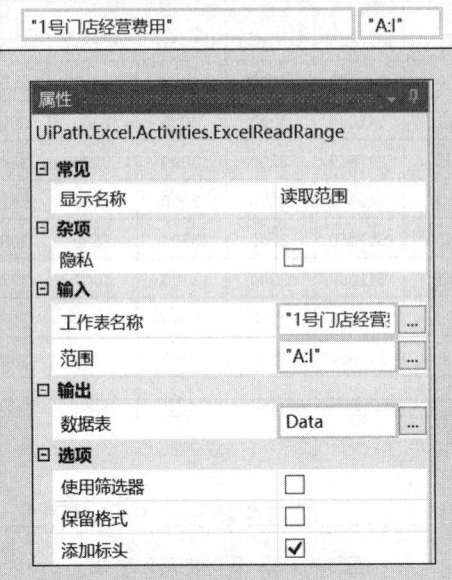

图 3-8　【读取范围】活动设置

　　步骤三：继续添加"系统—对话框"类别下的【消息框】活动,设置文本为:"1号门店经营费用合计数为"＋Data(8)(8).tostring＋"元",用于输出 1 号门店经营费用的合计数,如图 3-9 所示。

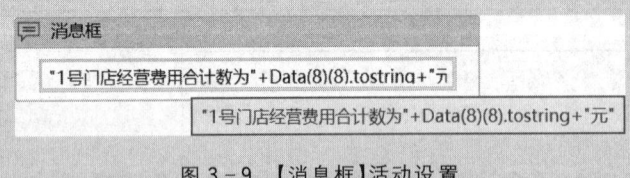

图 3-9　【消息框】活动设置

图 3-10　【消息框】活动输出 1 号门店经营费用合计数

　　步骤四：【消息框】活动输出结果,如图 3-10所示。

（三）【读取列】活动

　　【读取列】活动是从指定单元格所在的列中读取整列数据。在【Excel 应用程序范围】活动的执行序列内添加一个【读取列】活动,令机器人读取"工资结算明细表"工作表中"B1"单元格所在的整列数据,如图 3-11 所示。

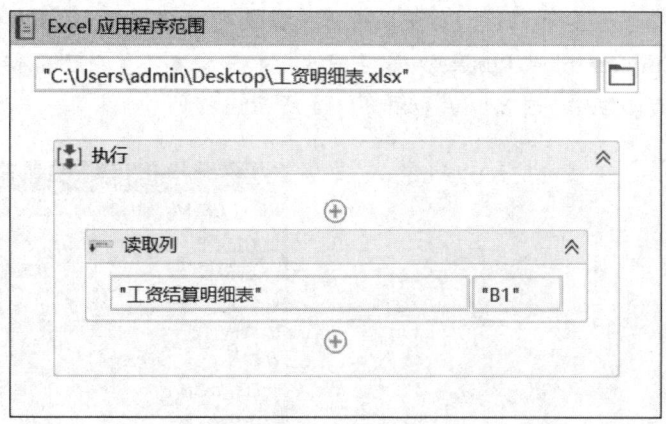

图 3-11　【读取列】活动

[例 3-2]　已知"A 公司费用汇总表.xlsx"内包含三张表,分别为:1 号门店经营费用、2 号门店经营费用与 3 号门店经营费用,如图 3-6 所示。要求设计一个机器人读取"1 号门店经营费用"表中"合计"列的数据,并通过消息框提示期间为"2022.08"的合计费用。其中涉及的活动:【Excel 应用程序范围】活动、【读取列】活动和【消息框】活动。

➤ 操作步骤

步骤一:在序列中添加"应用程序集成—Excel"类别下的【Excel 应用程序范围】活动。为该活动设置工作簿路径,单击"浏览"按钮,选择"A 公司费用汇总表.xlsx"文件,如图 3-12 所示。

【注意】需将"A 公司费用汇总表.xlsx"保存在当前 RPA 项目文件夹中,即将文件保存在相对路径下。

图 3-12　添加【Excel 应用程序范围】活动

步骤二：在【Excel 应用程序范围】活动下的执行序列中添加"应用程序集成——Excel"类别下的【读取列】活动。打开该活动的属性面板，设置工作表名称为："1号门店经营费用"，起始单元格为："I1"，接着在输出数据表处创建变量，该变量命名为"合计"，变量类型为"IEnumerable＜Object＞"，范围为"执行"，该变量用于存储"1号门店经营费用"表中 I 列的数据，如图 3-13 和图 3-14 所示。

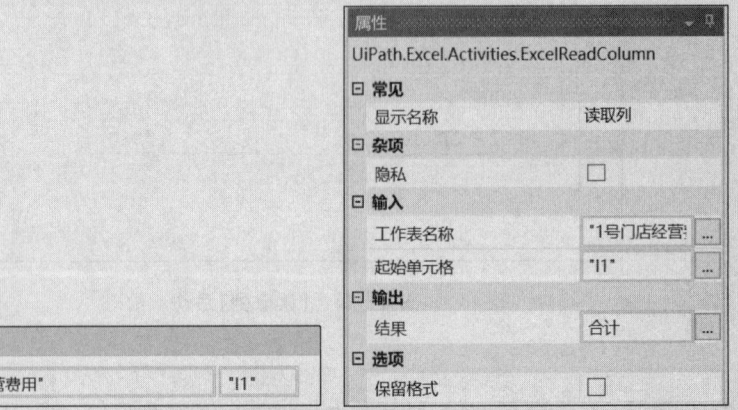

图 3-13 【读取列】活动设置

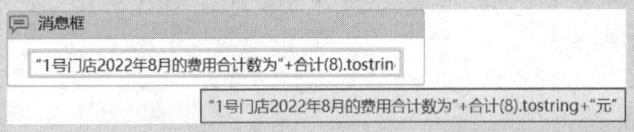

图 3-14 在变量面板中修改变量类型

步骤三：继续添加"系统—对话框"类别下的【消息框】活动，设置文本为："1号门店2022年8月的费用合计数为"＋合计(8).tostring＋"元"，用于输出 1 号门店 2022 年 8 月的费用合计数，如图 3-15 所示。

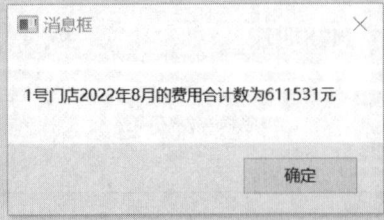

图 3-15 【消息框】活动设置

步骤四：【消息框】活动输出结果，如图 3-16 所示。

图 3-16 【消息框】活动输出 1 号门店 2022 年 8 月的费用合计数

（四）【读取行】活动

　　【读取行】活动是从给定单元格所在的行中读取整行数据。在【Excel 应用程序范围】活动的执行序列内添加一个【读取行】活动，令机器人读取"工资结算明细表"工作表中 A2 单元格所在行的数据，如图 3-17 所示。

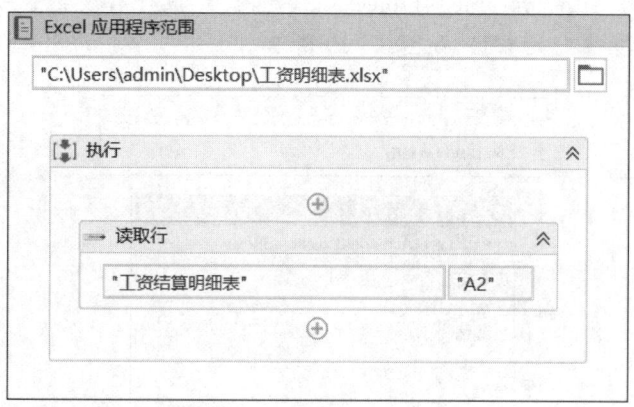

图 3-17　【读取行】活动图示

　　[例3-3]　已知"A 公司费用汇总表.xlsx"内包含三张表，分别为：1 号门店经营费用、2 号门店经营费用与 3 号门店经营费用，如图 3-6 所示。

　　要求设计一个机器人读取"1 号门店经营费用"表中期间为"2022.02"的数据，并通过消息框提示该期间的管理费用。其中涉及的活动：【Excel 应用程序范围】活动、【读取行】活动和【消息框】活动。

　　步骤一：先在序列中添加"应用程序集成—Excel"类别下的【Excel 应用程序范围】活动。为该活动设置工作簿路径，单击"浏览"按钮，选择"A 公司费用汇总表.xlsx"文件，如图 3-18 所示。

　　【注意】需将"A 公司费用汇总表.xlsx"保存在当前 RPA 项目文件夹中，即将文件保存在相对路径下。

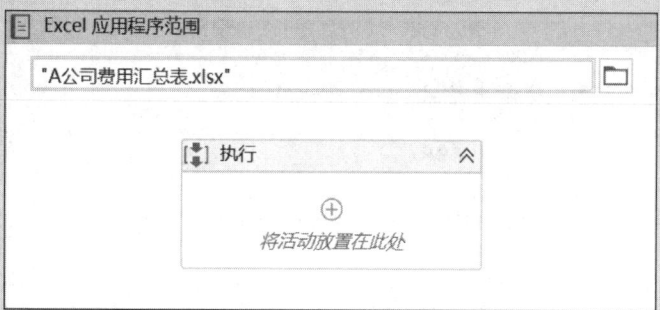

图 3-18　添加【Excel 应用程序范围】活动

步骤二：在【Excel 应用程序范围】活动下的执行序列中添加"应用程序集成—Excel"类别下的【读取行】活动。打开该活动的属性面板，设置工作表名称为："1号门店经营费用"，起始单元格为："A3"，接着在输出数据表处创建变量，该变量命名为"二月费用"，变量类型为"IEnumerable＜Object＞"，范围为"执行"，该变量用于存储"1号门店经营费用"表中第三行的数据，如图 3-19 所示。

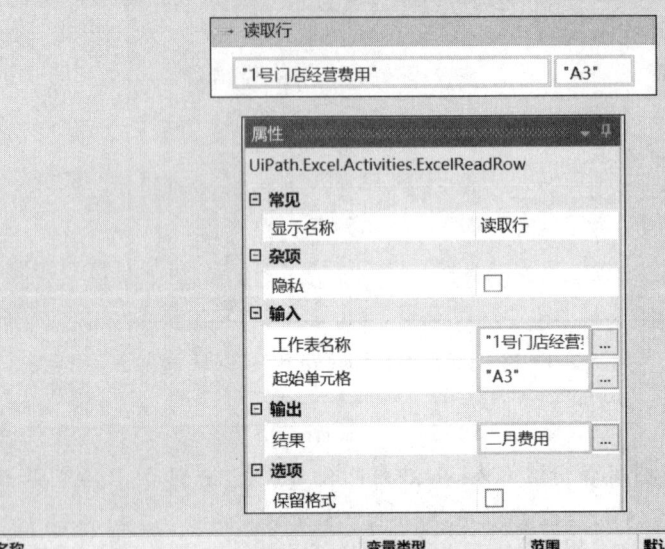

图 3-19　【读取行】活动设置

步骤三：继续添加"系统—对话框"类别下的【消息框】活动，设置文本为："1号门店2022年2月的管理费用为"＋二月费用(1).tostring＋"元"，用于输出 1 号门店 2022 年 2 月的管理费用，如图 3-20 所示。

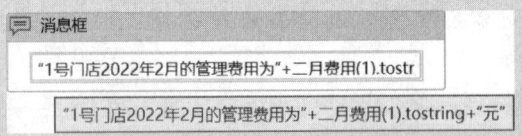

图 3-20　【消息框】活动设置

步骤四：【消息框】活动输出结果，如图 3-21 所示。

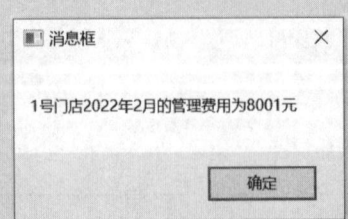

图 3-21　【消息框】活动输出 1 号门店 2022 年 2 月的管理费用

（五）【读取单元格】活动

【读取单元格】活动是指读取 Excel 单元格的值，并可将读出的数据存储在变量中。在【Excel 应用程序范围】活动的执行序列内添加一个【读取单元格】活动，令机器人读取 Excel 工作簿"工资明细表.xlsx"中"工资结算明细表"工作表的"A1"单元格的数据，如图 3-22 所示。

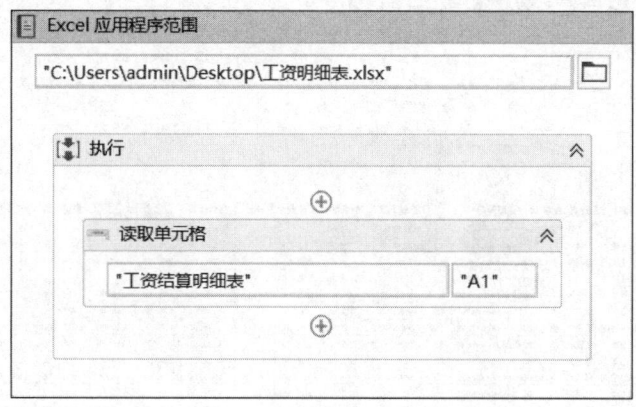

图 3-22　【读取单元格】活动

（六）【写入范围】活动

【写入范围】活动是指将流程中的数据表写入 Excel 工作簿中指定工作表的指定范围内，写入数据的位置从指定的起始单元格开始，如果未指定起始单元格，则从"A1"单元格开始写入。如果操作的工作表不存在，系统将自动创建新工作表，如图 3-23 所示。

Excel 基本活动介绍（二）

【注意】新写入的数据将覆盖原有指定范围内的数据。

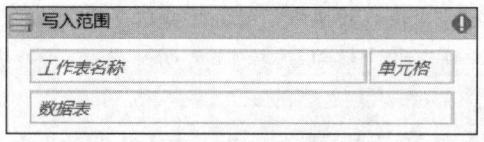

图 3-23　【写入范围】活动图示

【写入范围】活动的主要属性及其功能，如表 3-2 所示。

表 3-2　【写入范围】活动的主要属性及其功能

活　动	属性	参　数	功　　能
写入范围	目标	工作表名称	要写入的工作表名
		起始单元格	从指定单元格开始写入数据
	输入	数据表	数据表中保存着即将要写入 Excel 中的数据
	选项	添加标头	如果选中，则将列标头写入工作表的指定范围，默认未选中

小提示：课件资源可提供操作数据：工资明细表

［例 3－4］ 已知“工资明细表.xlsx”内包含一张工资结算明细表。该表数据如图 3－24 所示。要求设计一个机器人读取“工资结算明细表”中战略规划部的工资情况，并将该数据写入名称显示为“战略规划部”的工作表。其中涉及的活动：【Excel 应用程序范围】活动、【读取范围】活动和【写入范围】活动。

工号	一级部门	二级部门	岗位	姓名	姓别	证照号码	出勤	基本工资	加班费	奖金	补贴	应付工资	个人缴纳社保	个人缴纳住房公积	税前工资	应交个税	单位缴纳社保	单位缴纳住房公积
KY82001	战略规划部	总经办	总经理	许建辉	男	350925********0148	22	12000.00	0.00			13638.00	178.50	240.00	13219.50	1388.90	414.80	240.00
KY82002	战略规划部	总经办	副总经理	刘晓光	男	130728********4398	22	10500.00	0.00			10500.00	178.50	240.00	10081.50	761.30	414.80	240.00
KY82003	战略规划部	总经办	总经理助理	林丽萍	女	340421********0989	22	6500.00	0.00	866.00		7366.00	178.50	240.00	6947.50	239.75	414.80	240.00
KY82004	战略规划部	企划部	企划部经理	王辉	男	140429********4112	22	6200.00	0.00	348.00		6548.00	178.50	240.00	6129.50	157.95	414.80	240.00
KY82005	战略规划部	企划部	规划员	林艺芳	女	130826********8087	26	4000.00	444.00	315.00		4759.00	178.50	240.00	4340.50	25.22	414.80	240.00
KY82006	战略规划部	企划部	规划员	李玉	女	130631********3990	25	4000.00	252.00	251.00		4503.00	178.50	240.00	4084.50	17.54	414.80	240.00
KY82007	综合管理部	行政部	行政部经理	凯琳	女	340405********2995	22	6000.00	0.00	746.00		6746.00	178.50	240.00	6327.50	177.75	414.80	240.00
KY82008	综合管理部	行政部	行政助理	董智磊	男	130682********6431	25	3800.00	255.00	327.00		4382.00	178.50	240.00	3963.50	13.91	414.80	240.00
KY82009	综合管理部	行政部	行政助理	曹丽珠	女	330522********5887	28	3800.00	233.00	291.00		4324.00	178.50	240.00	3905.50	12.17	414.80	240.00
KY82010	综合管理部	采购部	采购部经理	林月	女	350304********6213	22	6000.00	0.00	923.00		6923.00	178.50	240.00	6504.50	195.45	414.80	240.00
KY82011	综合管理部	采购部	采购人员	黄莱悦	男	330922********9819	26	3800.00	272.00	209.00		4281.00	178.50	240.00	3862.50	10.88	414.80	240.00
KY82012	综合管理部	采购部	采购人员	李丽云	女	331082********2755	25	3800.00	194.00	409.00		4403.00	178.50	240.00	3984.50	14.54	414.80	240.00
KY82013	综合管理部	人力资源	人事部经理	林志刚	男	340601********2336	22	6000.00	296.00	989.00		7285.00	178.50	240.00	6866.50	231.65	414.80	240.00
KY82014	综合管理部	人力资源	人事助理	吴伟平	男	340881********2663	27	3800.00	375.00	418.00		4593.00	178.50	240.00	4174.50	20.24	414.80	240.00
KY82015	综合管理部	人力资源	人事助理	曹艳玲	女	330281********1051	23	3800.00	105.00	259.00		4164.00	178.50	240.00	3745.50	7.37	414.80	240.00
KY82016	综合管理部	仓储后勤	仓库主管	张玲	女	350582********1533	25	4800.00	646.00	927.00		6373.00	178.50	240.00	5954.50	140.45	414.80	240.00
KY82017	综合管理部	仓储后勤	仓库管理员	岳嘉禾	男	130181********3989	26	3800.00	316.00	366.00		4482.00	178.50	240.00	4063.50	16.91	414.80	240.00
KY82018	综合管理部	仓储后勤	货车司机	戴君华	男	130301********2848	23	4500.00	98.00	200.00		4798.00	178.50	240.00	4379.50	26.39	414.80	240.00
KY82019	综合管理部	仓储后勤	装卸员	黄建军	男	230421********3056	22	4000.00	122.00	377.00		4499.00	178.50	240.00	4080.50	17.42	414.80	240.00
KY82020	综合管理部	仓储后勤	装卸员	吴飞宏	男	130728********2792	24	4000.00	118.00	216.00		4334.00	178.50	240.00	3915.50	12.47	414.80	240.00
KY82021	财务部	会计核算	财务经理	张乐	男	220422********5743	22	6500.00	0.00	1000.00		7500.00	178.50	240.00	7081.50	253.15	414.80	240.00
KY82022	财务部	会计核算	会计主管	吴浩	男	140828********5423	27	4800.00	329.00	660.00		5789.00	178.50	240.00	5370.50	82.05	414.80	240.00
KY82023	财务部	会计核算	总账会计	陈飞	女	130503********8122	27	4600.00	310.00	313.00		5223.00	178.50	240.00	4804.50	39.14	414.80	240.00
KY82024	财务部	会计核算	成本会计	陈丽婷	女	210811********2673	23	4600.00	101.00	289.00		4990.00	178.50	240.00	4571.50	32.15	414.80	240.00
KY82025	财务部	会计核算	出纳	谢娜	女	230711********2349	25	4000.00	183.00	241.00		4424.00	178.50	240.00	4005.50	15.17	414.80	240.00
KY82026	财务部	税务管理	税务主管	何翔	男	331101********8411	25	4200.00	306.00	841.00		5347.00	178.50	240.00	4928.50	42.86	414.80	240.00
KY82027	财务部	税务管理	税收筹划专	黄海清	女	130706********6665	27	3800.00	550.00	364.00		4714.00	178.50	240.00	4295.50	23.87	414.80	240.00
KY82028	财务部	税务管理	税务稽核专	吴赫	女	140421********7885	28	3800.00	169.00	399.00		4368.00	178.50	240.00	3949.50	13.49	414.80	240.00

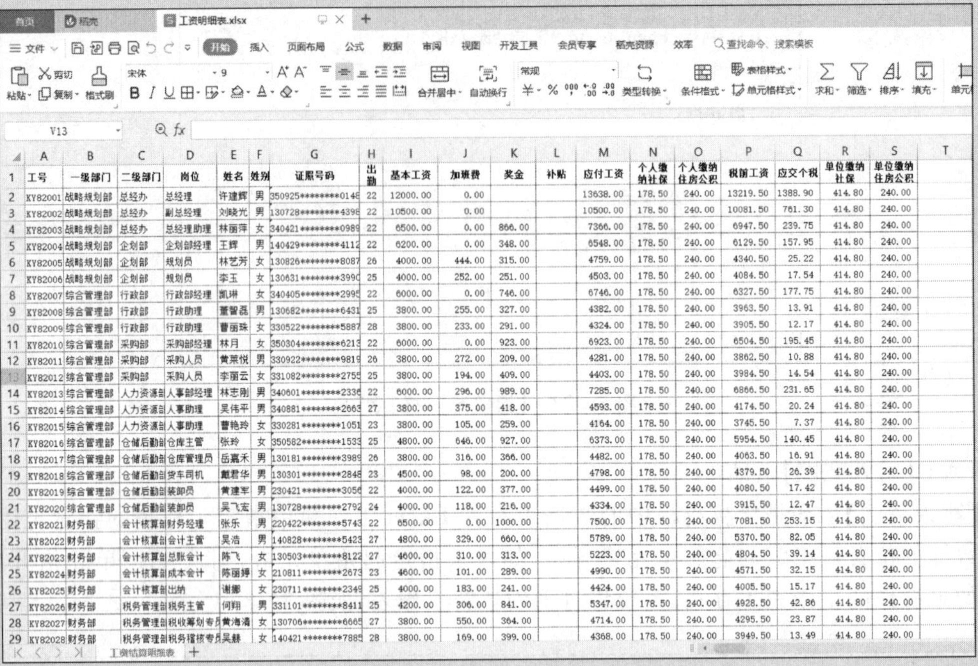

图 3－24 工资明细表

➢ 操作步骤

步骤一：在序列中添加“应用程序集成—Excel”类别下的【Excel 应用程序范围】活动。为该活动设置工作簿路径，单击“浏览”按钮，选择“工资明细表.xlsx”文件，如图 3－25 所示。

【注意】需将“工资明细表.xlsx”保存在当前 RPA 项目文件夹中，即将文件保存在相对路径下。

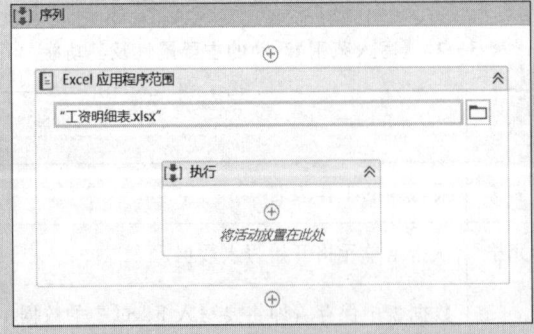

图 3－25 添加【Excel 应用程序范围】活动

步骤二：在【Excel 应用程序范围】活动下的执行序列中添加"应用程序集成—Excel"类别下的【读取范围】活动。打开该活动的属性面板，设置工作表名称为："工资结算明细表"，起始单元格为："A1：S7"。在输出数据表处创建变量"Data_1"，变量类型为"DataTable"，范围为"执行"，该变量用于存储"工资结算明细表"中单元格 A1 到 S7 范围的数据，即战略规划部的工资情况，如图 3-26 所示。

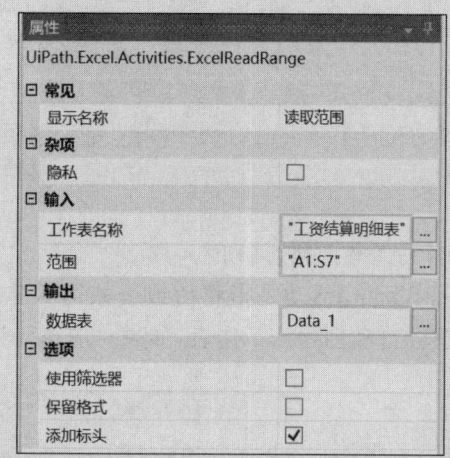

图 3-26　【读取范围】活动设置

步骤三：继续添加"应用程序集成—Excel"类别下的【写入范围】活动，设置工作表名称为："战略规划部"，起始单元格为："A1"，输入数据表为"Data_1"，勾选"添加标头"，将存储在变量 Data_1 中的数据写入表格"战略规划部"中，如图 3-27 所示。

【注意】"战略规划部"表不存在，通过【写入范围】活动，机器人会自动在"工资明细表.xlsx"内创建该工作表，命名为："战略规划部"。

图 3-27　【写入范围】活动设置

步骤四：输出结果，如图 3－28 所示。

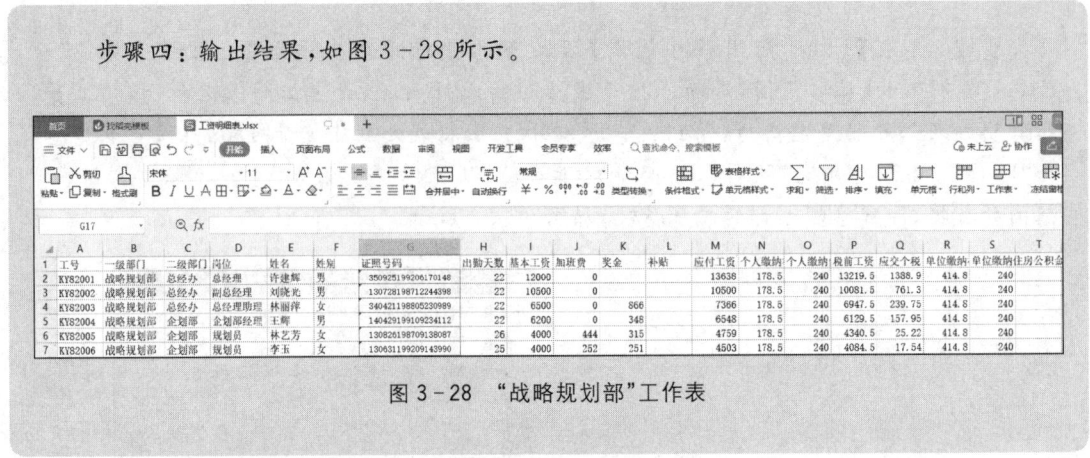

图 3－28 "战略规划部"工作表

(七)【写入单元格】活动

【写入单元格】活动是指将值或公式写入指定的单元格或范围。如果操作的工作表不存在，则系统会自动创建该工作表，如果对应单元格内有值，则被覆盖，如图 3－29 所示。

图 3－29 【写入单元格】活动图示

【写入单元格】活动的主要属性及其功能如表 3－3 所示。

表 3－3 【写入单元格】活动的主要属性及其功能

活　动	属性	参　数	功　　能
写入单元格	目标	工作表名称	要写入数据的工作表名
		范围	要写入的单元格或范围
	输入	值	要写入单元格或范围的值或公式

［例 3－5］ 已知"工资明细表.xlsx"内包含一张工资结算明细表，如图 3－24 所示。要求设计一个机器人在"工资结算明细表"的"T1"单元格处写入"实发工资"，在"T2"单元格处写入公式："＝SUM(M2-N2-O2-Q2)"计算实发工资。其中涉及的活动：【Excel 应用程序范围】活动和【写入单元格】活动。

➤ 操作步骤

步骤一：先在序列中添加"应用程序集成—Excel"类别下的【Excel 应用程序范围】活动。为该活动设置工作薄路径，单击"浏览"按钮，选择"工资明细表.xlsx"文件，如图 3－30 所示。

【注意】需将"工资明细表.xlsx"保存在当前 RPA 项目文件夹中,即将文件保存在相对路径下。

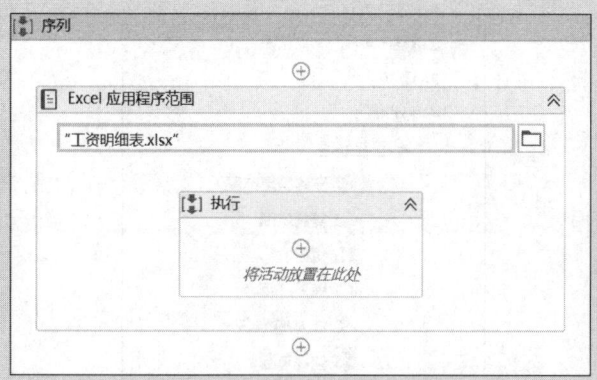

图 3－30　添加【Excel 应用程序范围】活动

步骤二：在【Excel 应用程序范围】活动序列下,在执行过程中添加"应用程序集成—Excel"类别下的【写入单元格】活动,设置工作表名称为："工资结算明细表",范围为："T1",输入值为："实发工资",即令机器人将输入值"实发工资"写入"工资结算明细表"的 T1 单元格,如图 3－31 所示。

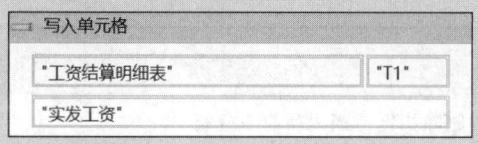

图 3－31　【写入单元格】活动写入实发工资

步骤三：继续添加"应用程序集成—Excel"类别下的【写入单元格】活动,设置工作表名称为："工资结算明细表",范围为："T2",输入值为："＝SUM(M2-N2-O2-Q2)",即令机器人写入公式,计算出"T2"单元格的实发工资,如图 3－32 所示。

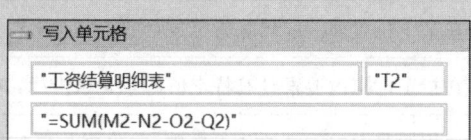

图 3－32　【写入单元格】活动计算实发工资

步骤四：输出结果,如图 3－33 所示。

A	B	C	D	E	F	G	H	I	J	K	L	M	N	O	P	Q	R	S	T
工号	一级部门	二级部门	岗位	姓名	姓别	证件号码	出勤天数	基本工资	加班费	奖金	补贴	应付工资	个人缴纳社保	个人缴纳住房公积	税前工资	应交个税	单位缴纳社保	单位缴纳住房公积	实发工资
KY82001	战略规划部	总经办	总经理	许建辉	男	350925********0148	22	12000.00	0.00			13638.00	178.50	240.00	13219.50	1388.90	414.80	240.00	11830.6

图 3－33　T2 单元格的实发工资

三、正在处理类活动

正在处理类活动为"应用程序集成—Excel—正在处理"类别下的 8 个过程活动,主要包括复制单元格全范围,启用宏、运行宏,添加或删除指定数量的列和行,删除指定范围内的所有重复行以及搜索特定值的单元格坐标等功能,如图 3-34 所示。

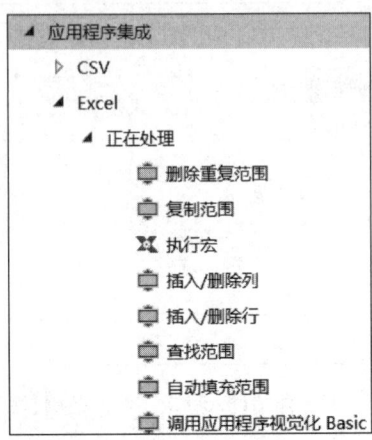

图 3-34 【正在处理】类别下的活动

"Excel—正在处理"类别下的活动的功能如表 3-4 所示。

表 3-4 【正在处理】类别下的活动的功能

活 动	功 能
删除重复范围	删除指定范围内所有重复行
复制范围	复制整个范围,包括值、公式、表格式和单元格格式,并将其粘贴到指定工作表中
执行宏	工作簿需要一个启用宏的工作簿,更改将立即保存,只能在 Excel 应用程序范围内使用
插入/删除列	在某个位置插入或删除指定数量的列
插入/删除行	在某个位置插入或删除指定数量的行
查找范围	在指定范围内搜索具有特定值的单元格坐标,并将其作为字符串变量返回
自动填充范围	使用源范围中定义的公式规则,并根据最终范围对其进行调整,模拟 Excel 中的自动填充功能
调用应用程序视觉化 Basic	调用应用程序视觉化 Basic 控件的主要功能是从包含 VBA 代码的外部文件调用宏,并对 Excel 文件运行宏

(一)【复制范围】活动

【复制范围】活动主要用于复制整个范围,包括值、公式、表格和单元格格式,并将其粘贴到指定的工作表中的具体位置上,如图 3-35 所示。

图 3-35 【复制范围】活动图示

【复制范围】活动的主要属性如表 3-5 所示。

表 3-5 【复制范围】活动的主要属性

属性	参 数	功 能
目标	目标单元格	待粘贴范围的起始单元格
	目标工作表	待粘贴数据的目标工作表
输入	工作表名称	要复制的源工作表名
	源范围	要复制的原始范围
选项	复制项目	选择性复制粘贴,可从下拉菜单中选择要复制粘贴的项目,例如值、公式等,默认为"All"

[例 3-6] 通过[例 3-5],机器人已在"工资结算明细表"的 T2 单元格内写入公式计算实发工资。令机器人复制 T2 单元格的公式,写入 T3 至 T45 单元格,完成实发工资的计算。其中涉及的活动:【Excel 应用程序范围】活动、【先条件循环】活动、【读取范围】活动和【复制范围】活动。

➤ 操作步骤

步骤一:在序列中添加"应用程序集成—Excel"类别下的【Excel 应用程序范围】活动。为该活动设置工作簿路径,单击"浏览"按钮,选择"工资明细表.xlsx"文件,如图 3-36 所示。

【注意】需将[例 3-5]中已计算出 T2 单元格实发工资的"工资明细表.xlsx"保存在当前 RPA 项目文件夹中,即将文件保存在相对路径下。

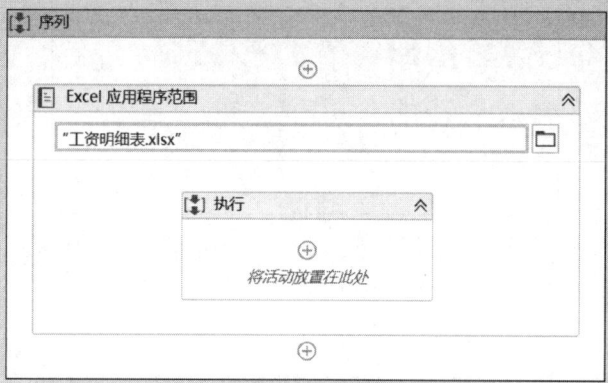

图 3-36 【Excel 应用程序范围】活动设置

步骤二：在【Excel 应用程序范围】活动下的执行序列中添加"应用程序集成—Excel"类别下的【读取范围】活动。设置工作表名称为："工资结算明细表"，范围为："A：S"，输出数据表处创建变量"Data_2"，变量类型为"DataTable"，范围为"执行"，该变量用于存储"工资结算明细表"中 A 列至 S 列的数据，如图 3-37 所示。

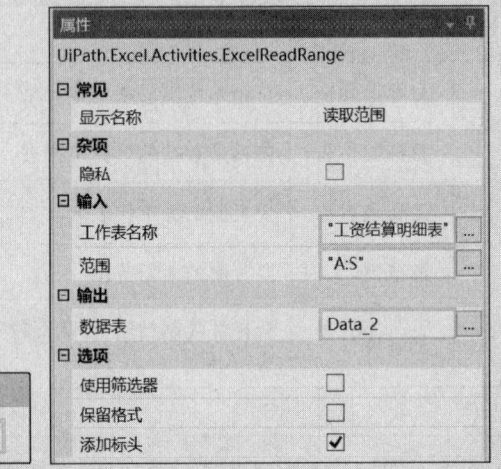

图 3-37　【读取范围】活动设置

步骤三：继续添加"工作流—控件"类别下的【先条件循环】活动，在变量面板处创建变量"i"，变量类型为"Int32"，范围为"执行"，设置默认值为"1"，该变量用于表示第几行。设置【先条件循环】活动的输入条件为：Data_2(i)(0).tostring<>""，表示第 i 行第一列的数据不为空时，需要继续执行正文序列里的活动，如图 3-38 所示。

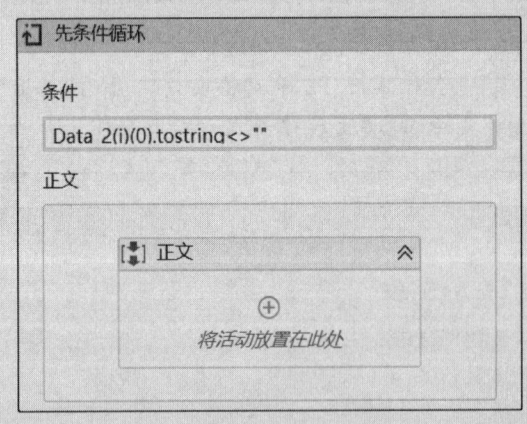

图 3-38　【先条件循环】活动设置

步骤四：在正文序列中添加"应用程序集成—Excel"类别下的【复制范围】活动。打开【复制范围】的属性面板，设置目标单元格为："T"+(i+2).tostring,目标工作表为："工资结算明细表",输入工作表名称为："工资结算明细表",输入源范围为："T2",复制项目默认为"All",表示将"工资结算明细表"中"T2"单元格的所有内容全部复制至该表的"T"+(i+2)单元格,如图 3-39 所示。

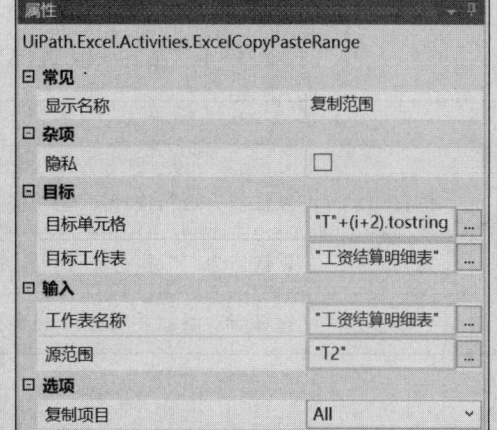

图 3-39 【复制范围】活动设置

步骤五：【复制范围】活动下添加"System—Activities—Statements"类别下的【分配活动】活动,设置【分配】活动,令"i=i+1",如图 3-40 所示。

步骤六：输出结果,如图 3-41 所示。

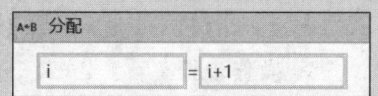

图 3-40 【分配】活动设置

	A	B	C	D	E	F	G	H	I	J	K	L	M	N	O	P	Q	R	S	T
1	工号	一级部门	二级部门	岗位	姓名	性别	证照号码	出勤	基本工资	加班费	奖金	补贴	应付工资	个人缴纳社保	个人缴纳住房公积	税前工资	应交个税	单位缴纳社保	单位缴纳住房公积	实发工资
2	KY82001	战略规划部	总经办	总经理	许诺辉	男	350925********0148	22	12000.00	0.00			13638.00	178.50	240.00	13219.50	1388.90	414.80	240.00	11830.6
3	KY82002	战略规划部	总经办	副总经理	刘晓光	男	130728********4398	22	10500.00	0.00			10500.00	178.50	240.00	10081.50	761.30	414.80	240.00	9320.2
4	KY82003	战略规划部	总经办	总经理助理	林丽萍	女	340421********0985	22	6500.00	0.00	866.00		7366.00	178.50	240.00	6947.50	239.75	414.80	240.00	6707.75
5	KY82004	战略规划部	企划部	企划部经理	王辉	男	140429********4112	22	6200.00	0.00	348.00		6548.00	178.50	240.00	6129.50	157.95	414.80	240.00	5971.55
6	KY82005	战略规划部	企划部	规划员	林艺芳	女	130826********8087	24	4000.00	444.00	315.00		4759.00	178.50	240.00	4340.50	25.22	414.80	240.00	4315.28
7	KY82006	战略规划部	企划部	规划员	李玉	女	130631********3990	25	4000.00	252.00	251.00		4503.00	178.50	240.00	4084.50	17.54	414.80	240.00	4066.96
8	KY82007	综合管理部	行政部	行政部经理	郑琳	女	340405********2995	22	6000.00	0.00	746.00		6746.00	178.50	240.00	6327.50	177.75	414.80	240.00	6149.75
9	KY82008	综合管理部	行政部	行政助理	董智磊	男	130682********6431	28	3800.00	255.00	327.00		4382.00	178.50	240.00	3963.50	13.91	414.80	240.00	3949.59
10	KY82009	综合管理部	行政部	行政助理	曹丽珠	女	330522********5887	28	3800.00	233.00	291.00		4324.00	178.50	240.00	3905.50	12.17	414.80	240.00	3893.33
11	KY82010	综合管理部	采购部	采购部经理	林凡	男	330504********6213	22	6000.00	0.00	923.00		6923.00	178.50	240.00	6504.50	195.45	414.80	240.00	6309.05
12	KY82011	综合管理部	采购部	采购人员	黄莱悦	男	330922********9819	26	3800.00	272.00	209.00		4281.00	178.50	240.00	3862.50	10.88	414.80	240.00	3851.62
13	KY82012	综合管理部	采购部	采购人员	李蓓云	女	331082********2755	25	3800.00	194.00	409.00		4403.00	178.50	240.00	3984.50	14.54	414.80	240.00	3969.96
14	KY82013	综合管理部	人事资源部	人事部经理	林志刚	男	340881********2336	22	6000.00	0.00	989.00		7285.00	178.50	240.00	6866.50	231.65	414.80	240.00	6634.85
15	KY82014	综合管理部	人事资源部	人事助理	吴伟平	男	340881********2663	27	3800.00	375.00	418.00		4593.00	178.50	240.00	4174.50	20.24	414.80	240.00	4154.26
16	KY82015	综合管理部	人事资源部	人事助理	詹艳羚	女	340881********1051	23	3800.00	105.00	259.00		4164.00	178.50	240.00	3745.50	7.37	414.80	240.00	3738.13
17	KY82016	综合管理部	仓储后勤部	仓库主管	张玲	女	350582********1533	25	4800.00	646.00	927.00		6373.00	178.50	240.00	5954.50	140.45	414.80	240.00	5814.05
18	KY82017	综合管理部	仓储后勤部	仓库管理员	岳嘉禾	男	130181********3989	26	3800.00	316.00	366.00		4482.00	178.50	240.00	4063.50	16.91	414.80	240.00	4046.59
19	KY82018	综合管理部	仓储后勤部	拣车司机	戴君华	男	130181********2846	23	4500.00	98.00	200.00		4798.00	178.50	240.00	4379.50	26.39	414.80	240.00	4353.11
20	KY82019	综合管理部	仓储后勤部	装卸员	黄建军	男	230421********3056	22	4000.00	122.00	377.00		4499.00	178.50	240.00	4080.50	17.42	414.80	240.00	4063.08
21	KY82020	综合管理部	仓储后勤部	装卸员	吴飞宏	男	130728********2792	24	4000.00	118.00	216.00		4334.00	178.50	240.00	3915.50	12.47	414.80	240.00	3903.03
22	KY82021	财务部	会计核算部	财务部经理	张乐	男	220422********5743	22	6500.00	0.00	1000.00		7500.00	178.50	240.00	7081.50	253.15	414.80	240.00	6828.35
23	KY82022	财务部	会计核算部	会计主管	吴浩	男	140828********5423	27	4600.00	329.00	660.00		5789.00	178.50	240.00	5370.50	82.05	414.80	240.00	5288.45
24	KY82023	财务部	会计核算部	总账会计	郑飞	女	140828********8122	27	4600.00	310.00	313.00		5223.00	178.50	240.00	4804.50	39.14	414.80	240.00	4765.36
25	KY82024	财务部	会计核算部	成本会计	陈丽搏	女	210811********2673	23	4600.00	101.00	289.00		4990.00	178.50	240.00	4571.50	32.15	414.80	240.00	4539.35
26	KY82025	财务部	会计核算部	出纳	谢郦	女	230711********2349	23	4000.00	183.00	241.00		4424.00	178.50	240.00	4005.50	15.17	414.80	240.00	3990.33
27	KY82026	财务部	税务管理部	税务主管	何翔	男	331101********8411	26	4200.00	306.00	841.00		5347.00	178.50	240.00	4928.50	42.86	414.80	240.00	4885.64
28	KY82027	财务部	税务管理部	税收筹划专员	黄海清	男	130706********6565	27	3800.00	550.00	364.00		4714.00	178.50	240.00	4295.50	23.87	414.80	240.00	4271.63
29	KY82028	财务部	税务管理部	税务稽核专员	吴赫	女	140421********7885	28	3800.00	169.00	399.00		4368.00	178.50	240.00	3949.50	13.49	414.80	240.00	3936.01

图 3-41 "工资结算明细表"的实发工资

（二）【插入／删除列】活动

【插入/删除列】活动主要是在某个位置添加或删除指定数量的列，如图 3-42 所示。

图 3-42 【插入／删除列】活动图示

【插入/删除列】活动的主要属性及其功能如表 3-6 所示。

表 3-6 【插入/删除列】活动的主要属性及其功能

属性	参　数	功　　　能
目标	位置	默认值为"1"，执行插入或删除操作的位置，该字段仅支持整数或 Int32 类型变量
	无行	默认值为"1"，执行需要删除或添加的列数，该字段仅支持整数或 Int32 类型变量
输入	更改模式	选择活动添加或删除；Add 将向文档添加列，而选择 Remove 将删除列

[例 3-7] 已知 A 公司"工资明细表.xlsx"内包含一张工资结算明细表，目前该公司取消工资补贴制度。要求设计一个机器人删除"工资结算明细表"内的补贴列。其中涉及的活动：【Excel 应用程序】活动和【插入/删除列】活动。

➤ 操作步骤

步骤一：在序列中添加"应用程序集成—Excel"类别下的【Excel 应用程序范围】活动。为该活动设置工作簿路径，单击"浏览"按钮，选择"工资明细表.xlsx"文件，如图 3-43 所示。

【注意】需将"工资明细表.xlsx"保存在当前 RPA 项目文件夹中，即将文件保存在相对路径下。

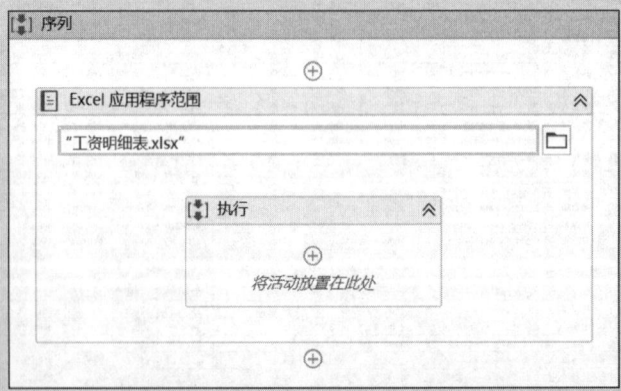

图 3-43 【Excel 应用程序范围】活动设置

步骤二：在【Excel 应用程序范围】活动下的执行序列中添加"应用程序集成—Excel"类别下的【插入/删除列】活动。打开该活动的属性面板，设置目标位置为"12"，无列为"1"，输入工作表名称为："工资结算明细表"，更改模式为"Remove"，表示将"工资结算明细表"中第 12 列删除，即删除补贴这一列，如图 3-44 所示。

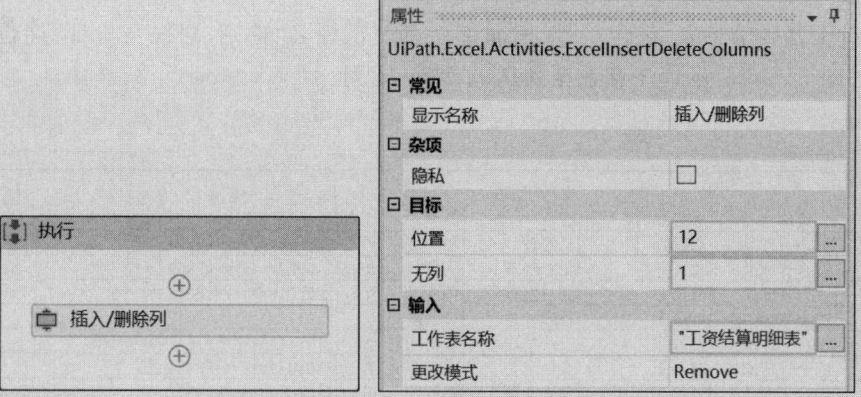

图 3-44　【插入∕删除列】活动设置

步骤三：输出结果，如图 3-45 所示。

图 3-45　删除补贴列

任务实施

➢ **操作步骤**

工资结算机器人

步骤一：收集数据，将 Excel 工资数据表收集起来，为后续流程做好准备。Excel 工资数据文件包含"员工基础信息.xlsx""本月考勤.xlsx""本月奖金.xlsx"和"本月加班费.xlsx"。

（1）员工基础信息表，包含工号、所属部门、职位、姓名、性别、居民身份证、岗位基本工资等信息，如图 3-46 所示。注意数据列从 A 列至 H 列。

小提示：
课件资源可提供操作数据：工资结算机器人数据包

	A	B	C	D	E	F	G	H
1	工号	一级部门	二级部门	职位	姓名	性别	居民身份证	岗位基本工资
2	TL10001	综合管理部	总经办	总经理	陆奕文	男	230708********4214	12000.00
3	TL10002	综合管理部	总经办	副总经理	朱樱	女	140929********7802	9000.00
4	TL10003	综合管理部	总经办	副总经理	钟玲	女	222401********6845	7000.00
5	TL10004	综合管理部	行政部	行政经理	吴绚丽	女	210114********0043	7000.00
6	TL10005	综合管理部	行政部	行政助理	张倩均	女	210114********1643	5000.00
7	TL10006	综合管理部	财务部	会计主管	周鑫童	男	110107********8434	4500.00
8	TL10007	综合管理部	财务部	总账会计	钟罗荇	男	110106********0912	4500.00
9	TL10008	综合管理部	财务部	出纳	陆雨朋	女	110111********3563	3500.00
10	TL10009	综合管理部	采购部	采购主管	刘磷品	男	110115********4033	4500.00
11	TL10010	综合管理部	仓管部	仓库主管	陈战力	男	140724********6555	5000.00
12	TL10011	综合管理部	仓管部	仓管员	吴轩	女	140724********3265	4000.00
13	TL10012	销售部	业务部	业务主管	杨帆	男	141022********3856	6500.00
14	TL10013	销售部	业务部	业务人员	廖丽霞	女	150204********3643	3500.00
15	TL10014	销售部	业务部	业务人员	詹渊	男	150422********4637	3500.00
16	TL10015	销售部	业务部	业务人员	宋子洋	男	150422********5539	3500.00
17	TL10016	销售部	业务部	业务人员	宋秦	男	150422********7837	3500.00
18	TL10017	销售部	业务部	业务人员	陈飞展	女	130202********8565	3500.00
19	TL10018	基本生产车间	生产管理部	生产负责人	赵凌霄	男	210904********8874	6000.00
20	TL10019	基本生产车间	生产管理部	生产主管	林一淡	女	210904********6824	5000.00
21	TL10020	基本生产车间	生产管理部	生产主管	吴长江	男	211102********6514	5000.00
22	TL10021	基本生产车间	加工车间	车间组长	王伟	男	210904********7093	6000.00
23	TL10022	基本生产车间	加工车间	质量检测员	蔡亦辉	男	131102********9414	5000.00
24	TL10023	基本生产车间	加工车间	生产工人	柳韵平	女	321003********1980	4000.00
25	TL10024	基本生产车间	加工车间	生产工人	柯寻依	女	210782********6182	4000.00
26	TL10026	基本生产车间	加工车间	生产工人	孙敏涛	男	140826********6896	4000.00
27	TL10027	基本生产车间	加工车间	生产工人	黄梅	女	210101********7642	4000.00
28	TL10028	基本生产车间	加工车间	生产工人	张恒	男	350505********1214	4000.00

Sheet1

图 3-46 员工基础信息表

（2）本月考勤表包含员工基础信息和考勤信息，如图 3-47 所示。

（3）本月奖金表和本月加班费表包含了员工信息、奖金数据、加班费数据等，如图 3-48 和图 3-49 所示。

▲	A	B	C	D	E	F	G	H	I	J
1	工号	姓名	性别	居民身份证	满勤	事假	年假（带薪休假）	病假	缺勤	出勤
2	TL10001	陆奕文	男	230708********4214	22				0	22
3	TL10002	朱樱	女	140929********7802	22				0	22
4	TL10003	钟玲	女	222401********6845	22				0	22
5	TL10004	吴绚丽	女	210114********0043	22				0	22
6	TL10005	张倩均	女	210114********1643	22		3		3	19
7	TL10006	周鑫童	男	110107********8434	22				0	22
8	TL10007	钟罗荇	男	110106********0912	22				0	22
9	TL10008	陆雨朋	女	110111********3563	22				0	22
10	TL10009	刘礴品	男	110115********4033	22	1			1	21
11	TL10010	陈战力	男	140724********6555	22				0	22
12	TL10011	吴轩	女	140724********3265	22				0	22
13	TL10012	杨帆	男	141022********3856	22			2	2	20
14	TL10013	廖丽霞	女	150204********3643	22				0	22
15	TL10014	詹渊	男	150422********4637	22				0	22
16	TL10015	宋子洋	男	150422********5539	22	2			2	20
17	TL10016	宋秦	男	150422********7837	22				0	22
18	TL10017	陈飞展	女	130202********8565	22				0	22
19	TL10018	赵凌霄	男	210904********8874	22				0	22
20	TL10019	林一淡	女	210904********6824	22				0	22
21	TL10020	吴长江	男	211102********6514	22			5	5	17
22	TL10021	王伟	男	210904********7093	22				0	22
23	TL10022	蔡亦辉	男	131102********9414	22				0	22
24	TL10023	柳韵平	女	321003********1980	22				0	22
25	TL10024	柯寻依	女	210782********6182	22	2			2	20
26	TL10026	孙敏涛	男	140826********6896	22				0	22
27	TL10027	黄梅	女	210101********7642	22				0	22
28	TL10028	张恒	男	350505********1214	22				0	22

Sheet1 +

图 3-47 本月考勤表

▲	A	B	C	D	E
1	工号	姓名	性别	居民身份证	奖金
2	TL10001	陆奕文	男	230708********4214	1187.00
3	TL10002	朱樱	女	140929********7802	1152.00
4	TL10003	钟玲	女	222401********6845	1242.00
5	TL10004	吴绚丽	女	210114********0043	1413.00
6	TL10006	周鑫童	男	110107********8434	1427.00
7	TL10007	钟罗荇	男	110106********0912	1254.00
8	TL10009	刘礴品	男	110115********4033	1002.00
9	TL10010	陈战力	男	140724********6555	2222.00
10	TL10011	吴轩	女	140724********3265	1022.00
11	TL10012	杨帆	男	141022********3856	2977.00
12	TL10013	廖丽霞	女	150204********3643	3575.00
13	TL10014	詹渊	男	150422********4637	3082.00
14	TL10015	宋子洋	男	150422********5539	3917.00
15	TL10016	宋秦	男	150422********7837	2943.00
16	TL10017	陈飞展	女	130202********8565	4158.00
17					

Sheet1 +

图 3-48 本月奖金表

图 3-49　本月加班费表

　　步骤二：读取员工基本信息，在 Main 主工作流的序列内添加【Excel 应用程序范围】活动，修改此活动的显示名称为"Excel 应用程序范围（工资表基础数据）"，设置工作簿路径为："员工基础信息.xlsx"。在【Excel 应用程序范围】活动的执行序列内添加【读取范围】活动，并修改该活动的名称为"读取范围（员工基本信息）"，读取"Sheet1"工作表中"A:K"范围内的数据，如图 3-50 所示。

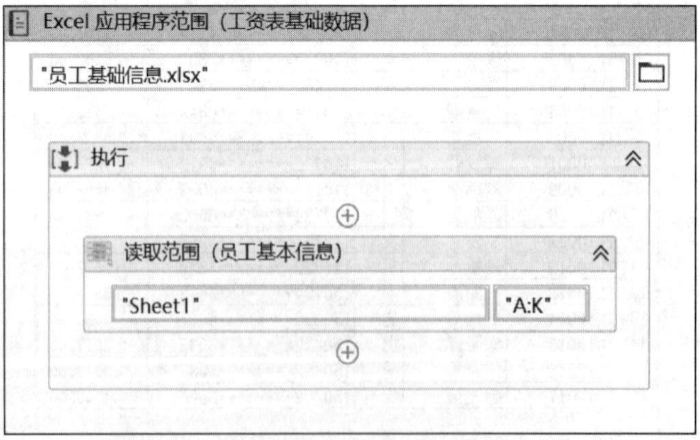

图 3-50　读取员工基本信息

　　步骤三：在【读取范围】活动的属性面板中，添加数据表变量"DATA"来接收此活动读取到的数据，因为此处要获取表格的列标题，所以不勾选"添加标头"选项。此步骤的功能是让机器人读取员工基础信息表里的基础信息,并将读到的数据保存在数据表变量 DATA 中,后续流程中就可以使用 DATA 中的数据进行进一步的计算和处理,如图 3-51 所示。

> 【注意】此处读取了 Sheet1 工作表中"A:K"范围内的数据,员工基础信息表中只有"A:H"有原始数据,而读取到的数据显然多了 I 列、J 列和 K 列,这三个列并没有数据,后续步骤将由机器人自动为这三列补充数据。

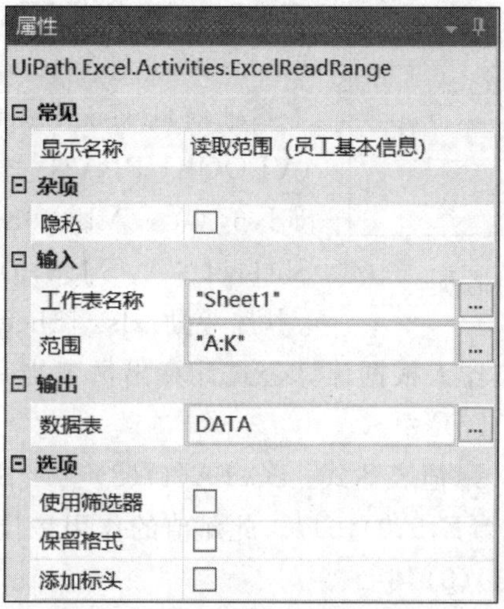

图 3-51　设置【读取范围】活动属性

步骤四:在【读取范围】活动后面添加"工作流—控件"类别下的【多重分配】活动,设置显示名称为"多重分配(添加表头)"。在此活动中为"DATA"变量添加新列名。

(1) 修改"DATA"中"DATA(0)(7)"的值,对照"员工基础信息表"可知,"DATA(0)(7)"对应的是 Excel 表中的"H1"单元格,令:DATA(0)(7)="基本薪资",即修改"DATA(0)(7)"中原来的值为基本薪资。

(2) 令:DATA(0)(8)="奖金",DATA(0)(9)="加班费",DATA(0)(10)="合计",即在 DATA 变量中添加三个新列名。

此步骤功能是使机器人在数据表 DATA 中设置基本薪资、奖金、加班费和合计四个列名,为后续读取其他工资数据并存储到 DATA 中做好准备,如图 3-52 所示。

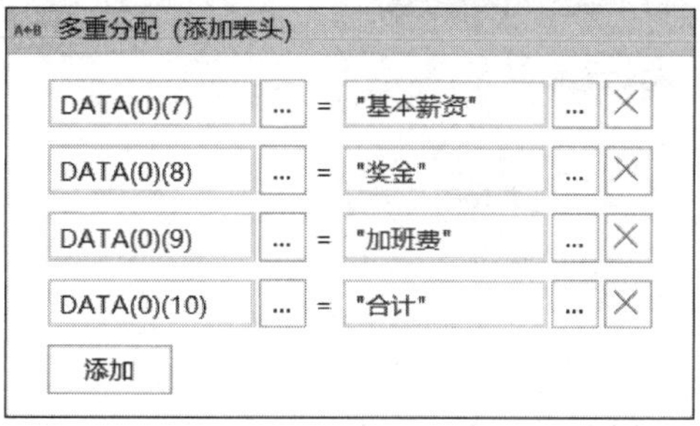

图 3-52　设置【多重分配】活动

步骤五：继续添加【多重分配】活动,设置显示名称为"多重分配(添加函数)",为基本薪资、奖金、加班费和合计四个列添加读取数据的函数,如图 3-53 所示。

【注意】本步骤仅为"DATA(1)"行的"(7)""(8)""(9)""(10)"四个列读取工资数据。

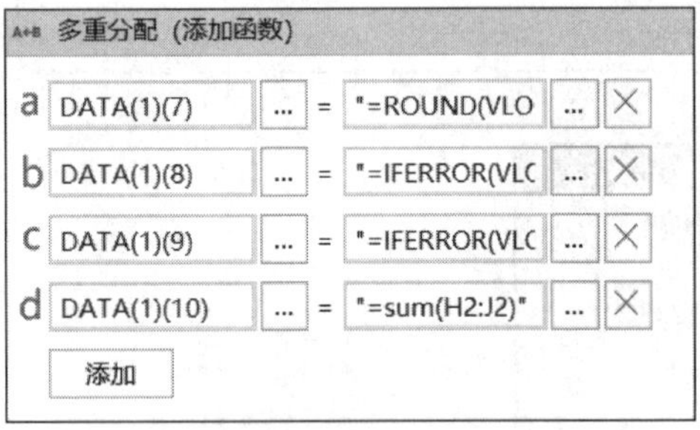

图 3-53　设置【多重分配】活动

其中:

(1) a 处为 DATA(1)(7)赋值表达式：DATA(1)(7) = " = ROUND(VLOOKUP(A2,[员工基础信息.xlsx]Sheet1! \$A：\$H,8,0)-(VLOOKUP(A2,[员工基础信息.xlsx]Sheet1! \$A：\$H,8,0)-300)/22 * (VLOOKUP(A2,[本月考勤.xlsx]Sheet1! \$A：\$J,6,0) + VLOOKUP(A2,[本月考勤.xlsx]Sheet1! \$A：\$J,8,0) * 0.5)-IF(VLOOKUP(A2,[本月考勤.xlsx]Sheet1! \$A：\$J,9,0)>0,300,0),2)"。此赋值的作用是让机器人根据计算公式计算出员工当月可取得的基本薪资数据,并将计算结果添加到"DATA(1)(7)"中。

(2) b 处为 DATA(1)(8) 赋值表达式：DATA(1)(8) = " = IFERROR(VLOOKUP(A2,[本月奖金.xlsx]Sheet1! \$A：\$E,5,0),0)"。此赋值的作用是让机器人获取员工本月奖金数据,并将结果添加到"DATA(1)(8)"中。

(3) c 处为 DATA(1)(9)赋值表达式：DATA(1)(9) = " = IFERROR(VLOOKUP(A2,[本月加班费.xlsx]Sheet1! \$A：\$E,5,0),0)"。此赋值的作用是让机器人获取员工本月加班费数据,并将结果添加到"DATA(1)(9)"中。

(4) d 处为 DATA(1)(10)赋值表达式：DATA(1)(10) = " = SUM(H2：J2)"。此赋值的作用是让机器人计算工资合计数数据,并将计算结果添加到"DATA(1)(10)"中。

以上设置的工资计算表达式其实就是 Excel 函数。通过上述流程,机器人就可以自动从多张 Excel 表中读取数据,并完成工资计算。

步骤六：生成本月工资结算表,在序列中继续添加一个【Excel 应用程序范围】活动,修改此活动的显示名称为"Excel 应用程序范围(工资表生成)",设置工作簿路径为："本月工资结算表.xlsx"。由于此工作簿并不存在,因此机器人将创建一个新的名为"本月工资结算表.xlsx"的 Excel 文件,如图 3-54 所示。

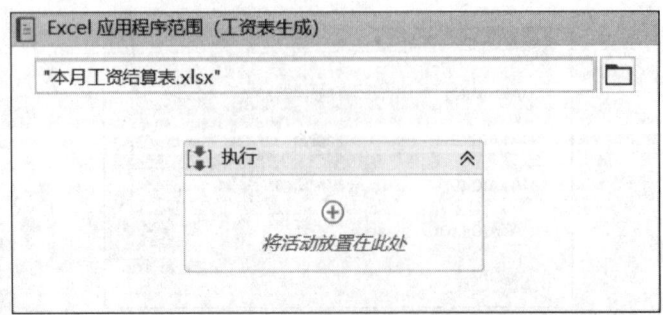

图 3-54　【Excel 应用程序范围】活动(工资结算表生成)

步骤七：在 Excel 应用程序范围（工资表生成）活动的执行序列内添加【写入范围】活动，设置显示名称为"写入范围（基础数据写入）"，将步骤二中创建的存储工资计算结果的数据表变量"DATA"写入本月工资结算表中，如图 3-55 所示。

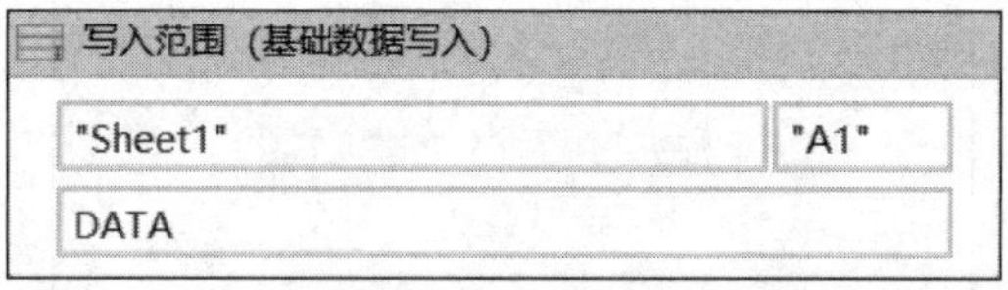

图 3-55　添加【写入范围】活动（基础数据写入）

步骤八：上一步骤的功能是使机器人在生成的"本月工资结算表.xlsx"内写入工资结果数据，最终生成的工资表包含"工号""一级部门""二级部门""职位""姓名""性别""居民身份证""基本薪资""奖金""加班费""合计"等列，写入结果如图 3-56 所示。

> 【注意】写入所读取的表格数据时并不会将格式一起写入，因此身份号码显示为乱码，运行完成后调整单元格格式即可显示正常。

	A	B	C	D	E	F	G	H	I	J	K
1	工号	一级部门	二级部门	职位	姓名	性别	居民身份证	基本薪资	奖金	加班费	合计
2	TL10001	综合管理部	总经办	总经理	陆奕文	男	230708********4214	12000	1187	0	13187
3	TL10002	综合管理部	总经办	副总经理	朱樱	女	140929********7802				
4	TL10003	综合管理部	总经办	副总经理	钟玲	女	222401********6845				
5	TL10004	综合管理部	行政部	行政经理	吴绚丽	女	210114********0043				
6	TL10005	综合管理部	行政部	行政助理	张倩均	女	210114********1643				
7	TL10006	综合管理部	财务部	会计主管	周鑫童	男	110107********8434				
8	TL10007	综合管理部	财务部	总账会计	钟罗荇	男	110106********0912				
9	TL10008	综合管理部	财务部	出纳	陆雨朋	女	110111********3563				
10	TL10009	综合管理部	采购部	采购主管	刘磷品	男	110115********4033				
11	TL10010	综合管理部	仓管部	仓库主管	陈战力	男	140724********6555				
12	TL10011	综合管理部	仓管部	仓管员	吴轩	女	140724********3265				
13	TL10012	销售部	业务部	业务主管	杨帆	男	141022********3856				
14	TL10013	销售部	业务部	业务人员	廖丽霞	女	150204********3643				
15	TL10014	销售部	业务部	业务人员	詹渊	男	150422********4637				
16	TL10015	销售部	业务部	业务人员	宋子洋	男	150422********5539				
17	TL10016	销售部	业务部	业务人员	宋秦	男	150422********7837				
18	TL10017	销售部	业务部	业务人员	陈飞展	女	130202********8565				
19	TL10018	基本生产车间	生产管理部	生产负责人	赵凌霄	男	210904********8874				
20	TL10019	基本生产车间	生产管理部	生产主管	林一淡	女	210904********6824				
21	TL10020	基本生产车间	生产管理部	生产主管	吴长江	男	211102********6514				
22	TL10021	基本生产车间	加工车间	车间组长	王伟	男	210904********7093				
23	TL10022	基本生产车间	加工车间	质量检测员	蔡亦辉	男	131102********9414				
24	TL10023	基本生产车间	加工车间	生产工人	柳韵平	女	321003********1980				
25	TL10024	基本生产车间	加工车间	生产工人	柯寻依	女	210782********6182				

Sheet1

图 3-56　本月工资结算表

步骤九：从 H3 单元格开始的一片区域还没有写入相应的工资数据，下面的操作将采用 Excel 中复制单元格的方法来完成这些数据的写入。在【写入范围】活动后面添加【先条件循环】活动，并修改该活动名称为"先条件循环（复制函数）"，对此活动进行设置，增加循环变量"i"，变量类型为"Int32"，默认值为"2"，循环条件为：DATA(i)(0).ToString<>""，如图 3-57 和图 3-58 所示。

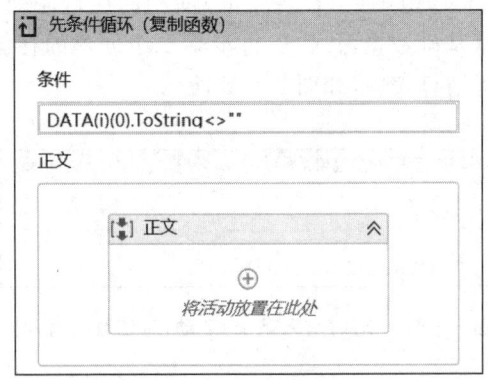

图 3-57　设置【先条件循环】活动判断条件

名称	变量类型	范围	默认值
DATA	DataTable	序列	输入 VB 表达式
i	Int32	序列	2

图 3-58　在变量面板中创建变量

步骤十：在循环活动的正文中添加【复制范围】活动,设置工作表名称为："Sheet1",源范围为："H2:K2",目标单元格为："H"+(i+1).ToString,目标工作表为："Sheet1",如图3-59所示。

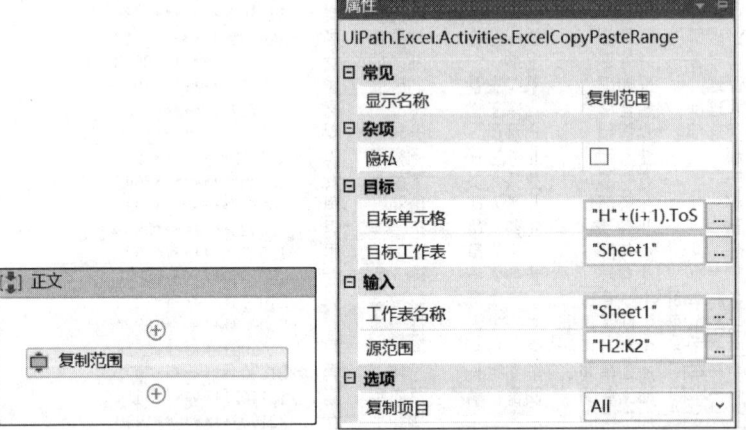

图 3-59　【复制范围】活动设置

步骤十一：添加【分配】活动,设置"i=i+1"表达式。步骤九到步骤十一这三个步骤功能是使机器人完成从源单元格区域"H2:K2"到目标单元格区域的复制,每次循环复制一行,重复复制直到工号列的值为空时停止,如图3-60所示。

步骤十二：输出结果,如图3-61所示。

单击"调试文件"按钮,机器人会读取员工基础信息、本月考勤、本月奖金、本月加班费等数据,自动生成本月工资结算表。

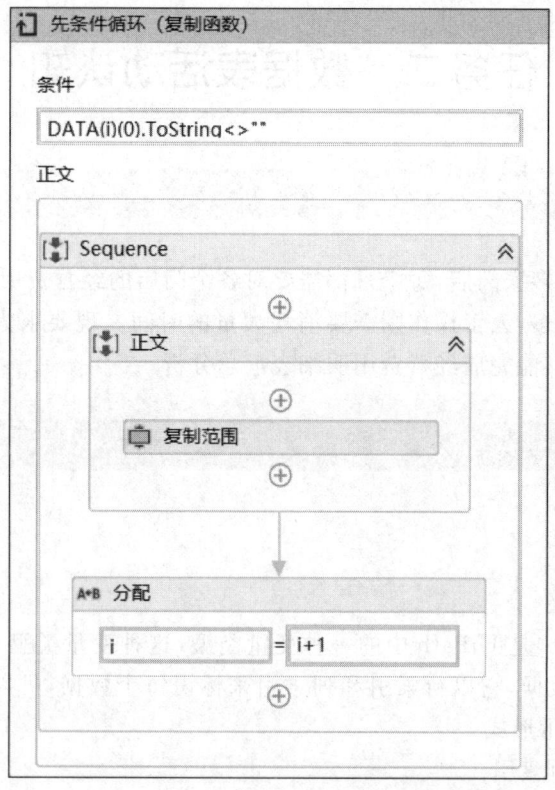

图 3-60　循环复制范围

	A	B	C	D	E	F	G	H	I	J	K
1	工号	一级部门	二级部门	职位	姓名	性别	居民身份证	基本薪资	奖金	加班费	合计
2	TL10001	综合管理部	总经办	总经理	陆奕文	男	230708********4214	12000	1187	0	13187
3	TL10002	综合管理部	总经办	副总经理	朱樱	女	140929********7802	9000	1152	0	10152
4	TL10003	综合管理部	总经办	副总经理	钟玲	女	222401********6845	7000	1242	0	8242
5	TL10004	综合管理部	行政部	行政经理	吴绚丽	女	210114********0043	7000	1413	0	8413
6	TL10005	综合管理部	行政部	行政助理	张倩均	女	210114********1643	4700	0	0	4700
7	TL10006	综合管理部	财务部	会计主管	周鑫童	男	110107********8434	4500	1427	0	5927
8	TL10007	综合管理部	财务部	总账会计	钟罗荇	男	110106********0912	4500	1254	0	5754
9	TL10008	综合管理部	财务部	出纳	陆雨朋	女	110111********3563	3500	0	0	3500
10	TL10009	综合管理部	采购部	采购主管	刘磷品	男	110115********4033	4009.09	1002	0	5011.09
11	TL10010	综合管理部	仓管部	仓库主管	陈战力	男	140724********6555	5000	2222	0	7222
12	TL10011	综合管理部	仓管部	仓管员	吴轩	女	140724********3265	4000	1022	0	5022
13	TL10012	销售部	业务部	业务主管	杨帆	男	141022********3856	5918.18	2977	0	8895.18
14	TL10013	销售部	业务部	业务人员	廖丽霞	女	150204********3643	3500	3575	0	7075
15	TL10014	销售部	业务部	业务人员	詹渊	男	150422********4637	3500	3082	0	6582
16	TL10015	销售部	业务部	业务人员	宋子洋	男	150422********5539	2909.09	3917	0	6826.09
17	TL10016	销售部	业务部	业务人员	宋秦	男	150422********7837	3500	2943	0	6443
18	TL10017	销售部	业务部	业务人员	陈飞展	女	130202********8565	3500	4158	0	7658
19	TL10018	基本生产车间	生产管理部	生产负责人	赵凌霄	男	210904********8874	6000	0	2301	8301
20	TL10019	基本生产车间	生产管理部	生产主管	林一淡	女	210904********6824	5000	0	2563	7563
21	TL10020	基本生产车间	生产管理部	生产主管	吴长江	男	211102********6514	4165.91	0	1684	5849.91
22	TL10021	基本生产车间	加工车间	车间组长	王侪	男	210904********7093	6000	0	504	6504
23	TL10022	基本生产车间	加工车间	质量检测员	蔡亦辉	男	131102********9414	5000	0	680	5680

Sheet1 +

图 3-61　本月工资结算表

任务二 数据表活动认知

任务场景

亚邦集团旗下有很多家门店,每个月都需要对各个门店的经营费用明细表进行汇总分析,由于公司旗下的门店较多,人工操作则需要消耗大量的时间。现要求为这家集团公司开发一个费用汇总机器人,使其能完成经营费用明细表汇总分析。

任务准备

数据表活动
介绍(一)

一、数据表概述

(一) 数据表的含义

数据表(Data Table)是 UiPath 中的一种变量类型,这种变量类型可以储存大量的、具有行和列的表格形式的数据,它以行索引和列索引来标识每个数据,可以简单地将数据表视为 Excel 工作表的内存表示形式。

(二) 数据表的行列索引

在数据表中,行与列的索引都是从 0 开始,即数据表的第一行内容(不含标题行)索引为 0,第一列索引为 0;若数据表第一行内容为列标题,则索引 0 从第二行开始,如图 3 - 62 所示。

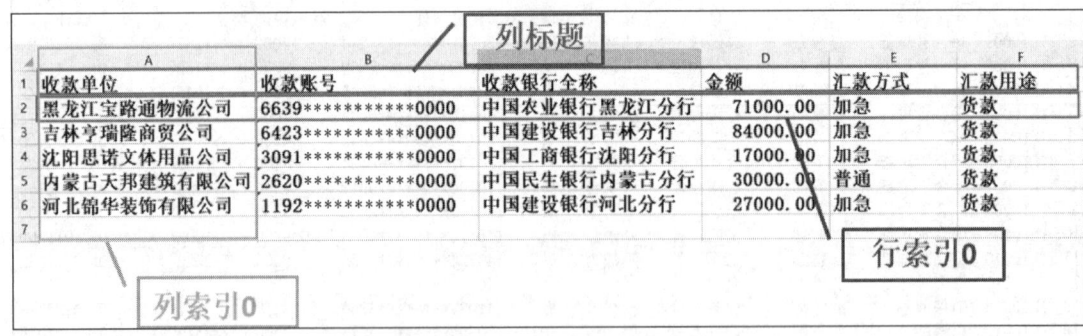

图 3 - 62 数据表的行列索引

(三) 数据表的读取方法

假设数据表变量命名为 Data,读取该数据表的内容可用以下几种方法:

(1) 方法一:Data(i)(j)代表数据表中的第 i 行第 j 列。

(2) 方法二:使用【对于每一个行】活动对每一行的数据进行访问。

(3) 方法三:Data.row(0).item("工资")代表第 0 行的工资列。

(四) 数据表与 Excel 的区别

UiPath 中的数据表常用于存储从 Excel 文件中读取的数据,这种数据表与 Excel 数据的区别在于后者是一个 Excel 文件,其中可以存储各种类型的数据(文字、图片等),也可以格式化排版。而 UiPath 中的数据表只是最简单的电子表格数据类型,它只有行、列与可选标题。

二、数据表的常用活动

与操作数据表有关的活动位于"编程—数据表"类别下,其中主要包括【删除数据列】活动、【删除数据行】活动、【删除重复行】活动和【合并数据表】活动等 16 个子活动,如图 3-63 所示。

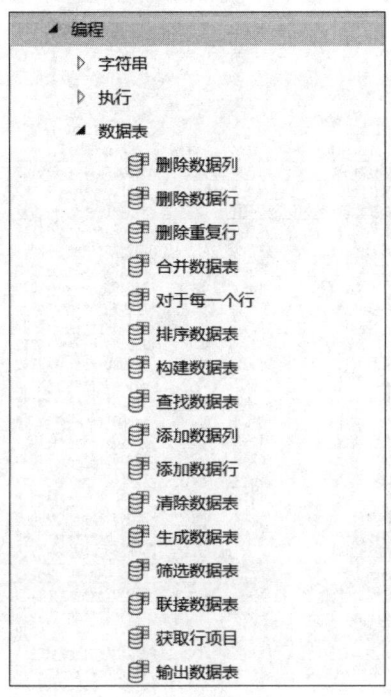

图 3-63　【数据表】类别下的活动

(一)【对于每一个行】活动

【对于每一个行】活动的作用是遍历数据表中的每一行内容,遍历的结果为数据行,而非某一个元素,然后执行循环体中的活动。其中,该活动下的变量"row"无须定义,此处变量也可按实际需要自行定义名称。遍历的对象为 DataTable 类型的变量,如图 3-64 所示。

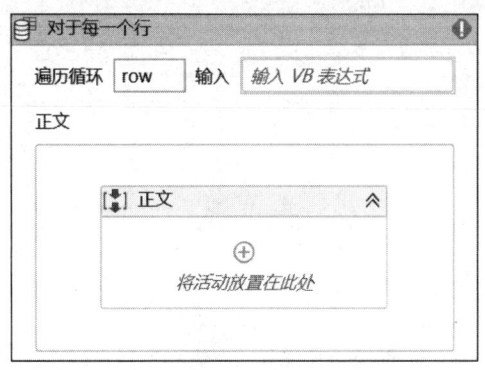

图 3-64　【对于每一个行】活动图示

[例 3-8]　已知"年终奖金.xlsx"内包含一张"年终奖金发放表",如图 3-65 所示。要求设计一个机器人遍历循环年终奖金发放表,筛选出年终奖金超过 10 000 元的职员,并将筛选结果进行输出。其中涉及的活动:【Excel 应用程序范围】活动、【读取范围】活动、【对于每一个行】活动、【IF 条件】活动和【日志消息】活动。

图 3-65　年终奖金发放表

➤ 操作步骤

步骤一:在序列中添加"应用程序集成—Excel"类别下的【Excel 应用程序范围】活动,设置工作簿路径为:"年终奖金.xlsx",该路径为相对路径,如图 3-66 所示。

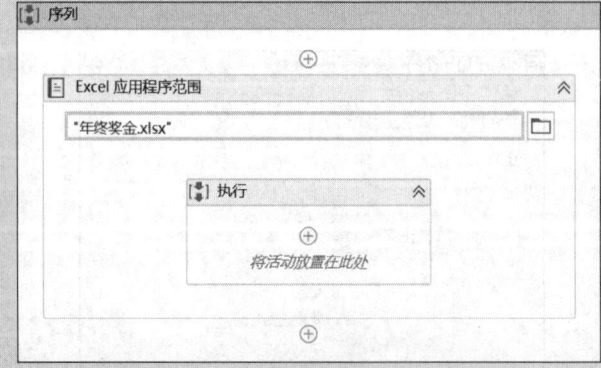

图 3-66　添加【Excel 应用程序范围】活动

步骤二：在执行序列中添加"应用程序集成—Excel"类别下的【读取范围】活动，设置工作表名称为："年终奖金发放表"，范围为："A1:J45"，在该活动属性面板的输出数据表处创建变量"Data_3"，变量类型为"DataTable"，范围为"执行"，该变量用于存储"年终奖金发放表"中单元格 A1 到 J45 范围的所有数据，如图 3-67 所示。

图 3-67　设置【读取范围】活动读取年终奖金发放表

步骤三：继续添加"编程—数据表"类别下的【对于每一个行】活动，输入数据表为"Data_3"，此处表示令机器人遍历数据表变量 Data_3 中的每一行数据，如图 3-68 所示。

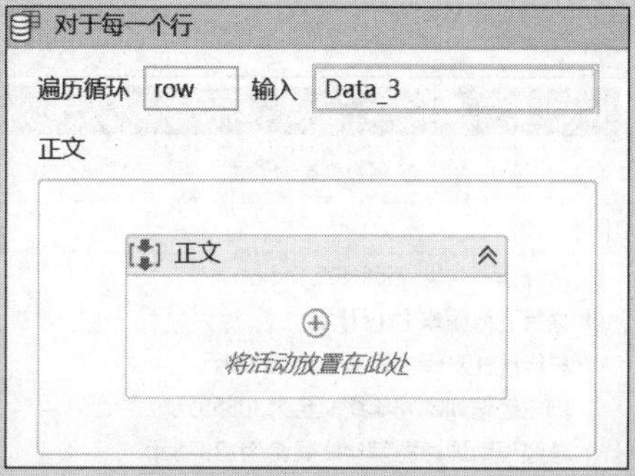

图 3-68　【对于每一个行】活动设置

步骤四：在正文序列添加"System—Activities—Statements"类别下的【IF 条件】活动，设置判断条件为：cdbl(row(7))>10000，该活动用于判断每位职员的年终奖金是否大于 10 000 元，如图 3-69 所示。

【注意】cdbl()函数可将数据类型转换为 Double 类型。

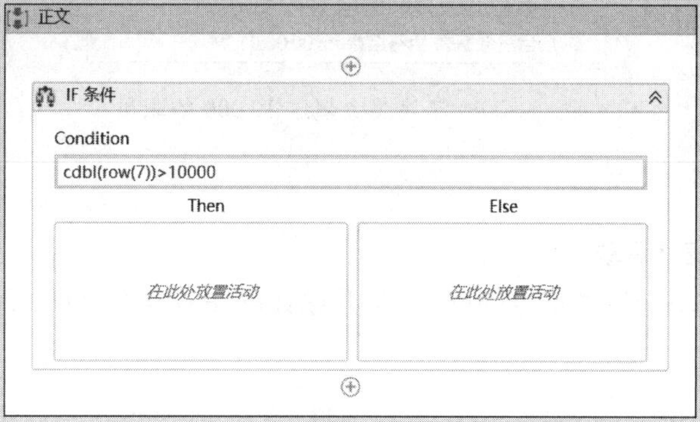

图 3-69　【IF 条件】活动判断条件设置

步骤五：在"Then"执行语句中添加【日志消息】活动，日志级别为"Info"，日志消息为：row(3).tostring＋row(4).ToString＋"年终奖金为"＋row(7).ToString＋"元"，如图 3－70 所示。

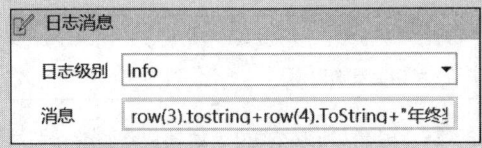

图 3－70 【日志消息】活动设置

步骤六：输出结果，如图 3－71 所示。

图 3－71 年终奖金超过 10 000 的职员

(二)【排序数据表】活动

【排序数据表】活动是根据指定列的值，按升序或降序对整个"DataTable"进行排序。活动如图 3－72 所示。

图 3－72 【排序数据表】活动图示

【排序数据表】活动的主要属性及其功能如表3-7所示。

表3-7 【排序数据表】活动的主要属性及其功能

属性	参数	功　能
排序列	列	此为包含要排序的列变量,该字段仅支持"DataColumn"变量,在该属性字段中设置变量将禁用其他两个属性
	名称	要搜索的列的名称,该字段仅支持字符串和"String"变量,在该属性字段中设置变量将禁用其他两个属性
	索引	要搜索的列的索引,该字段仅支持"Int32"变量,在该属性字段中设置变量将禁用其它两个属性
	顺序	表格的排序顺序,"Ascending"表示第一个值是最低值;"Descending"表示第一个值是最高值
输入	数据表	要排序的数据表,该字段仅支持"DataTable"变量
输出	数据表	数据表的排序结果,该字段仅支持"DataTable"变量

[例3-9] 已知"年终奖金.xlsx"内包含一张"年终奖金发放表",如图3-65所示。要求设计一个机器人对"年终奖金发放表"内的实发年终奖金进行降序排序。其中涉及的活动:【Excel应用程序范围】活动、【读取范围】活动、【排序数据表】活动和【写入范围】活动。

步骤一:在序列中添加"应用程序集成—Excel"类别下的【Excel应用程序范围】活动,设置工作簿路径为:"年终奖金.xlsx",该路径为相对路径,如图3-73所示。

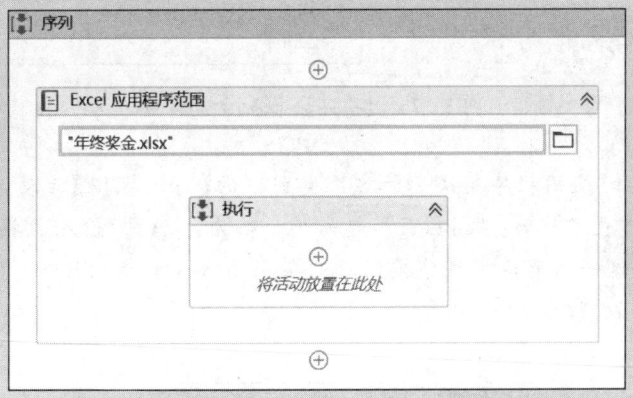

图3-73 添加【Excel应用程序范围】活动

步骤二:在执行序列中添加"应用程序集成—Excel"类别下的【读取范围】活动,设置工作表名称为:"年终奖金发放表",范围为:"A:J",在该活动属性面板的输出数据表处创建变量"DT",变量类型为"DataTable",范围为"执行",该变量用于存储"年终奖金发放表"中A列到J列的数据,如图3-74所示。

读取范围
"年终奖金发放表"
"A:J"

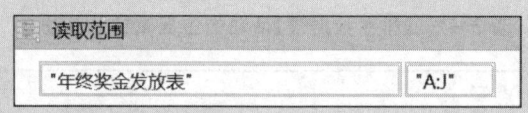

图 3－74　设置【读取范围】活动读取年终奖金发放表

步骤三：添加“编程—数据表”类别下的【排序数据表】活动，打开该活动的属性面板，输入索引为“9”，顺序选择“Descending”，设置输入数据表为“DT”，输出数据表处创建变量“DT_1”，变量类型为“DataTable”，范围为“执行”。该活动表示对“年终奖金发放表”第九列(即实发年终奖金)进行降序排列，降序排列后的数据存储在变量 DT_1 中，如图 3－75 所示。

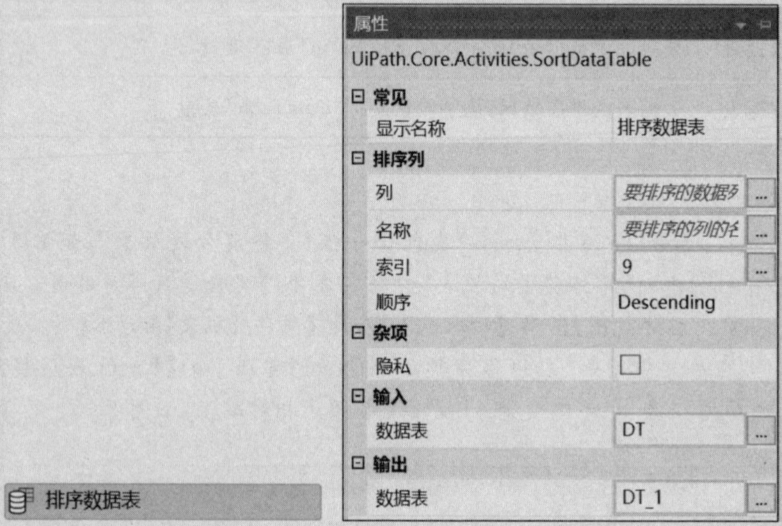

排序数据表
属性
UiPath.Core.Activities.SortDataTable
常见
显示名称
排序数据表
排序列
列
要排序的数据列
名称
要排序的列的名
索引
9
顺序
Descending
杂项
隐私
输入
数据表
DT
输出
数据表
DT_1

图 3－75　【排序数据表】活动设置

步骤四：添加“应用程序集成—Excel”类别下的【写入范围】活动，打开该活动的属性面板，设置工作表名称为："Sheet1"，起始单元格为："A1"，输入数据表为“DT_1”，勾选“添加标头”。这一步表示将降序排列后的数据写入工作表“Sheet1”中，从 A1 单元格开始写，如图 3－76 所示。

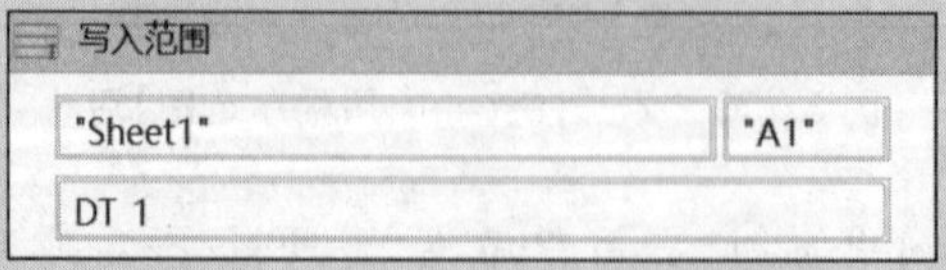

写入范围
"Sheet1"
"A1"
DT 1

图 3－76　【写入范围】活动设置

步骤五：输出结果，如图 3－77 所示。

	A	B	C	D	E	F	G	H	I	J
1	工号	一级部门	二级部门	岗位	姓名	性别	证照号码	年终奖金	个税	实发年终奖金
2	KY82002	战略规划部	总经办	副总经理	刘晓光	男	130728*******4398	30555	2950.5	27604.5
3	KY82001	战略规划部	总经办	总经理	许建辉	男	350925*******0148	28920	2787	26133
4	KY82035	销售部	市场部	市场部经	胡素华	女	140212*******2232	17040	511.2	16528.8
5	KY82038	销售部	业务部	业务部经	陈晓芬	女	341122*******4430	15660	469.8	15190.2
6	KY82004	战略规划部	企划部	企划部经	王辉	男	140429*******4112	15128	453.84	14674.16
7	KY82003	战略规划部	总经办	总经理助	林丽萍	女	340421*******0989	13975	419.25	13555.75
8	KY82013	综合管理部	人力资源	人事部经	林志刚	男	340601*******2336	13500	405	13095
9	KY82037	销售部	市场部	市场执行	陈晨	男	140929*******4818	12348	370.44	11977.56
10	KY82021	财务部	会计核算	财务经理	张乐	女	220422*******5743	11895	356.85	11538.15
11	KY82039	销售部	业务部	业务人员	曹酷菲	男	110228*******7438	11680	350.4	11329.6
12	KY82010	综合管理部	采购部	采购部经	林月	女	350304*******6213	11580	347.4	11232.6
13	KY82007	综合管理部	行政部	行政部经	凯琳	女	340405*******2995	11340	340.2	10999.8
14	KY82036	销售部	市场部	市场策划	刘梅	女	341103*******2159	11298	338.94	10959.06
15	KY82043	销售部	业务部	业务人员	戴丽萍	女	231224*******9794	11200	336	10864
16	KY82040	销售部	业务部	业务人员	张荣华	男	330601*******2145	11040	331.2	10708.8
17	KY82041	销售部	业务部	业务人员	曾倩	女	130424*******9673	10640	319.2	10320.8
18	KY82044	销售部	业务部	业务人员	张含枫	女	130683*******7881	9800	294	9506
19	KY82042	销售部	业务部	业务人员	毛庆生	男	140426*******1554	9280	278.4	9001.6
20	KY82016	综合管理部	仓储后勤	仓库主管	张玲	女	350582*******1533	8928	267.84	8660.16
21	KY82026	财务部	税务管理	税务主管	何翔	男	331101*******8411	8022	240.66	7781.34
22	KY82006	战略规划部	企划部	规划员	李玉	女	130631*******3990	7880	236.4	7643.6
23	KY82030	财务部	财务管理	财务主管	林剑立	男	220503*******1379	7605	228.15	7376.85
24	KY82023	财务部	会计核算	总账会计	陈飞	男	130503*******8122	7452	223.56	7228.44
25	KY82018	综合管理部	仓储后勤	货车司机	戴君华	男	130301*******2848	7380	221.4	7158.6
26	KY82024	财务部	会计核算	成本会计	陈丽婷	女	210811*******2673	7314	219.42	7094.58
27	KY82034	财务部	财务管理	内部审计	林子怡	女	140827*******1461	6760	202.8	6557.2
28	KY82022	财务部	会计核算	会计主管	吴浩	男	140828*******5423	6624	198.72	6425.28
29	KY82019	综合管理部	仓储后勤	装卸员	黄建军	男	230421*******3056	6400	192	6208
30	KY82014	综合管理部	人力资源	人事助理	吴伟平	男	340881*******2663	6346	190.38	6155.62

Sheet1 年终奖金发放表 +

图 3-77　按年终奖金降序排序结果

(三)【构建数据表】活动

【构建数据表】活动是根据指定架构创建数据表。此处创建数据表允许自定义行列数以及每列数据类型、值等,创建完的数据表以变量的形式存储于系统内部,不会展示在人机交互界面,如果写入 Excel 工作簿,则需要使用【写入范围】活动和【附加范围】活动来实现,如图 3-78 所示。

数据表活动
介绍(二)

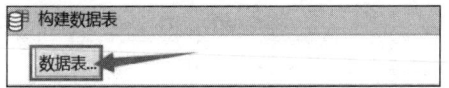

图 3-78　【构建数据表】活动

在活动主体中单击"数据表"按钮即可打开"构建数据表"窗口,这用于自定义要创建的表格,如图 3-79 所示。

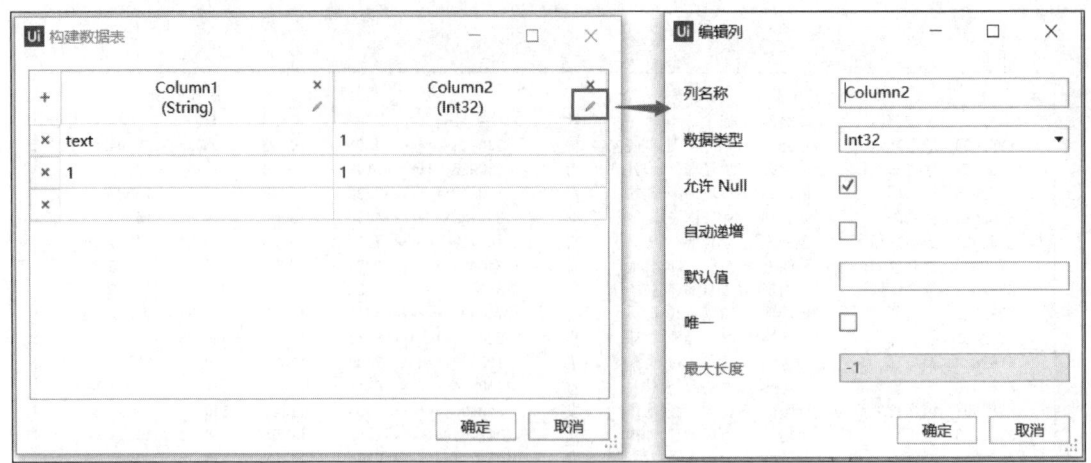

图 3 - 79　构建数据表

[例 3 - 10]　A 公司财务每月要用利润表向上级部门汇报经营成果，汇报内容主要为营业收入、营业成本、营业外支出、营业外收入、利润总额、净利润这几个项目的本期金额及上期金额。要求设计一个机器人为 A 公司编制一张简易利润表格式。其中涉及的活动：【构建数据表】活动、【Excel 应用程序】活动和【写入范围】活动。

➢ **操作步骤**

步骤一：在序列中添加"应用程序集成—Excel"类别下的【Excel 应用程序范围】活动，设置工作簿路径为："简易利润表.xlsx"，该路径为相对路径，如图 3 - 80 所示。

【注意】在相对路径下原先并不存在该表，系统在运行过程中会自动创建该表。

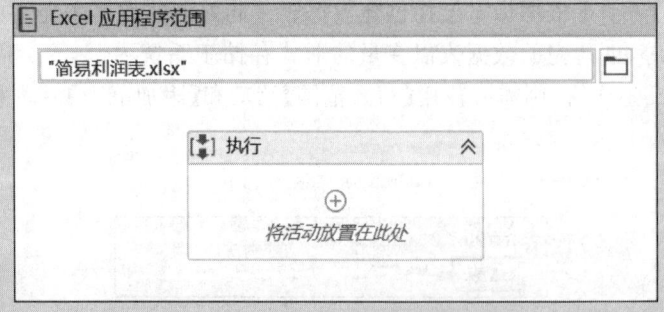

图 3 - 80　添加【Excel 应用程序范围】活动

步骤二：在执行序列中添加"编程—数据表"类别下的【构建数据表】活动，单击"数据表"，点击"编辑列"，修改第一列的名称为"项目"，数据类型为"String"，单击"确定"。同理，后面几列按相同方法修改列名称，添加项目列下的行数据，如图 3 - 81 所示。表格构建完后，在该活动的属性面板输出数据表处创建变量"data_4"，该变量用于存储构建好的表格。

图 3-81 【构建数据表】活动创建简易利润表

步骤三：继续添加"应用程序集成—Excel"类别下的【写入范围】活动，打开该活动的属性面板，设置工作表名称为："Sheet1"，起始单元格为："A1"，输入数据表为"Data_4"，勾选"添加标头"。表示将存储在变量 Data_4 中已经构建好的数据表写入"简易利润表.xlsx"的"Sheet1"工作表中，从 A1 单元格开始写入，如图 3-82 所示。

图 3-82 【写入范围】活动设置

步骤四：输出结果，如图 3-83 所示。

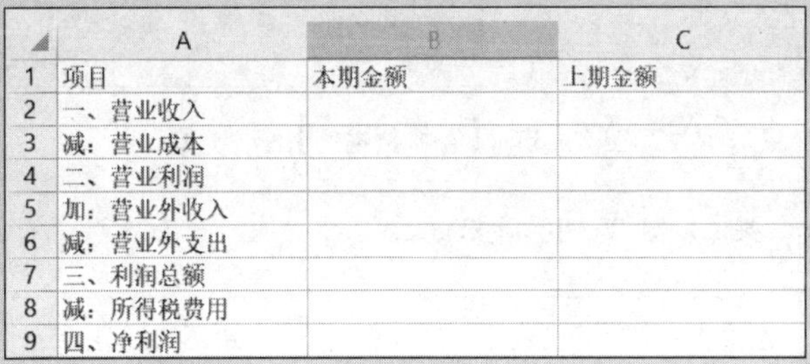

	A	B	C
1	项目	本期金额	上期金额
2	一、营业收入		
3	减：营业成本		
4	二、营业利润		
5	加：营业外收入		
6	减：营业外支出		
7	三、利润总额		
8	减：所得税费用		
9	四、净利润		

图 3-83 简易利润表输出结果

(四)【添加数据行】活动

【添加数据行】活动是将数据行添加到指定的数据表中，如图 3-84 所示。

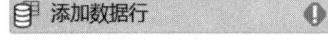

图 3-84 【添加数据行】活动图示

【添加数据行】活动的主要属性及其功能如表 3-8 所示。

表 3-8 【添加数据行】活动的主要属性及其功能

属性	参数	功 能
输入	数据行	此为数据行对象,用于添加数据表,如果设置了此属性,则系统会忽略"数组行"属性
	数据表	此为"数据表"对象,用于添加行
	数组行	此为对象数组,用于添加到数据表,每个对象类均应映射到数据表中对应列的类型

[例 3-11] 由于 A 公司要求财务每月汇报的经营成果要包含每股收益项目,因此编制好的简易利润表要进行调整。令机器人在[例 3-10]创建的数据表 Data_4 中添加一行数据,为数组行"{"五、每股收益"}"。其中涉及的活动:【构建数据表】活动、【Excel应用程序】活动、【写入范围】活动和【添加数据行】活动。

➤ 操作步骤

步骤一:基于[例 3-10]已创建好的 RPA 运行程序,在【构建数据表】活动下添加"编程—数据表"类别下的【添加数据行】活动。打开该活动的属性面板,输入数据表为"Data_4",数组行为"{"五、每股收益"}",表示将"五、每股收益"添加到[例 3-10]创建的数据表"Data_4"中,如图 3-85 所示。

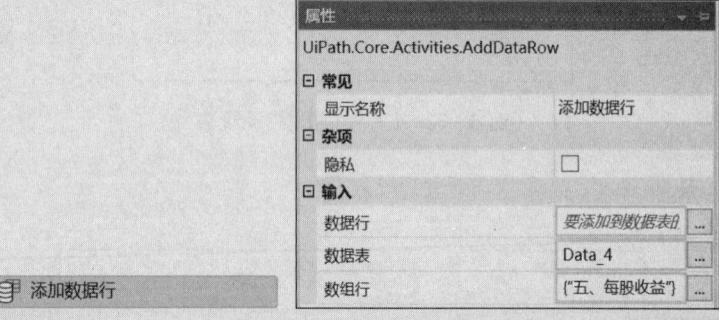

图 3-85 【添加数据行】活动设置

步骤二:输出结果,如图 3-86 所示。

	A	B	C
1	项目	本期金额	上期金额
2	一、营业收入		
3	减:营业成本		
4	二、营业利润		
5	加:营业外收入		
6	减:营业外支出		
7	三、利润总额		
8	减:所得税费用		
9	四、净利润		
10	五、每股收益		

图 3-86 添加"每股收益"行输出结果

（五）【筛选数据表】活动

【筛选数据表】活动用于在"筛选器向导"窗口中指定条件来筛选"DataTable"变量。此活动可以根据在该向导中指定的逻辑条件保留或删除行或列。活动主体包含"筛选器向导"按钮，便于随时访问向导并自定义设置，如图 3-87 所示。

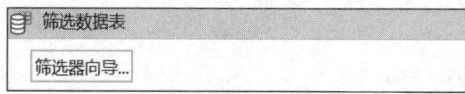

图 3-87　【筛选数据表】活动图示

【筛选数据表】活动的主要属性及其功能如表 3-9 所示。

表 3-9　【筛选数据表】活动的主要属性及其功能

属性	参数	功　　能
输入	数据表	要筛选的"DataTable"变量，该字段仅支持"DataTable"变量
输出	数据表	最终要筛选出的"DataTable"变量，若使用与"输入"字段中相同的变量，则系统会覆盖初始变量，但添加新变量不会影响初始变量，该字段仅支持"DataTable"变量
选项	选择行模式	指定通过保留或删除目标行来筛选表格
	选择列模式	指定通过保留或删除目标列来筛选表格

筛选器向导功能介绍如表 3-10 所示。

表 3-10　筛选器向导功能介绍

功　　能	说　　明
筛选行	选项卡用于按"行"筛选 DataTable
And/Or	指定条件之间要使用的逻辑连词，系统仅在设置多个条件时才会显示该按钮，默认情况下，当添加新条件时，该按钮会显示为"And"，单击按钮可将其值更改为"Or"
添加/删除条件	单击"＋"按钮可在条件中另添一行，而单击"×"按钮则会删除行
列	要在数据表中保留或删除的列
操作	"列"和"值"之间要满足的逻辑条件
值	要使用"运算"和"列"检查的值

[例 3-12]　已知"年终奖金.xlsx"内包含一张"年终奖金发放表"，如图 3-65 所示。要求设计一个机器人筛选战略规划部的年终奖金，并将筛选结果写入"战略规划部年终奖金表"。其中涉及的活动：【Excel 应用程序】活动、【筛选数据表】活动、【读取范围】活动和【写入范围】活动。

➤ 操作步骤

步骤一：在序列中添加"应用程序集成—Excel"类别下的【Excel 应用程序范围】活动，设置工作簿路径为："年终奖金.xlsx"，该路径为相对路径，如图 3-88 所示。

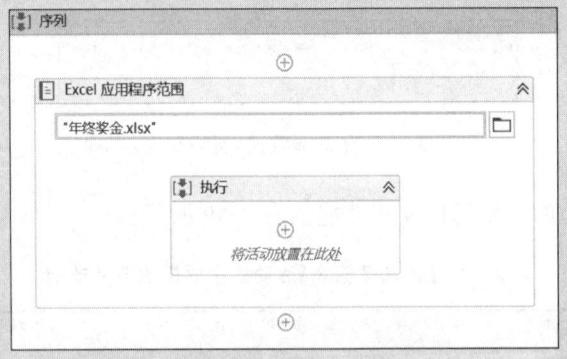

图 3-88　添加【Excel 应用程序范围】活动

步骤二：在执行序列中添加"应用程序集成—Excel"类别下的【读取范围】活动，设置工作表名称为："年终奖金发放表"，范围为："A:J"，在该活动属性面板的输出数据表处创建变量"Data_5"，变量类型为"DataTable"，范围为"执行"，该变量用于存储"年终奖金发放表"中 A 列到 J 列的数据，如图 3-89 所示。

图 3-89　设置【读取范围】活动读取年终奖金发放表

步骤三：添加"编程—数据表"类别下的【筛选数据表】活动，单击"筛选器向导"，输入数据表为"Data_5"，输出数据表处创建变量"Data_6"，变量类型为"DataTable"，范围为"执行"。在行筛选模式处将规则定为保留一级部门为战略规划部的行数据，将筛选后的数据表存储在变量"Data_6"，如图 3-90 所示。

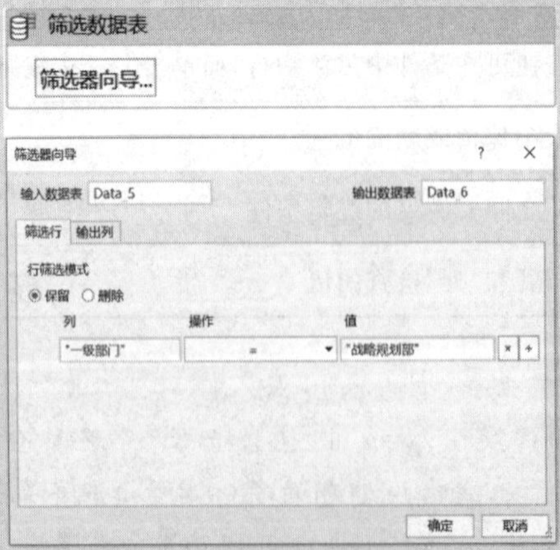

图 3-90　【筛选数据表】活动筛选"战略规划部"

步骤四：继续添加"应用程序集成—Excel"类别下的【写入范围】活动，打开该活动的属性面板，设置工作表名称为："战略规划部年终奖金表"，起始单元格为："A1"，输入数据表为"Data_6"，勾选"添加标头"。表示将存储在变量 Data_6 中的数据表写入"战略规划部年终奖金表"中，从 A1 单元格开始写入，如图 3-91 所示。

图 3-91　【写入范围】活动设置

步骤五：输出结果，如图 3-92 所示。

▲	A	B	C	D	E	F	G	H	I	J
1	工号	一级部门	二级部门	岗位	姓名	姓别	证照号码	年终奖金	个税	实发年终奖金
2	KY82001	战略规划部	总经办	总经理	许建辉	男	350925********0148	28920	2787	26133
3	KY82002	战略规划部	总经办	副总经理	刘晓光	男	130728********4398	30555	2950.5	27604.5
4	KY82003	战略规划部	总经办	总经理助理	林丽萍	女	340421********0989	13975	419.25	13555.75
5	KY82004	战略规划部	企划部	企划部经理	王辉	男	140429********4112	15128	453.84	14674.16
6	KY82005	战略规划部	企划部	规划员	林艺芳	女	130826********8087	6200	186	6014
7	KY82006	战略规划部	企划部	规划员	李玉	女	130631********3990	7880	236.4	7643.6

图 3-92　战略规划部年终奖金表

（六）【联接数据表】活动

【联接数据表】活动会根据"联接类型"属性中指定的"联接"规则，并使用两张表共有的值来合并两张表格中的行，如图 3-93 所示。

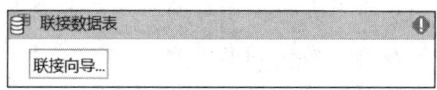

图 3-93　【联接数据表】活动图示

【联接数据表】活动的主要属性及其功能如表 3-11 所示。

表 3-11　【联接数据表】活动的主要属性及其功能

属性	参数	功　　　能
输入	数据表 1	要在"联接"操作中使用的第一张表,存储在"DataTable"变量中,该字段仅支持"DataTable"变量
	数据表 2	要在"联接"操作中使用的第二张表,存储在"DataTable"变量中,该字段仅支持"DataTable"变量
输出	数据表	此为包含已联接的值的表格,存储在"DataTable"变量中,该字段仅支持"DataTable"变量
选项	联接类型	要使用的"联接"操作类型,包括 Inner、Left、Full

联接向导功能介绍如表 3-12 所示。

表 3-12　联接向导功能介绍

功　　能	说　　　明
表 1 的列	第一张表中列的名称,该字段仅支持包含列名称的"String"变量、包含列索引的"Int32"变量或"ExcelColumn"变量
表 2 的列	第二张表中列的名称,该字段仅支持包含列名称的"String"变量、包含列索引的"Int32"变量或"ExcelColumn"变量
操作	定义列之间关系的运算

【联接数据表】活动的"联接类型"具体功能为:

(1) Inner,保留"数据表 1"和"数据表 2"中所有满足"联接"规则的行,删除所有不符合规则的行。

(2) Left,保留"数据表 1"中的所有行以及"数据表 2"中仅满足"联接"规则的值。对于在"数据表 2"中不存在匹配项的"数据表 1"的行,将 null 值插入相应列中。

(3) Full,保留"数据表 1"和"数据表 2"中的所有行,不考虑是否满足"联接"条件,将 null 值插入两张表中不存在匹配项的行。

小提示:
课件资源可提供操作数据:商品销售明细表

[例 3-13]　已知 A 公司第一季度与第二季度商品销售明细表,列于"商品销售明细表.xlsx"文件内,如图 3-94 所示。为便于对两个季度的商品销售情况对比分析,要求使用【联接数据表】活动令机器人将两张销售明细表合并。其中涉及的活动:【Excel 应用程序】活动、【读取范围】活动、【联接数据表】活动和【写入范围】活动。

	商品名称	商品属类	金额
2	饼干	点心	157206
3	蛋糕	点心	440572
4	蕃茄酱	调味品	969668
5	桂花糕	点心	524318
6	海苔酱	调味品	673133
7	海鲜酱	调味品	454754
8	蚝油	调味品	380900
9	胡椒粉	调味品	617494
10	花生	点心	546215
11	酱油	调味品	491561
12	辣椒粉	调味品	377022
13	绿豆糕	点心	671997
14	麻油	调味品	985283
15	棉花糖	点心	474388
16	牛肉干	点心	482663
17	巧克力	点心	182521
18	肉松	调味品	936162
19	山渣片	点心	485509
20	薯条	点心	841757
21	糖果	点心	505722
22	甜辣酱	调味品	914279
23	味精	调味品	758148
24	玉米饼	点心	852768
25	玉米片	点心	643114

	商品名称	商品属类	金额
2	饼干	点心	659670
3	蛋糕	点心	189649
4	蕃茄酱	调味品	652766
5	桂花糕	点心	521186
6	海苔酱	调味品	235452
7	海鲜酱	调味品	446105
8	蚝油	调味品	480644
9	胡椒粉	调味品	310353
10	花生	点心	267920
11	酱油	调味品	560873
12	绿豆糕	点心	810621
13	麻油	调味品	114419
14	棉花糖	点心	422457
15	牛肉干	点心	514386
16	巧克力	点心	781170
17	肉松	调味品	869544
18	山渣片	点心	884497
19	薯片	点心	238124
20	糖果	点心	555104
21	甜辣酱	调味品	425509
22	味精	调味品	350514
23	玉米片	点心	295064

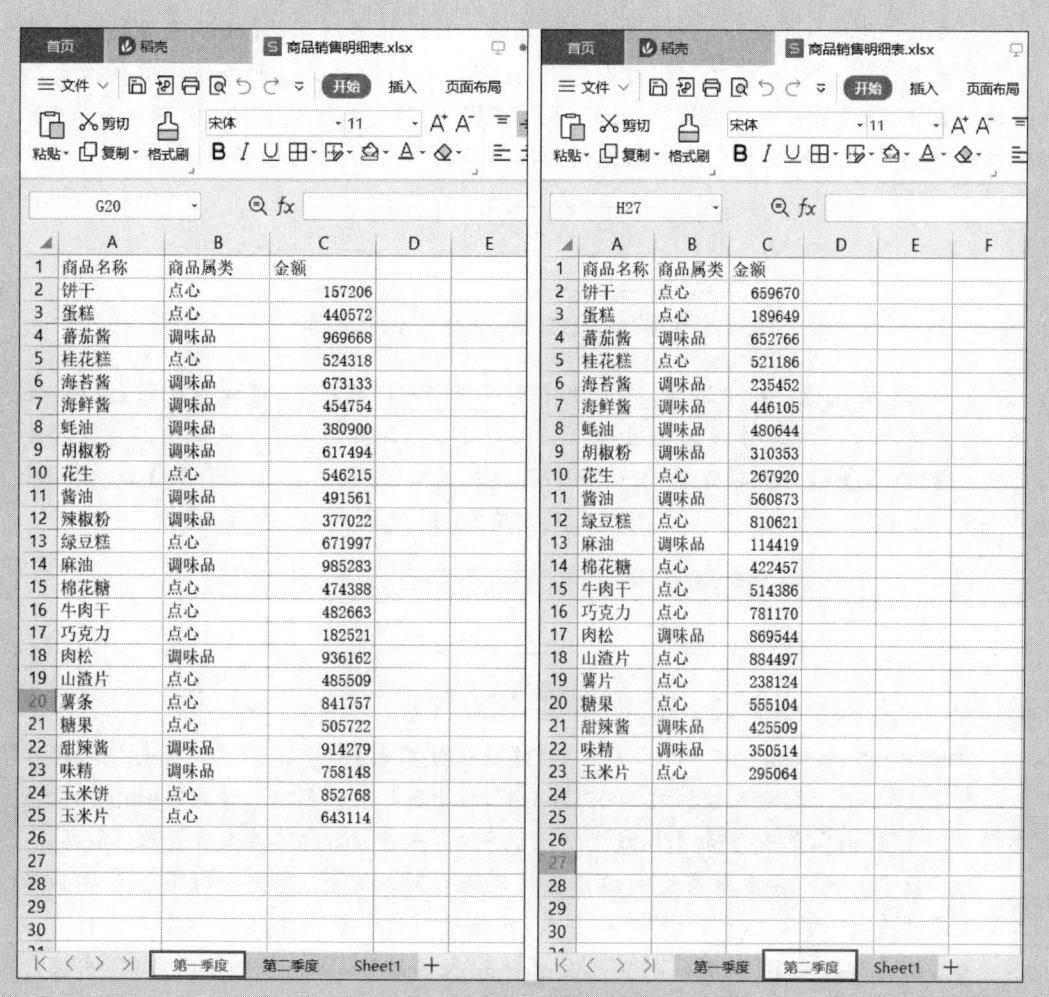

图 3-94 商品销售明细表

➤ 操作步骤

步骤一：在序列中添加“应用程序集成—Excel”类别下的【Excel 应用程序范围】活动，设置工作簿路径为："商品销售明细表.xlsx"，该路径为相对路径，如图 3-95 所示。

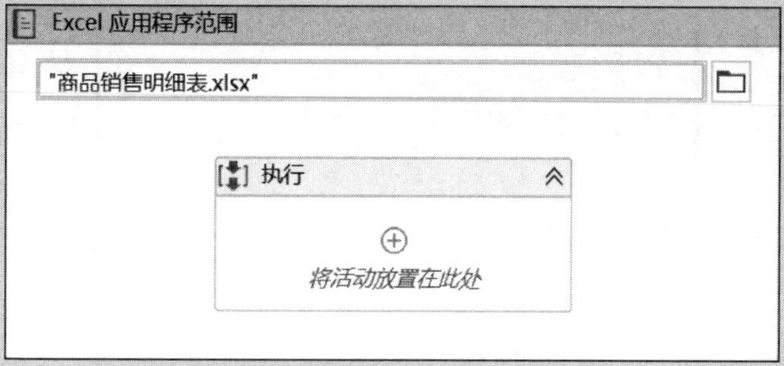

图 3-95 【Excel 应用程序范围】活动

步骤二：在执行序列中添加"应用程序集成—Excel"类别下的【读取范围】活动,设置工作表名称为："第一季度",范围为："A1:C25",在该活动属性面板的输出数据表处创建变量"Data_7",变量类型为"DataTable",范围为"执行",该变量用于存储工作表"第一季度"中 A1 单元格到 C25 单元格范围的所有数据,如图 3 - 96 所示。

图 3 - 96　读取第一季度工作表

步骤三：在执行序列中添加"应用程序集成—Excel"类别下的【读取范围】活动,设置工作表名称为："第二季度",范围为："A1：C23",在该活动属性面板的输出数据表处创建变量"Data_8",变量类型为"DataTable",范围为"执行",该变量用于存储工作表"第二季度"中 A1 单元格到 C23 单元格范围的所有数据,如图 3 - 97 所示。

图 3 - 97　读取第二季度工作表

步骤四：添加"编程—数据表"类别下的【联接数据表】活动,单击"联接向导",输入数据表 1 为"Data_7",输入数据表 2 为"Data_8",输出数据表处创建变量为"Data_9",变量类型为"DataTable",范围为"执行",该变量用于存储第一季度和第二季度合并后的数据。

为了便于对两个季度所有商品的销售情况进行对比分析,需要保留第一季度和第二季度的所有行,因此选择"Full"联接方式,联接规则为将第一季度的商品名称和第二季度的商品名称核对,通过共有的值来合并两张表格的行,不满足联接规则的,系统会将 null 值插入两张表中不存在匹配项的行中,如图 3 - 98 所示。

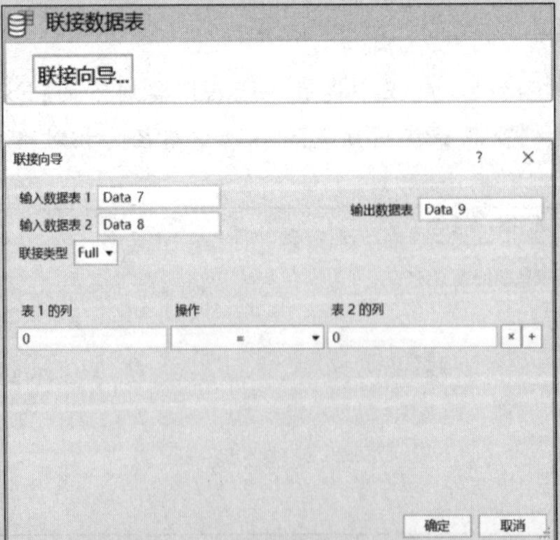

图 3 - 98　【联接数据表】活动设置

步骤五：添加"应用程序集成—Excel"类别下的【写入范围】活动，打开该活动的属性面板，设置工作表名称为："Sheet1"，起始单元格为："A1"，输入数据表为"Data_9"，勾选"添加标头"。这一步表示将两个工作表合并后的数据写入工作表"Sheet1"中，从A1单元格开始写，如图3-99所示。

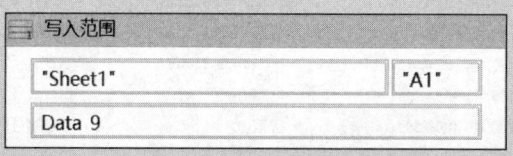

图3-99 【写入范围】活动设置

步骤六：输出结果，如图3-100所示。

	A	B	C	D	E	F
1	商品名称	商品属类	金额	商品名称_1	商品属类_1	金额_1
2	饼干	点心	985594	饼干	点心	931521
3	蛋糕	点心	898178	蛋糕	点心	622585
4	蕃茄酱	调味品	905725	蕃茄酱	调味品	910796
5	桂花糕	点心	963170	桂花糕	点心	116706
6	海苔酱	调味品	871205	海苔酱	调味品	576216
7	海鲜酱	调味品	654180	海鲜酱	调味品	287385
8	蚝油	调味品	264787	蚝油	调味品	194071
9	胡椒粉	调味品	570358	胡椒粉	调味品	904878
10	花生	点心	994093	花生	点心	313661
11	酱油	调味品	581131	酱油	调味品	867405
12	绿豆糕	点心	253070	绿豆糕	点心	985874
13	麻油	调味品	639468	麻油	调味品	104564
14	棉花糖	点心	284688	棉花糖	点心	453819
15	牛肉干	点心	487152	牛肉干	点心	822805
16	巧克力	点心	651416	巧克力	点心	135316
17	肉松	调味品	921643	肉松	调味品	523510
18	山渣片	点心	774088	山渣片	点心	589392
19	糖果	点心	427337	糖果	点心	407836
20	甜辣酱	调味品	742984	甜辣酱	调味品	782138
21	味精	调味品	411435	味精	调味品	231435
22	玉米片	点心	287637	玉米片	点心	206968
23	辣椒粉	调味品	488734			
24	薯条	点心	703785			
25	玉米饼	点心	140201			
26				薯片	点心	471973

图3-100 合并销售明细表结果

小提示：
课件资源可提供操作数据：费用汇总机器人数据抱

任务实施

步骤一：数据准备，创建一个文件夹，用于存储亚邦集团旗下7家门店的经营费用明细

费用汇总机器人

表，如图 3－101 所示。其中，每个门店经营费用表格式如图 3－102 所示，亚邦集团经营费用汇总主表格式如图 3－103 所示。

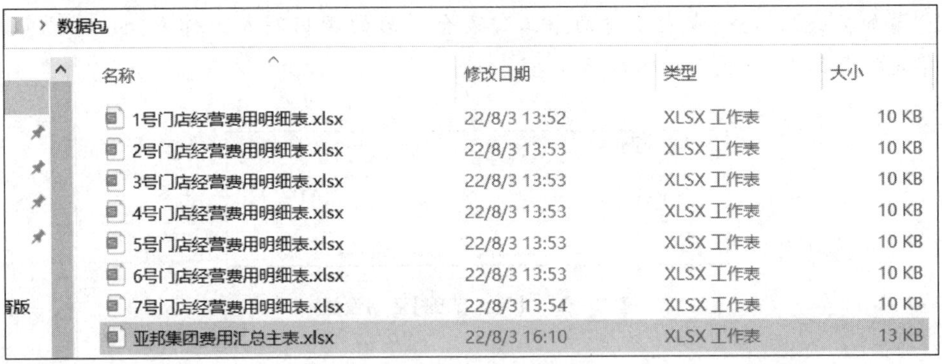

数据包

名称	修改日期	类型	大小
1号门店经营费用明细表.xlsx	22/8/3 13:52	XLSX 工作表	10 KB
2号门店经营费用明细表.xlsx	22/8/3 13:53	XLSX 工作表	10 KB
3号门店经营费用明细表.xlsx	22/8/3 13:53	XLSX 工作表	10 KB
4号门店经营费用明细表.xlsx	22/8/3 13:53	XLSX 工作表	10 KB
5号门店经营费用明细表.xlsx	22/8/3 13:53	XLSX 工作表	10 KB
6号门店经营费用明细表.xlsx	22/8/3 13:53	XLSX 工作表	10 KB
7号门店经营费用明细表.xlsx	22/8/3 13:54	XLSX 工作表	10 KB
亚邦集团费用汇总主表.xlsx	22/8/3 16:10	XLSX 工作表	13 KB

图 3－101 创建文件夹

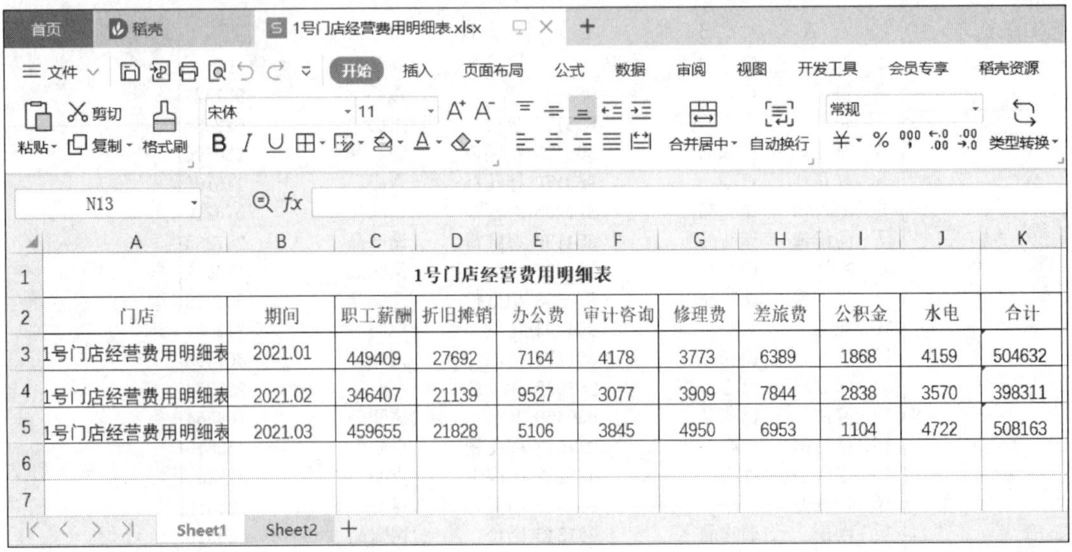

1号门店经营费用明细表

门店	期间	职工薪酬	折旧摊销	办公费	审计咨询	修理费	差旅费	公积金	水电	合计
1号门店经营费用明细表	2021.01	449409	27692	7164	4178	3773	6389	1868	4159	504632
1号门店经营费用明细表	2021.02	346407	21139	9527	3077	3909	7844	2838	3570	398311
1号门店经营费用明细表	2021.03	459655	21828	5106	3845	4950	6953	1104	4722	508163

图 3－102 1 号门店经营费用明细表

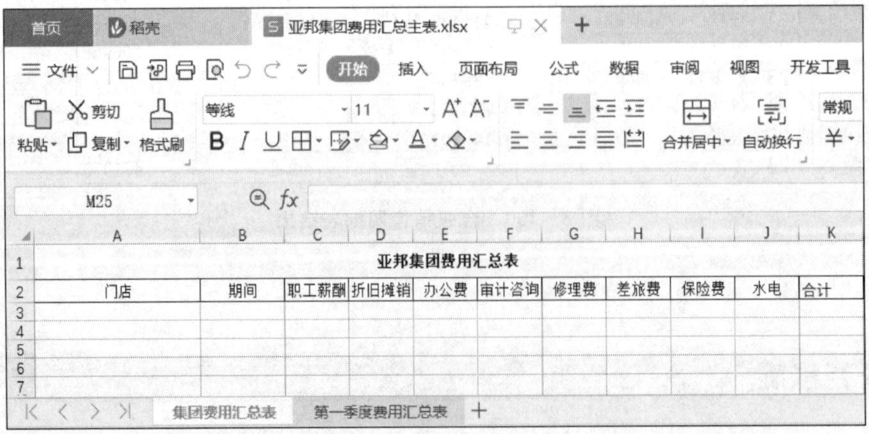

亚邦集团费用汇总表

门店	期间	职工薪酬	折旧摊销	办公费	审计咨询	修理费	差旅费	保险费	水电	合计

图 3－103 亚邦集团经营费用汇总表

步骤二：打开主工作流，在主工作流中添加序列，并将该序列的名称修改为"费用汇总机器人"。

步骤三：在"RPA 费用汇总机器人"序列中添加三个序列，并将这三个序列的名称分别命名为："选择明细表""写入汇总表""分析汇总表"，如图 3-104 所示。

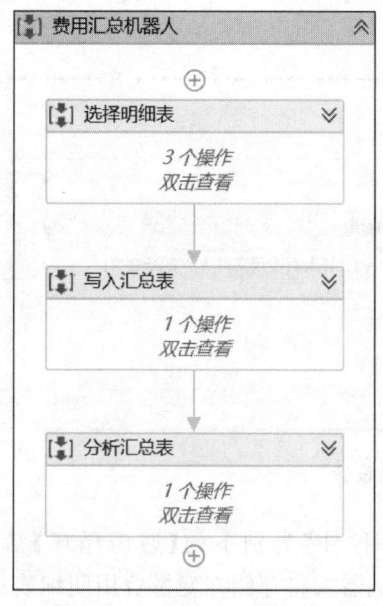

图 3-104 添加三个序列

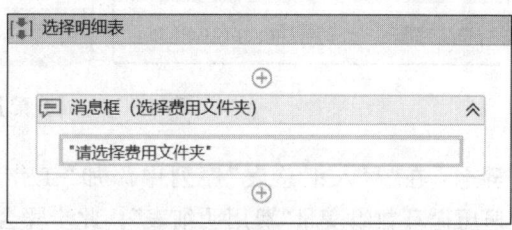

图 3-105 【消息框】活动"（选择费用文件夹）"

步骤四：在"选择明细表"序列中添加"系统—对话框"类别下的【消息框】活动，并将该活动的名称修改为"消息框（选择费用文件夹）"，设置文本为："请选择费用明细文件夹"，如图 3-105 所示。

步骤五：添加"系统—对话框"类别下的【选择文件夹】活动，打开该活动的属性面板，在输出选择的文件夹中创建变量，该变量名称为"费用文件夹"，变量类型为"String"，范围为"费用汇总机器人"，该变量用于存储所选文件夹的完整路径，如图 3-106 所示。

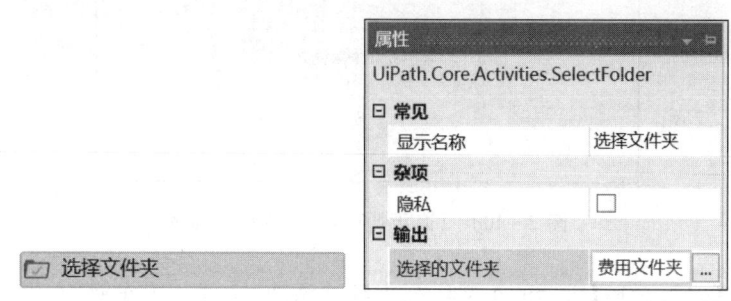

图 3-106 【选择文件夹】活动设置

步骤六：继续添加"System—Activities—Statements"类别下的【分配】活动，在该活动下创建变量，命名为"费用明细表"，变量类型为"String[]"，范围为"费用汇总机器人"。此步骤是将数据包下的明细表文件通过【分配】活动赋值给变量"费用明细表",分配公式为:费用明细表＝Directory.GetFiles(费用文件夹,"＊明细表＊"),如图 3-107 所示。

【注意】Directory.GetFiles(参数 1,参数 2)是获取指定目录下的所有文件,"参数 1"是指要搜索目录的相对路径或绝对路径,"参数 2"默认是选取目录中的所有文件,可以指定通配符限定选取文件。

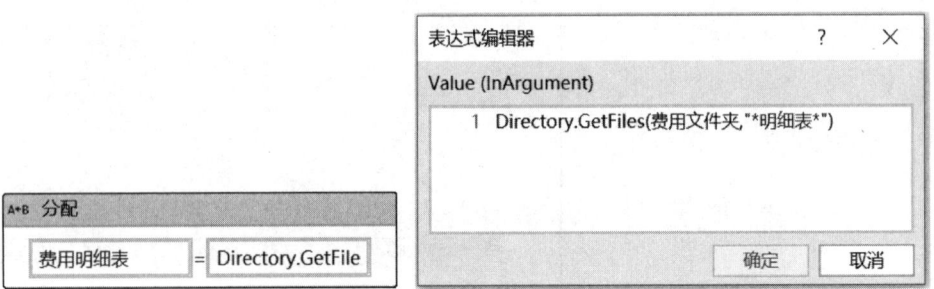

图 3-107　【分配】活动设置

步骤七:在"写入汇总表"序列中添加"工作流—控件"类别下的【遍历循环】活动,由"item"遍历循环数组变量"费用明细表"。此步骤会令机器人将存储在变量费用明细表中的明细表依次输入到 item 中,遍历一次输入一张明细表,如图 3-108 所示。

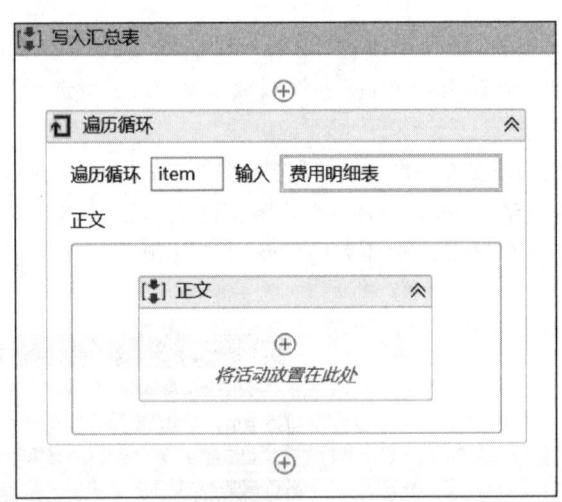

图 3-108　【遍历循环】活动费用明细表

步骤八:在【遍历循环】活动的正文序列中继续添加"文件—工作簿"类别下的【读取范围】活动。打开该活动的属性面板,设置工作簿路径为"item. ToString",工作表名称为:"Sheet1",范围为:"A2:K5",在输出数据表处创建变量,变量名称为"费用明细",变量类型为"DataTable",范围为"费用汇总机器人",该变量用于存储遍历读取到的每张明细表中 A2 到 K5 范围的数据,如图 3-109 所示。

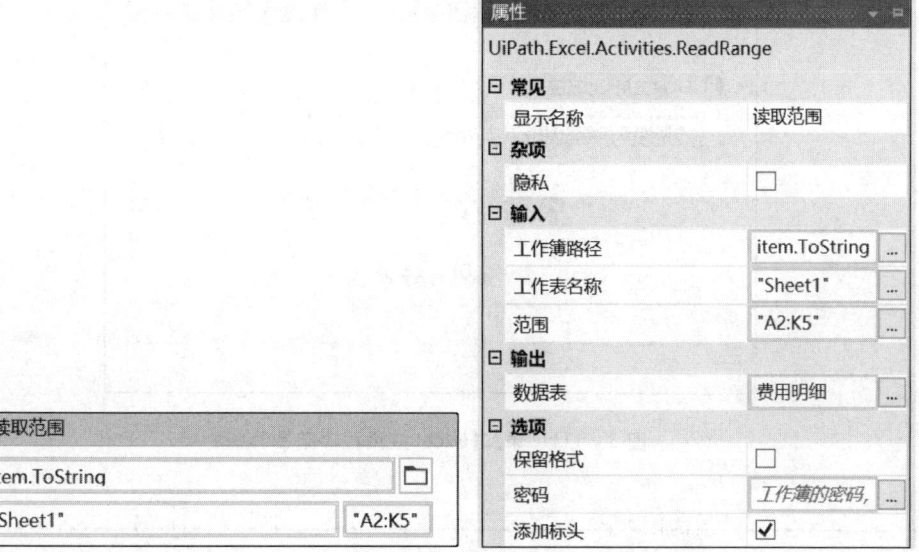

图 3-109　【读取范围】活动设置

步骤九：继续添加"文件—工作簿"类别下的【附加范围】活动，单击"浏览"按钮，设置工作簿路径为："数据包\亚邦集团费用汇总主表.xlsx"，输入工作表名称为："集团费用汇总表"，输入数据表为费用明细，将存储在变量费用明细中的数据附加到"集团费用汇总表"中，如图3-110所示。

【注意】需将"数据包\亚邦集团费用汇总主表.xlsx"保存在当前RPA项目文件夹中，即将文件保存在相对路径下。

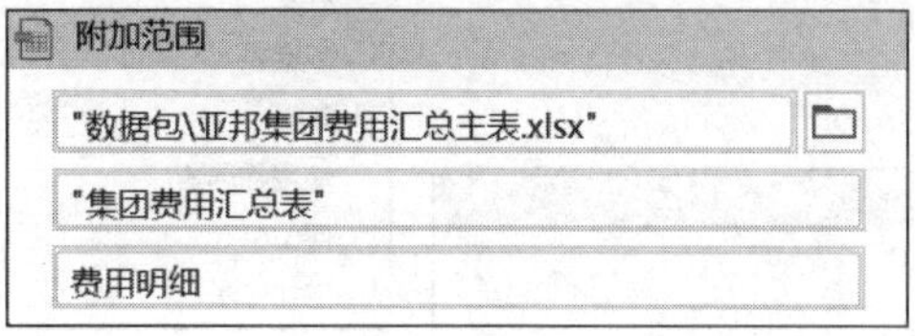

图 3-110　【附加范围】活动设置

步骤十：在"分析汇总表"序列下添加"应用程序集成—Excel"类别下的【Excel应用程序范围】活动，设置工作表路径为："数据包\亚邦集团费用汇总主表.xlsx"，该文本需放在英文格式的引号内，如图3-111所示。

步骤十一：在执行序列中添加"应用程序集成—Excel"类别下的【读取范围】活动。打开该活动的属性面板，设置工作表名称为："集团费用汇总表"，范围为："A2"，输出数据表处创建变量data，变量类型为DataTable，范围为费用汇总机器人，该变量用于存储"集团费用汇总表"中的数据，如图3-112所示。

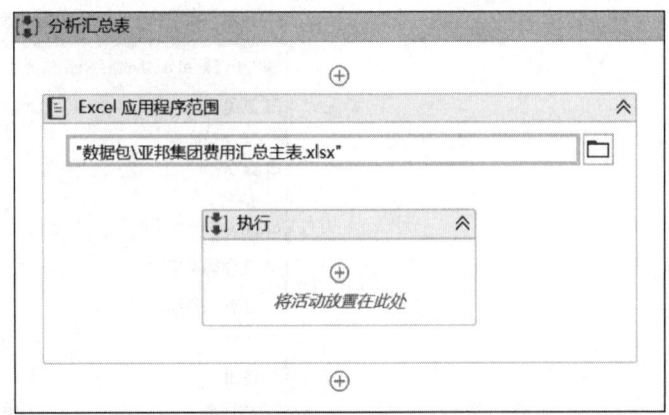

图 3-111　添加【Excel 应用程序范围】活动

【注意】此活动读取的"集团费用汇总表"内的数据是已经完成各个门店第一季度的费用汇总后的数据。

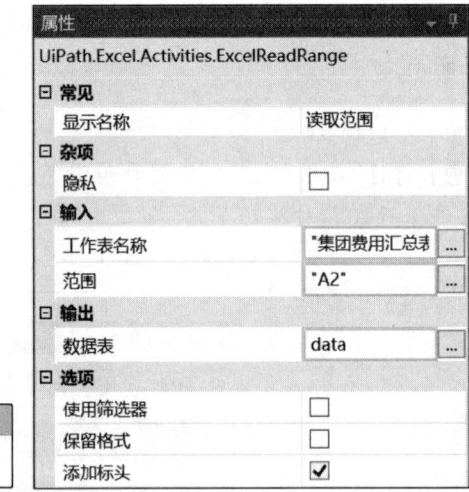

图 3-112　读取集团费用汇总表

步骤十二：添加"编程—数据表"类别下的【筛选数据表】活动，单击"筛选器向导"，输入数据表为"data"，单击"输出列"，列选择模式为"删除"，列空格处填列："期间"，输出数据表处创建变量"data_1"，变量类型为"DataTable"，范围为"费用汇总机器人"，该变量用于存储删除"期间"列的费用汇总表，如图 3-113 所示。

步骤十三：添加"应用程序集成—Excel"类别下的【写入范围】活动，设置工作表名称为："第一季度费用汇总表"，起始单元格为："A1"，输入数据表为"data_1"，勾选"添加标头"，将存储在 data_1 中的费用汇总表写入"第一季度费用汇总表"，如图 3-114 所示。

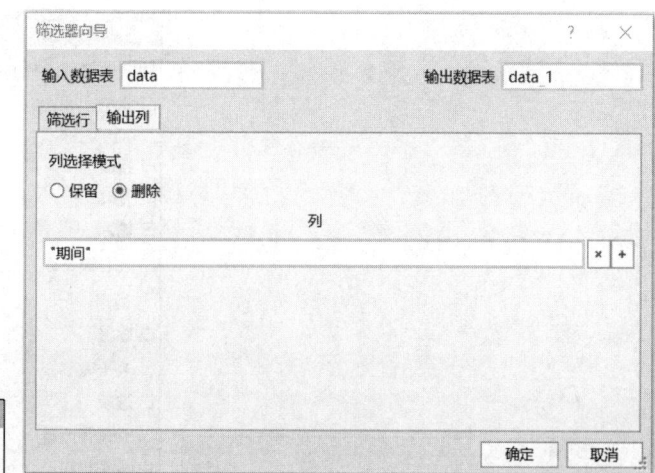

图 3 - 113　添加【筛选数据表】活动

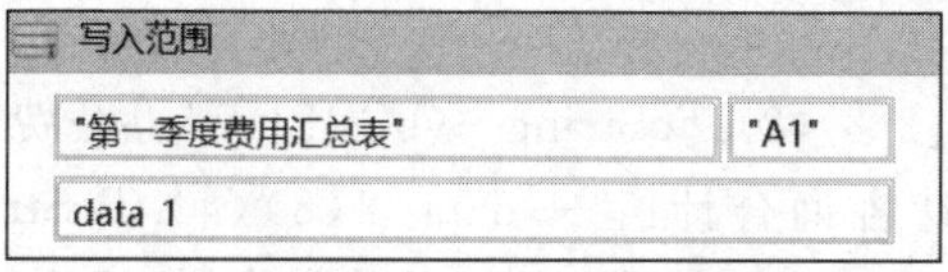

图 3 - 114　【写入范围】活动设置 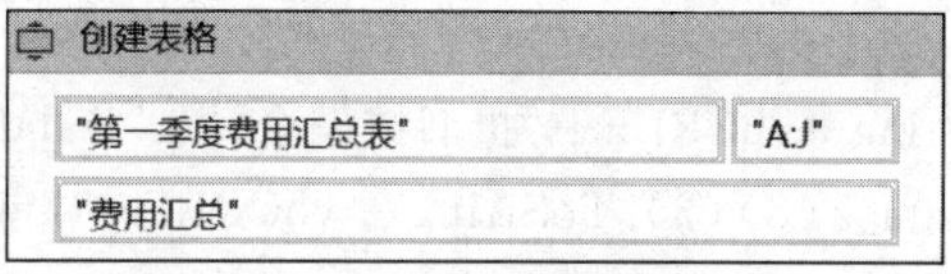　　　　　图 3 - 115　【创建表格】活动设置

步骤十四：添加"应用程序集成—Excel—表格"类别下的【创建表格】活动,输入工作表名称为:"第一季度费用汇总表",设置目标范围为:"A:J",目标表格命名为:"费用汇总",此步骤是使用"第一季度费用汇总表"中 A 列到 J 列的数据创建一张"费用汇总"的表格,如图 3 - 115 所示。

步骤十五：添加"应用程序集成—Excel—表格"类别下的【创建透视表】活动,输入工作表名称为:"第一季度费用汇总表",设置目标范围为:"M1",输入源表格名称为:"费用汇总",目标表格命名为"数据透视表"。此步骤是使用工作表"第一季度费用汇总表"中的"费用汇总"表格作为源表格的数据创建一张数据透视表,如图 3 - 116 所示。

图 3 - 116　【创建透视表】活动设置

步骤十六：添加"应用程序集成—Excel"类别下的【读取范围】活动。打开该活动的属性面板,设置工作表名称为:"第一季度费用汇总表",范围为:"M1:V10",在输出数据表处创建变量"data_2",变量类型为"DataTable",范围为"费用汇总机器人",该变量用于存储数据透视表中的数据,如图 3 - 117 所示。

步骤十七：添加"编程—调试"类别下的【日志消息】活动,日志级别为"Info",设置消息为:"亚邦集团所有门店费用汇总情况如下："＋vbCRLF＋"职工薪酬合计："＋data_2(8)(1).

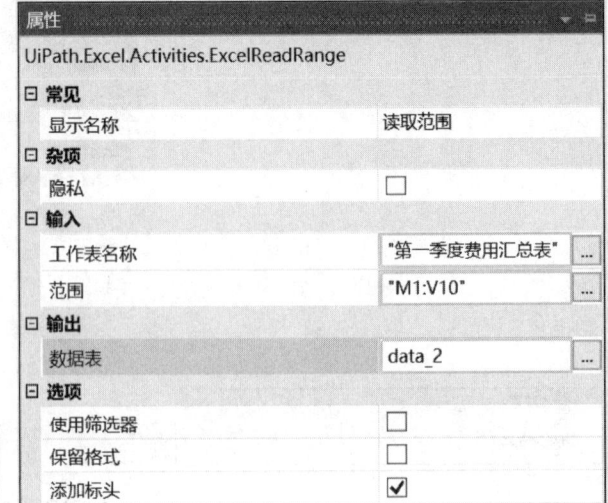

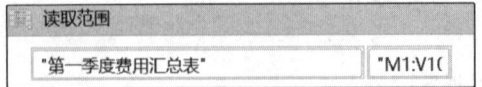

图 3 - 117　读取第一季度费用汇总表

ToString＋vbCRLF＋"折旧摊销合计："＋data_2(8)(2).ToString＋vbCRLF＋"办公费合计："＋data_2(8)(3).ToString＋vbCRLF＋"审计咨询合计："＋data_2(8)(4).ToString＋vbCRLF＋"修理费合计："＋data_2(8)(5).ToString＋vbCRLF＋"差旅费合计："＋data_2(8)(6).ToString＋vbCRLF＋"保险费合计："＋data_2(8)(7).ToString＋vbCRLF＋"水电合计："＋data_2(8)(8).ToString，如图 3 - 118 所示。

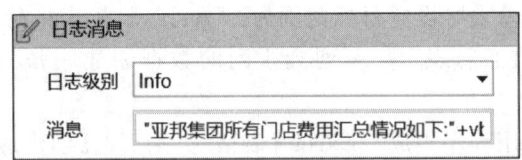

图 3 - 118　【日志消息】活动输出费用汇总情况

步骤十八：单击"调试文件"按钮，机器人汇总各个门店的费用明细表，并分析费用汇总表输出汇总情况。输出结果如图 3 - 119 所示。

图 3 - 119　第一季度各个门店的费用汇总情况

项目四　RPA 财务机器人之 Email 应用

➲ 知识目标

1. 了解网页邮箱及邮箱客户端。
2. 掌握电子邮件协议。
3. 掌握开启 IMAP/SMTP 服务及 POP3/SMTP 服务方法。
4. 掌握【发送 SMTP 邮件消息】活动、【浏览文件】活动和【浏览文件夹】活动。
5. 掌握【获取 POP3 邮件消息】活动和【保存附件】活动。

➲ 技能目标

1. 能够独立完成"工资条发放机器人"的设计与开发。
2. 能够独立完成"批量下载邮件附件机器人"的设计与开发。

➲ 素养目标

1. 培养学生利用 RPA 财务机器人解决 Email 应用问题的综合素养能力。
2. 培养学生良好的数据安全意识和工作流程标准化的职业素养。
3. 培养学生爱岗敬业的专业素养和勇于创新的职业精神。

思维导图

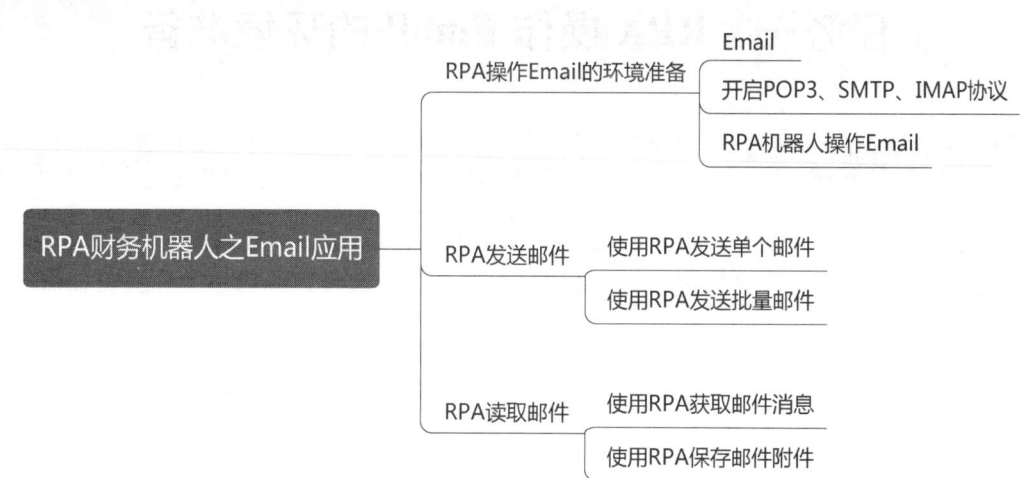

引思明理

RPA 助力中国邮政储蓄银行上海分行金融科技创新

中国邮政储蓄银行上海分行(以下简称"邮储银行上海分行")业务部门存在大量重复性、标准化、耗费大量时间且易出错的业务流程。以信贷业务合作平台业务场景为例,业务人员每日需要从柜面管理平台系统中的"待办和已办任务列表",遍历每一个信贷业务的任务(每月超过 2 000 笔),匹配 20 多个审批阶段的信息,然后提取处理时间信息填入 Excel 表格里,计算每个阶段的处理时间和总体时间,最后发邮件进行人工复核。

对于公积金信息报送及客户经理积分录入,业务人员都需要在规定的时间内手动去做几千条数据归集和录入工作,且有些数据涉及多个业务内容,操作比较繁琐。这些重复耗时的工作占用了宝贵的人工时间,不仅容易出现人为错误,还对时效性的要求极高。

在邮储银行上海分行自动化一期项目中,通过 RPA 机器人完成了个金部、零售信贷部、三农金融部中的三个业务流程的自动化,二期 30 多个业务流程也已完成需求调研,涉及了关键业务系统和业务类型,涵盖了三个业务部门主要负责人日常工作中的关键痛点。

在信贷业务合作平台业务流程、公积金报送及客户经理积分录入业务流程中,RPA 机器人能自动登录相关系统,获取数据并加工,根据规则进行录入、新增或更新处理,及时通知相关负责人进行审核及审批。RPA 机器人可以在规定的时间内处理大量数据且准确度高,极大提升了业务处理效率。

数据显示,邮储银行上海分行通过建设 RPA 智能机器人平台,将信贷业务合作平台、公积金报送与客户经理积分录入三个现有业务流程转换成自动化处理,每月就可节省 448 小时人工工时,大大降低了银行的总体运营成本,提升业务运营效率。

想一想：通过项目四的学习,思考在 RPA 财务机器人不断落地应用的今天,财务工作者应该如何与时俱进,实现工作流程的优化?

任务一　RPA 操作 Email 的环境准备

任务场景

开通 163 邮箱的 POP3/SMTP 协议,然后下载源码包,对提供的源码包进行修改,让 RPA 机器人给自己的邮箱发送 2022 年 1—2 月团建清单及发票文件。源码包文件资料如图 4 - 1 所示。

电脑 › 下载 › RPA邮件发送机器人			
名称	修改日期	类型	大小
.settings	2022/10/14 14:52	文件夹	
2022年1月团建聚餐	2022/10/14 14:52	WPS PDF 文档	52 KB
2022年2月团建聚餐	2022/10/14 14:52	WPS PDF 文档	43 KB
2022年1-2月团建清单	2022/10/14 14:52	XLS 工作表	19 KB
Main	2022/10/14 14:52	Windows.XamlDoc...	5 KB
project	2022/10/14 14:52	JSON 文件	2 KB

图 4-1　源码包文件资料

 任务准备

一、Email

电子邮件(Email)是一种用电子手段提供信息交换的通信方式,是互联网应用最广的服务。通过网络的电子邮件系统,用户可以以非常低廉的成本、非常快速的方式,与世界上任何一个角落的网络用户联系。

RPA 操作 Email 的环境准备(一)

Email 是因特网上使用得最多的应用之一。Email 把邮件通过邮件服务器放在收件人邮箱中,收件人可随时上网到自己使用的邮件服务器进行读取。Email 收发流程如图 4-2 所示。

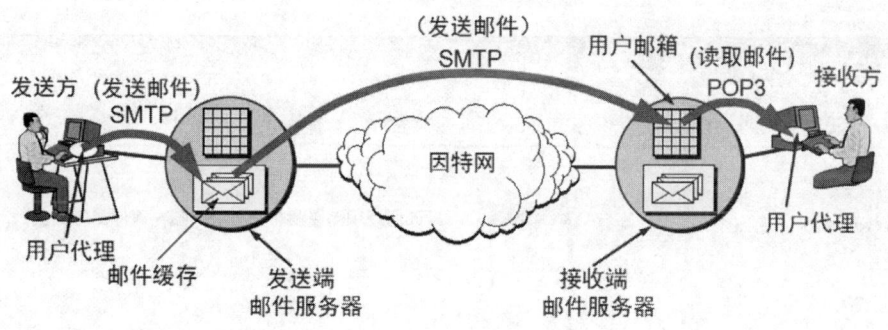

图 4-2　Email 收发流程

收发电子邮件可以使用两种形式:网页邮箱与客户端邮箱。网页邮箱是指通过网页来收发邮件,例如进入网址 https://email.163.com 可登录网易邮箱进行邮件收发的操作。客户端邮箱是指使用 IMAP/APOP/POP3/SMTP/ESMTP 协议收发电子邮件的软件,例如 foxmail、outlook 等,使用客户端邮箱,可将信件收取到本地计算机上,离线后仍可继续阅读信件。

二、开启 POP3、SMTP、IMAP 协议

使用 UiPath 软件进行自动收发邮件,必须先开启电子邮件协议。在收发邮件的过程中,需要遵守相关的协议,其中主要有:

（1）发送电子邮件的协议：SMTP。

（2）接收电子邮件的协议：POP3 和 IMAP。

本书使用 163 邮箱进行收发邮件,开通 163 邮箱 POP3/SMTP/IMAP 协议的操作过程如图 4 - 3 至图 4 - 5 所示。

图 4 - 3　设置 POP3／SMTP／IMAP

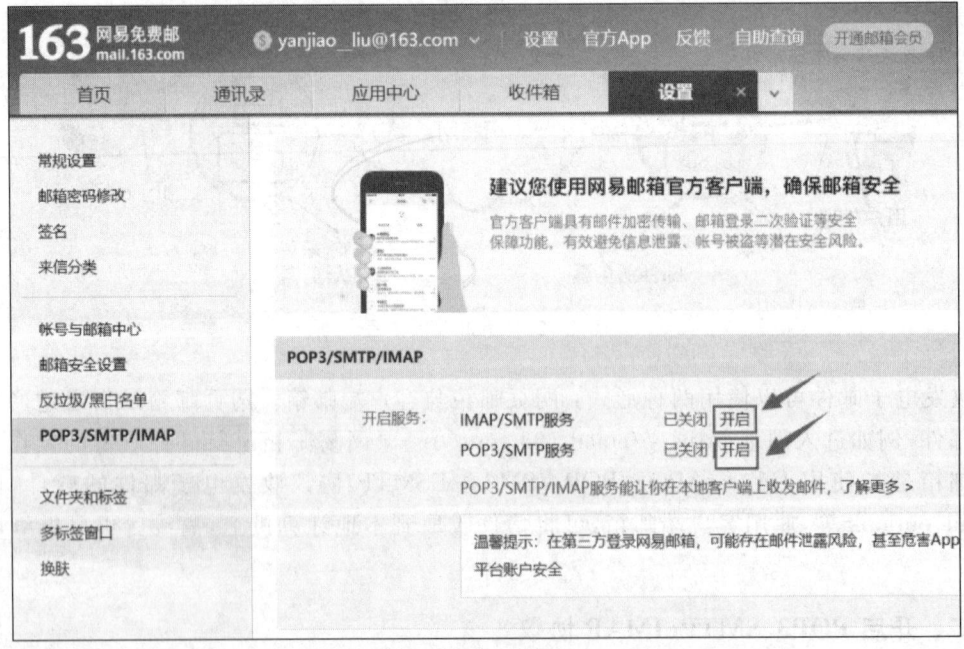

图 4 - 4　开启服务

图 4-5　成功开启 POP3、IMAP、SMTP 服务

三、RPA 机器人操作 Email

要使用 Email 自动化功能,需要先检查是否已安装操作 Email 的相关活动组件。可打开 UiPath,在活动面板的搜索栏中输入"邮件",如果"应用程序集成"的"邮件"标签下有相关显示,表明已安装 Email 相关活动组件,如图 4-6 所示。

图 4-6　检查是否已安装操作 Email 的相关活动组件

如果没有检测到相应的 Email 活动组件,可以打开管理程序包搜索相应的活动包进行安装,如图 4 - 7 所示。

图 4 - 7 管理程序包

任务实施

RPA 操作
Email 的环
境准备(二)

小提示:
课件资源可
提供操作数
据:RPA 邮
件发送机
器人

➤ 操作步骤

步骤一:开通 163 邮箱 POP3/SMTP 协议。登录 163 邮箱,单击"设置",点击"POP3/
SMTP/IMAP",如图 4 - 8 所示

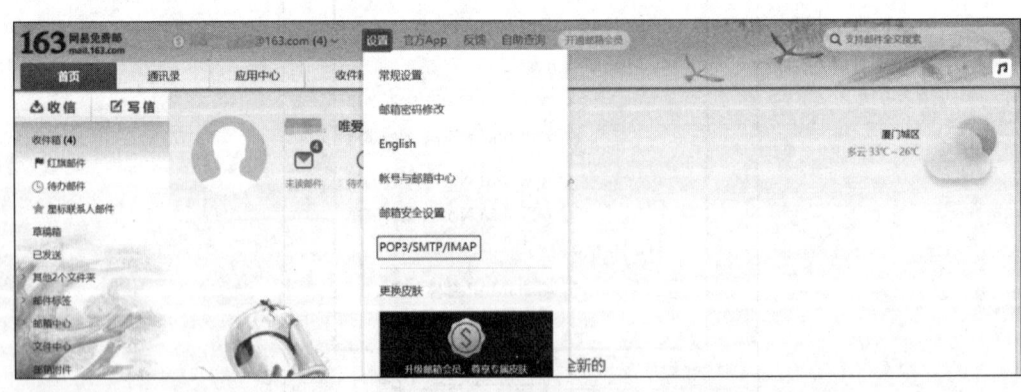

图 4 - 8 单击"设置"

步骤二:单击 POP3/SMTP 服务后的"开启",如图 4 - 9 所示。

图 4-9 单击"开启"

步骤三：弹出账号安全提示框，单击"继续开启"按钮，手机扫描二维码快速发送短信，如图 4-10 所示。发送完毕后点击"我已发送"按钮，如图 4-11 所示。

【注意】请用页面提供的手机号发送短信。

图 4-10 单击"继续开启"

步骤四：成功开启 POP3/SMTP 服务，由于授权码只显示一次，而后续步骤需要授权码，因此在此步需记下授权码，完成后单击"确定"按钮，如图 4-12 所示。

步骤五：解压"RPA 邮件发送机器人"压缩包，双击"Main"，如图 4-13 所示。

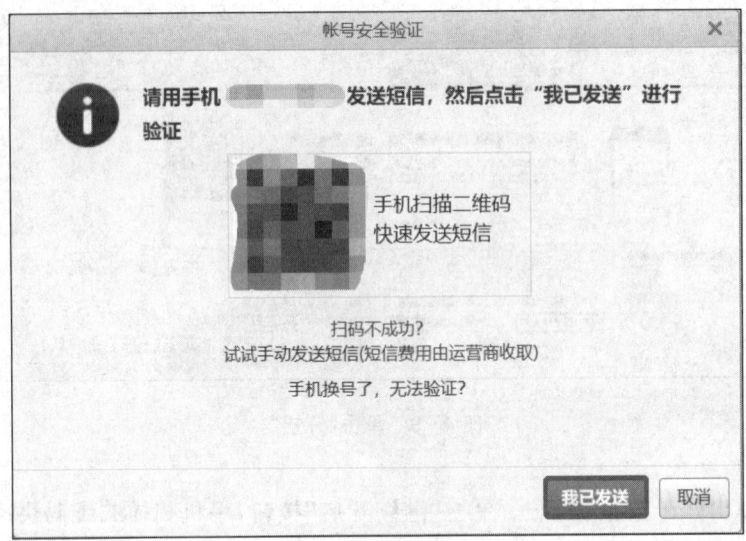

帐号安全验证
请用手机 发送短信，然后点击“我已发送”进行验证
手机扫描二维码
快速发送短信
扫码不成功？
试试手动发送短信(短信费用由运营商收取)
手机换号了，无法验证？
我已发送
取消

图 4-11　发送短信

开启POP3/SMTP
成功开启POP3/SMTP服务，在第三方客户端登录时，登录密码输入以下授权密码
授权密码只显示一次
使用设备
如办公电脑、手机客户端、家庭电脑等
确定

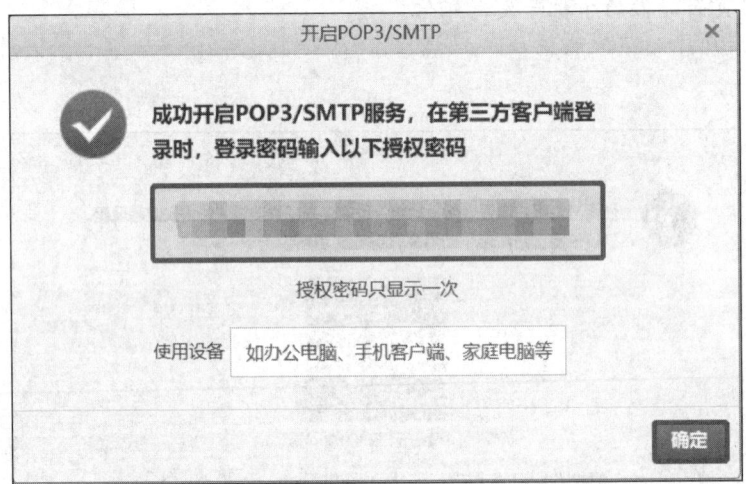

图 4-12　获取授权码

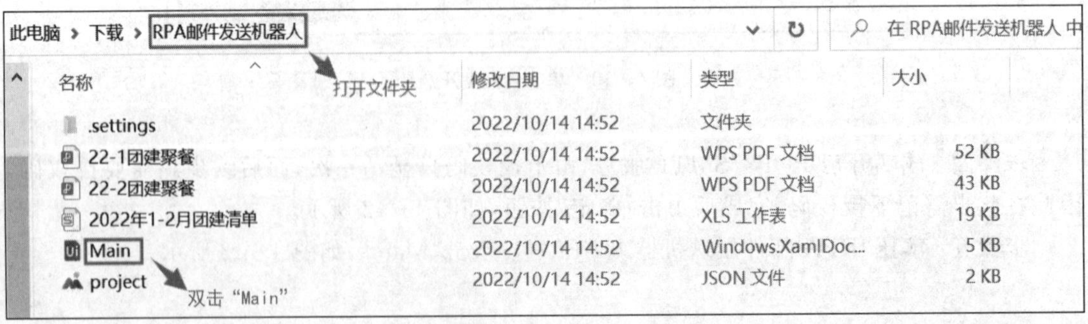

此电脑 › 下载 › RPA邮件发送机器人
在 RPA邮件发送机器人 中
打开文件夹
名称
修改日期
类型
大小
.settings
2022/10/14 14:52
文件夹
22-1团建聚餐
2022/10/14 14:52
WPS PDF 文档
52 KB
22-2团建聚餐
2022/10/14 14:52
WPS PDF 文档
43 KB
2022年1-2月团建清单
2022/10/14 14:52
XLS 工作表
19 KB
Main
2022/10/14 14:52
Windows.XamlDoc...
5 KB
project
2022/10/14 14:52
JSON 文件
2 KB
双击“Main”

图 4-13　打开主工作流

步骤六：选中序列下的【发送 SMTP 邮件消息】活动后，单击"属性"面板，如图 4 - 14 所示。

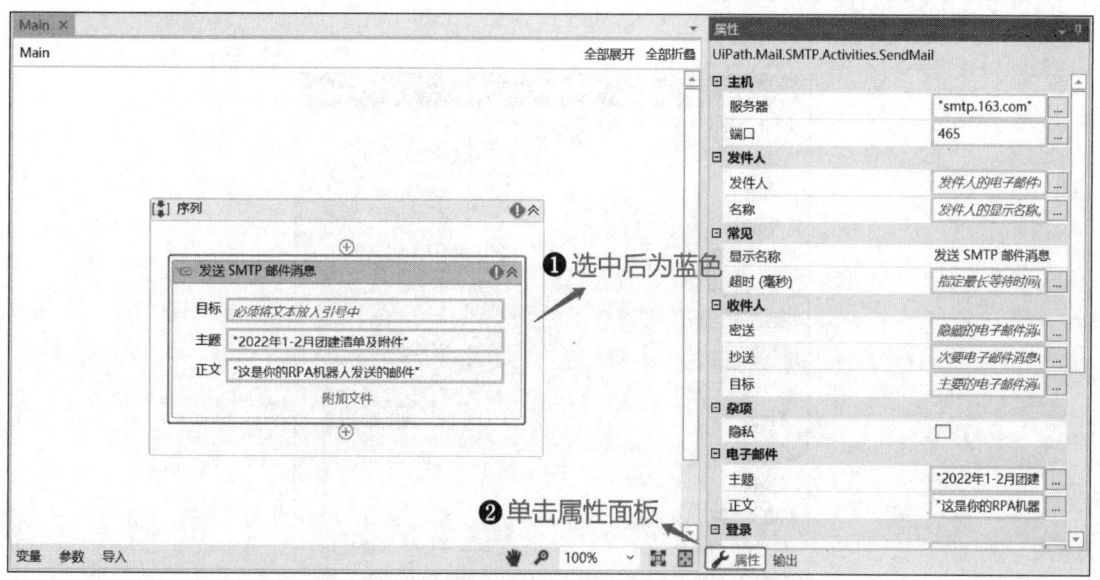

图 4 - 14 单击【发送 SMTP 邮件消息】的属性面板

步骤七：将属性面板中收件人下的"目标"处设置为自己的邮箱账号，同时，在"抄送"处输入授课老师的邮箱账号（如没有，可为空或者输入其他人的邮箱账号），如图 4 - 15 所示。

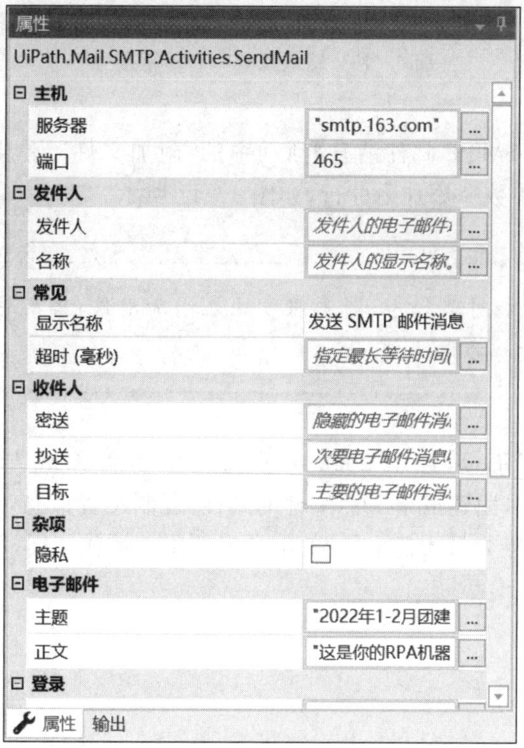

图 4 - 15 设置邮箱账号

步骤八：在属性面板"登录"标签下的"密码"处输入授权码，而不是自己的密码，在"电子邮件"处输入邮箱账号，跟"第三步"目标中的账号相同，如图 4-16 所示。

图 4-16　输入授权码和邮箱账号

步骤九：单击【发送 SMTP 邮件消息】活动中的"附加文件"，弹出文件框，即在此处单击"添加附件"，单击"创建参数"，添加附件行，如图 4-17 所示。

【注意】若附件保存在相对路径下，则参照步骤九添加附件；若附件保存在绝对路径下，则参照步骤十、步骤十一添加附件。

步骤十：单击"项目"面板，打开"2022 年 1—2 月团建清单.xls"文件所在的文件夹位置，右键查看"2022 年 1—2 月团建清单.xls"文件的属性，复制位置信息，如图 4-18 所示。"2022 年 1 月团建聚餐""2022 年 2 月团建聚餐"的电子发票附件操作相同，不再赘述。

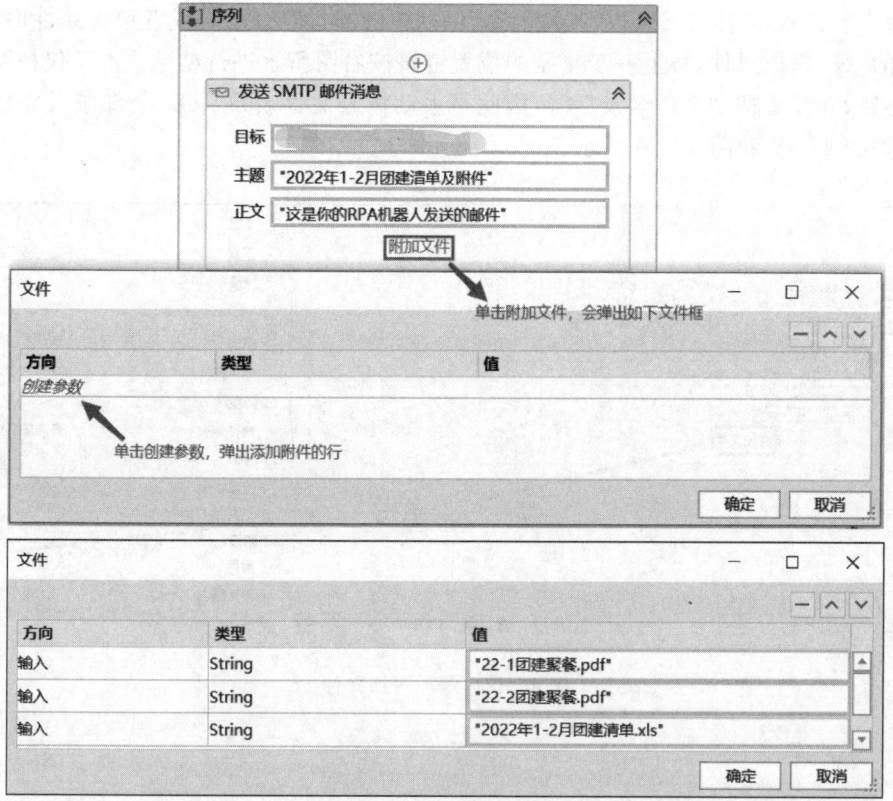

图 4-17 添加附件行

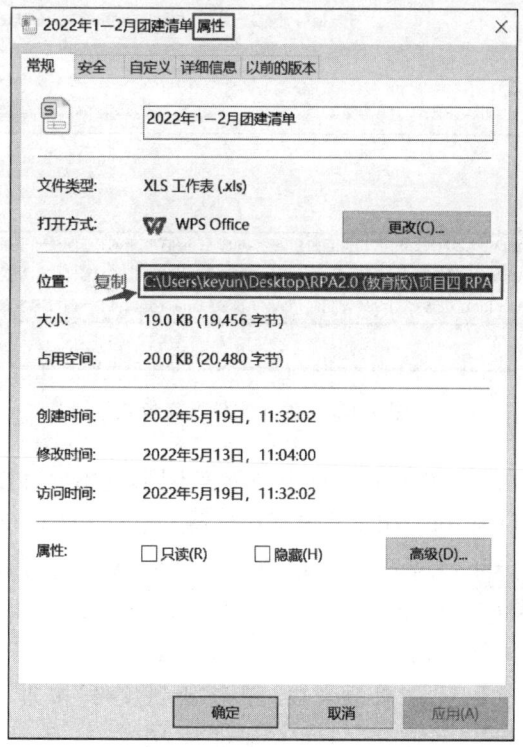

图 4-18 复制文件夹位置

步骤十一：单击"发送 SMTP 邮件消息"活动中的"附加文件"处或者单击属性面板的"附件"后面的"…"添加附件，将上一步复制的位置链接按右图所示进行粘贴。由于仅粘贴了文件所在的位置，并没有粘贴文件名及后缀，因此要手动输入文件名及后缀，全部录入完成后单击"确定"，如图 4-19 和图 4-20 所示。

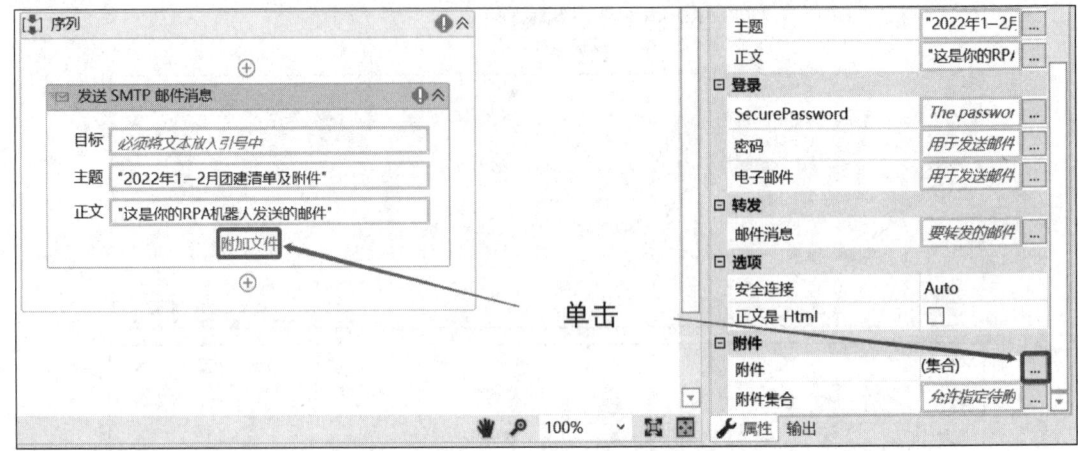

图 4-19　添加附加文件

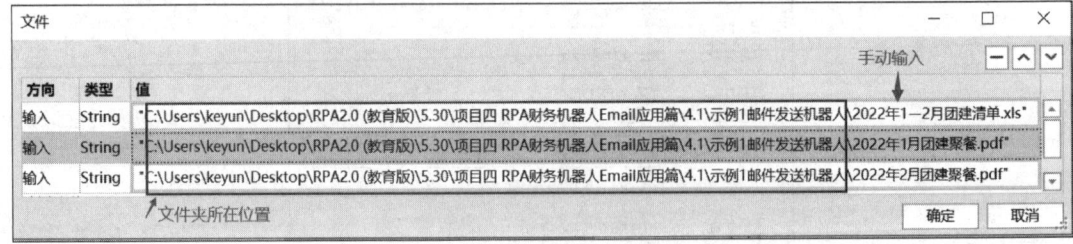

图 4-20　输入文件所在位置

以下链接仅供参考，由于文件夹在属性中的位置不同，请不要直接复制：
"C：\Users\keyun\Desktop\RPA 发送邮件机器人\2022 年 1—2 月团建清单.xls"；"C：\Users\keyun\Desktop\RPA 发送邮件机器人\2022 年 1 月团建聚餐.pdf"；"C：\Users\keyun\Desktop\RPA 发送邮件机器人\2022 年 2 月团建聚餐.pdf"。

步骤十二：单击"调试文件"按钮，等待接收 RPA 机器人发来的第一封电子邮件，如图 4-21 所示。

步骤十三：输出结果，如图 4-22 所示。

图 4-21　调试文件

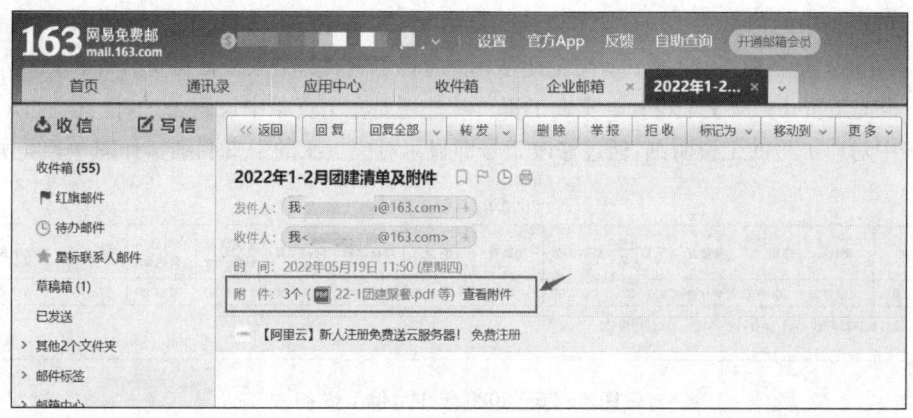

图 4 - 22　输出结果

任务二　RPA 发送邮件

任务场景

　　北京科云股份有限公司财务部门每月都要向员工发放工资条,每个员工工资条是由财务填写完后,通过电子邮件一个一个向员工发送。由于公司员工众多,该操作繁琐,容易出现邮箱号、工资条金额等信息输入错误或者漏发、错发的情况发生。面对此工作痛点,该公司希望开发"RPA Email 工资条发放机器人",使用 Email 以代替人工完成此项工作。"RPA Email 工资条发放机器人"所获取的工资发放清单工作簿中应当包含三个工作表,即:工资明细表、员工资料表和工资条。这三张表的关系如下:

　　(1) 工资明细表为当月应发放工资的员工工资明细,如图 4 - 23 所示。

图 4 - 23　工资明细表

　　(2) 员工资料表包括:① 工号;② 姓名;③ 员工接收工资条的 Email;④ 事项,即工资条发放主题;⑤ 是否通知。如图 4 - 24 所示。

	A	B	C	D	E
1	工号	姓名	Email	事项	是否通知
2	HY001	林华宇	cinge@163.com	林华宇,您好!!2020年1月份工资条已发送到您的邮箱请尽快查收!!	
3	HY002	许晓婷	89065848@qq.com	许晓婷,您好!!2020年1月份工资条已发送到您的邮箱请尽快查收!!	
4	HY006	李宇浩	89065848@qq.com	李宇浩,您好!!2020年1月份工资条已发送到您的邮箱请尽快查收!!	
5	HY003	赵斯琪	14220367@qq.com	赵斯琪,您好!!2020年1月份工资条已发送到您的邮箱请尽快查收!!	
6	HY004	唐棠	chenhx_2021@163.com	唐棠,您好!!2020年1月份工资条已发送到您的邮箱请尽快查收!!	
7	HY005	柳之雅	89065848@qq.com	柳之雅,您好!!2020年1月份工资条已发送到您的邮箱请尽快查收!!	

图 4 - 24　员工资料表

（3）工资条中的信息主要包含：① 工号；② 姓名；③ 职位；④ 性别；⑤ 身份证；⑥ 出勤天数；⑦ 基本工资；⑧ 加班费；⑨ 奖金；⑩ 岗位津贴；⑪ 应付工资；⑫ 个人医社保费合计；⑬ 个人住房公积金；⑭ 税前工资；⑮ 应交个税；⑯ 实发工资。此外还要在工资条中设置公式，使其会自动勾稽工资明细表中对应工号的工资明细，通过修改工号即显示对应员工的工资明细。如图 4-25 所示。

2020年1月份工资条

工号	姓名	职位	性别	身份证	出勤天数	基本工资	加班费	奖金	岗位津贴	应付工资	个人医社保费合计	个人住房公积金	税前工资	应交个税	实发工资
HY005	柳之雅	人事主管	男	350582********7037	22	7800.00	0.00	900.00	0.00	8700.00	178.50	240.00	8281.50	38.45	8243.05

注：工资保密，请尽快核对您的工资，如有问题请联系行政助理唐棠！

图 4-25　2020 年 1 月份工资条

RPA 发送邮件（一）

任务准备

一、使用 RPA 发送单个邮件

【发送 SMTP 邮件消息】活动是使用 SMTP 协议发送电子邮件，使用该活动发送邮件需要在属性面板配置服务器地址及端口号，如图 4-26 所示。

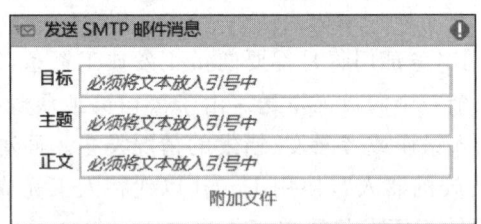

图 4-26　发送 SMTP 邮件消息

【发送 SMTP 邮件消息】活动主要属性及其功能如表 4-1 所示。

表 4-1　【发送 SMTP 邮件消息】活动的主要属性及其功能

属　性	参　数	功　　能
主机	服务器	待使用的电子邮件服务器主机
	端口	用于发送电子邮件消息的端口
收件人	目标	电子邮件消息收件人
电子邮件	主题	电子邮件消息的主题
	正文	电子邮件消息正文
登录	密码	用于发送邮件消息的电子邮件账户密码
	电子邮件	用于发送邮件消息的电子邮件账户

不同邮件服务商的端口不同，本书以网易 163 为例，其他邮件服务商的端口可自行网上查询。属性面板——端口如表 4－2 所示。

表 4－2　属性面板——端口

协议类型	协议功能	服务器地址	非 SSL 端口号	SSL 端口号
SMTP	发送邮件	smtp.163.com	25	465/994
POP3	接收邮件	pop.163.com	110	995
IMAP	接收邮件	imap.163.com	143	993

［**例 4－1**］　要求设计一个 RPA 机器人给自己发送一封邮件，其主题为：2022 年 1—2 月团建清单及发票附件；其正文：为这是你的 RPA 机器人发送的邮件；其附件为：2022 年 1—2 月团建清单.xls.2022 年 1 月团建聚餐.pdf 和 2022 年 2 月团建聚餐.pdf。

团建清单及发票文件如图 4－27 所示。

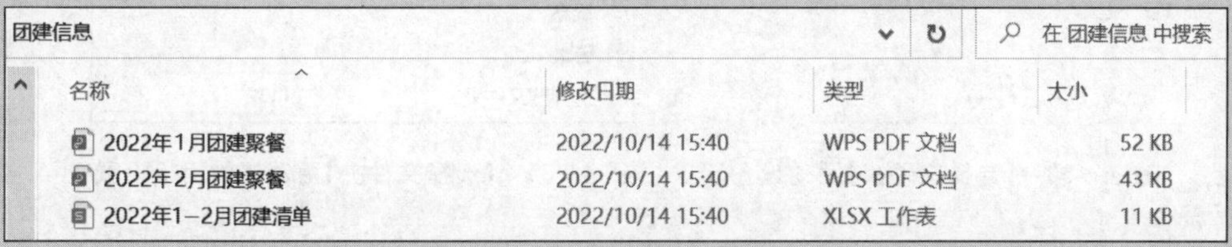

图 4－27　团建清单及发票文件

小提示：课件资源可提供操作数据：团建信息

步骤一：在序列中添加“系统—对话框”类别下的【输入对话框】活动并修改名称为“输入对话框-请输入账号名称”。对话框标题设置为："自动发送邮件"，输入标签设置为："请输入收件人邮箱账号"，在已输入的值选项框中通过快捷键创建变量，变量名称为“邮箱账号”，变量类型为“String”，范围为“序列”，该变量用于存储收件人的邮箱账号，如图 4－28 所示。

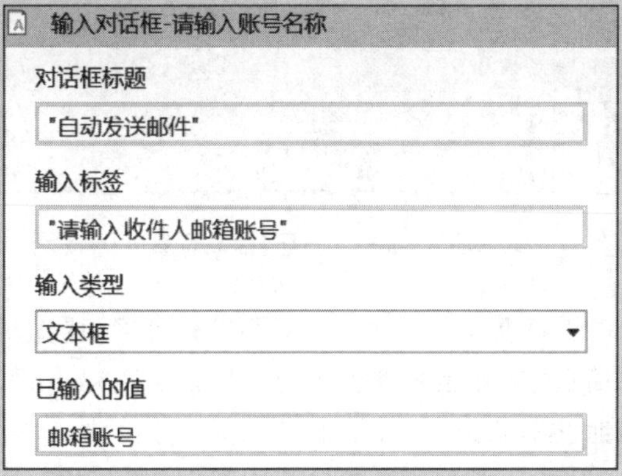

图 4－28　设置【输入对话框】活动输入邮箱账号

步骤二：添加"系统—对话框"类别下的【消息框】活动，输入文本为："请选择文件夹"，如图 4 - 29 所示。

图 4 - 29　设置【消息框】活动提示选择文件夹

步骤三：添加"系统—对话框"类别下的【选择文件夹】活动，打开该活动的属性面板，在输出选择的文件夹中创建变量"files"，变量类型为"String"，范围为"序列"，该变量用于存储所选文件夹的完整路径，如图 4 - 30 和图 4 - 31 所示。

属性	▾ 🕩
UiPath.Core.Activities.SelectFolder	
⊟ 常见	
显示名称	选择文件夹
⊟ 杂项	
隐私	☐
⊟ 输出	
选择的文件夹	files ...

📁 选择文件夹

图 4 - 30　【选择文件夹】活动设置　　　　图 4 - 31　【选择文件夹】活动属性面板设置

步骤四：添加"System—Activities—Statements"类别下的【分配】活动，在该活动下创建变量"arrfiles"，变量类型为"String[ ]"，范围为"序列"。将获取到的 files 路径下含有团建名称的文件通过【分配】活动赋值给变量 arrfiles，分配公式为：arrfiles = Directory.GetFiles(files,"＊团建＊")，如图 4 - 32 所示。

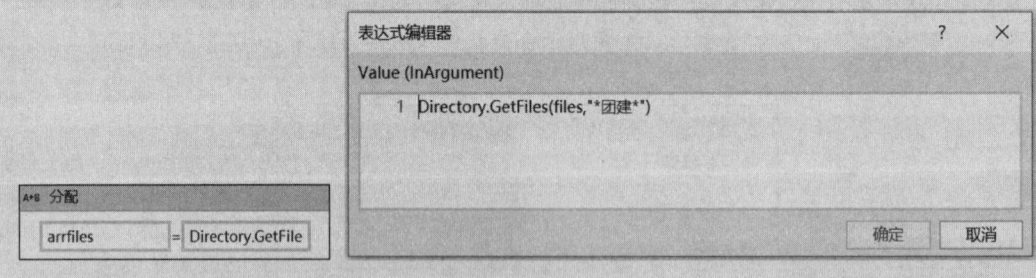

图 4 - 32　【分配】活动设置

步骤五：添加"应用程序集成—邮件—SMTP"类别下的【发送 SMTP 邮件消息】活动，点击该活动的属性面板，设置主机服务器为："smtp.163.com"，端口为"465"，设置收件人目标为变量"邮箱账号"，主题为："2022 年 1—2 月团建清单及发票附件"，正文为："这是你的 RPA 机器人发送的邮件"。设置登录密码即 163 邮箱的授权码，在电子邮件处输入 163 邮箱的邮箱账号，设置附件集合为变量 arrfiles。具体如图 4 - 32 至图 4 - 35 所示。

【注意】该授权码和邮箱账号都需要放在英文格式下的引号内。

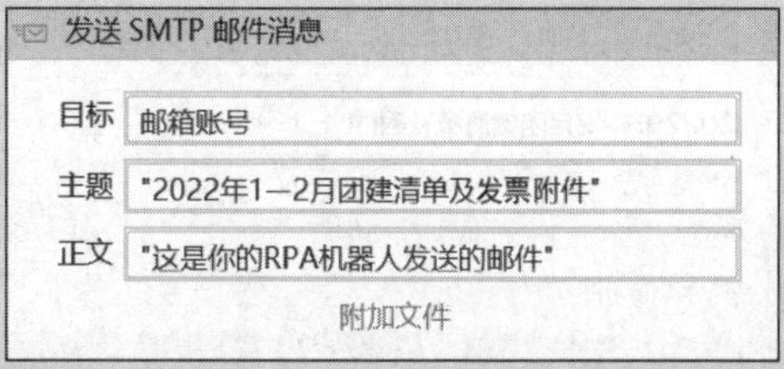

发送 SMTP 邮件消息

目标	邮箱账号
主题	"2022年1—2月团建清单及发票附件"
正文	"这是你的RPA机器人发送的邮件"

附加文件

图 4-33　添加【发送 SMTP 邮件消息】活动

属性

UiPath.Mail.SMTP.Activities.SendMail

□ 主机
　服务器　　　"smtp.163.com"
　端口　　　　465
□ 发件人
　发件人　　　*发件人的电子邮件*
　名称　　　　*发件人的显示名称*
□ 常见
　显示名称　　发送 SMTP 邮件消息
　超时（毫秒）*指定最长等待时间*
□ 收件人
　密送　　　　*隐藏的电子邮件*
　抄送　　　　*次要电子邮件消息*
　目标　　　　邮箱账号
□ 杂项
　隐私　　　　☐
□ 电子邮件
　主题　　　　"2022年1—2月团…
　正文　　　　"这是你的RPA机…
□ 登录

【属性】输出

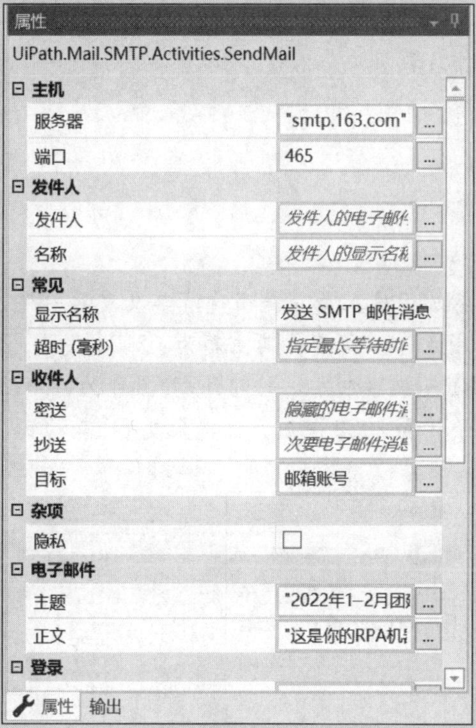

图 4-34　【发送 SMTP 邮件消息】活动设置

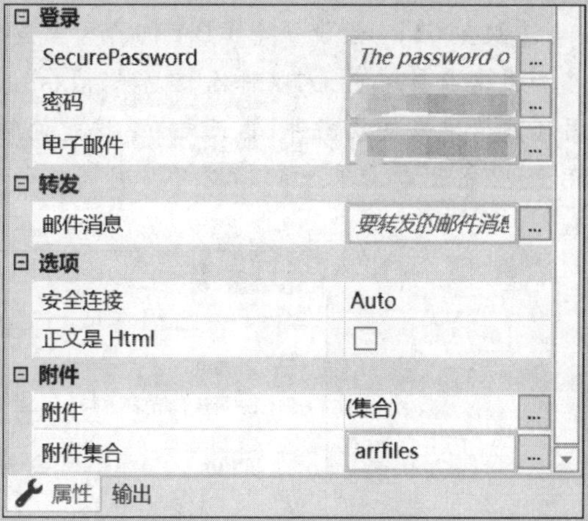

□ 登录
　SecurePassword　*The password o…*
　密码
　电子邮件
□ 转发
　邮件消息　　　　*要转发的邮件消息*
□ 选项
　安全连接　　　　Auto
　正文是 Html　　☐
□ 附件
　附件　　　　　　（集合）
　附件集合　　　　arrfiles

【属性】输出

图 4-35　设置登录密码

步骤六：添加"系统—对话框"类别下的【消息框】活动，输入文本设置为："发送完毕"，用于提示执行活动结果，如图 4-36 所示。

图 4-36　【消息框】活动提示发送完毕

步骤七：输出结果，如图 4-37 所示。

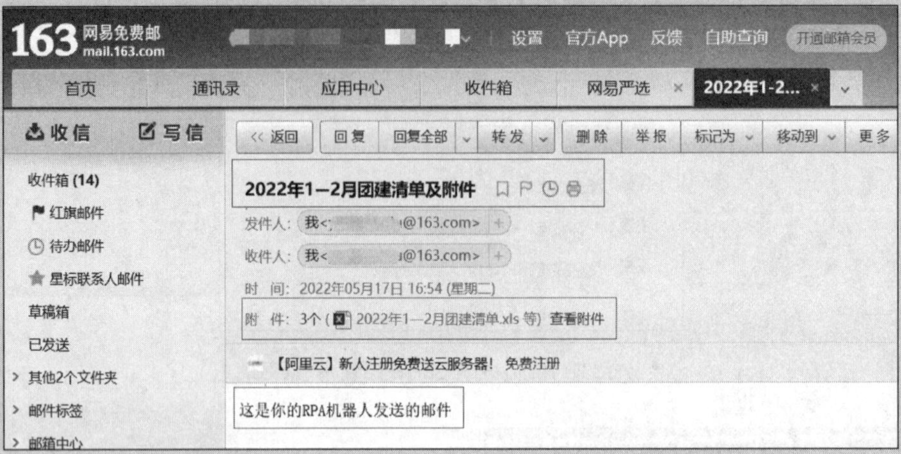

图 4-37 输出结果

二、使用 RPA 发送批量邮件

RPA 发送邮件(二)

[例 4-2] 设计一个 RPA 机器人给多个参加团建人员发送团建清单及发票附件，参加团建人员信息见"收件人信息表.xlxs"，如图 4-38 所示。其主题为：2022 年 1—2 月团建清单及发票附件；其正文为：这是你的 RPA 机器人发送的邮件；其附件为：2022 年 1—2 月团建清单.xls、2022 年 1 月团建聚餐.pdf 和 2022 年 2 月团建聚餐.pdf。

小提示：
课件资源可
提供操作数
据：收件人
信息表

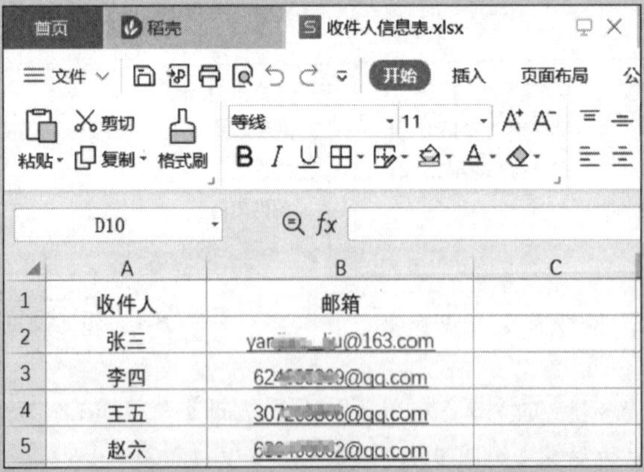

图 4-38 收件人信息表

> **操作步骤**

步骤一：添加"系统—对话框"类别下的【消息框】活动，输入文本为："请选择文件夹"，如图 4-39 所示。

图4-39 设置【消息框】活动提示选择文件夹

步骤二：在序列中添加"系统—对话框"类别下的【选择文件夹】活动，打开该活动的属性面板，在输出选择的文件夹中创建变量"files"，变量类型为"String"，范围为"序列"，该变量用于存储所选文件夹的完整路径，如图4-40和图4-41所示。

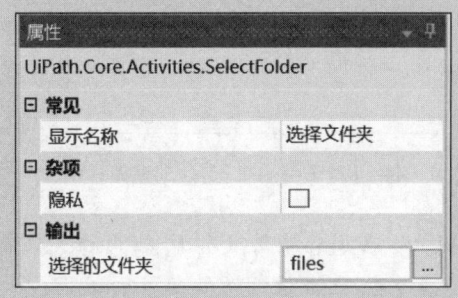

图4-40 【选择文件夹】活动设置　　图4-41 【选择文件夹】活动属性面板设置

步骤三：添加"System—Activities—Statements"类别下的【分配】活动，在该活动下创建变量arrfiles，变量类型为String[]，范围为序列。将获取到的files路径下含有团建名称的文件通过【分配】活动赋值给变量arrfiles，分配公式为：arrfiles = Directory.GetFiles(files,"*团建*")，如图4-42所示。

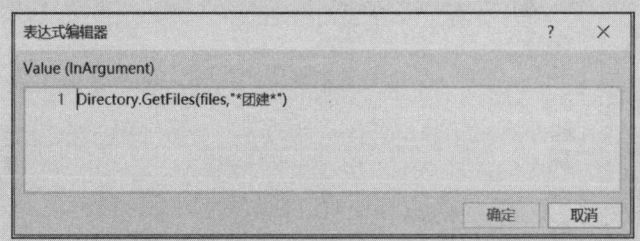

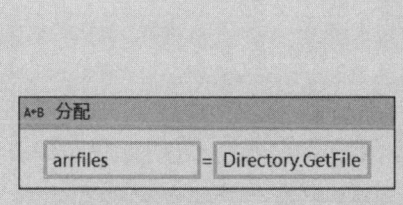

图4-42 【分配】活动设置

步骤四：添加"文件—工作簿"类别下的【读取范围】活动，输入工作簿路径设置为："收件人信息表.xlsx"，工作表名称设置为："Sheet1"，范围为：""，输出数据表处通过快捷键创建变量，变量名称为"data_收件人"，变量类型为"DataTable"，范围为"序列"，该变量用于存储"Sheet1"工作表中的内容，如图4-43所示。

图4-43 读取收件人信息表

步骤五：添加"编程—数据表"类别下的【对于每一个行】活动，输入数据表为"data_收件人"，如图4-44所示。

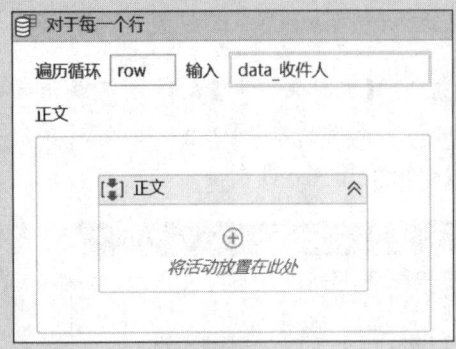

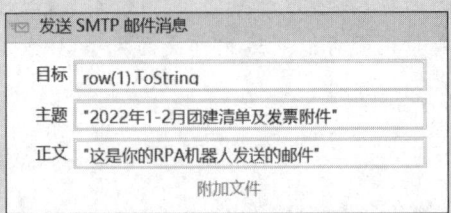

图4-44　【对于每一个行】活动设置　　　图4-45　添加【发送SMTP邮件消息】活动

步骤六：在正文序列中添加"应用程序集成—邮件—SMTP"类别下的【发送SMTP邮件消息】活动，点击该活动的属性面板，设置主机服务器为："smtp.163.com"，端口为"465"，设置收件人目标为"row(1).ToString"，主题为："2022年1—2月团建清单及发票附件"，正文为："这是你的RPA机器人发送的邮件"。设置登录密码即163邮箱的授权码，在电子邮件处输入163邮箱的邮箱账号，设置附件集合为"arrfiles"。具体如图4-45至图4-47所示。

属性	
UiPath.Mail.SMTP.Activities.SendMail	
□ 主机	
服务器	"smtp.163.com"
端口	465
□ 发件人	
发件人	发件人的电子邮件
名称	发件人的显示名称
□ 常见	
显示名称	发送SMTP邮件消息
超时(毫秒)	指定最长等待时间
□ 收件人	
密送	隐藏的电子邮件
抄送	次要电子邮件消息
目标	row(1).tostring
□ 杂项	
隐私	☐
□ 电子邮件	
主题	"2022年1-2月团"
正文	"这是你的RPA机"
□ 登录	

登录	
SecurePassword	The password o
密码	
电子邮件	
□ 转发	
邮件消息	要转发的邮件消息
□ 选项	
安全连接	Auto
正文是Html	☐
□ 附件	
附件	(集合)
附件集合	arrfiles

图4-46　【发送SMTP邮件消息】活动设置　　　图4-47　设置登录密码

步骤七：添加"系统—对话框"类别下的【消息框】活动,输入文本设置为:"发送完毕",用于提示执行活动结果,如图 4-48 所示。

图 4-48 设置【消息框】活动提示发送完毕

步骤八：输出结果,如图 4-49 所示。

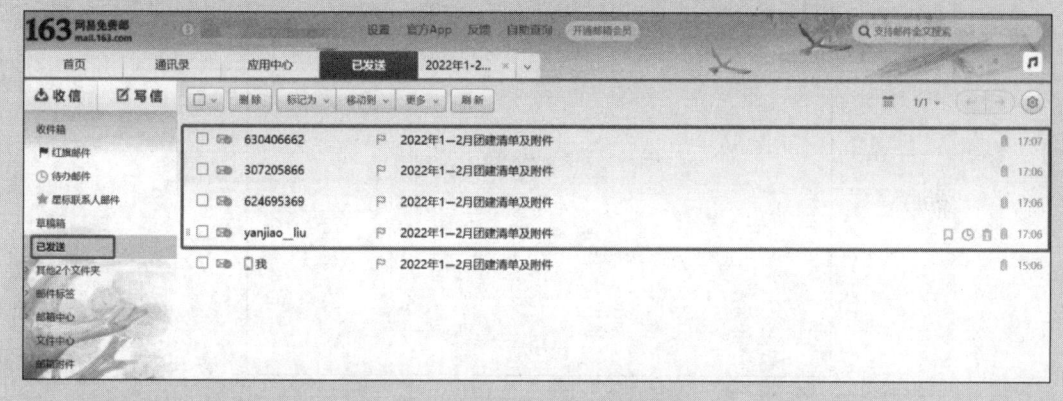

图 4-49 发送团建清单及发票附件

 任务实施

➤ **操作步骤**

步骤一：新建一个序列,名称更改为"RPA Email 工资条发放机器人",在此序列中添加一个"应用程序集成—Excel"类别下的【Excel 应用程序范围】活动。为【Excel 应用程序范围】活动设置工作簿路径,即设置 RPA Email 工资条发放机器人读取的 Excel 文件的路径。在【Excel 应用程序范围】活动中,单击"浏览"按钮,选择"Email 工资条发放机器人.xlsx"文件。接着在执行序列内添加三个序列,显示名称分别备注:"读取员工资料""循环发送工资条""工资条发送完成",如图 4-50 所示。

步骤二：在读取员工资料序列内添加"应用程序集成—Excel"类别下的【读取范围】活动,设置读取的表名称为:"员工资料",设置读取的范围为:"A:E"。在属性面板输出处创建变量"data"。在变量面板修改此变量的执行范围为"RPA Email 工资条发放机器人"整个序列下,此变量用于存储员工资料表中 A 列到 E 列的数据,如图 4-51 所示。

步骤三：在变量面板下创建变量"i",变量类型为"Int32",范围为"RPA Email 工资条发放机器人"整个序列下,如图 4-52 所示。

Email 工资条发放机器人

小提示:
课件资源可提供操作数据:Email 工资条发放机器人

RPA E-mail工资条发放机器人
Excel 应用程序范围
"Email工资条发放机器人.xlsx"
执行
序列（读取员工资料）
将活动放置在此处
序列（循环发送工资条）
将活动放置在此处
序列（工资条发送完成）
将活动放置在此处

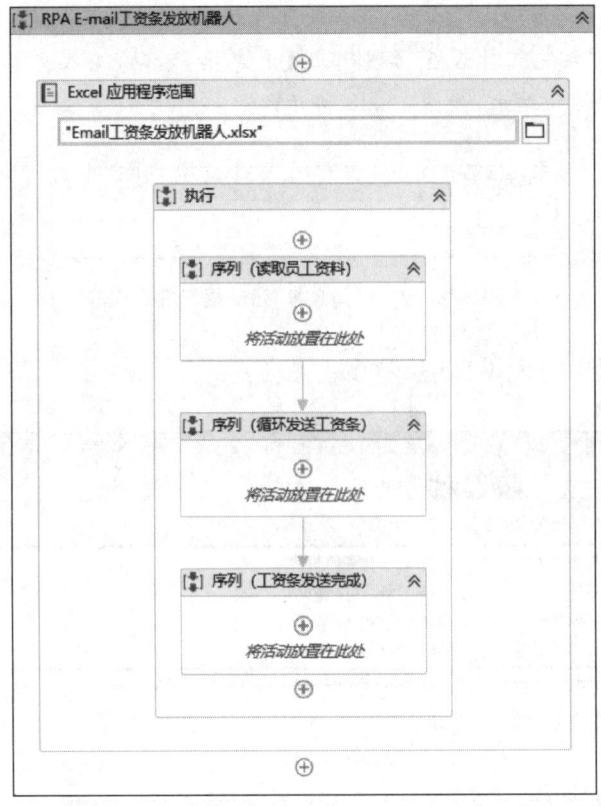

图 4－50　在【Excel 应用程序范围】活动内添加三个序列

序列（读取员工资料）
读取范围
"员工资料"
"A:E"
属性
UiPath.Excel.Activities.ExcelReadRange
常见
显示名称
读取范围
杂项
隐私
输入
工作表名称
"员工资料"
范围
"A:E"
输出
数据表
data
选项
使用筛选器
保留格式
添加标头

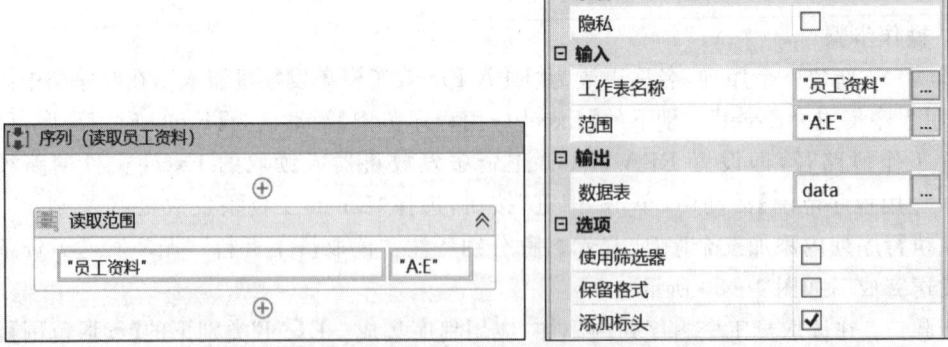

图 4－51　【读取范围】活动设置

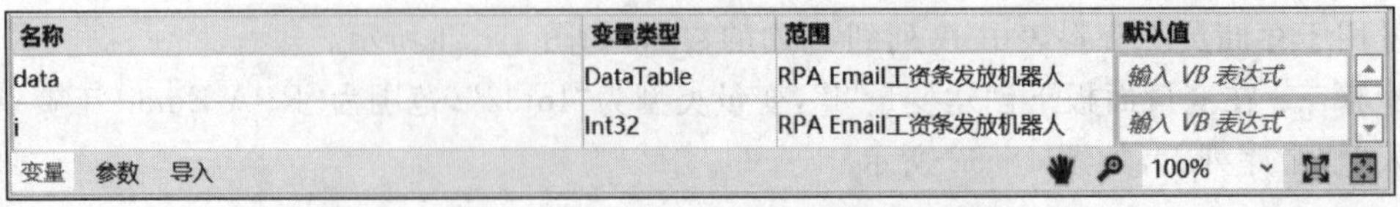

名称
变量类型
范围
默认值
data
DataTable
RPA Email工资条发放机器人
输入 VB 表达式
i
Int32
RPA Email工资条发放机器人
输入 VB 表达式
变量
参数
导入
100%

图 4－52　在变量面板中创建变量

步骤四：在循环发送工资条序列中，添加"工作流—控件"类别下的【先条件循环】活动，用于循环工资条发送。在【先循环条件】活动中，设置条件为：data(i)(0).tostring<>""，该循环条件用于判断"工资条发放清单.xlsx"文件中的"员工资料"工作表的工号是否为空，为空则停止循环。员工资料表内的工号栏为空，则表明没有需要继续发送的工资条。如图4-53所示。

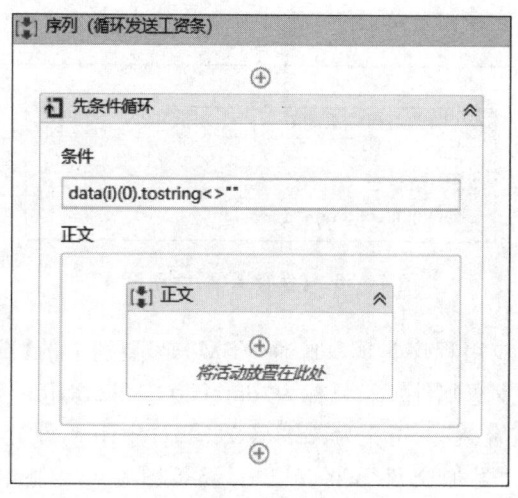

图4-53 【先条件循环】活动设置

步骤五：在【先循环条件】活动的正文内添加"应用程序集成—Excel"类别下的【写入单元格】活动，在显示名称中增加"（写入员工工号）"。写入表格名称为："工资条"，单元格为："B4"，内容为员工资料表的工号，表达式为：data(i)(0).ToString，如图4-54所示。

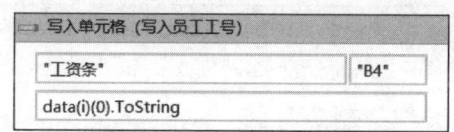

图4-54 设置【写入单元格】活动写入员工工号

步骤六：继续添加"用户界面自动化—元素—属性"类别下的【截取屏幕截图】活动，在显示名称中增加"（截取工资条）"，点击"指明在屏幕上"拾取工资条表中完整的工资条，在属性面板输出屏幕截图处设置变量"wages"，该变量用于存储截取的工资条，如图4-55所示。

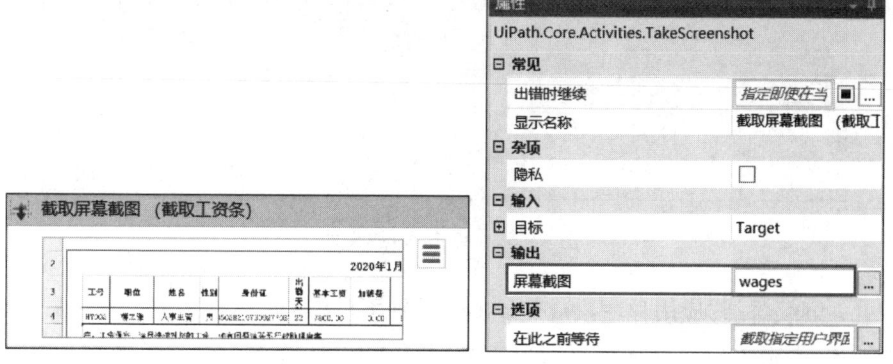

图4-55 【截取屏幕截图】活动设置

步骤七：继续添加"用户界面自动化—图像—文件"类别下的【保存图像】活动，在显示名称中增加"（保存工资条）"，输入图像为变量"wages"，保存图像路径为：data(i)(0).ToString＋"工资条.jpg"，如图 4－56 所示。

【注意】 因为该图片保存在相对路径下，所以图像路径直接显示为该图片的名称。

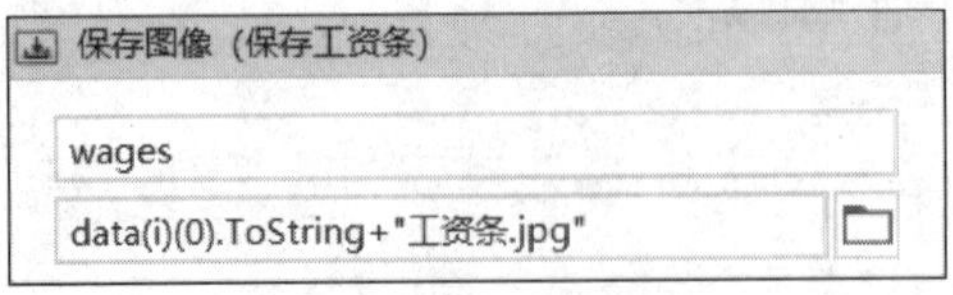

图 4－56　【保存图像】活动设置

步骤八：继续添加"应用程序集成—邮件—SMTP"类别下的【发送 SMTP 邮件消息】活动，在显示名称中增加"（发送邮件）"。目标为"data(i)(2).ToString"，即员工资料表第 3 列的 Email。主题为："发放工资条"。正文为：data(i)(3).ToString，即员工资料表第 4 列的事项，如图 4－57 所示。点击"附加文件"，将员工工资条图片作为邮件附件发送，值设置为：data(i)(0).ToString＋"工资条.jpg"，此处值为工资条图片的存放路径，即相对路径，如图 4－58 所示。设置【发送 SMTP 邮件消息】活动属性面板，服务器为："smtp.163.com"，发件人为："jianxuezhen_1@163.com"（只作为示例，实际操作使用自己开通 SMTP 服务的邮箱），授权密码为开通 SMTP 协议的授权密码，如图 4－59 所示。

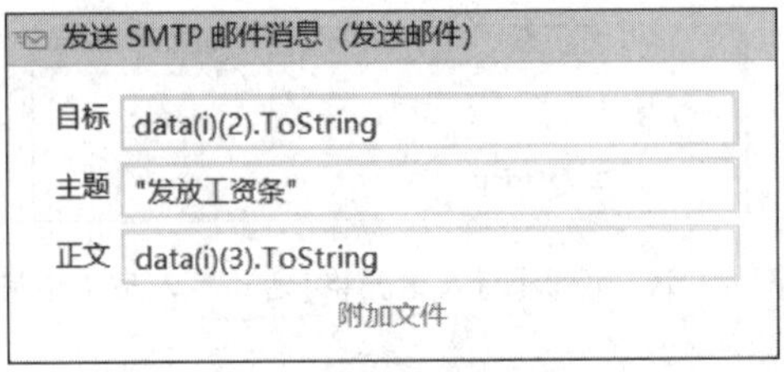

图 4－57　添加【发送 SMTP 邮件消息】活动

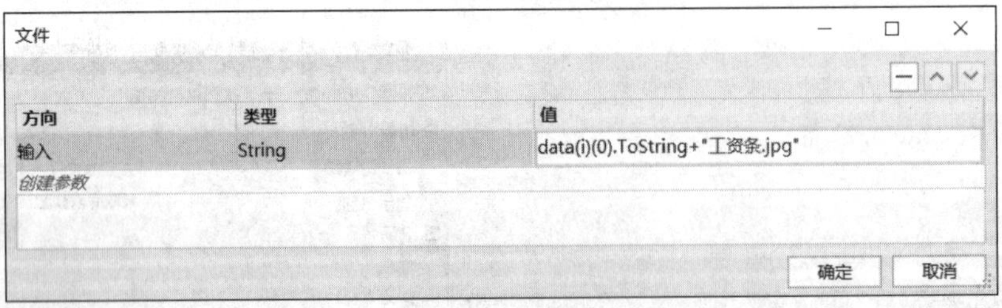

图 4－58　点击"附加文件"

步骤九：继续添加"应用程序集成—Excel"类别下的【写入单元格】活动，在显示名称中增加"（标记完成）"，对工资条发送完成的员工标记："OK"。设置工作表名称为："员工资料"，范围为："E"＋(i+2).ToString，如图 4－60 所示。

属性

UiPath.Mail.SMTP.Activities.SendMail

□ **主机**	
服务器	"smtp.163.com" ...
端口	*用于发送电子邮* ...
□ **发件人**	
发件人	*发件人的电子邮* ...
名称	*发件人的显示名* ...
□ **常见**	
显示名称	发送 SMTP 邮件消息
超时 (毫秒)	*指定最长等待时* ...
□ **收件人**	
密送	*隐藏的电子邮件* ...
抄送	*次要电子邮件消* ...
目标	data(i)(2).ToStr ...
□ **杂项**	
隐私	☐
□ **电子邮件**	
主题	"发放工资条" ...
正文	data(i)(3).ToStr ...
□ **登录**	
SecurePassword	*The password* ...
密码	"..." ...
电子邮件	..._1 ...
□ **转发**	
邮件消息	*要转发的邮件消* ...

图 4-59 设置【发送 SMTP 邮件
消息】活动属性面板

图 4-60 设置【写入单元格】活动标记完成

步骤十：继续添加"工作流—控件"类别下的【分配】活动，令机器人执行下一个员工工资条循环判断，分配的表达式为"i＝i＋1"，如图 4-61 所示。

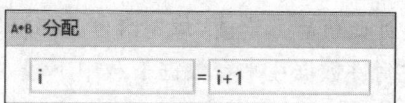

图 4-61 【分配】活动设置

步骤十一：最后在"工资条发送完成"序列中添加"系统—对话框"类别下的【消息框】活动，消息框内输入："工资条发送完成"，即令机器人在全部工资条发送完成后提示"工资条发送完成"，如图 4-62 所示。至此，RPA Email 工资条发放机器人自动化流程设计就完成了。

步骤十二：输出结果。点击"调试文件"按钮，机器人通过电子邮件一个一个向员工发送工资条，发送完毕后弹出消息框提示发送完成，如图 4-63 所示。

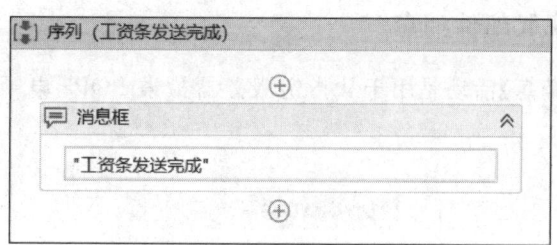

图 4-62 【消息框】活动设置

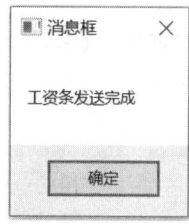

图 4-63 【消息框】活动提示工资条发送完成

任务三 RPA 读取邮件

 任务场景

销售部每天都需要向财务部发送回款情况表,作为财务部的应收应付会计,每天都要检查自己的工作邮箱,找到里面属于销售各部今日发来的回款情况表并下载汇总,在收件箱众多的邮件中经常会遗漏某些部门的数据还要反复查找。本任务要求开发一个批量下载附件机器人。

在设计此机器人之前,请先给自己邮箱发送五封邮件,邮件主题为"销售'×'部回款情况表",邮件附件数据在平台数据下载中下载,如图4-64所示。

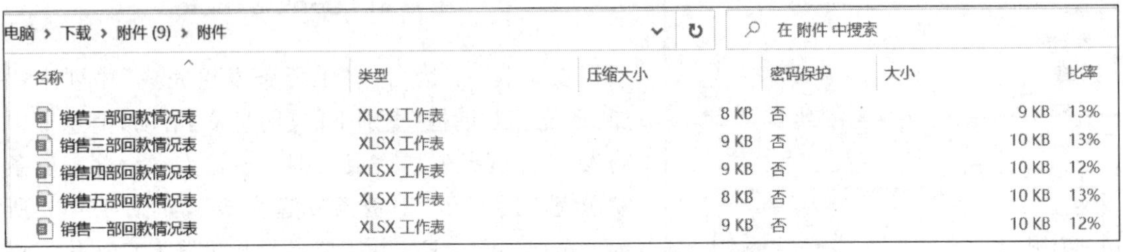

电脑 > 下载 > 附件 (9) > 附件					
名称	类型	压缩大小	密码保护	大小	比率
销售二部回款情况表	XLSX 工作表	8 KB	否	9 KB	13%
销售三部回款情况表	XLSX 工作表	9 KB	否	10 KB	13%
销售四部回款情况表	XLSX 工作表	9 KB	否	10 KB	12%
销售五部回款情况表	XLSX 工作表	8 KB	否	10 KB	13%
销售一部回款情况表	XLSX 工作表	9 KB	否	10 KB	12%

图 4-64 销售各部的回款情况表

 任务准备

RPA 获取邮件(一)

一、使用 RPA 获取邮件消息

【获取 POP3 邮件消息】活动是用于从指定服务器检索 POP3 电子邮件消息,如图4-65所示。

✉ 获取 POP3 邮件消息 ❗

图 4-65 【获取 POP3 邮件消息】活动介绍

【获取 POP3 邮件消息】活动的主要属性及其功能如表4-3所示。

表 4-3 【获取 POP3 邮件消息】活动的主要属性及其功能

属 性	参 数	功 能
主机	服务器	待使用的电子邮件服务器主机
	端口	用于接收电子邮件消息的端口

续　表

属　性	参　数	功　能
登录	密码	用于接收邮件消息的电子邮件账户密码
	电子邮件	用于接收邮件消息的电子邮件账户
输出	消息	作为邮件消息对象集合的已检索邮件消息
选项	删除消息	指定是否标记已读消息以便删除
	顶部	从列表顶部开始检索的消息数量

　　在【获取 POP3 邮件消息】活动下创建的变量"mails",用于存储获取的邮件信息,变量类型为"list＜mailmessage＞"。结合【遍历循环】活动,由变量"item"遍历"mails",item 实际就是获取 mails 中的每一封邮件。每封邮件有很多属性,当在【遍历循环】活动的正文内添加【消息框】活动,然后在【消息框】活动内输入"item."后会出现一个下拉框,可选择获取其不同类型的属性内容,如图 4-66 所示。输出邮件相关属性的表示方法如下:

　　(1)邮件主题:item.Subject。

　　(2)邮件正文:item.Body。

　　(3)邮件发件人:item.Sender。

　　(4)邮件收件人:item.From。

　　(5)邮件发送时间:item.Date。

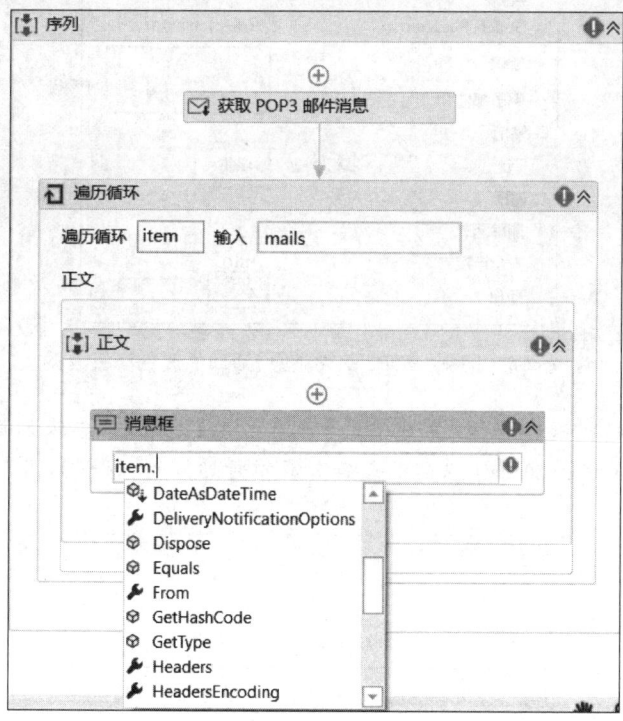

图 4-66　输出邮件相关属性

[例 4 - 3]　为便于区分机器人获取每封邮件的主题内容,确保你自己邮箱收件箱最新四封邮件主题不同。令 RPA 机器人批量读取收件箱前四封邮件并输出第四封邮件的主题。

步骤一:新建序列,修改名称为"获取 POP3 邮件消息",添加"应用程序集成—邮件—POP3"类别下的【获取 POP3 邮件消息】活动,以获取邮箱收件箱中前四封邮件,如图 4 - 67 所示。

图 4 - 67　添加【获取 POP3 邮件消息】活动

步骤二:单击【获取 POP3 邮件消息】活动的"属性面板",修改属性,创建变量"mails"来存储获取到的邮件信息,如图 4 - 68 所示。

属性	▼ 早
UiPath.Mail.POP3.Activities.GetPOP3MailMessages	
主机	
服务器	"pop.163.com"
端口	995
常见	
杂项	
登录	
SecurePassword	*The password o*
密码	
电子邮件	
输出	
消息　　　　　创建变量	mails
选项	
删除消息	☐
安全连接	Auto
顶部	4

图 4 - 68　【获取 POP3 邮件消息】活动的属性面板设置

步骤三:添加"编程—调试"类别下的【日志消息】活动,日志级别选择"Info",在消息中输入表达式"mails(3).Subject"用来输出第四封邮件的标题,如图 4 - 69 所示。

📝 日志消息	
日志级别	Info ▼
消息	mails(3).Subject

图 4 - 69　【日志消息】活动输出第四封邮件标题

步骤四：输出结果，如图 4-70 所示。

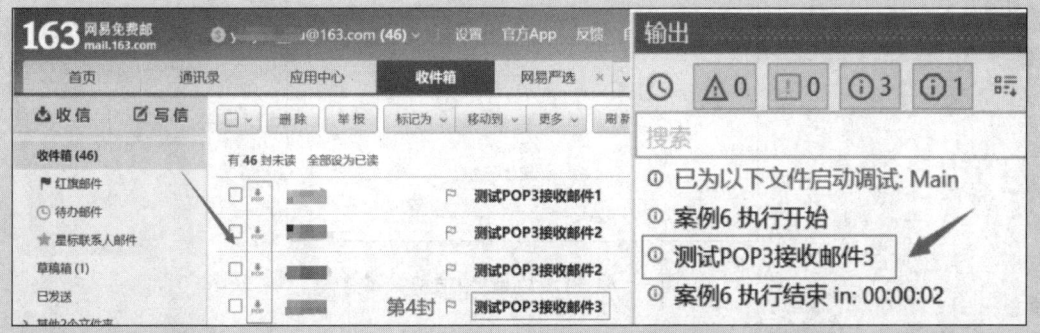

图 4-70　输出第四封邮件的标题

[例 4-4]　为便于区分机器人获取每封邮件的主题内容，确保邮箱收件箱最新四封邮件主题不同。任务：令 RPA 机器人批量读取收件箱前四封邮件，并输出所获取邮件的主题。

步骤一：新建序列，修改名称为"获取 POP3 邮件消息"，添加"应用程序集成—邮件—POP3"类别下的【获取 POP3 邮件消息】活动，以获取自己邮箱收件箱中前四封邮件，如图 4-71 所示。

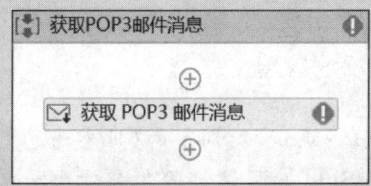

图 4-71　添加【获取 POP3 邮件消息】活动

步骤二：点击【获取 POP3 邮件消息】活动的"属性面板"，修改属性，创建变量"mails"来存储获取到的邮件信息，如图 4-72 所示。

步骤三：添加"工作流—控件"类别下的【遍历循环】活动，令"item"遍历循环"mails"，以便 item 依次读取每一封邮件。接着点击【遍历循环】活动的"属性面板"，修改杂项下的"TypeArgument"，点击"浏览类型"，输入"mailmessage"进行查找，选择"System.Net.Mail.MailMessage"，如图 4-73 和图 4-74所示。

图 4-72　【获取 POP3 邮件消息】活动的属性面板设置

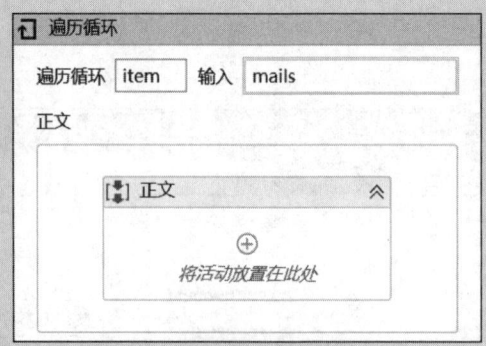

图 4-73 【遍历循环】活动设置

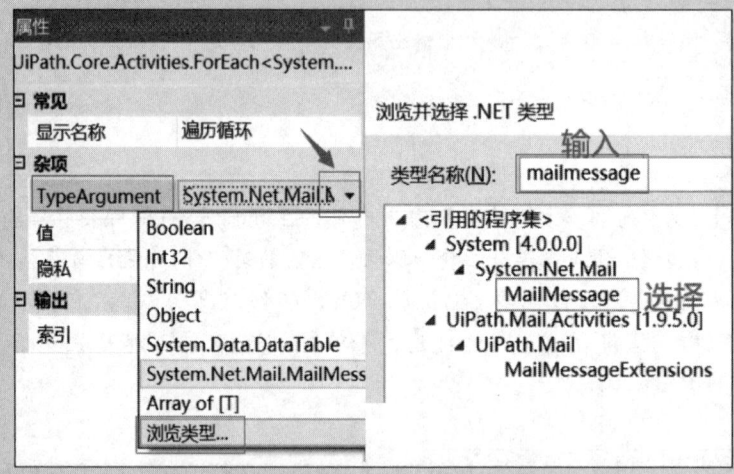

图 4-74 在属性面板中修改变量类型

步骤四：在【遍历循环】的正文序列中添加"编程—调试"类别下的【日志消息】活动，日志级别选择"Info"，在消息处输入表达式为"item.Subject"，该步骤用来输出前四封邮件的主题，如图 4-75 所示。

步骤五：输出结果，如图 4-76 所示。

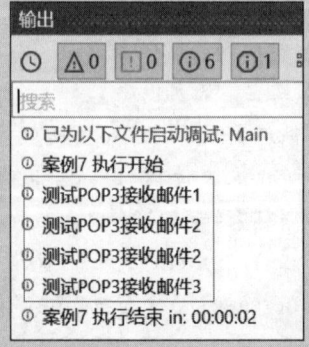

图 4-75 【日志消息】活动输出前四封邮件主题   图 4-76 输出前四封邮件主题

二、使用 RPA 保存邮件附件

(一)【保存附件】活动

【保存附件】活动是用于保存目标邮件的附件
到指定的文件夹。如果该文件夹不存在,则需要自
行创建。如果未指定任何文件夹,则下载内容保存
在项目文件夹中。指定文件夹中与附件同名的原文件将被覆盖,如图 4-77 所示。

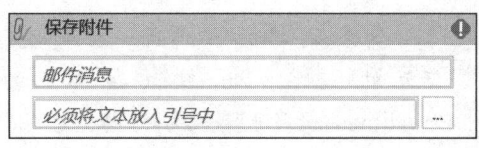

图 4-77 【保存附件】活动图示

RPA 获取邮件(二)

【保存附件】活动的主要属性及其功能如表 4-4 所示。

表 4-4 【保存附件】活动的主要属性及其功能

属 性	参 数	功 能
输入	文件夹路径	保存附件的文件夹的完整路径
	消息	将保存其附件的邮件消息对象
输出	附件	已检索的附件
选项	筛选	表示根据待保存附件文件名进行验证的表达式

[例 4-5] 令 RPA 机器人获取自己邮箱中前
四封邮件,并保存所获取邮件的附件,该附件格式为
"pdf",然后将附件内容保存到本项目文件夹下。

> **操作步骤**

步骤一:新建序列并修改名称为"获取 POP3 邮
件消息",添加"应用程序集成—邮件—POP3"类别下
的【获取 POP3 邮件消息】活动。打开该活动的属性面
板,设置主机服务器为:"pop.163.com",端口为
"995",设置登录密码即 163 邮箱的授权码,在电子
邮件处输入 163 邮箱的邮箱账号,输出消息处创建
变量"mails",变量类型为"List<MailMessage>",
范围为"获取 POP3 邮件消息",顶部为"4",变量
mails 用于存储获取到的前四封邮件,如图 4-78
和图 4-79 所示。

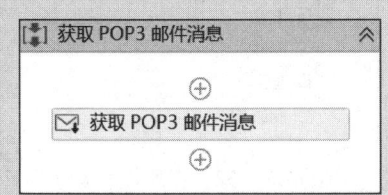

图 4-78 添加【获取 POP3 邮件消息】活动

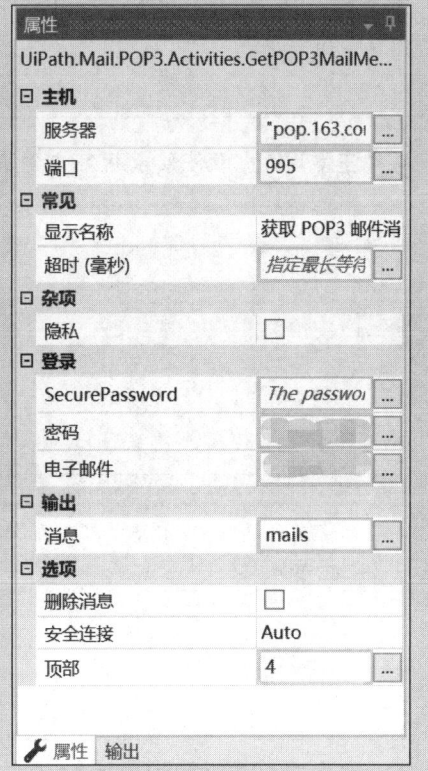

图 4-79 【获取 POP3 邮件消息】活动属性面板设置

步骤二：添加"工作流—控件"类别下的【遍历循环】活动，输入变量"mails"，打开该活动的属性面板，修改杂项下的"TypeArgument"，点击"浏览类型"，输入"mailmessage"进行查找，选择"System.Net.Mail.MailMessage"。该步骤表示通过遍历循环令 item 依次获取变量 mails 中的每一封邮件，如图 4-80 所示。

图 4-80 【遍历循环】活动设置

步骤三：在正文序列中添加"应用程序集成—邮件"类别下的【保存附件】活动，输入消息"item"，选项筛选为："pdf"，即保存附件格式为 pdf 的邮件附件，如图 4-81 和图 4-82 所示。

【注意】输出附件处未指定文件夹，则下载的内容会保存在项目文件夹中。

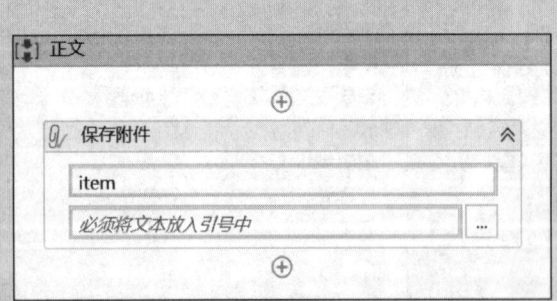

图 4-81 在【保存附件】活动中输入消息

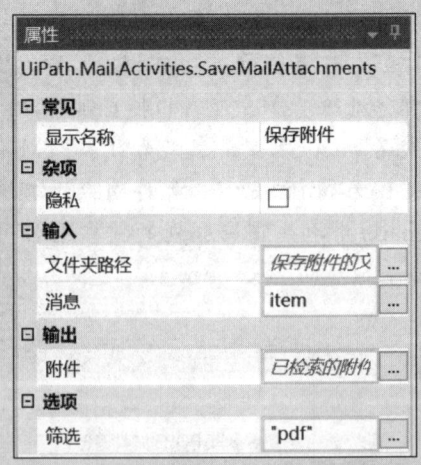

图 4-82 在属性面板设置筛选条件

步骤四：输出结果，如图 4-83 所示。

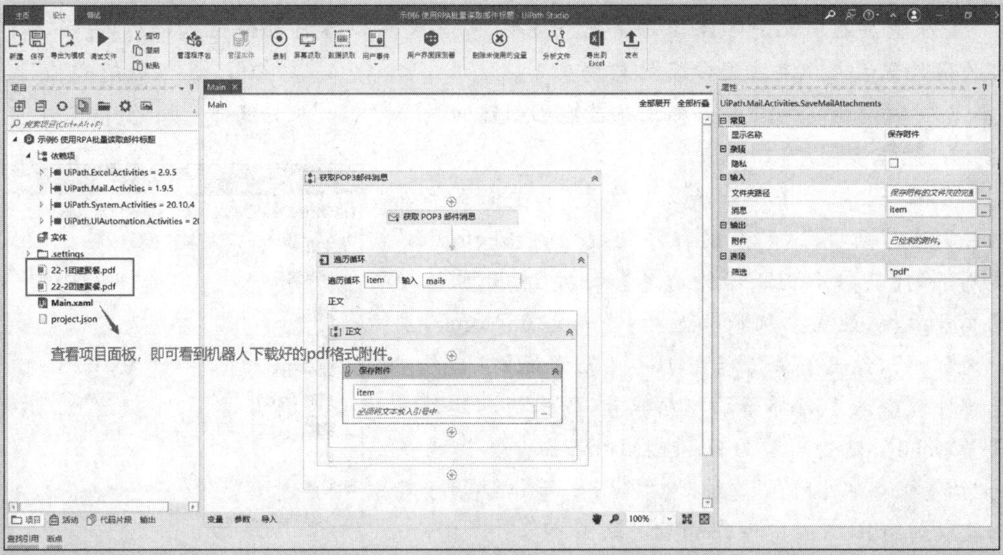

图 4-83　项目面板已下载的 pdf 格式附件

(二)【创建文件夹】活动

【创建文件夹】活动的作用是在指定位置创建文件夹，如图 4-84 所示。

图 4-84　【创建文件夹】活动图示

[例 4-6]　A 公司财务每天会接收到各部门发来支付款项的提醒邮件，该邮件主题格式为：××部申请支付款项，附件包含付款申请单、销售单、发票、入库单等。每天收到邮件数量不超过 20 封，邮件附件如图 4-85 所示。本任务要求设计一个 RPA 机器人获取邮件消息，并保存邮件附件，为财务处理提供凭证。具体要求如下：

小提示：
课件资源可提供操作数据：批量保存邮件附件。

电脑 > 下载 > 附件 (10) > 附件 >				
名称	类型	压缩大小	密码保护	大小
采购部申请向北京佳美支付款项	文件夹			
行政部申请支付款项	文件夹			
业务部申请支付款项	文件夹			

图 4-85　各个部门的支付款项附件

（1）所获取邮件数量设置为 20 封。

（2）邮件主题包含"支付款项"字样。

（3）需要获取几封邮件就创建几个文件夹，文件夹以各自邮件主题命名，并将各自邮件附件保存在以其主题命名的文件夹下。

（4）所有创建的文件夹都放在当前已创建的"会计凭证"文件夹下。

➤ **操作步骤**

步骤一：添加序列并修改名称为"批量保存邮件附件"，在序列中添加"应用程序集成—邮件—POP3"类别下的【获取 POP3 邮件消息】活动。打开该活动的属性面板，设置主机服务器为："pop.163.com"，端口为"995"，设置登录密码即 163 邮箱的授权码，在电子邮件处输入 163 邮箱的邮箱账号，输出消息处创建变量"mail"，变量类型为"List＜MailMessage＞"，范围为"批量保存邮件附件"，顶部为"20"，变量 mail 用于存储获取到的前 20 封邮件，如图 4-86 和图 4-87 所示。

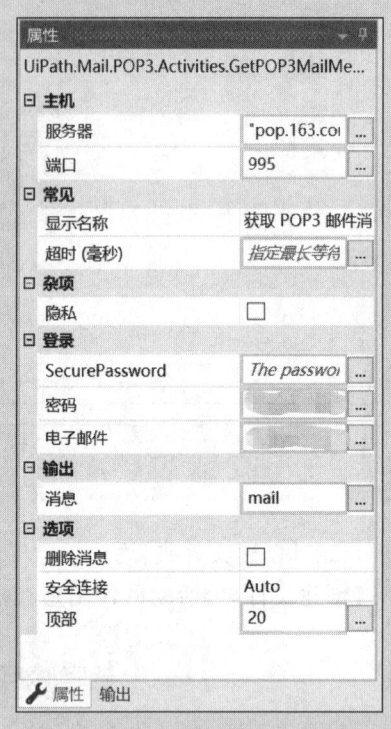

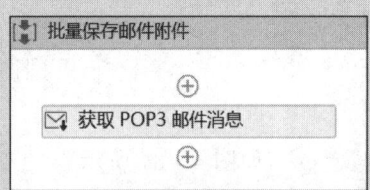

图 4-86　添加【获取 POP3 邮件消息】活动

图 4-87　【获取 POP3 邮件消息】活动属性面板设置

步骤二：添加"工作流—控件"类别下的【遍历循环】活动，输入变量"mail"，打开该活动的属性面板，修改杂项下的"TypeArgument"，点击"浏览类型"，输入"mailmessage"进行查找，选择"System.Net.Mail.MailMessage"，该步骤表示通过遍历循环令 item 依次获取变量 mail 中的每一封邮件，如图 4-88 所示。

图 4-88　【遍历循环】活动设置

步骤三：在正文序列中添加"System—Activities—Statements"类别下的【IF 条件】活动，输入判断条件为：item.Subject.Contains("支付款项")，即令机器人筛选邮件主题包含"支付款项"字样的邮件，如图 4-89 所示。

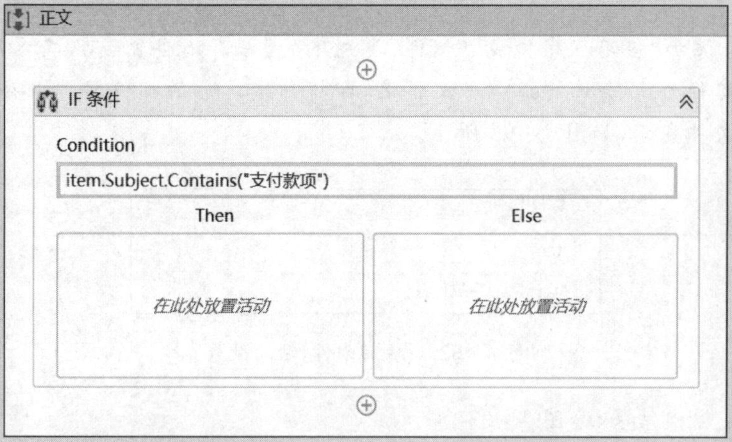

图 4-89 【IF 条件】活动设置

步骤四：在"Then"执行语句内添加序列，在序列中添加"System—Activities—Statements"类别下的【分配】活动，在该活动下创建变量，命名为"文件名"，变量类型为"String"，范围为"序列"，分配公式为"文件名＝item.Subject"，即将每个邮件的主题内容赋值给变量"文件名"，如图 4-90 所示。

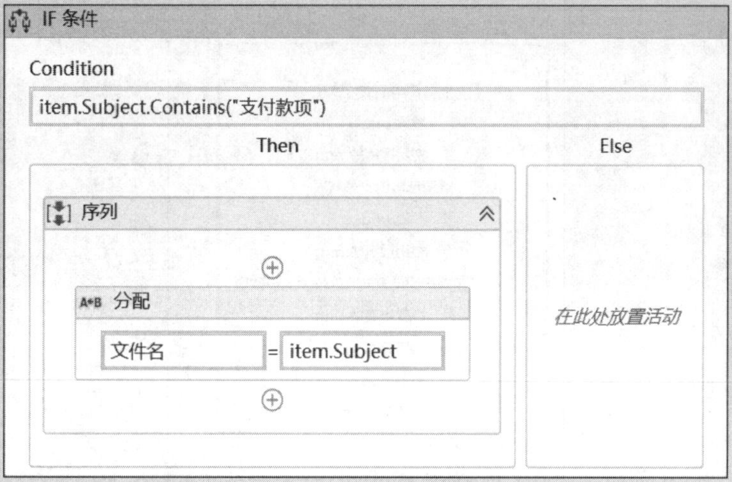

图 4-90 【分配】活动设置

步骤五：添加"系统—文件"类别下的【创建文件夹】活动，输入路径为："会计凭证\"＋文件名，即在会计凭证文件夹下创建以邮件主题命名的文件夹，如图 4-91 所示。

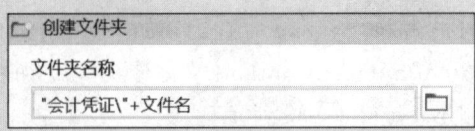

图 4-91　【创建文件夹】活动设置

步骤六：添加"应用程序集成—邮件"类别下的【保存附件】活动，输入消息"item"，输入文件夹路径为："会计凭证\"＋文件名，即将筛选过后的邮件附件保存在以其邮件主题命名的文件夹下，如图 4-92 所示。

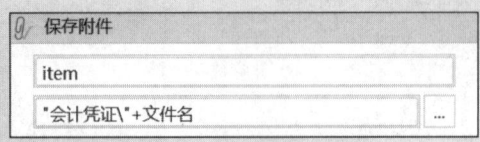

图 4-92　【保存附件】活动设置

步骤七：输出结果，如图 4-93 所示。

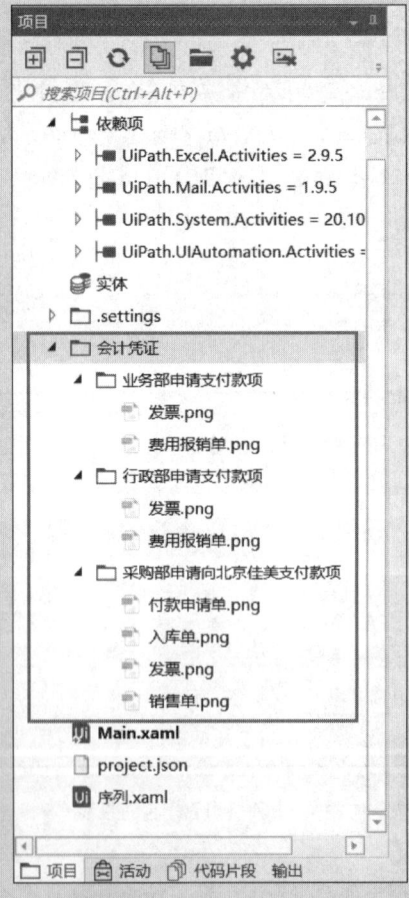

图 4-93　会计凭证文件夹

任务实施

➤ **操作步骤**

步骤一：在序列中添加"系统—对话框"类别下的【消息框】活动，设置文本为："请选择附件存放位置"，该步骤是令机器人提示用户选择文件路径，如图 4-94 所示。

批量下载邮件附件机器人

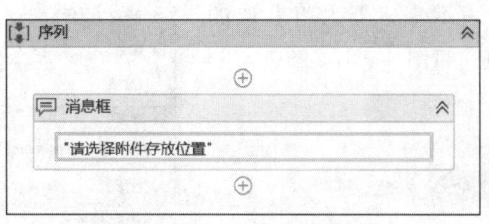

图 4-94　添加【消息框】活动

小提示：
课件资源可提供操作数据：批量下载邮件附件机器人。

步骤二：添加"系统—对话框"类别下的【选择文件夹】活动，打开该活动的属性面板，在输出选择的文件夹中创建变量，该变量命名为"附件存放路径"，变量类型为"String"，范围为"序列"，该变量用于存储所选文件夹的完整路径，如图 4-95 所示。

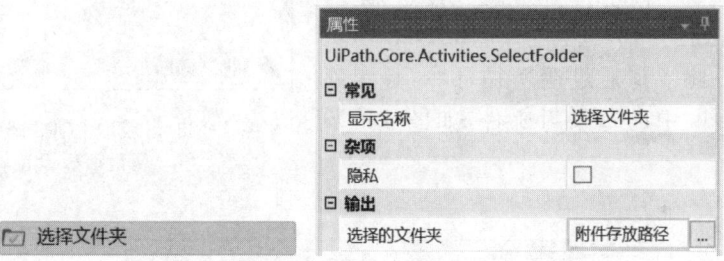

图 4-95　【选择文件夹】活动设置

步骤三：添加"System—Activities—Statements"类别下的【分配】活动，在该活动下创建变量，命名为"日期"，变量类型为"String"，范围为"序列"，分配公式为"日期＝Now.ToString ("yyyy/MM/dd")"，此步骤表示令机器人获取当天日期赋值给变量"日期"，如图 4-96 所示。

【注意】Now.ToString("yyyy/MM/dd")此函数表示获取当天时间。例如，时间格式表达为"2022/08/22"。

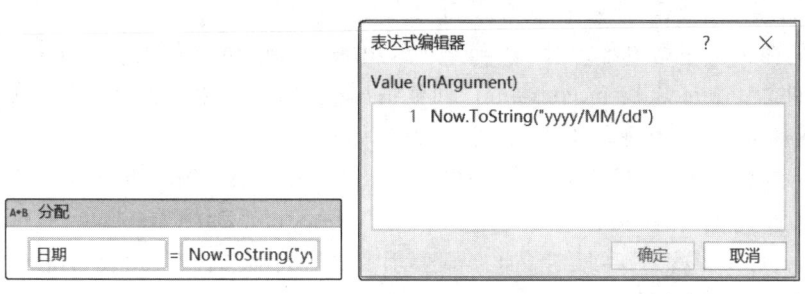

图 4-96　【分配】活动设置日期

步骤四：添加"应用程序集成—邮件—POP3"类别下的【获取 POP3 邮件消息】活动，打开该活动的"属性面板"，主机服务器为："pop.163.com"，端口为"995"，设置登录密码即 163 邮箱的授权码，在电子邮件处输入 163 邮箱的邮箱账号，输出消息处创建变量"mails"，变量类型为"List < MailMessage>"。此步骤表示令机器人将获取的邮件存储在变量"mails"中，如图 4 - 97、图 4 - 98 所示。

✉ 获取 POP3 邮件消息

图 4 - 97 添加【获取 POP3 邮件消息】活动

步骤五：添加"工作流—控件"类别下的【遍历循环】活动，输入变量"mails"，接着点击【遍历循环】活动的属性面板，修改杂项下的"TypeArgument"，点击"浏览类型"，输入"mailmessage"进行查找，选择"System.Net.Mail.MailMessage"。此步骤通过遍历循环令 item 依次获取变量 mails 中的每一封邮件，如图 4 - 99 所示。

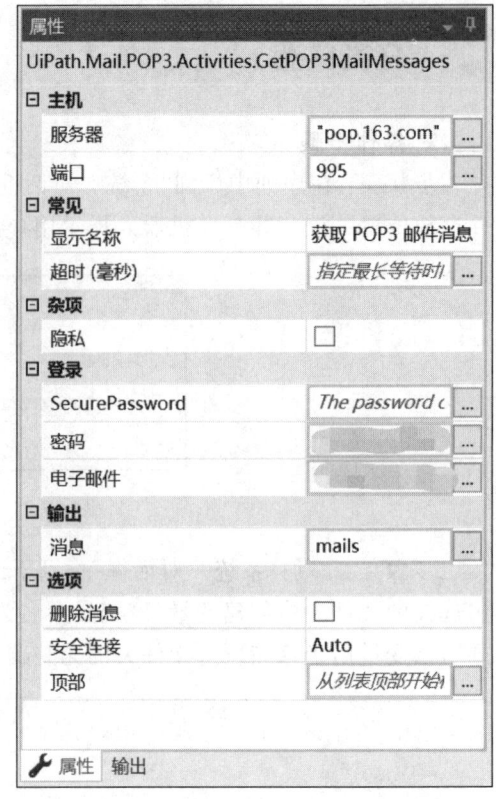

图 4 - 98 【获取 POP3 邮件消息】活动的属性面板设置

图 4 - 99 【遍历循环】活动设置

步骤六：在正文序列中添加"System—Activities—Statements"类别下的【IF 条件】活动，设置判断条件为：item.Subject.contains("回款情况表")，此步骤表示令机器人筛选出邮件主题中含有"回款情况表"的所有邮件，如图 4 - 100 所示。

步骤七：在"Then"执行语句中添加"System—Activities—Statements"类别下的【IF 条件】活动，设置判断条件为：Convert.ToDateTime(item.Date.Replace("（CST）","")).ToString("yyyy/MM/dd")＝日期。此步骤表示令机器人筛选含有"回款情况表"的所有邮件中"时间为当天"的邮件，如图 4 - 101 和图 4 - 102 所示。

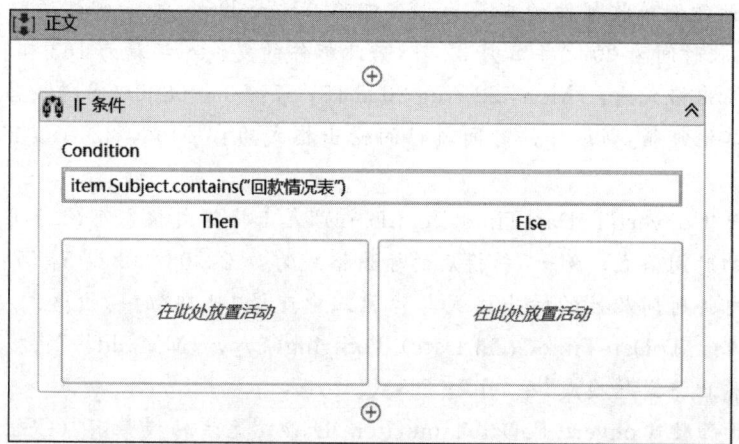

图 4 - 100　【IF 条件】活动设置判断条件

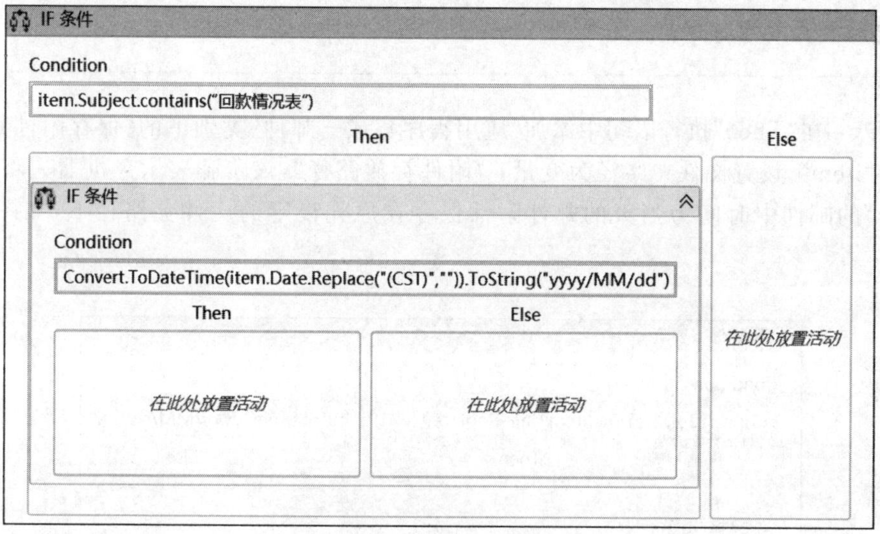

图 4 - 101　添加【IF 条件】活动

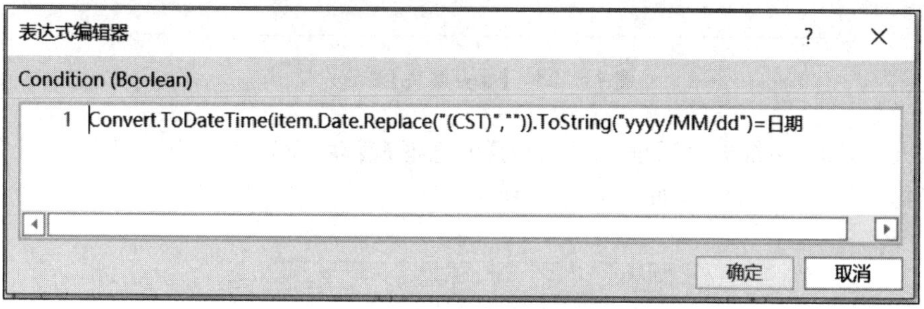

表达式编辑器　　　　　　　　　　　　　　　　　　　?　✕

Condition (Boolean)

1　Convert.ToDateTime(item.Date.Replace("(CST)","")).ToString("yyyy/MM/dd")=日期

確定　　取消

图 4 - 102　设置判断条件

【注意】(1) 此案例接收邮件的邮箱为 163 邮箱,"item. Date"表示邮件的时间属性。例如,某邮件接收时间为 2022 年 8 月 22 日,若此邮件的发件人邮箱为 163 邮箱,则该邮件时间属性的输出格式为:"Mon, 22 Aug 2022 15:57:53 +0800(CST)";若此邮件的发件人邮箱为其他邮箱,则该邮件时间属性的输出格式为:"Mon, 22 Aug 2022 15:57:53 +0800"。

(2) 函数"Convert. ToDateTime(item. Date)"表示将英文状态下的时间格式转换成中文状态下的时间格式。例如,转换后的输出格式为:"22/08/2022 15:57:53"。为了使接收到的邮件时间属性的输出格式与步骤三中变量"日期"的输出格式相同,此处通过函数"Convert. ToDateTime(item. Date). ToString("yyyy/MM/dd")"将接收到的邮件时间属性的输出格式转换成"年/月/日"格式。

(3) 由于函数"Convert. ToDateTime(item. Date)"无法转换带有"(CST)"的时间格式,而如果发件人的邮箱为 163 邮箱,接收到的邮件时间属性的输出格式中带有"(CST)",因此这里再使用函数 Replace("(CST)","")去除时间属性输出格式中带有"(CST)"的字符串。此处 Replace("旧字符串","新字符串")函数表示把字符串中的旧字符串替换成新字符串。

步骤八:在"Then"执行语句中添加"应用程序集成—邮件"类别下的【保存附件】活动,输入消息为"item",设置文件夹路径为变量:"附件存放路径",该步骤表示令机器人将含有"回款情况表"的邮件中时间为当天的邮件附件保存在原先设定的文件夹路径下,如图 4-103 所示。

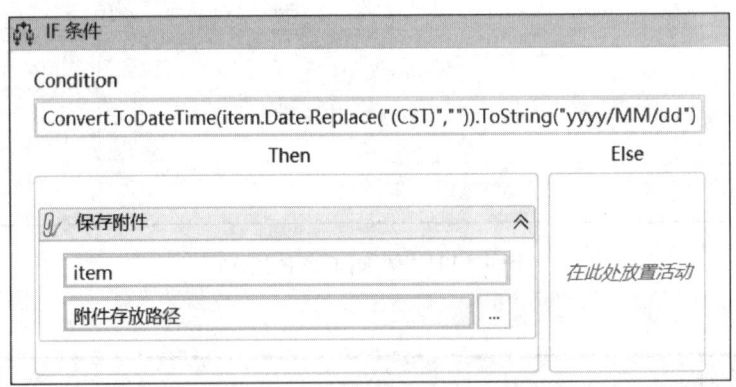

图 4-103 【保存附件】活动设置

步骤九:添加"系统—对话框"类别下的【消息框】活动,设置文本为:"下载任务完成",该步骤用于提示执行活动结束,如图 4-104 所示。

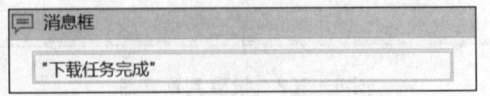

图 4-104 【消息框】活动设置

步骤十：点击"调试文件"按钮，机器人下载汇总销售各部今日发来的回款情况表。输出结果如图 4 - 105 所示。

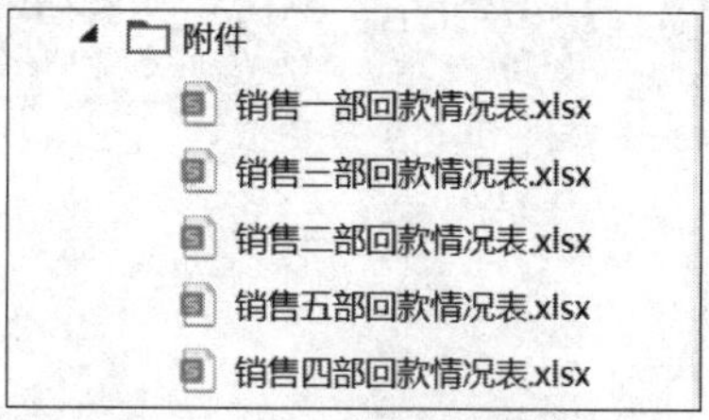

图 4 - 105 销售各部的回款情况表

知识目标

1. 掌握【打开浏览器】活动和网页【单击】活动。
2. 掌握【获取文本】活动和【附件浏览器】活动。
3. 掌握【数据抓取】活动。
4. 掌握【屏幕抓取】活动。
5. 掌握利用与 Web 相关的活动控件设计抓取招聘信息机器人活动。

技能目标

1. 能够熟练应用 RPA 在 Web 的场景。
2. 能够熟练掌握数据抓取机器人的设计原理和流程操作。

素养目标

1. 培养学生对信息技术前沿知识和核心素养的认同和追求。
2. 培养学生利用 RPA 财务机器人解决 Web 应用问题的综合素养能力。
3. 培养爱岗敬业的专业素养和勇于创新的职业精神。

思维导图

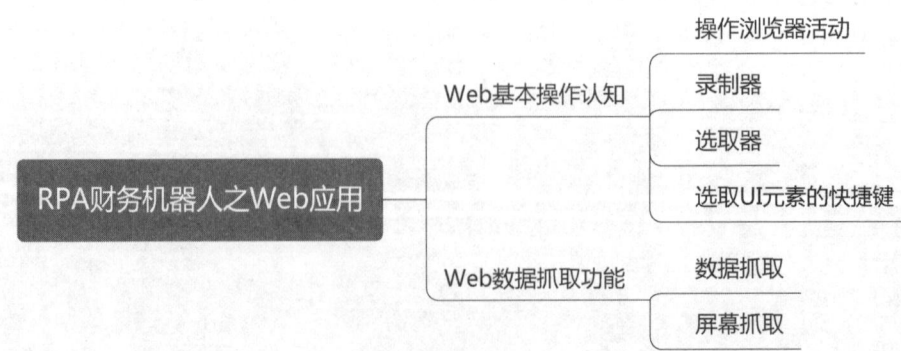

RPA 助力柳州银行实现自动化运维

柳州银行凭借快速、优质的金融服务体验,得到了社会各界的赞誉与高度认可。在业务飞速发展的同时,部分操作流程存在重复性人工操作、业务处理效率不高的现象。在这种情况下,柳州银行运用 RPA 技术赋能员工与业务,使相关流程自动化,替代操作流程中具有重复性、具备固有规则的工作,将人力资源释放到具有更高价值的工作上。

以实现部分工作自动化操作、消除人为操作失误、提高正确率为目标,柳州银行从 RPA 自动化流程需求梳理、业务咨询到实施上线、运维优化的端到端服务着手。

在柳州银行自动化项目中,包括每日后督未扫催查、月初报表下载核对、每日头寸短信提醒、月报一批核对、人行每日申报、核心跑批。这里主要针对以下三个流程做重点说明。

(1) 月初报表下载核对。每月月初下载财务报表(资产负债表、利润表、业务状况表、损益明细表、管理费用表),对报表进行处理。协助贸易金融部下载港币业务状况表和多币种折合美元业务状况表。

(2) 人行每日申报。每天早上在总账系统下载全行业务状况表,将相关指标(银行业非存款类金融机构存放款项)通过报表门户系统填列 A3702 日报并下载,需对比昨日指标,差额超过(包含)5 亿元和银行业非存款类金融机构存放款项有变动需人工填写说明情况,有需要人工填写说明情况在早上 9 点前发送邮件通知提醒,不需要大额说明的可以通过广西交互平台每天早上 9 点前自动发送至人民银行。

(3) 核心跑批。每天零点自动执行核心跑批任务,实现智能运维。

通过数字员工的普及,柳州银行可实现从管理运营模式、人员职能到流程、监控,再到数据、技术的整体化、多维度管理提升效益。柳州银行股份有限公司自动化机器人系统,有效地解决了劳工矛盾,降低了运营成本,依托金融科技实现了高效、智能处理业务,数字化转型成效逐步凸显。

想一想: 通过项目五的学习,在 RPA 财务机器人不断落地应用的今天,财务工作者应该如何与时俱进,实现工作效率的提升?

任务一　Web 基本操作认知

 任务场景

北京云云股份有限公司的销售人员每天会拿到大量的潜在客户名单,在认识客户阶段,他们需要掌握客户公司的基本信息,以便在早期判断出和公司合作的价值和业务匹配度。企业基本信息主要包括公司全称、注册资本、规模、成立日期、经营范围等。但是每天的企业信息查询工作,需要花费较多的精力和时间进行信息整理,这就很容易造成遗漏和错误。本任务要求针对上述工作痛点,为该公司设计一款企业信息查询机器人。

已知某个销售人员当天获取的"企业信息"工作表。该表内的企业名称已知,其余经营状态、注册资本、成立日期、统一社会信用代码、经营范围这几个项目列的信息需要查找获取。"企业信息"工作表如图 5-1 所示。令机器人读取"企业信息表"内的企业名称,根据企业名称进入爱企查网站(http://aiqicha.baidu.com/)进行企业信息查询,然后将要获取的信息写入工作表的对应项目列内。

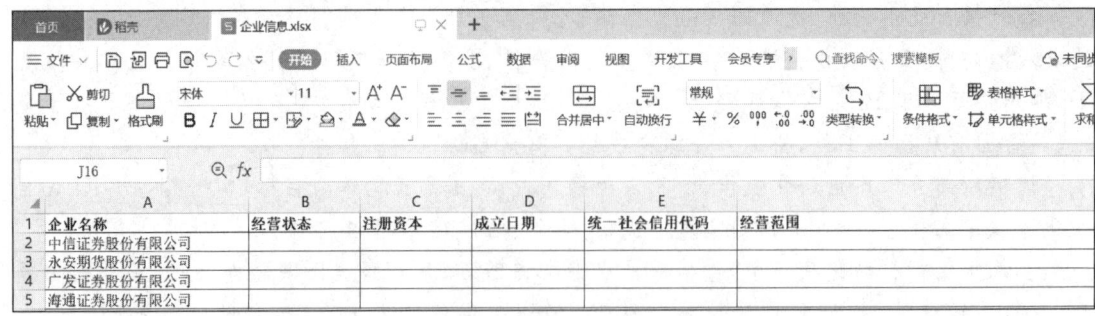

图 5-1　企业信息表

 任务准备

一、操作浏览器活动

(一)【打开浏览器】活动

【打开浏览器】活动是能够在指定 URL 中打开浏览器并在其中执行多项活动的平台,如图 5-2 所示。

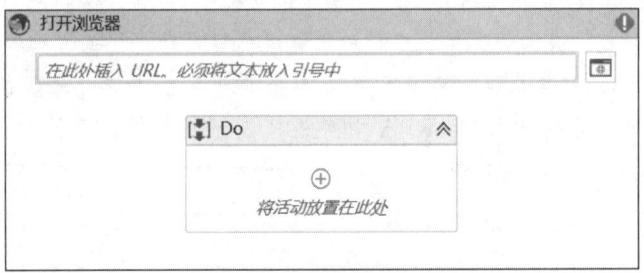

图 5-2　【打开浏览器】活动图示

【打开浏览器】活动的主要属性及其功能如表 5-1 所示。

表 5-1　【打开浏览器】活动的主要属性及其功能

属 性	参 数	功　　能
输入	URL	要在指定浏览器中打开的 URL,也就是一个网址,要放在英文格式下的引号中,例如输入百度网址:"www.baidu.com"
	浏览器类型	要选择使用的浏览器类型,此处可用的选项如下:IE、Firefox、Chrome、Edge
输出	用户界面浏览器	以用户界面浏览器对象呈现的活动结果,存储所有与浏览器会话有关的信息,仅支持浏览器变量

【打开浏览器】活动默认使用 IE 浏览器。本书统一使用 Chrome 浏览器,使用此浏览器需要安装用于在 Chrome 浏览器中自动化网站的浏览器扩展程序,如图 5-3 和图 5-4 所示。

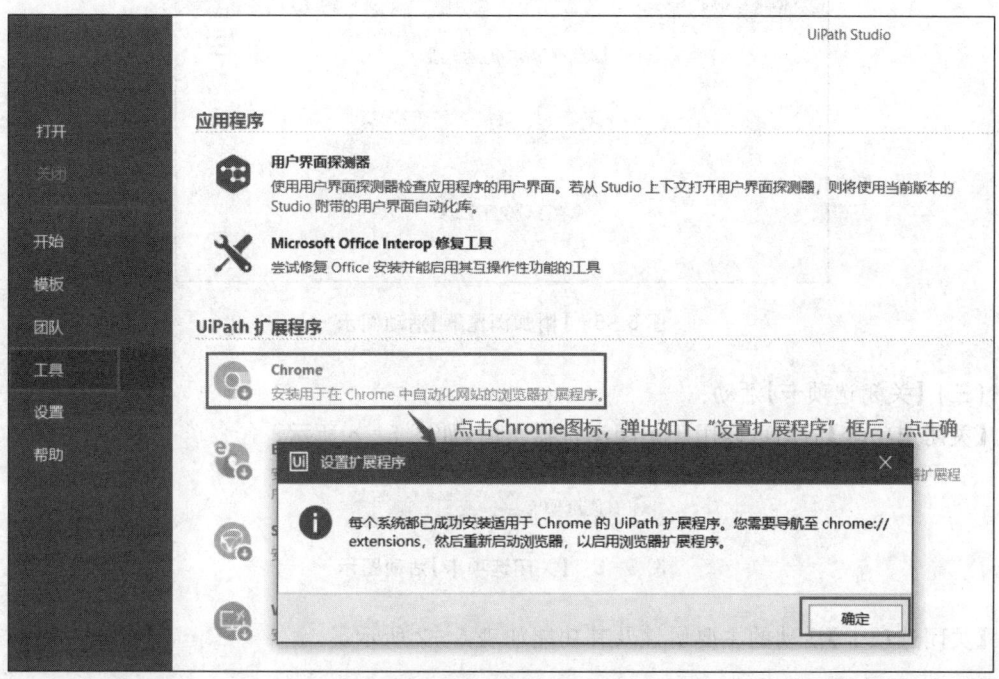

图 5-3 设置扩展程序

图 5-4 安装扩展程序

（二）【附加浏览器】活动

【附加浏览器】活动能够附加到已打开的浏览器上并在其中执行多项操作的容器。使用网页录制器时，也会自动生成该活动，如图 5-5 所示。

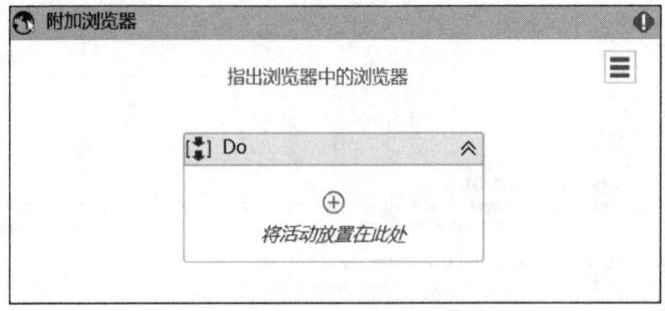

图 5-5 【附加浏览器】活动图示

（三）【关闭选项卡】活动

【关闭选项卡】活动可以用于关闭浏览器页面，如图 5-6 所示。

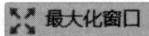

图 5-6 【关闭选项卡】活动图示

【关闭选项卡】活动的主要属性及其功能如表 5-2 所示。

表 5-2 【关闭选项卡】活动的主要属性及其功能

属性	参　数	功　　　能
输入	浏览器	要关闭的浏览器页面，该字段仅支持浏览器变量

（四）【最大化窗口】活动

【最大化窗口】活动可以用于最大化指定的窗口，如图 5-7 所示。

图 5-7 【最大化窗口】活动及其功能

[例 5-1] 安装用于在 Chrome 浏览器中自动化网站的浏览器扩展程序，然后设计一个机器人执行以下操作：

（1）使用 Chrome 浏览器打开国家税务总局的税收政策网页界面，并最大化该网页窗口。

（2）在税收政策网页查看最新一期国家税务总局公报。

（3）关闭税收政策网页。

税收政策网址为：www.chinatax.gov.cn，其涉及的活动包括【打开浏览器】活动、【单击】活动、【附加浏览器】活动、【关闭选项卡】活动和【最大化窗口】活动。

▷ **操作步骤**

步骤一：安装浏览器扩展程序。打开 UiPath，点击"工具"，单击"Chrome"图标，弹出提示框"你要允许此应用对你的设备进行修改吗?"选择"是"，接着弹出"设置扩展程序"框后，点击"确定"，如图 5-8 所示。

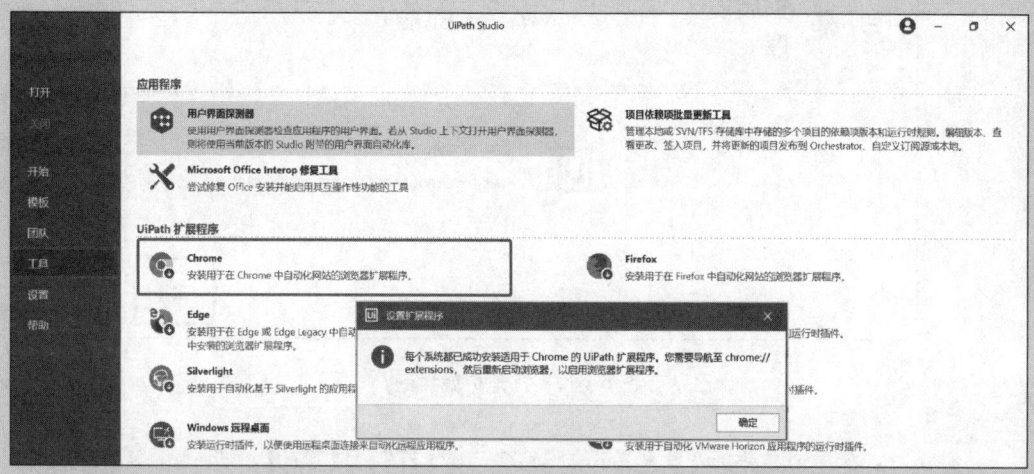

图 5-8　单击"Chrome 图标"

步骤二：打开 Chrome 浏览器，点击右上角自定义及控制按钮"⋮"，选择"更多工具"，单击"扩展程序"，如图 5-9 所示。

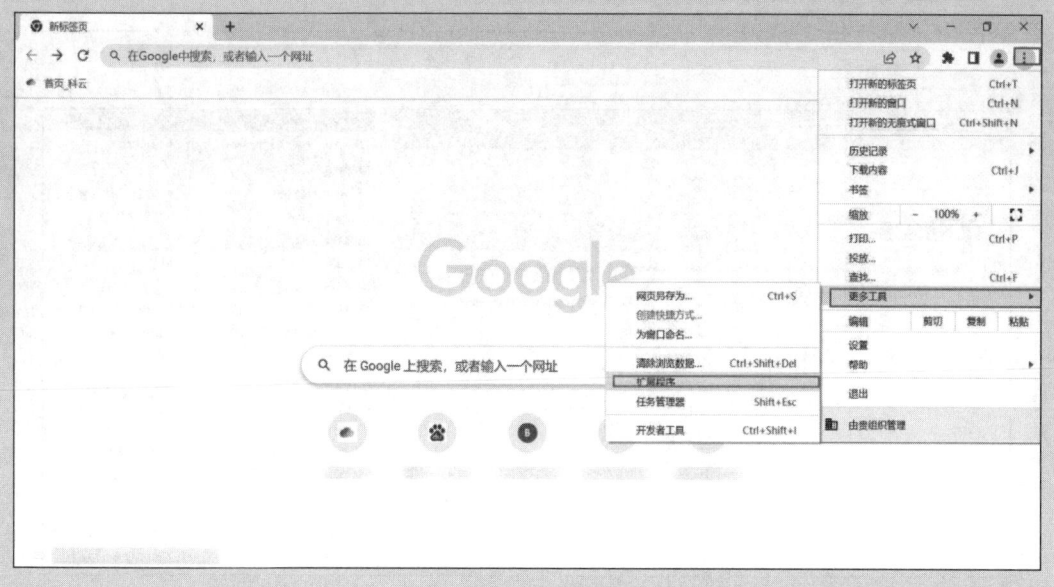

图 5-9　单击扩展程序

步骤三：打开 Chrome 扩展程序，点击 UiPath 扩展程序左右角图标，将其设置为打开状态，如图 5-10 所示。

图 5-10　打开扩展程序

步骤四：在序列中添加"用户界面自动化—浏览器"类别下的【打开浏览器】活动，输入 URL 为："www.chinatax.gov.cn"，打开该活动的"属性面板"，修改浏览器类型为"Chrome"，如图 5-11 所示。

【注意】输入的 URL 必须是字符串格式，因此该网址必须放在英文格式下的引号内。

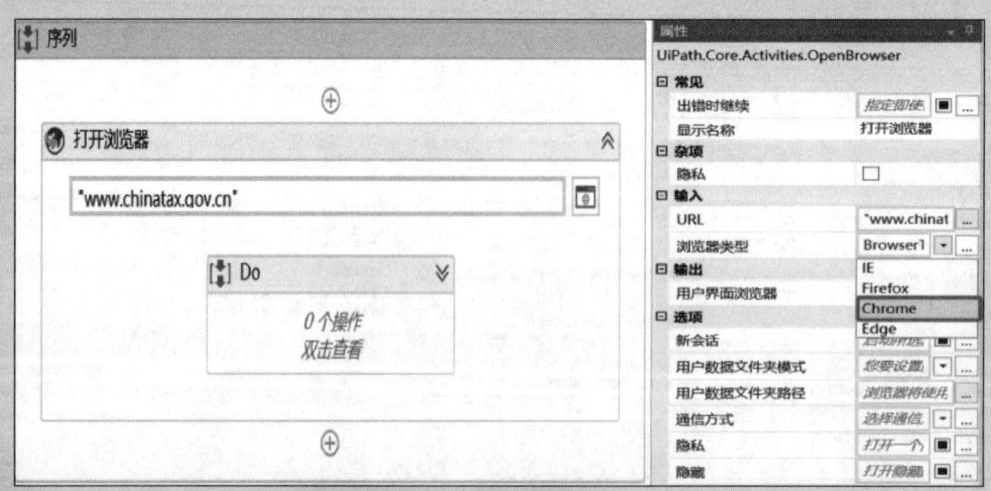

图 5-11　【打开浏览器】活动设置

步骤五：在"Do"序列中添加"用户界面自动化—窗口"类别下的【最大化窗口】活动，该步骤表示令机器人最大化"国家税务总局"网页窗口，如图 5-12 所示。

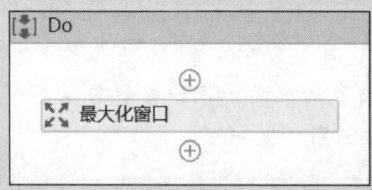

图 5-12　添加【最大化窗口】活动

步骤六：添加"元素—鼠标"类别下的【单击】活动，单击"指出浏览器中的元素—税收政策"，该步骤表示令机器人打开国家税务总局的税收政策网页，如图 5-13 所示。

图 5-13　添加【单击】活动打开税收政策网页

步骤七：添加"用户界面自动化—浏览器"类别下的【附加浏览器】活动，单击"指出浏览器中的浏览器"拾取新打开的税收政策网页，打开该活动的"属性面板"，输出用户界面浏览器处创建的变量，变量名为"税收政策网页"，如图 5-14 和图 5-15 所示。

图 5-14　添加【附加浏览器】活动

属性	
UiPath.Core.Activities.BrowserScope	
□ 常见	
出错时继续	指定即使在
显示名称	附加浏览器
□ 杂项	
隐私	☐
□ 输入	
浏览器	要附加到的现有
浏览器类型	BrowserTyp
超时(毫秒)	指定等待时间(
选取器	"<html app='c
□ 输出	
用户界面浏览器	税收政策网页
□ 选项	
搜索范围	在其中搜索由"も

图 5-15　在【附加浏览器】活动的属性面板创建变量

步骤八：在【附加浏览器】活动的"Do"序列中添加"元素—鼠标"类别下的【单击】活动，单击"指出浏览器中的元素—2022 年第 05 期"元素，该步骤表示令机器人在税收政策网页打开最新一期国家税务总局公报，如图 5-16 所示。

【注意】本步骤在操作时拾取的最新一期国家税务总局公报为 2022 年第 05 期，在操作过程中只需拾取最新一期公报即可。

图 5-16　【单击】活动设置

步骤九：在【附加浏览器】活动下添加"用户界面自动化—浏览器"类别下的【关闭选项卡】活动，打开该活动属性面板，输入浏览器为变量"税收政策网页"，该步骤表示令机器人关闭税收政策网页，如图 5-17 所示。

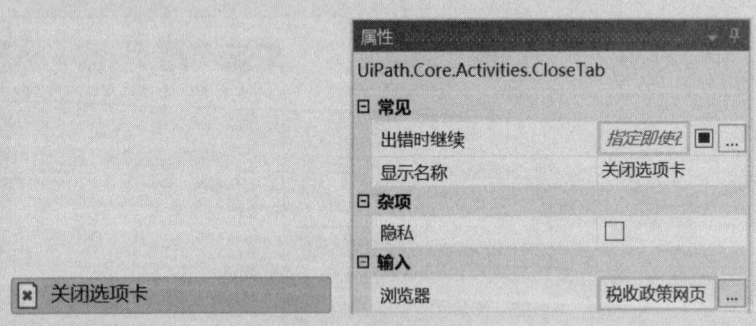

图 5-17　【关闭选项卡】活动设置

步骤十：输出结果，如图 5-18 所示。

图 5-18　输出最新一期国家税务总局公报

二、录制器

录制器是 UiPath Studio 的重要功能之一,常用于在业务流程自动化时录制用户在软件中的操作动作和操作过程,并自动生成对应的UiPath 流程序列。录制器的这一特点可帮助流程设计者节省大量设计自动化流程的时间,提高设计效率。录制器包括基本、桌面、网页、图像和原生五种类型,如图 5-19 所示。

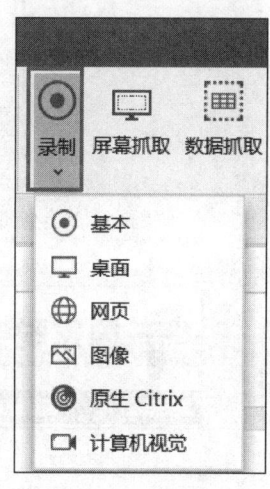

图 5-19　录制器

录制器下网页录制功能是默认用于在 Web 应用程序和浏览器中进行记录,生成容器并使用"模拟类型/单击"的输入方法。使用录制器时,可以使用的键盘快捷键操作有:

(1) F2:暂停倒数计时器显示在屏幕,倒数计时器显示在左下角。

(2) ESC:退出自动或手动记录。如果再次按 ESC 键,则记录将保存为序列。

(3) 鼠标右键单击:退出录制。

[例 5-2]　使用 Chrome 浏览器打开国家税务总局网站 www.chinatax.gov.cn,设计一个机器人,使用录制器网页录制功能录制以下操作:

(1) 进入"纳税服务"模块下的"办税指南"界面。

(2) 在搜索框内输入"增值税一般纳税人登记",并点击"搜索"。

➤ 操作步骤

步骤一:单击设计界面的"录制"按钮,选择"网页",弹出"网页录制"框,单击"录制",开始录制操作流程,如图 5-20 和图 5-21 所示。

【注意】在录制操作流程前请先使用 Chrome 浏览器打开国家税务总局网站。

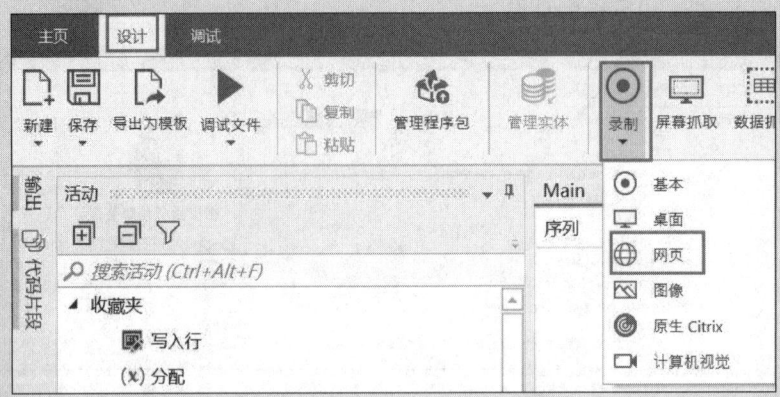

图 5-20　选择"网页"

图 5-21　单击"录制"按钮

步骤二：单击"纳税服务"模块，弹出"使用锚点"框，选择"否"，如图 5-22 和图 5-23 所示。

图 5-22　单击【纳税服务】按钮

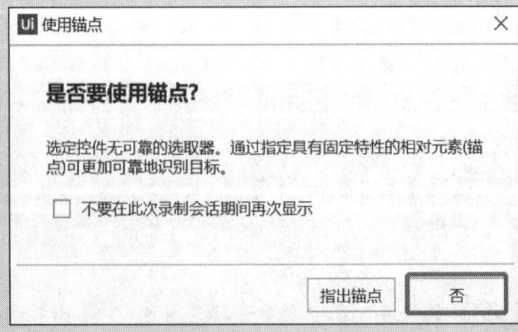

图 5-23　在"使用锚点"框内单击"否"

步骤三：单击"办税指南"模块，进入"办税指南"界面，如图5-24所示。

图5-24　单击【办税指南】模块

步骤四：单击浏览器中的"搜索输入框"，弹出文字输入框，输入所需值为"增值税一般纳税人登记"，按下键盘上的"Enter"键，完成关键字的输入，如图5-25所示。

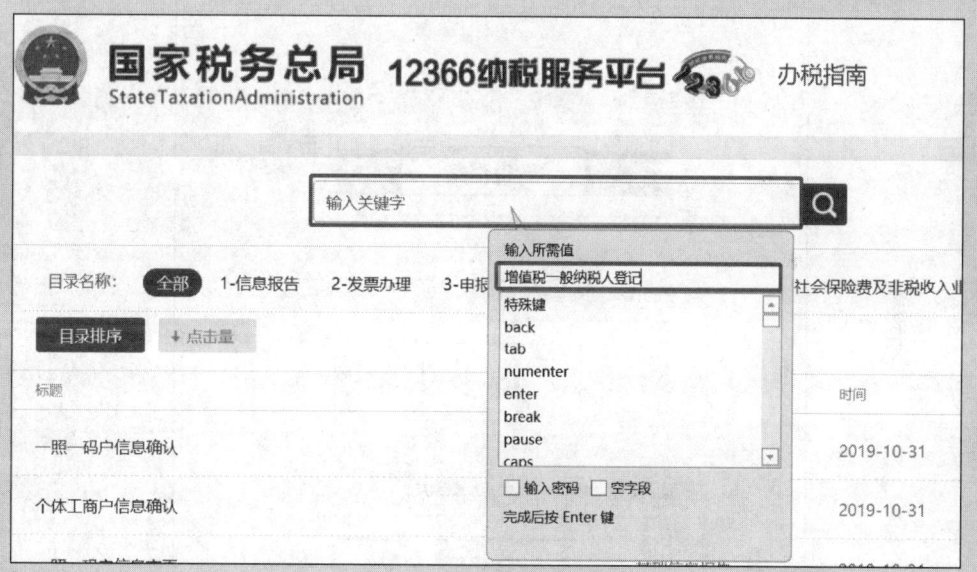

图5-25　输入关键字

步骤五：单击"搜索"图标，开始检索关键字，如图5-26所示。

图5-26　单击"搜索"图标

步骤六：完成搜索后，按下键盘上的"Esc"键，暂停录制，单击"保存并退出"，结束录制并返回序列界面，自动生成网页序列，如图5-27和图5-28所示。

图 5 - 27　单击"保存并退出"

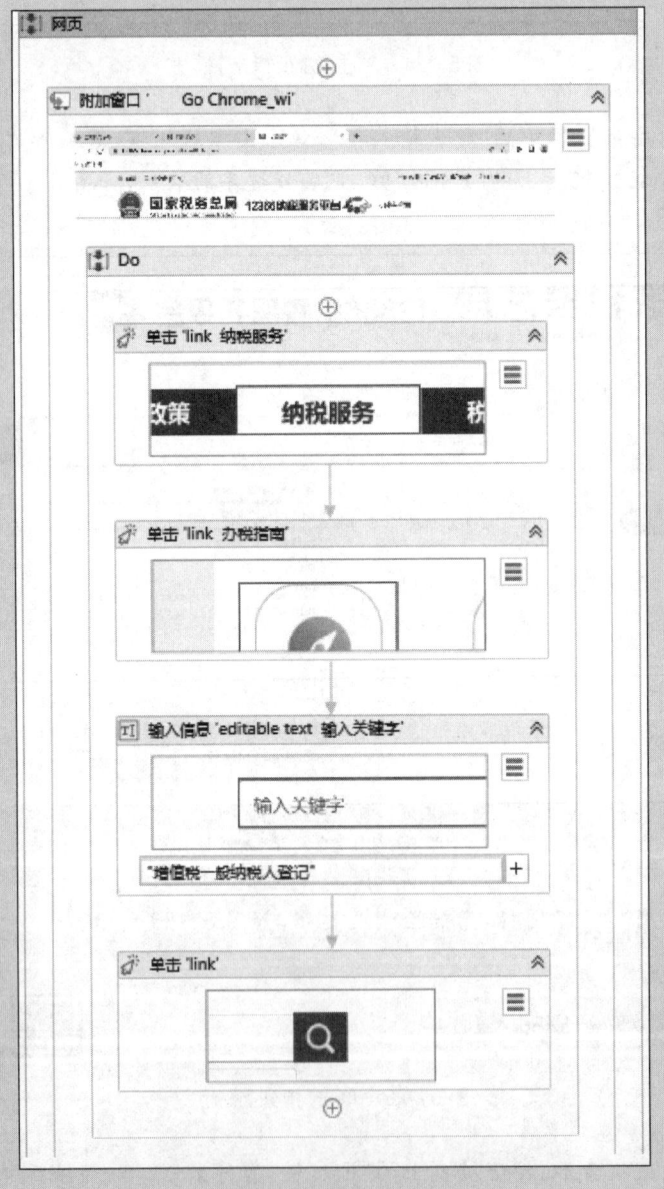

图 5 - 28　自动生成网页序列

步骤七：输出结果，如图 5-29 所示。

图 5-29　搜索"增值税一般纳税人登记"

三、选取器

（一）选取器概述

选取器用于自动化流程执行时，对目标元素的关键信息快速定位，它是 UiPath Studio 用来识别用户界面元素的 XML 片段，用于指定要查找的图形用户界面元素及其一些父元素的属性。选取器的结构由多个节点组成，可以表示为"<node_1><node_2>...<node_N>"。该结构中最后一个根节点代表想定位的目标元素，而前面的根节点代表该元素的父元素，<node_1>通常称为根节点，即所有子元素的父元素，代表应用程序的顶部窗口。

Web 基本操作介绍

［例 5-1］中【单击】活动的选取器编辑器，该编辑选取器下第一行内容为根节点，即所有子元素的父元素，代表应用程序的顶部窗口；第二行内容为最后一个根节点，即子元素，代表想定位的目标元素，如图 5-30 所示。

选取器编辑器中的每个根节点又由标签和属性组成，如图 5-31 所示。例如，标签通常表示为：

（1）WND（窗口）。

（2）html（网页）。

（3）Ctrl（控制）。

（4）webctrl（网页控件）。

每个属性都有一个名称和一个值。例如，属性通常表示为：

（1）parentid ＝ '幻灯片列表容器'。

（2）tag＝'A'。

（3）aaname ＝ '详细信息'。

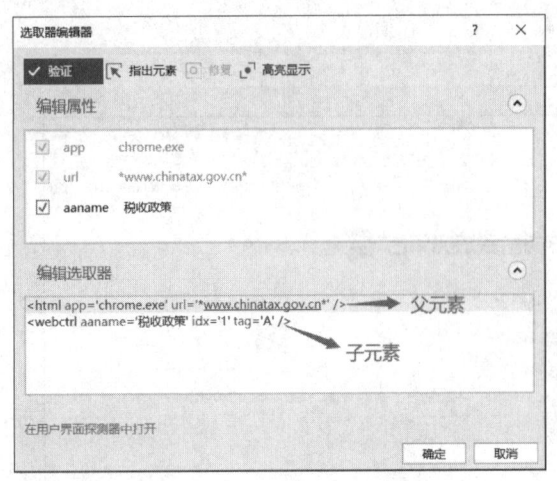

图 5 - 30 选取器编辑器

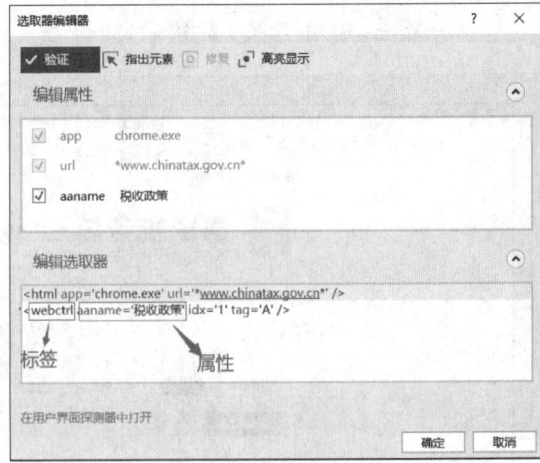

图 5 - 31 选取器编辑器

(二)选取器下通配符的使用

在 UiPath 中,通配符可以用来匹配选取器中变化的一个或多个字符,它在处理选取器包含动态属性值的时候非常有用。其中,星号"＊"可以替代 0 个或多个字符;问号"?"可以替代一个字符。

网易财经官网界面如图 5 - 32 所示。现要求设计一个机器人,获取该网页中的"上证指数"。

图 5 - 32 网易财经官网界面

在设计好的机器人中,当打开【获取文本】活动的选取器时,会发现最后一行"子元素",其中一个属性的指数一直处在动态变化状态,导致机器人无法定位到目标元素,如图 5 - 33 和图 5 - 34 所示。

打开【获取文本】活动的选取器,将指数中的一串动态数字使用通配符替换,这个时候便可定位到目标元素了,如图 5 - 35 和图 5 - 36 所示。

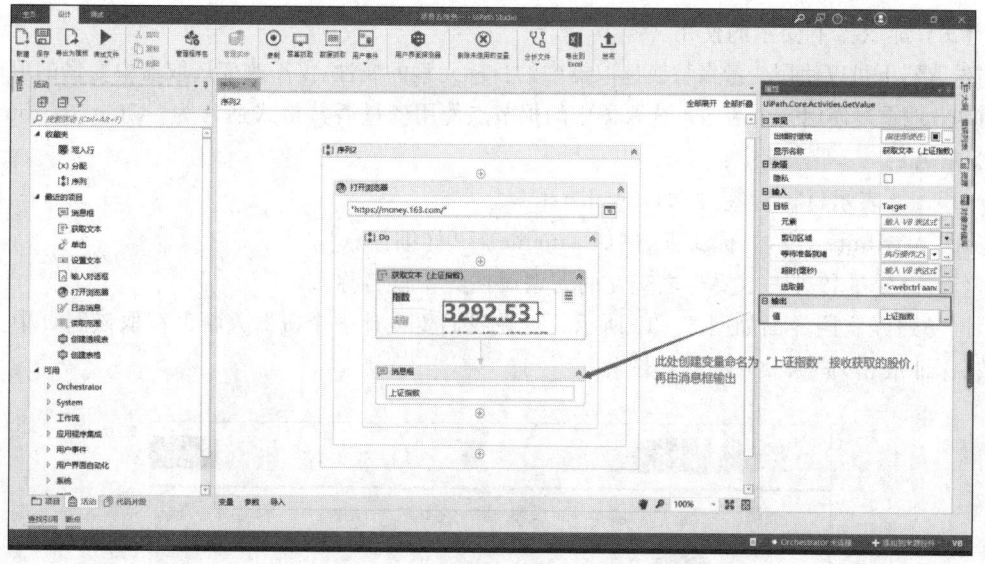

图 5-33 获取"上证指数"股价机器人流程

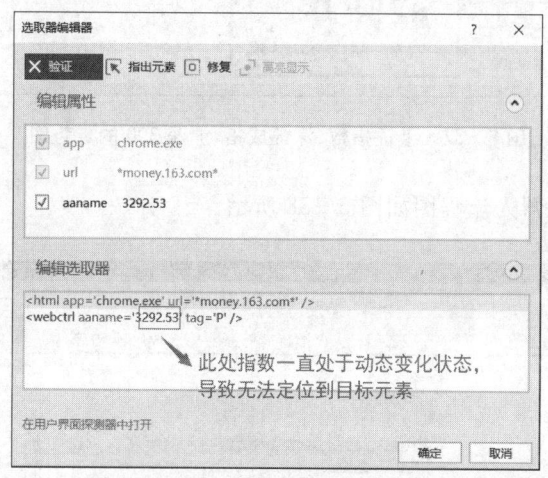

图 5-34 【获取文本】活动的选取器(1)

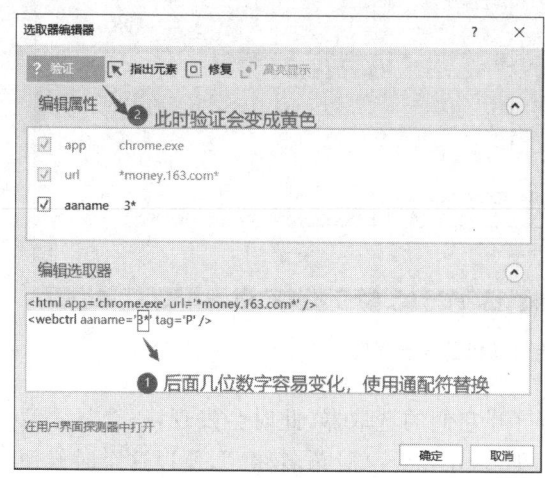

图 5-35 【获取文本】活动的选取器(2)

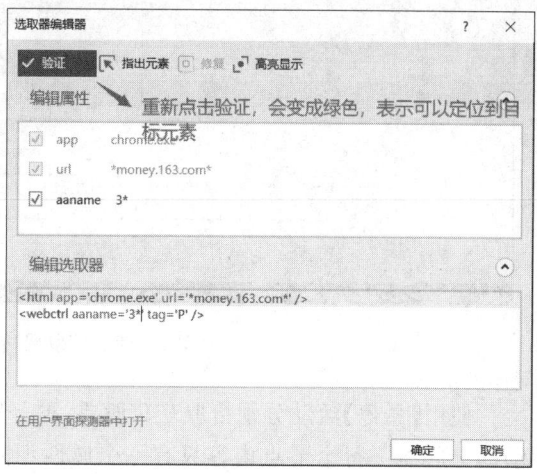

图 5-36 【获取文本】活动的选取器(3)

（三）选取器下变量的使用

选取器下可以使用变量来替换选取器中的目标元素的属性,仅需改变选取器中变量的值即可准确高效地重复使用一个活动。选取器中的根节点使用变量后其格式通常为"＜tag attribute＝'{{变量名}}'/＞"。其中:

（1）tag 表示目标标签,例如＜webctrl/＞。

（2）attribute 表示目标属性,例如 aaname＝'详细信息'。

（3）{{变量名}}表示要与之交互的元素属性的变量名称。

网易财经官网界面如图 5-37 所示。现在我们要设计一个机器人帮助截取该网页中上证指数、深证成指、沪深 300 的走势图片。

图 5-37　上证指数、深证成指、沪深 300 的走势图

获取股价走势图机器人流程图如图 5-38 所示。

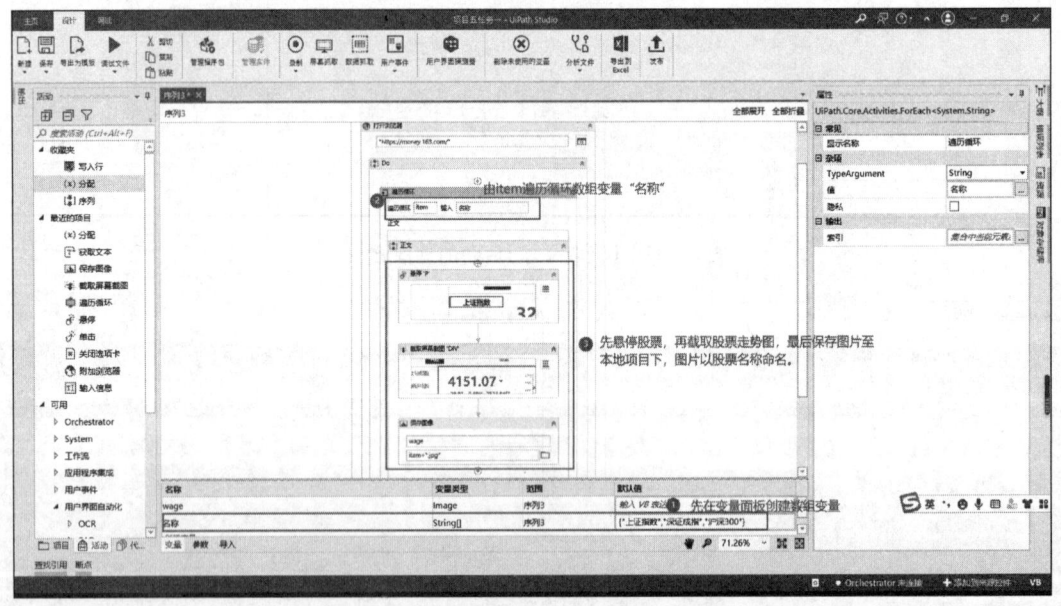

图 5-38　获取股价走势图机器人流程图

使用【悬停】活动分别拾取三只股票,再分别打开它们的选取器,此时会发现,三个悬停活动的选取器下每个节点内容只有一个属性不同,即"aaname＝'股票名称'",所以这个时候便可使用变量,如图 5-39 至图 5-41 所示。

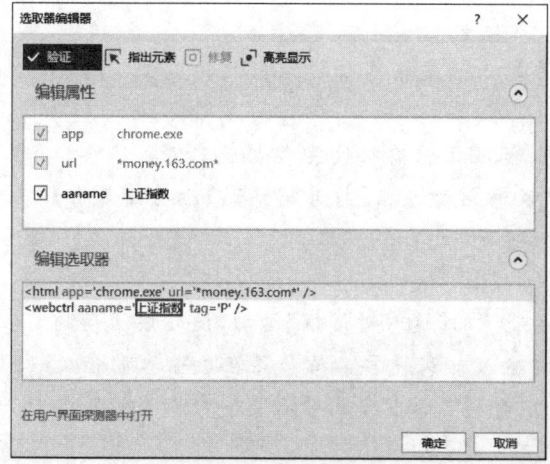

图 5-39 悬停"上证指数"的选取器

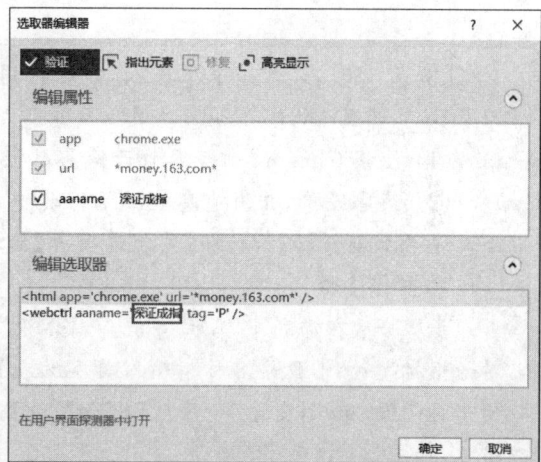

图 5-40 悬停"深证成指"的选取器

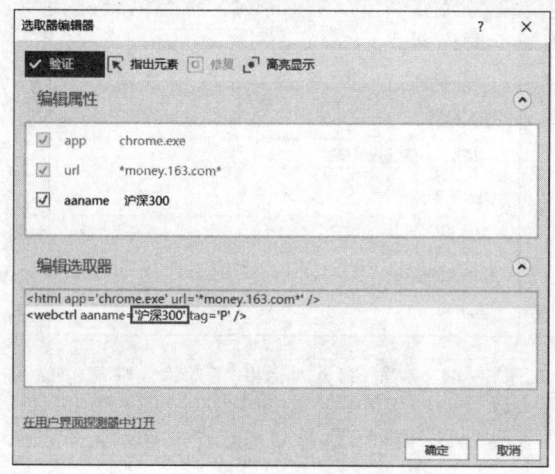

图 5-41 悬停"沪深 300"的选取器

通过在选取器下使用变量,可实现令机器人每遍历循环一次数组变量"名称",便可进行悬停一次不同指数的操作,如图 5-42 和图 5-43 所示。

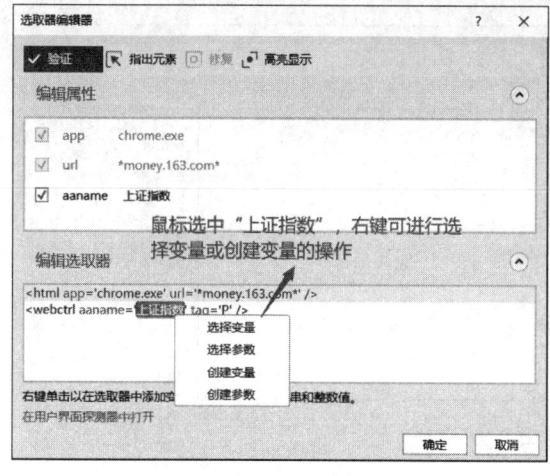

图 5-42 选中"上证指数"

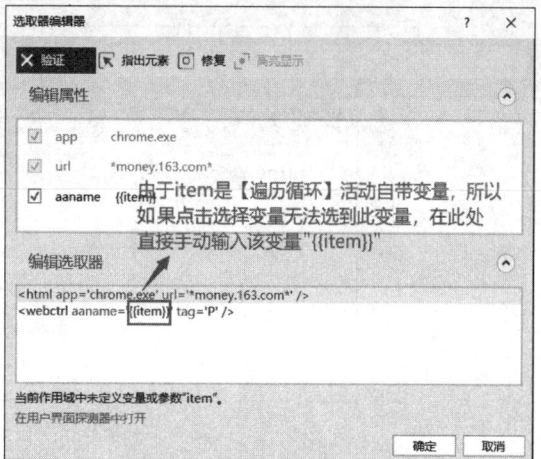

图 5-43 修改变量名称

[例 5-3]　设计一个机器人,能根据用户输入的股票名称提示当天的股价。网址为 https://money.163.com/。具体要求如下:

(1) 使用 Chrome 浏览器打开网易财经网,根据用户输入股票名称进行搜索。

(2) 获取股价,并用消息框提示。其中涉及的活动包括【打开浏览器】活动、【单击】活动、【附加浏览器】活动和【关闭选项卡】活动。

> **操作步骤**

步骤一:在序列中添加"系统—对话框"类别下的【输入对话框】活动,设置该活动的对话框标题为:"股票名称",输入标签为:"请输入一家股票名称",并在已输入的值处创建变量"name",变量类型为"String",范围为"序列",该变量用于存储用户输入的股票名称,如图 5-44 所示。

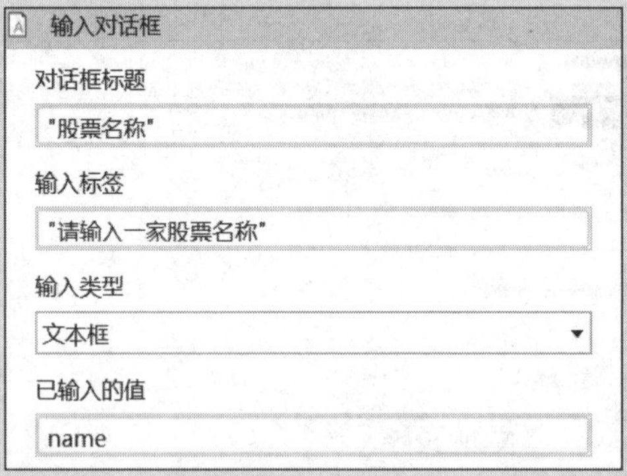

A	输入对话框

对话框标题

"股票名称"

输入标签

"请输入一家股票名称"

输入类型

文本框　　　　　　　　　　　　　　　　　　　▼

已输入的值

name

图 5-44　设置【输入对话框】活动输入股票名称

步骤二:添加"用户界面自动化—浏览器"类别下的【打开浏览器】活动,输入 URL 为:" https://money.163.com/",打开该活动的属性面板,修改浏览器类型为"Chrome",如图 5-45 所示。

【注意】输入的 URL 必须是字符串格式,因此该网址必须放在英文格式下的引号内。

图 5-45　【打开浏览器】活动

步骤三：在"Do"序列内添加"用户界面自动化—元素—键盘"类别下的【输入信息】活动并修改名称为"输入信息（股票名称）"，单击"指出浏览器中的元素—股票搜索框"，输入文本为变量"name"，该步骤表示令机器人在搜索框内输入存储在变量name中的股票名称，如图5-46所示。

【注意】此处先以"贵州茅台"股票为例。

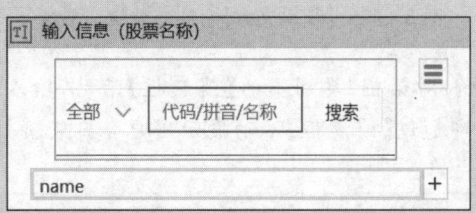

图5-46　【输入信息】活动设置

步骤四：添加"元素—鼠标"类别下的【单击】活动并修改名称为"单击（搜索）"，单击"指出浏览器中的元素"指出"搜索"按钮，如图5-47所示。

图5-47　添加【单击】活动

步骤五：添加"用户界面自动化—元素—控件"类别下的【获取文本】活动并修改名称为"获取文本（股价）"，单击"指出浏览器中的元素"拾取贵州茅台的股价。打开该活动的属性面板，在输出值处创建变量"price"，变量类型为"String"，范围为"序列"，该变量用于存储获取到的股价信息，如图5-48所示。

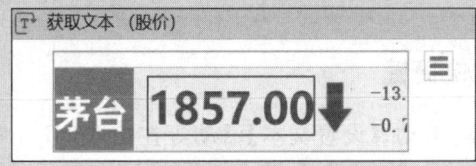

图5-48　设置【获取文本】活动获取股价

步骤六：为了使【获取文本】活动能够拾取各个股票的股价，打开该活动下拉菜单中的"编辑选取器"功能。用"＊"通配符替换title中固定的内容，该步骤可实现当流程搜索其他股票时，机器人也能准确拾取到该元素的要求，如图5-49所示。

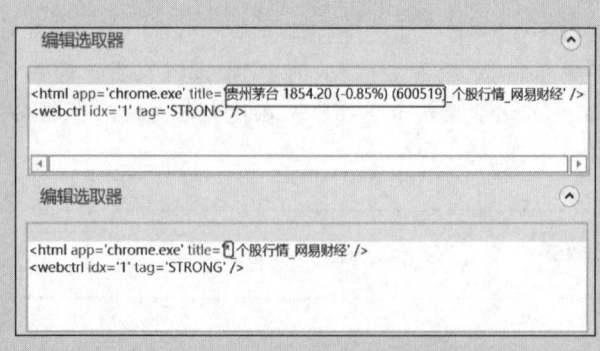

图 5-49　【获取文本】活动的编辑选取器

步骤七：添加"系统—对话框"类别下的【消息框】活动，输入文本为：name＋"今日股价为"＋price＋"元"，即通过【消息框】活动提示用户今日股价信息，如图 5-50 所示。

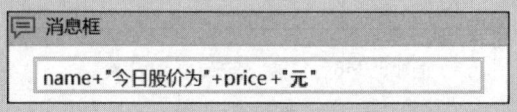

图 5-50　设置【消息框】活动提示股价信息

步骤八：输出结果，如图 5-51 所示。

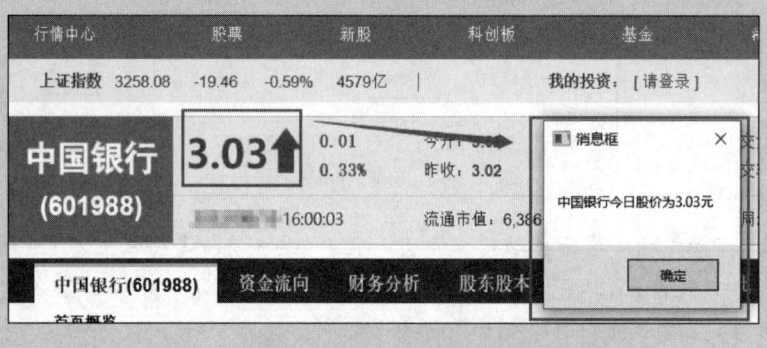

图 5-51　输出股价信息

四、选取 UI 元素的快捷键

【单击】活动、【获取文本】活动、【设置文本】活动等在拾取 UI 元素时会弹出一个快捷键操作提示。例如把【单击】活动放在【打开浏览器】活动的"Do"序列内，然后点击"指出浏览器中的元素"在网页上拾取 UI 元素时，网页的左上角会弹出如图 5-52 所示的快捷键操作提示，每个快捷键作用如下：

（1）ESC：取消选择。

（2）F2：在录制活动期间添加延迟。

（3）F3：允许指定自定义录制区域。

（4）F4：允许选择要记录的UI框架，可以是默认（AA和UIA）。

由于一些浏览器网页界面会设计多种框架，UiPath Studio会设置一个默认值，当默认值无法选择界面元素时，可以通过"F4"立即切换界面框架，以便能拾取到想要的UI元素，如图5-52所示。

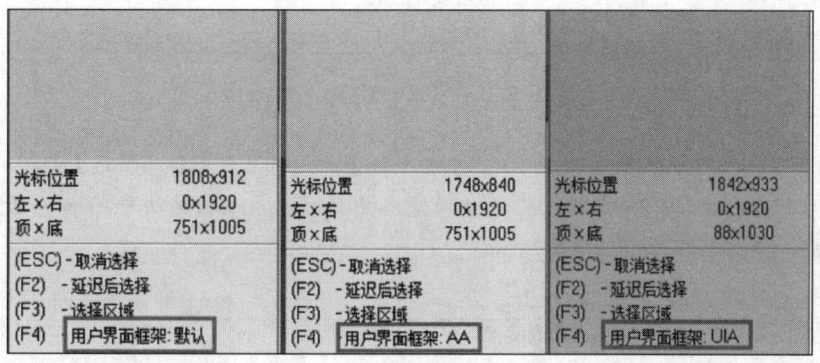

图5-52 UI元素的快捷键

［例5-4］ 设计一个机器人，进入防伪税控开票系统查询发票库存。进入平台RPA开发环境复制防伪税控开票系统的URL。其中涉及的活动包括【打开浏览器】活动、【单击】活动和【输入信息】活动。

➢ **操作步骤**

步骤一：在序列中添加"用户界面自动化—浏览器"类别下的【打开浏览器】活动，输入防伪税控开票系统的URL，打开该活动的属性面板，修改浏览器类型为"Chrome"，如图5-53所示。

【注意】输入的URL必须是字符串格式，因此该网址必须放在英文格式下的引号内。

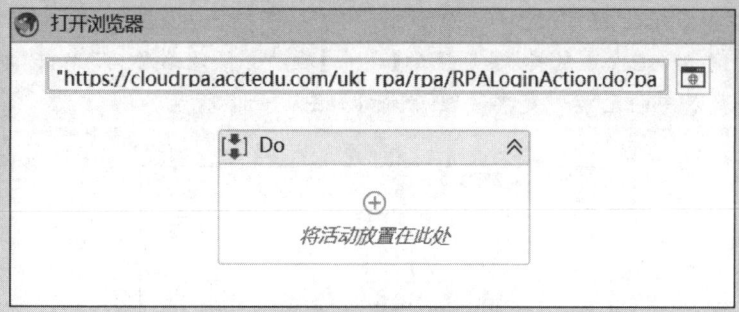

图5-53 添加【打开浏览器】活动

步骤二：在"Do"序列内添加"元素—鼠标"类别下的【单击】活动并修改名称为"单击（开票系统）"，单击"指出浏览器中的元素"拾取"开票系统"图标，如图5-54所示。

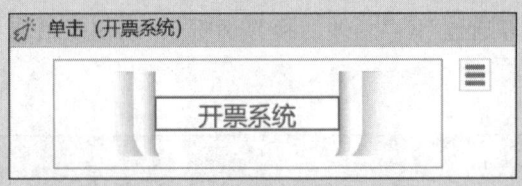

图 5-54　【单击】活动设置

步骤三：添加"用户界面自动化—元素—键盘"类别下的【输入信息】活动并修改名称为"输入信息(输入密码)"，单击"指出浏览器中的元素"拾取界面中的密码输入框，输入文本为："123456"，如图 5-55 所示。

图 5-55　设置【输入信息】活动输入密码

步骤四：添加"元素—鼠标"类别下的【单击】活动并修改名称为"单击(确认)"，单击"指出浏览器中的元素—确认"按钮，如图 5-56 所示。

图 5-56　单击(确认)

步骤五：添加"元素—鼠标"类别下的【单击】活动并修改名称为"单击(发票管理)"，单击"指出浏览器中的元素—发票管理"图标，如图 5-57 所示。

图 5-57　单击(发票管理)

步骤六：添加"元素—鼠标"类别下的【单击】活动并修改名称为"单击(库存查询)"，单击"指出浏览器中的元素—库存查询"图标，如图 5-58 和图 5-59 所示。

【注意】在此步骤中默认值无法选择到想要的界面元素,可以通过 F4 立即切换用户界面框架为 AA,即可拾取到"库存查询"图标。

图 5-58 添加【单击】活动

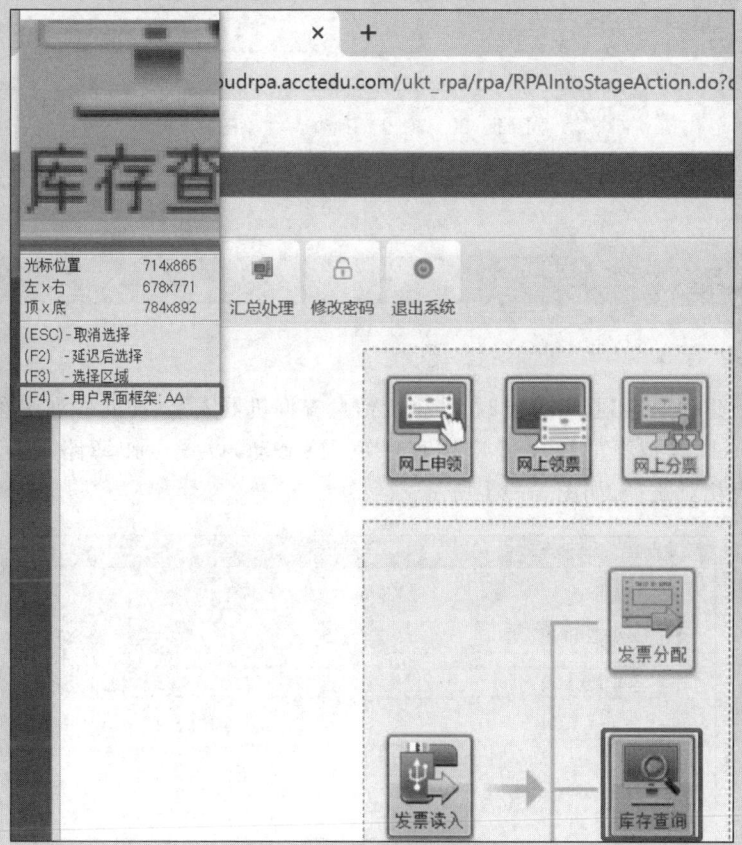

图 5-59 单击(库存查询)

步骤七:输出结果,如图 5-60 所示。

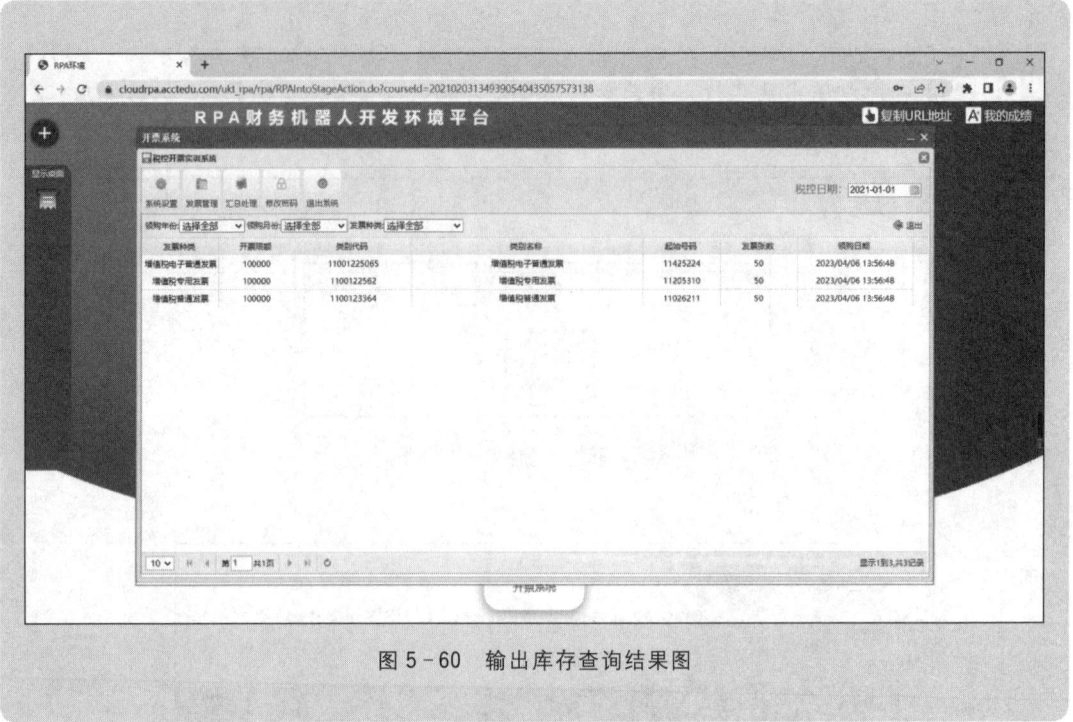

图 5-60　输出库存查询结果图

 任务实施

> 操作步骤

步骤一：新建一个序列,名称更改为"企业信息查询机器人"。在此序列中添加一个"应用程序集成—Excel"类别下的【Excel 应用程序范围】活动,设置工作簿路径为:"企业信息.xlsx",该路径为相对路径,如图 5-61 所示。

企业信息查
询机器人

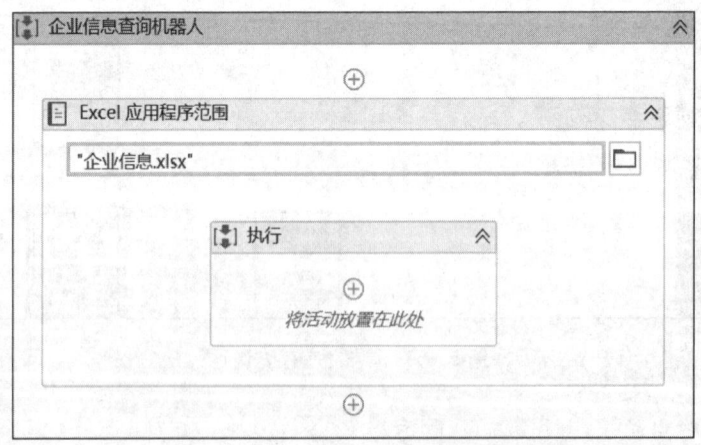

图 5-61　添加【Excel 应用程序范围】活动

步骤二：在执行序列中添加"应用程序集成—Excel"类别下的【读取范围】活动,并修改名称为"读取范围(企业信息)"。打开该活动的属性面板,设置工作表名称为:"Sheet1",范围

为："A1"，在输出数据表处创建变量"data"，变量类型为"DataTable"，范围为"企业信息查询机器人"，该变量用于存储工作表"Sheet1"中的所有数据，如图 5－62 所示。

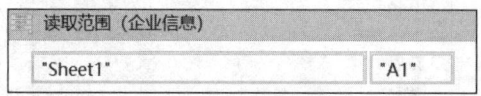

图 5－62　设置【读取范围】活动读取企业信息

步骤三：添加"编程—数据表"类别下的【对于每一个行】活动，输入变量"data"，该步骤表示令机器人遍历数据表变量 data 中的每一行数据，如图 5－63 所示。

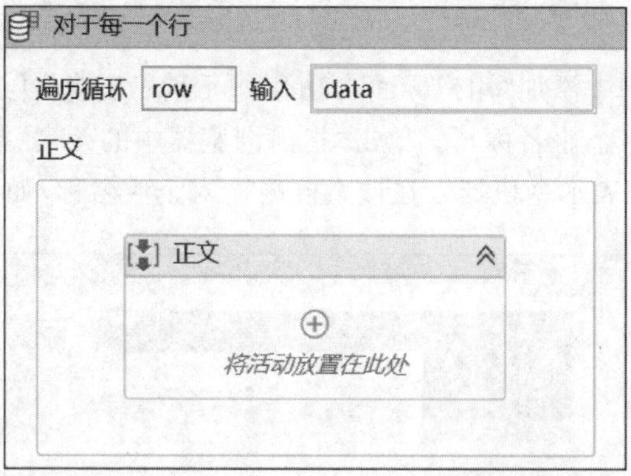

图 5－63　【对于每一行】活动设置

步骤四：在正文序列中添加"用户界面自动化—浏览器"类别下的【打开浏览器】活动，并修改名称为"打开浏览器（进入企业信息界面）"。输入 URL 为："https://aiqicha.baidu.com/"，修改浏览器类型为"Chrome"，在输出用户界面浏览器处创建变量，命名为"爱企查"，范围为"企业信息查询机器人"，该变量用于存储爱企查浏览器页面下的所有活动信息，如图 5－64 和图 5－65 所示。

【注意】输入的 URL 必须是字符串格式，因此该网址必须放在英文格式下的引号内。

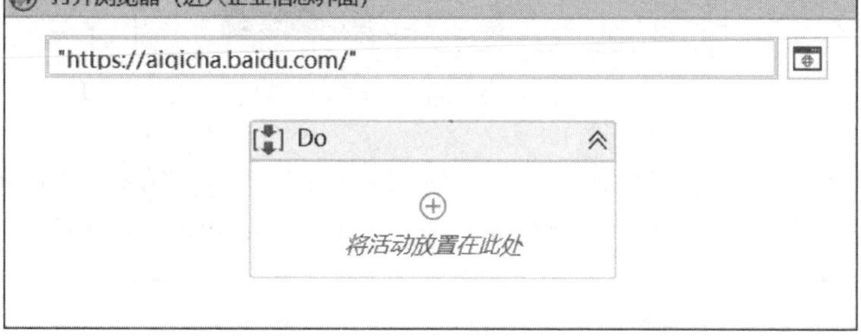

图 5－64　【打开浏览器】活动设置

图 5－65 【打开浏览器】活动的属性面板设置

步骤五：在"Do"序列中添加"用户界面自动化—元素—键盘"类别下的【输入信息】活动，并修改名称为"输入信息(企业名称)"。单击"指出浏览器中的元素"拾取输入框，输入文本为：row(0).ToString，该步骤表示令机器人在搜索框内输入企业名称，如图 5－66 所示。

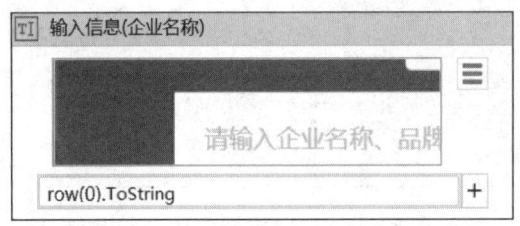

图 5－66 【输入信息】活动设置

步骤六：添加"元素—鼠标"类别下的【单击】活动，并修改名称为"单击(查一下)"。单击"指出浏览器中的元素—查一下"按钮，该步骤表示令机器人模拟用户单击"查一下"按钮，如图 5－67 所示。

【注意】因为设计流程时需要手动导航到相应网页，以支持 UiPath 在网页中拾取操作对象，所以输入企业名称时此处先输入"中信证券股份有限公司"为流程设计进行导航。

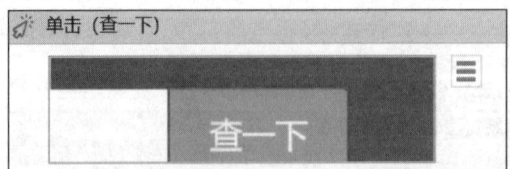

图 5－67 单击(查一下)

步骤七：添加"元素—鼠标"类别下的【单击】活动，并修改名称为"单击(企业名称)"。单击"指出浏览器中的元素"拾取企业名称，该步骤表示令机器人模拟用户单击企业名称，如图 5－68 所示。

【注意】如果网速较慢，可在【单击】活动的属性面板设置单击延迟时间。

图 5-68 单击(企业名称)

步骤八：添加"用户界面自动化—浏览器"类别下的【关闭选项卡】活动,输入浏览器为变量爱企查,该步骤表示令机器人关闭爱企查浏览器页面,即关闭第一个网页界面,如图 5-69 所示。

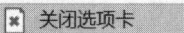

图 5-69 添加【关闭选项卡】活动

步骤九：在【打开浏览器】活动下添加"用户界面自动化—浏览器"类别下的【附加浏览器】活动,并修改名称为"附加浏览器(获取企业信息)",如图 5-70 所示。单击"指出屏幕上的浏览器"拾取已打开的企业浏览器界面。在输出用户界面浏览器处创建变量,命名为"企业信息网页",范围为"企业信息查询机器人",该变量用于存储查询到的企业浏览器界面下的所有活动信息,如图 5-71 所示。

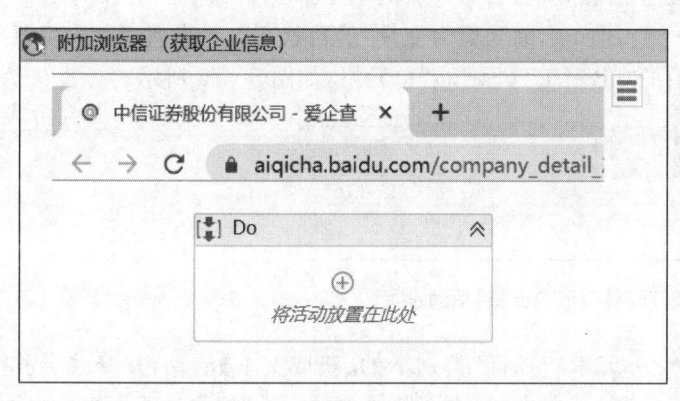

图 5-70 添加【附加浏览器】活动　　　　图 5-71 【附加浏览器】活动设置

步骤十：为了使【附加浏览器】活动能够拾取各个企业的信息界面,打开该活动下拉菜单中的"编辑选取器"功能,用星号通配符替换 title 中固定的内容,如图 5-72 所示。

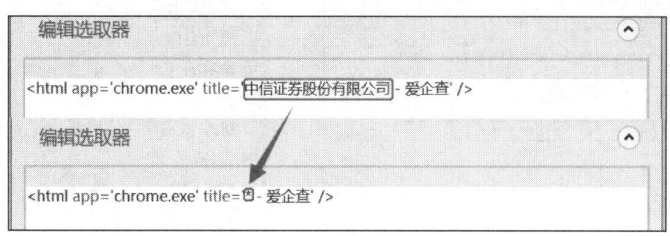

图 5-72 【附加浏览器】活动的编辑选取器设置

步骤十一：在"Do"序列中添加"用户界面自动化—元素—控件"类别下的【获取文本】活动，并修改名称为"获取文本（经营状态）"，如图 5-73 所示。单击"指出浏览器中的元素"拾取经营状态，在输出值处创建变量，命名为"经营状态"，变量类型为"String"，范围为"企业信息查询机器人"，该变量用于存储企业的经营状态，如图 5-74 所示。

图 5-73 添加【获取文本】活动

属性
UiPath.Core.Activities.GetValue
□ 常见
出错时继续　　　　　指定即使在 ■ …
显示名称　　　　　　获取文本 (经营状态)
□ 杂项
隐私　　　　　　　　□
□ 输入
□ 目标　　　　　　　Target
□ 输出
值　　　　　　　　　经营状态 　…

图 5-74 【获取文本】活动设置

步骤十二：添加"应用程序集成—Excel"类别下的【写入单元格】活动，在变量面板创建变量"i"，变量类型为"Int32"，范围为"企业信息查询机器人"，默认值为"2"。设置目标工作表名称为："Sheet1"，设置范围为："B"+i.ToString，输入值为变量"经营状态"，此步骤表示令机器人将经营状态写入工作表"Sheet1"中的""B"+i.ToString"单元格，如图 5-75 所示。

图 5-75 【写入单元格】活动设置

步骤十三：添加"用户界面自动化—元素—控件"类别下的【获取文本】活动，并修改名称为"获取文本（注册资本）"，如图 5-76 所示。单击"指出浏览器中的元素"拾取注册资本，在输出值处创建变量，命名为"注册资本"，变量类型为"String"，范围为"企业信息查询机器人"，该变量用于存储企业的注册资本，如图 5-77 所示。

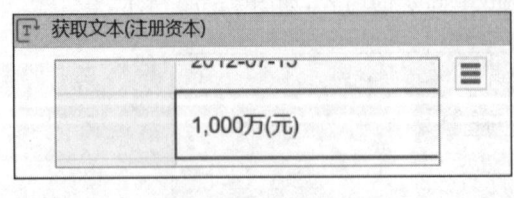

图 5-76 添加【获取文本】活动

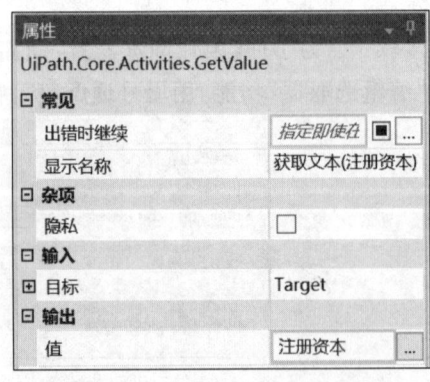

属性
UiPath.Core.Activities.GetValue
□ 常见
出错时继续　　　　　指定即使在 ■ …
显示名称　　　　　　获取文本 (注册资本)
□ 杂项
隐私　　　　　　　　□
□ 输入
□ 目标　　　　　　　Target
□ 输出
值　　　　　　　　　注册资本 　…

图 5-77 【获取文本】活动设置

步骤十四：添加"应用程序集成—Excel"类别下的【写入单元格】活动，设置目标工作表名称为："Sheet1"，设置范围为："C"+i.ToString，输入值为变量"注册资本"，此步骤表示令机器人将注册资本写入工作表"Sheet1"中的""C"+i.ToString"单元格，如图 5-78 所示。

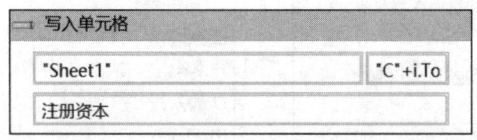

图 5-78　【写入单元格】活动设置

步骤十五：添加"用户界面自动化—元素—控件"类别下的【获取文本】活动，并修改名称为"获取文本（成立日期）"，如图 5-79 所示。单击"指出浏览器中的元素"拾取成立日期，在输出值处创建变量，命名为"成立日期"，变量类型为"String"，范围为"企业信息查询机器人"，该变量用于存储企业的成立日期，如图 5-80 所示。

图 5-79　添加【获取文本】活动

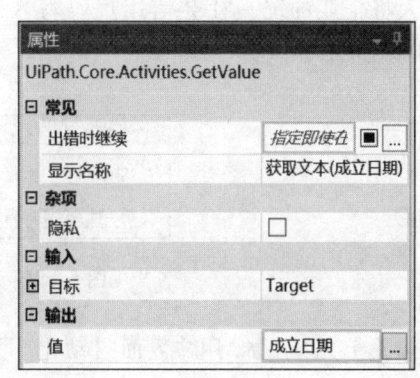

图 5-80　【获取文本】活动设置

步骤十六：添加"应用程序集成—Excel"类别下的【写入单元格】活动，设置目标工作表名称为："Sheet1"，设置范围为："D"+i.ToString，输入值为"成立日期"，此步骤表示令机器人将企业的成立日期写入工作表"Sheet1"中的""D"+i.ToString"单元格，如图 5-81 所示。

图 5-81　【写入单元格】活动设置

步骤十七：添加"用户界面自动化—元素—控件"类别下的【获取文本】活动，并修改名称为"获取文本（统一社会信用代码）"，如图 5-82 所示。单击"指出浏览器中的元素"拾取统一社会信用代码，在输出值处创建变量，命名为"统一社会信用代码"，变量类型为"String"，范围为"企业信息查询机器人"，该变量用于存储企业的统一社会信用代码，如图 5-83 所示。

图 5-82　添加【获取文本】活动

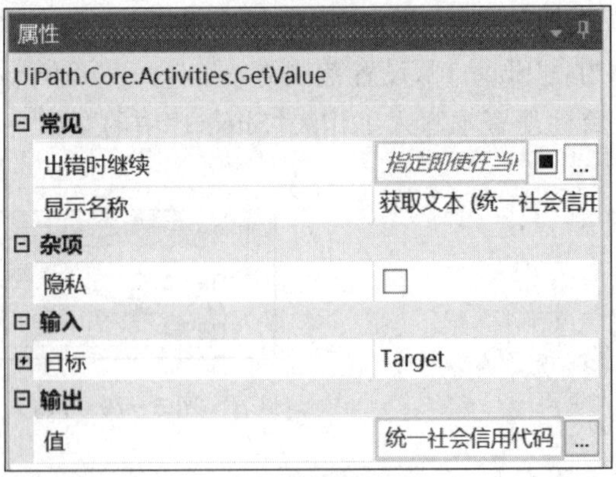

图 5-83　【获取文本】活动设置

步骤十八：添加"应用程序集成—Excel"类别下的【写入单元格】活动，设置目标工作表名称为："Sheet1"，设置范围为："E"+i.ToString，输入值为"统一社会信用代码"，此步骤表示令机器人将企业的统一社会信用代码写入工作表"Sheet1"中的""E"+i.ToString"单元格，如图 5-84 所示。

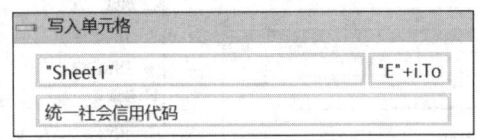

图 5-84　【写入单元格】活动设置

步骤十九：添加"用户界面自动化—元素—控件"类别下的【获取文本】活动，并修改名称为"获取文本(经营范围)"，如图 5-85 所示。单击"指出浏览器中的元素"拾取经营范围，在输出值处创建变量，命名为"经营范围"，变量类型为"String"，范围为"企业信息查询机器人"，该变量用于存储企业的经营范围，如图 5-86 所示。

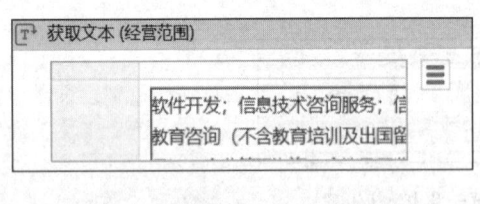

图 5-85　添加【获取文本】活动

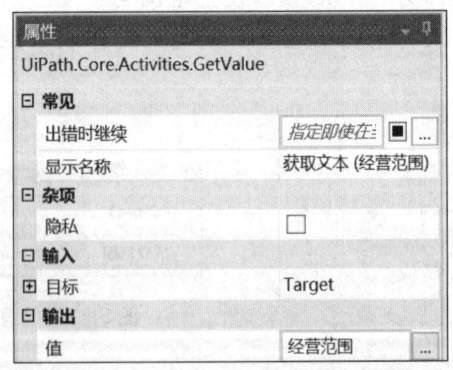

图 5-86　【获取文本】活动设置

步骤二十：添加"应用程序集成—Excel"类别下的【写入单元格】活动，设置目标工作表名称为："Sheet1"，设置范围为："F"+i.ToString，输入值为"经营范围"，此步骤表示令机器人将经营范围写入工作表"Sheet1"中的""F"+i.ToString"单元格，如图 5-87 所示。

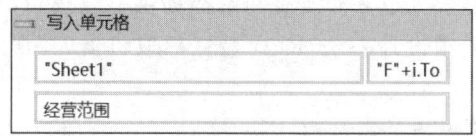

图 5-87　【写入单元格】活动设置

步骤二十一：添加"用户界面自动化—浏览器"类别下的【关闭选项卡】活动，输入浏览器为"企业信息网页"，该步骤表示令机器人关闭企业信息网页，如图 5-88 所示。

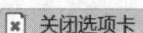

图 5-88　【关闭选项卡】活动设置

步骤二十二：添加"System—Activities—Statements"类别下的【分配】活动，设置分配表达式为"i＝i+1"，如图 5-89 所示。

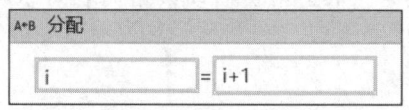

图 5-89　【分配】活动设置

步骤二十三：点击"调试文件"按钮，机器人会读取企业名称，搜索企业信息，将需要获取的信息写入"企业信息"表。输出结果如图 5-90 所示。

	A	B	C	D	E	F
1	企业名称	经营状态	注册资本	成立日期	统一社会信用代码	经营范围
2	中信证券股份有限公司	开业	1,482,054.6829 万(元)	1995-10-25	91440300101781 4402	许可经营项目是：证券经纪（限山东省、河南省、浙江省天台县、浙江省苍南县以外区域）；证券投资咨询；与证券交易、证券投资活动有关的财务顾问；证券承销与保荐；证券自营；证券资产管理；融资融券；证券投资基金代销；为期货公司提供中间介绍业务；代销金融产品；股票期权做市
3	永安期货股份有限公司	开业	145,555.5556 万(元)	1992-09-07	91330000100020 99X5	商品期货经纪、金融期货经纪、期货投资咨询、资产管理、基金销售
4	广发证券股份有限公司	开业	762,108.7664 万(元)	1994-01-21	91440001263354 39C	证券经纪；证券投资咨询；与证券交易、证券投资活动有关的财务顾问；证券承销与保荐；证券自营；融资融券；证券投资基金代销；证券投资基金托管；为期货公司提供中间介绍业务；代销金融产品；股票期权做市。
5	海通证券股份有限公司	开业	1,306,420 万(元)	1993-02-02	91310000132209 21X6	证券经纪；证券自营；证券承销与保荐；证券投资咨询；与证券交易、证券投资活动有关的财务顾问；直接投资业务；证券投资基金代销；为期货公司提供中间介绍业务；融资融券业务；代销金融产品；股票期权做市业务；中国证监会批准的其他业务，公司可以对外投资设立子公司从事金融产品等投资业务。

图 5-90　输出企业信息表

任务二　Web 数据抓取功能

任务场景

企业在进行数据分析前，首要任务就是获取数据。如果要获取网上大批量的数据，一般是通过手动下载的方式。但是要知道并非所有网站都提供下载按钮,如果进行手动复制显然是非常低效乏味的。本任务要求设计一个"RPA 数据抓取机器人"帮助企业获取一个行业板块数据。具体要求为:

(1)机器人先接收一家上市公司名称。

(2)进入网易财经官网,在网页中输入该上市公司名称,获取该上市公司行业板块的数据,并将数据保存到 Excel 文件中。

(3)把完成的 RPA 数据抓取机器人在本地进行发布。

 任务准备

一、数据抓取

Web 数据抓取(一)

数据抓取(▦)可以将浏览器、应用程序或文档中的结构化数据提取到数据表。使用数据抓取功能前,先打开浏览器、应用程序或文档,并导航至想要从中提取数据的位置。单击 UiPath"设计"功能区中的【数据抓取】按钮,启动数据抓取向导,逐步按照向导操作就可以成功抓取到所需数据。

[例 5-5] 使用【数据抓取】功能,抓取国家税务总局税收政策的最新文件,如图 5-91 所示。

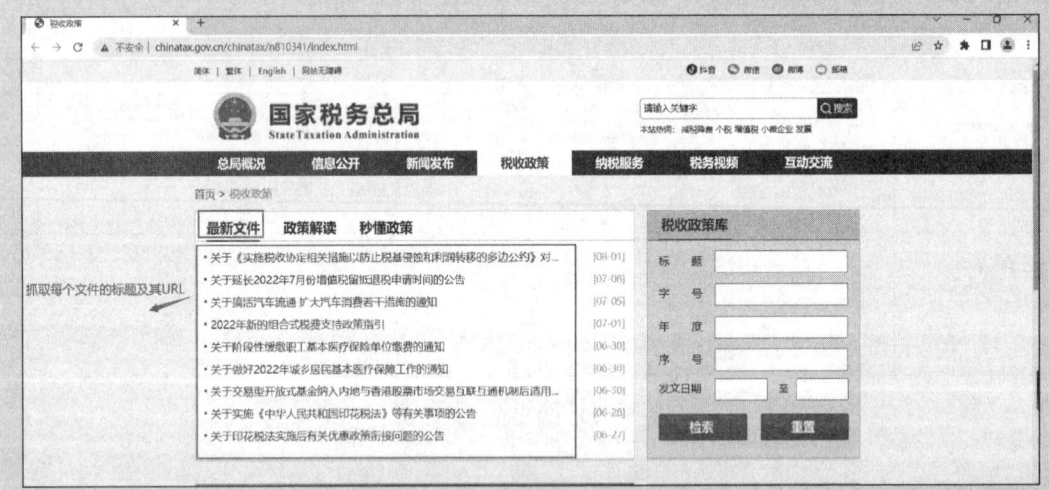

图 5-91 国家税务总局最新文件

步骤一:单击 UiPath"设计"功能区中的【数据抓取】按钮,在弹出的"提取向导"对话框中单击"下一步",将抓取光标悬停在数据源字段上方,单击该字段,如图 5-92 和图 5-93 所示。

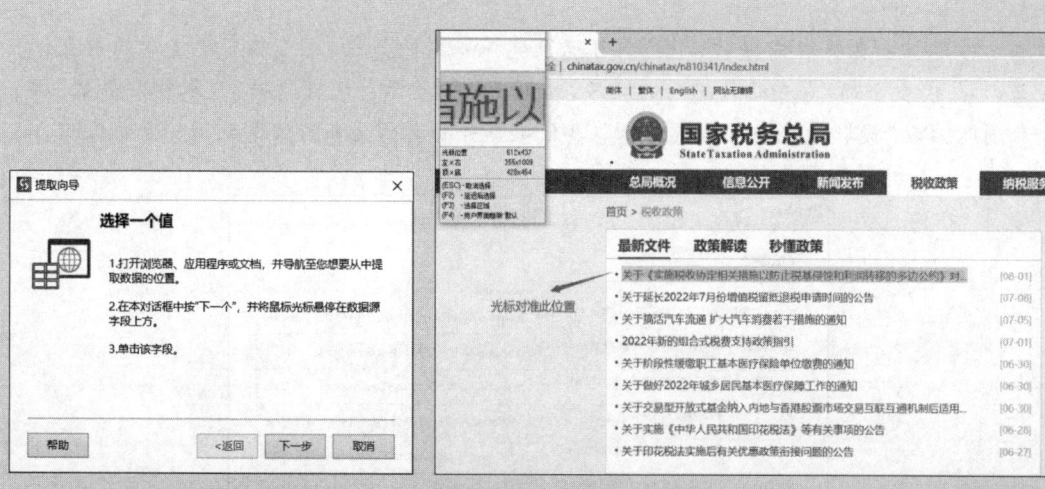

图 5-92　单击"下一步"　　　　　　　图 5-93　"提取向导"选择第一个元素

步骤二：在接着弹出的对话框中继续单击"下一步"，将抓取光标悬停在数据源字段上方，单击选择数据源的第二个字段，如图 5-94 和图 5-95 所示。

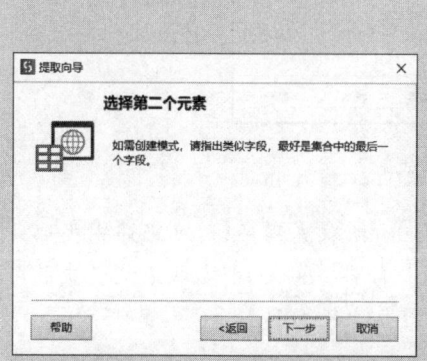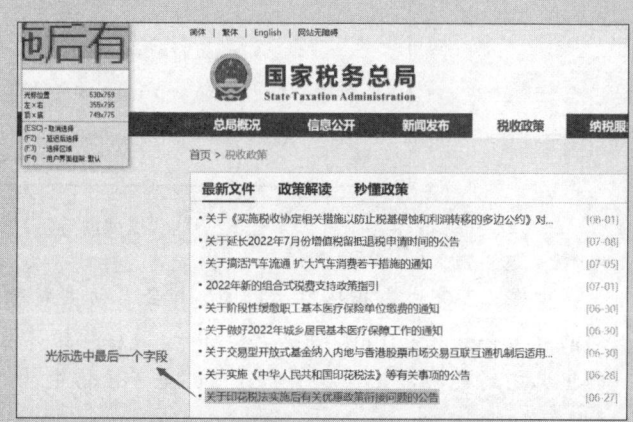

图 5-94　单击"下一步"　　　　　　　图 5-95　"提取向导"选择第二个元素

步骤三：提取向导如图 5-96 所示，可在此自定义文本列标题，并选择是否提取所抓取数据对应的 URL，完成后继续单击"下一步"。

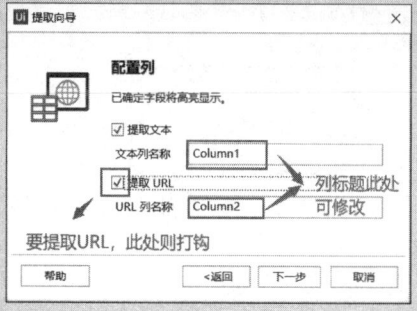

图 5-96　"配置列"设置

步骤四：在提取向导对话框中，可以预览抓取到的数据，也可编辑要提取的最大结果数(0代表全部)或更改数据列的顺序，如图5-97所示。还可单击"提取相关数据"按钮再次启动"提取向导"功能，接着抓取其他数据并将其作为新列添加到同一数据表中。

图5-97 "提取向导"预览数据

步骤五：完成数据抓取后，UiPath 会自动生成对应的抓取流程序列，可将序列提取到的数据存储在 UiPath 数据表变量中，为后续操作做好准备。例如，将数据表变量中的数据填充到数据库、Csv 文件或 Excel 电子表格中，如图5-98所示。

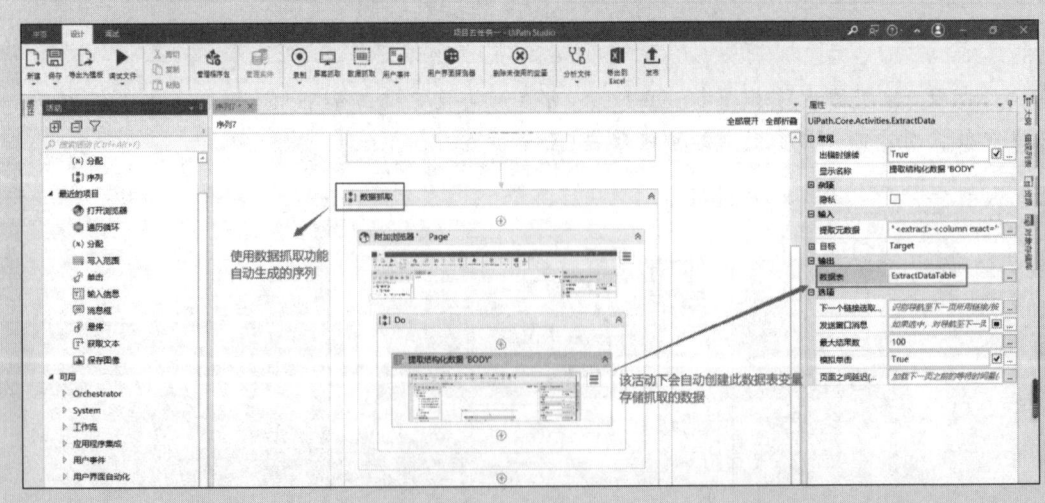

图5-98 自动生成"数据抓取"序列

[例5-6]　使用【数据抓取】功能，抓取所选定网页中茶酒饮料行业板块的数据，具体如图5-99所示。

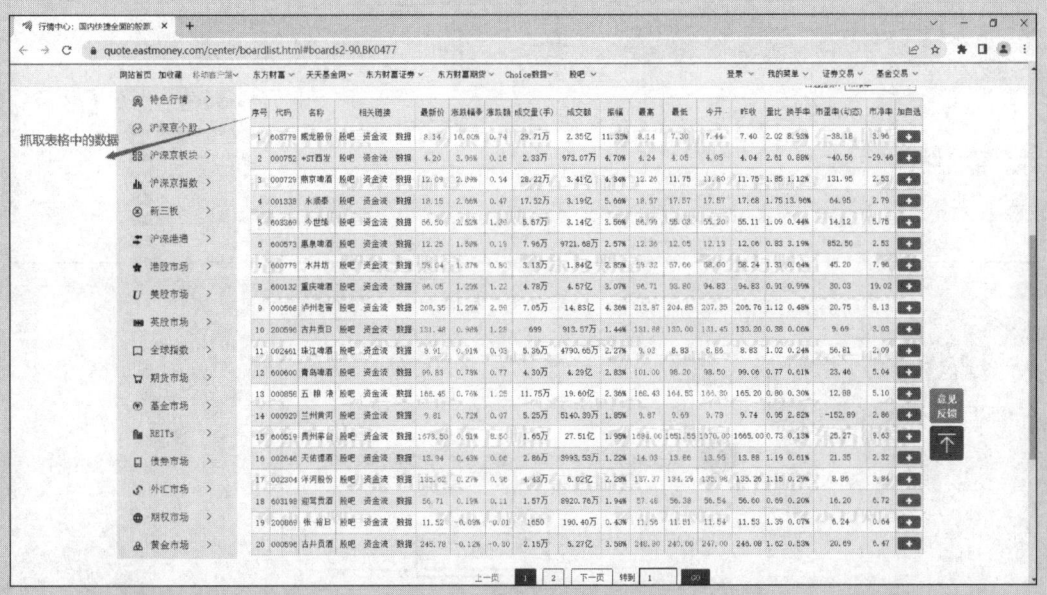

图5-99　抓取表格中的数据

步骤一：先单击UiPath"设计"功能区中的【数据抓取】按钮，在弹出的"提取向导"对话框中单击"下一步"，将抓取光标悬停在表格中第一个字段，单击该字段，如图5-100和图5-101所示。

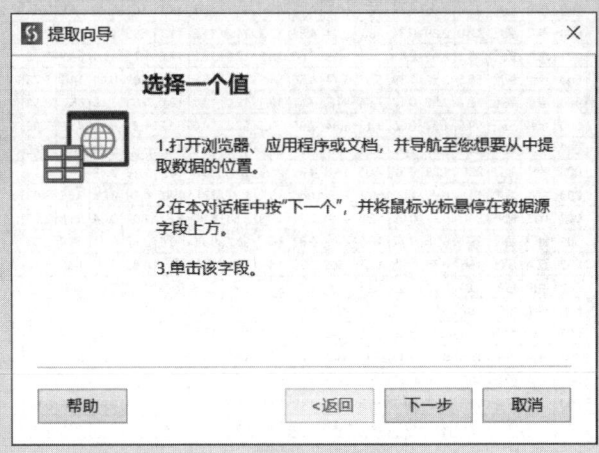

图5-100　单击"下一步"

步骤二：接着会弹出一个提取表提示"您已经选择了一个表格单元，是否从整个表格中提取数据？"如图5-102所示。此处点击"是"即弹出预览数据向导，再点击"完成"，如图5-103所示。

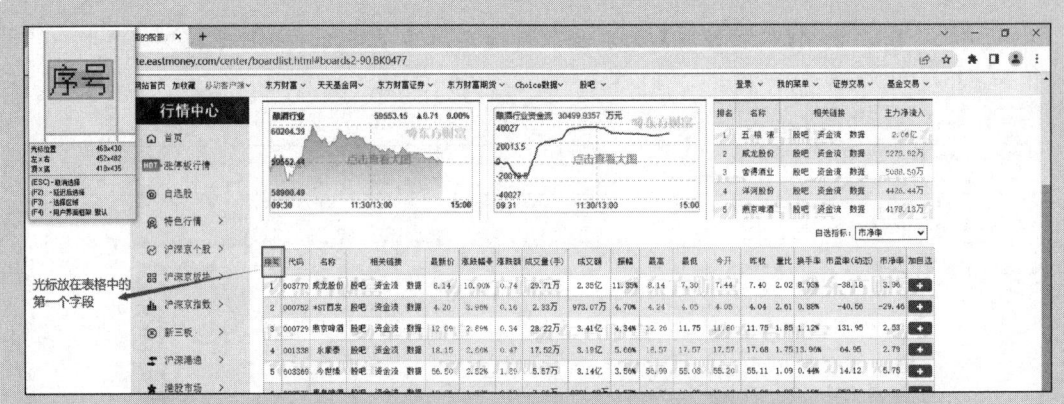

光标放在表格中的
第一个字段

图 5-101 "提取向导"选择第一个元素

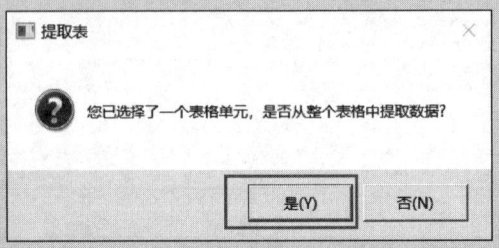

图 5-102 提取表

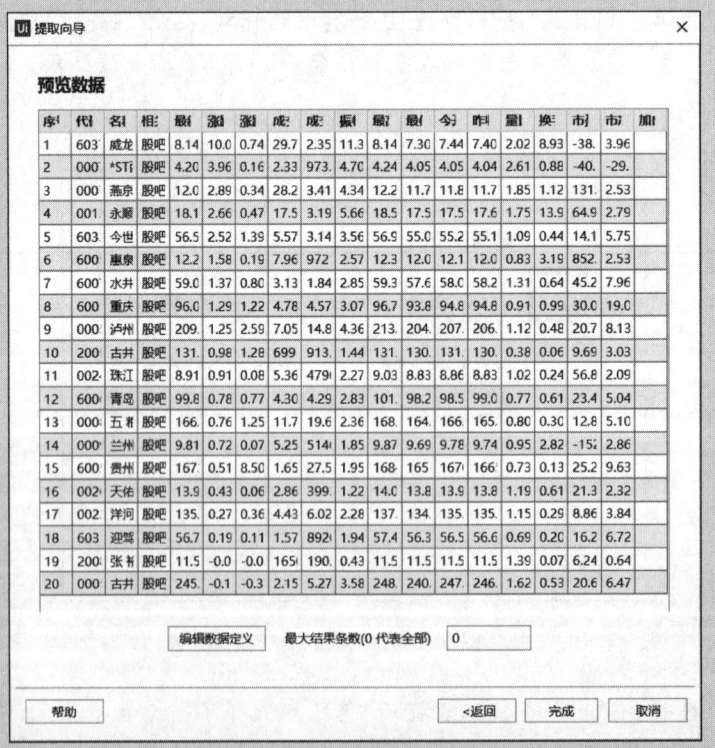

图 5-103 预览数据

步骤三：接着会弹出一个"指出下一个链接"向导框，由于此次提取的表格数据存在多页，所以此处点击"是"，然后将光标悬停在"下一页"，单击此处，即可抓取所有页面的表格数据，如图 5-104 和图 5-105 所示。

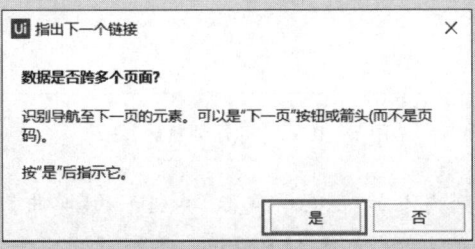

图 5-104　指出下一个链接

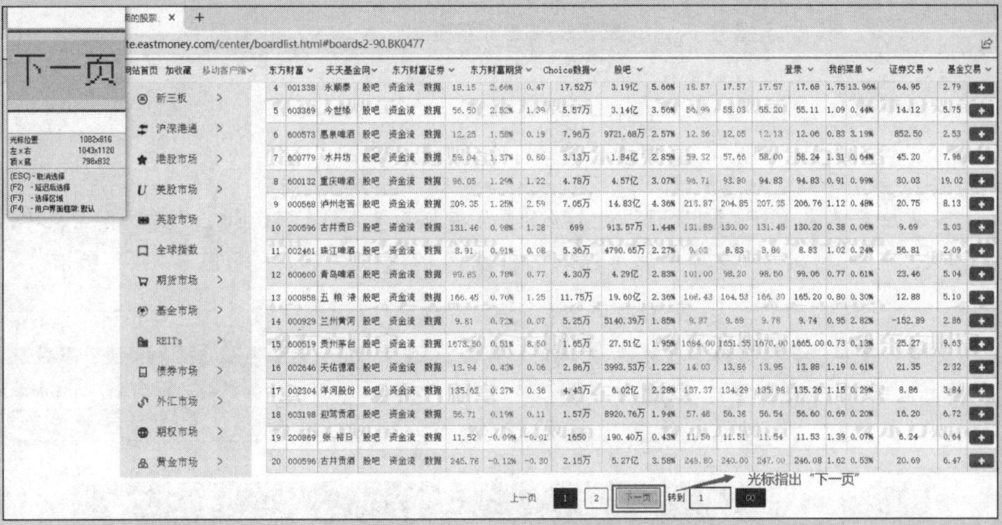

![抓取所有页面的表格数据界面截图]

图 5-105　抓取所有页面的表格数据

[例 5-7]　设计一个机器人，将网页导航至新浪财经网五粮液的利润表界面，使用【数据抓取】功能抓取五粮液 2022 年的利润表，并写入 Excel 表格中。其网址为：https://money.finance.sina.com.cn/corp/go.php/vFD_ProfitStatement/stockid/000858/ctrl/2021/displaytype/4.phtml。其中涉及的活动：【打开浏览器】活动、【单击】活动和【写入范围】活动。

➤ 操作步骤

步骤一：在序列中添加"用户界面自动化—浏览器"类别下的【打开浏览器】活动，输入 URL 为"https://money.finance.sina.com.cn/corp/go.php/vFD_ProfitStatement/stockid/000858/ctrl/2021/displaytype/4.phtml"，打开该活动的"属性面板"，修改浏览器类型为"Chrome"，如图 5-106 所示。

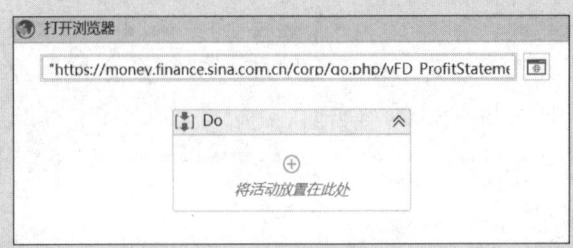

图 5-106 【打开浏览器】活动

步骤二：在"Do"序列内添加"元素—鼠标"类别下的【单击】活动，单击"指出浏览器中的元素—2022"，该步骤表示令机器人模拟用户单击"2022"年，如图 5-107 所示。

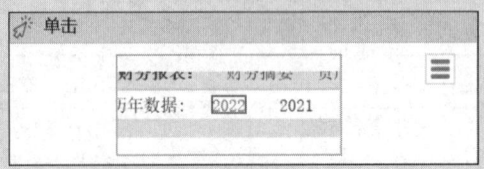

图 5-107 【单击】活动指出"2022"年

步骤三：单击 UiPath"设计"功能区的【数据抓取】功能按钮，弹出"提取向导"对话框，单击"下一步"按钮，准备选取要抓取的数据区域，如图 5-108 和图 5-109 所示。

【注意】在单击【数据抓取】功能按钮前，单击"Do"序列或者【单击】活动，使得"数据抓取"序列添加在【单击】活动之后。

图 5-108 "设计"功能区的数据抓取

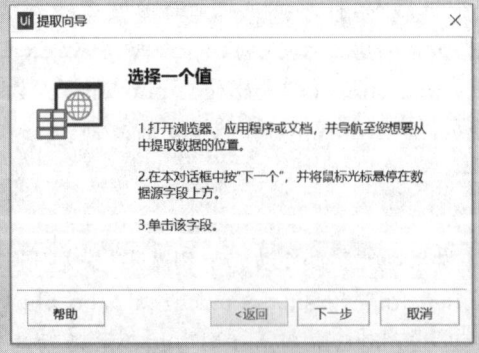

图 5-109 "提取向导"选择一个值

步骤四：单击五粮液利润表的第一个数据单元，即所选数据区域的第一个字段，如图 5-110 所示。

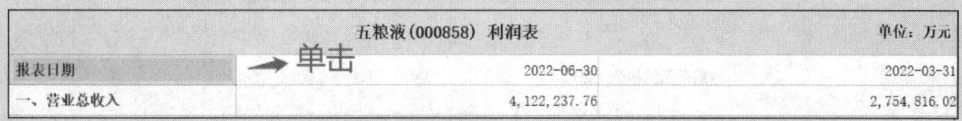

图 5-110　单击利润表的第一个数据单元

步骤五：由于上一步单击抓取的第一个字段是表格中的一个单元格，故向导随即自动弹出一个"提取表"对话框，单击"是"即弹出预览数据向导。如果要获取页面上所有数据，可在"最大结果条数"处输入"0"，再点击"完成"按钮完成当前网页数据的抓取，如图 5-111 和图 5-112 所示。

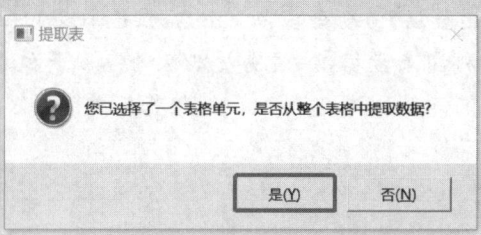

图 5-111　提取表

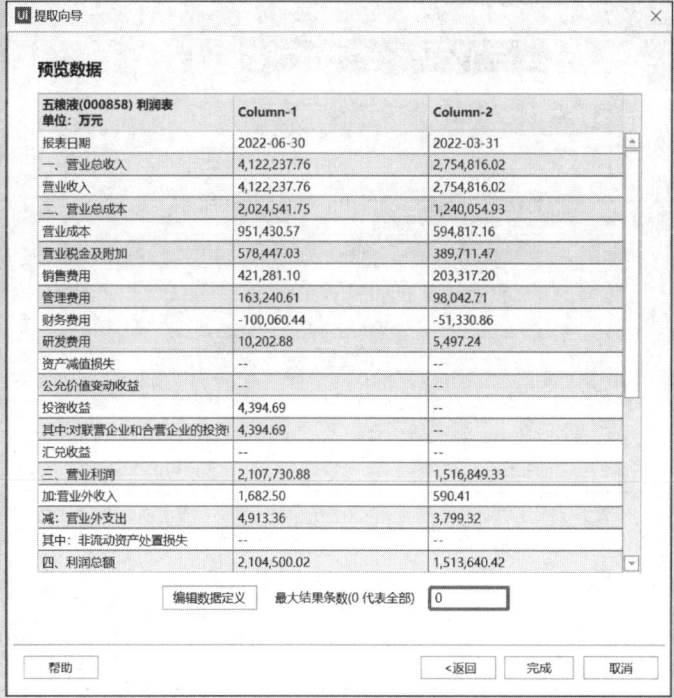

图 5-112　"提取向导"的预览数据

步骤六：接着会弹出一个"指出下一个链接"向导框,由于此次提取的表格数据只有一页,所以此处点击"否"按钮,如图 5 - 113 所示。

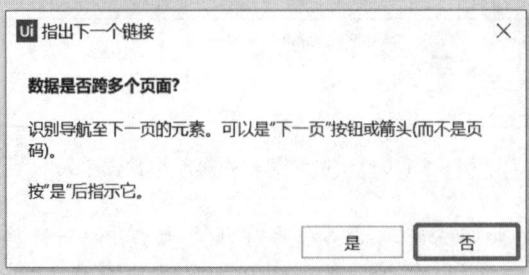

图 5 - 113 指出下一个链接

步骤七：数据抓取完成后,UiPath 会自动生成"数据抓取"序列,如图 5 - 114 和图 5 - 115 所示。其中,【提取结构化数据】活动会自带一个名为"ExtractDataTable"的数据表变量,该变量用来接收抓取的利润表数据,但该变量默认的范围是仅在"数据抓取"活动中有效。为了在后续活动中继续使用该变量的值,此处将变量范围修改为"序列"。

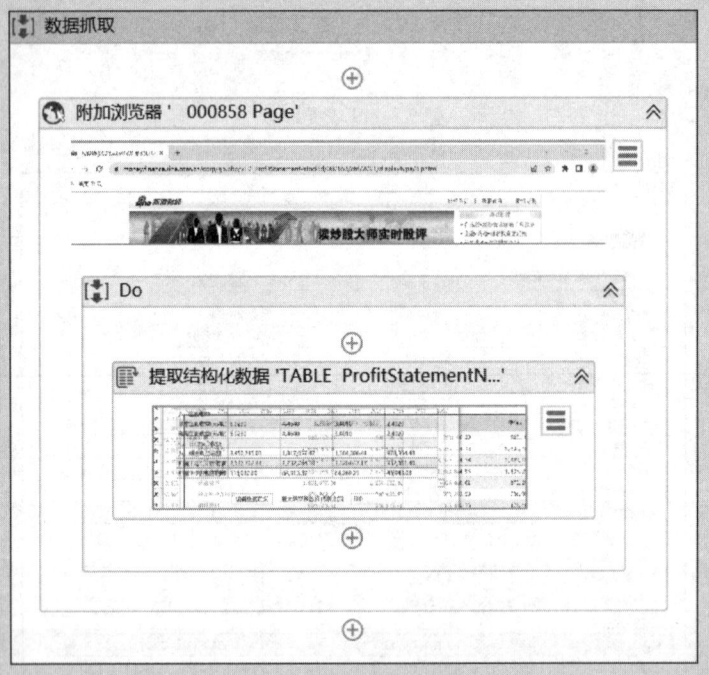

图 5 - 114 数据抓取完成

名称	变量类型	范围	默认值
ExtractDataTable	DataTable	序列	New System.Data.DataTable

变量 参数 导入   🖐 🔎 100% ∨ 🔲

图 5 - 115 "数据抓取"序列

步骤八：在"数据抓取"序列下添加"文件—工作簿"类别下的【写入范围】活动，输入工作簿路径为："利润表.xlsx"，目标工作表名称为："Sheet1"，起始单元格为："A1"，输入数据表为"ExtractDataTable"。该步骤表示令机器人将存储在变量 ExtractDataTable 中的数据写入"利润表.xlsx"文件的"Sheet1"工作表中，从"A1"单元格开始写入，如图 5-116 所示。

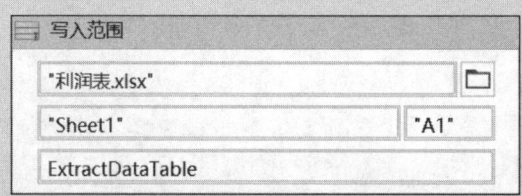

图 5-116　【写入范围】活动

步骤九：输出结果，如图 5-117 所示。

	A	B	C
1	报表日期	2022-06-30	2022-03-31
2	一、营业总收入	4,122,237.76	2,754,816.02
3	营业收入	4,122,237.76	2,754,816.02
4	二、营业总成本	2,024,541.75	1,240,054.93
5	营业成本	951,430.57	594,817.16
6	营业税金及附加	578,447.03	389,711.47
7	销售费用	421,281.10	203,317.20
8	管理费用	163,240.61	98,042.71
9	财务费用	-100,060.44	-51,330.86
10	研发费用	10,202.88	5,497.24
11	资产减值损失	--	--
12	公允价值变动收益	--	--
13	投资收益	4,394.69	--
14	其中:对联营企业和合营企业的投资收益	4,394.69	--
15	汇兑收益	--	--
16	三、营业利润	2,107,730.88	1,516,849.33
17	加:营业外收入	1,682.50	590.41
18	减:营业外支出	4,913.36	3,799.32
19	其中:非流动资产处置损失	--	--
20	四、利润总额	2,104,500.02	1,513,640.42
21	减:所得税费用	519,536.35	376,544.25
22	五、净利润	1,584,963.67	1,137,096.17
23	归属于母公司所有者的净利润	1,589,893.66	1,093,286.61

Sheet1

图 5-117　输出五粮液 2022 年的利润表

二、屏幕抓取

"屏幕抓取"（ ⬜ ）功能是使用全文、原生或 OCR 方法从指定用户界面元素或文档中提取数据的方法。该功能是"用户界面自动化—文本—屏幕抓取"类别下的【获取全文本】活动、【获取可见文本】活动及"用户界面自动化—OCR—屏幕抓取"类别下的【获取 OCR 文本】活动的综合，如图 5-118 所示。

Web 数据抓取(二)

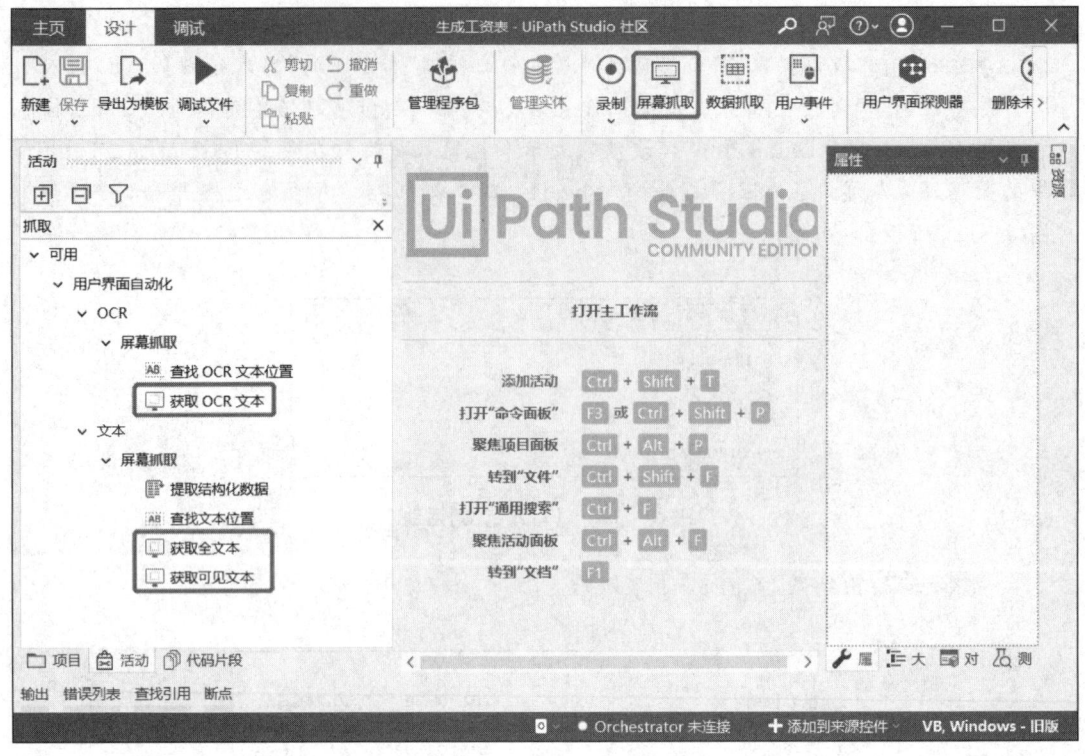

图 5 - 118　【屏幕抓取】类别下的活动

[例 5 - 8]　使用【屏幕抓取】功能,抓取 UiPath 官网中介绍什么是机器人流程自动化这段文字,如图 5 - 119 所示。

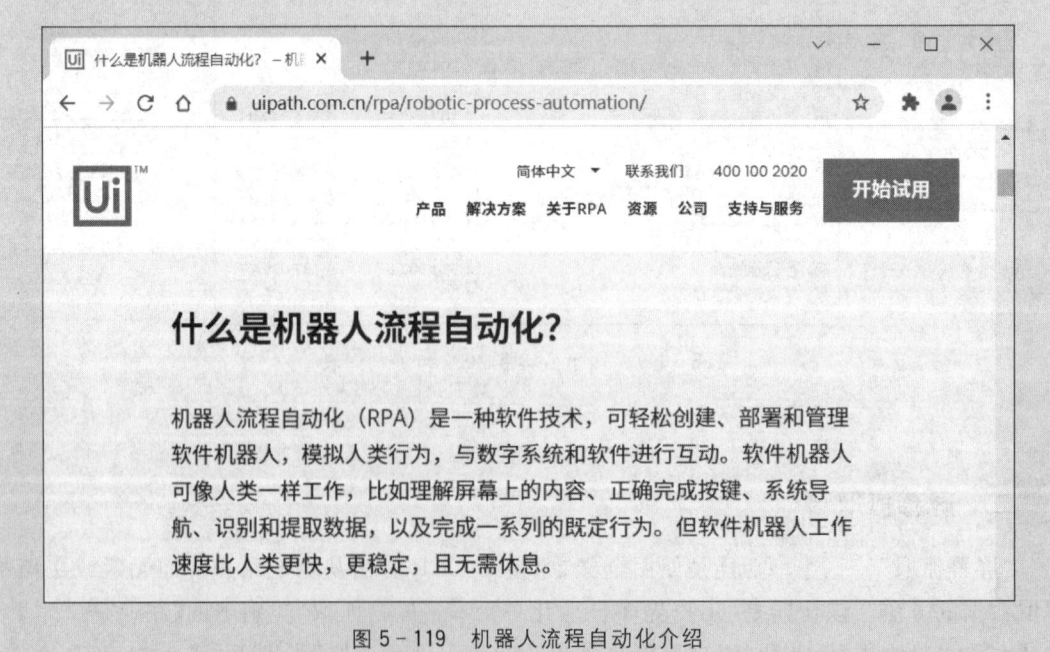

图 5 - 119　机器人流程自动化介绍

步骤一：单击【屏幕抓取】功能，在要抓取的界面上单击鼠标左键并拖动鼠标选中要抓取的文字，如图 5－120 所示。

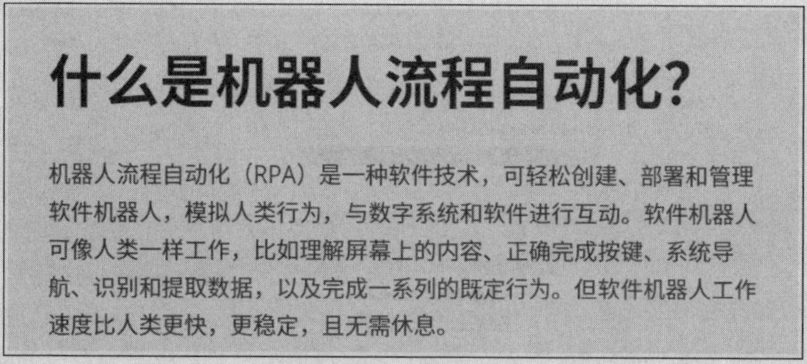
什么是机器人流程自动化？
机器人流程自动化（RPA）是一种软件技术，可轻松创建、部署和管理软件机器人，模拟人类行为，与数字系统和软件进行互动。软件机器人可像人类一样工作，比如理解屏幕上的内容、正确完成按键、系统导航、识别和提取数据，以及完成一系列的既定行为。但软件机器人工作速度比人类更快，更稳定，且无需休息。

图 5－120　机器人流程自动化介绍

步骤二：松开鼠标左键，会出现屏幕抓取器向导。向导界面的左侧是抓取结果预览，右侧可以选择抓取方法(原生、全文、OCR)，不同的抓取方法对应的抓取选项设置也不同，如图 5－121 所示。

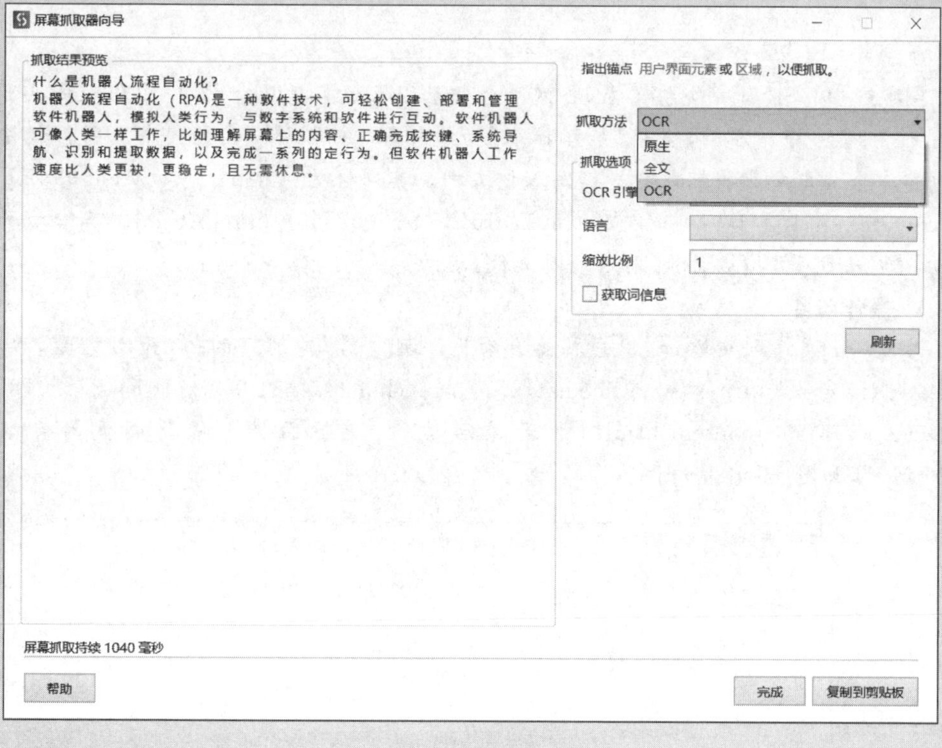
屏幕抓取器向导
抓取结果预览
什么是机器人流程自动化？
机器人流程自动化（RPA)是一种敦件技术，可轻松创建、部署和管理
软件机器人，模拟人类行为，与数字系统和软件进行互动。软件机器人
可像人类一样工作，比如理解屏幕上的内容、正确完成按键、系统导
航、识别和提取数据，以及完成一系列的定行为。但软件机器人工作
速度比人类更袂，更稳定，且无需休息。
指出锚点 用户界面元素 或 区域，以便抓取。
抓取方法
OCR
原生
全文
OCR
抓取选项
OCR 引擎
语言
缩放比例
1
获取词信息
刷新
屏幕抓取持续 1040 毫秒
帮助
完成
复制到剪贴板

图 5－121　屏幕抓取器向导

步骤三：完成抓取后，UiPath 会自动生成相应的操作序列，此处抓取方法选择的是“全文”，所以生成的序列中对应的活动为【获取全文本】活动，如图 5－122 所示。

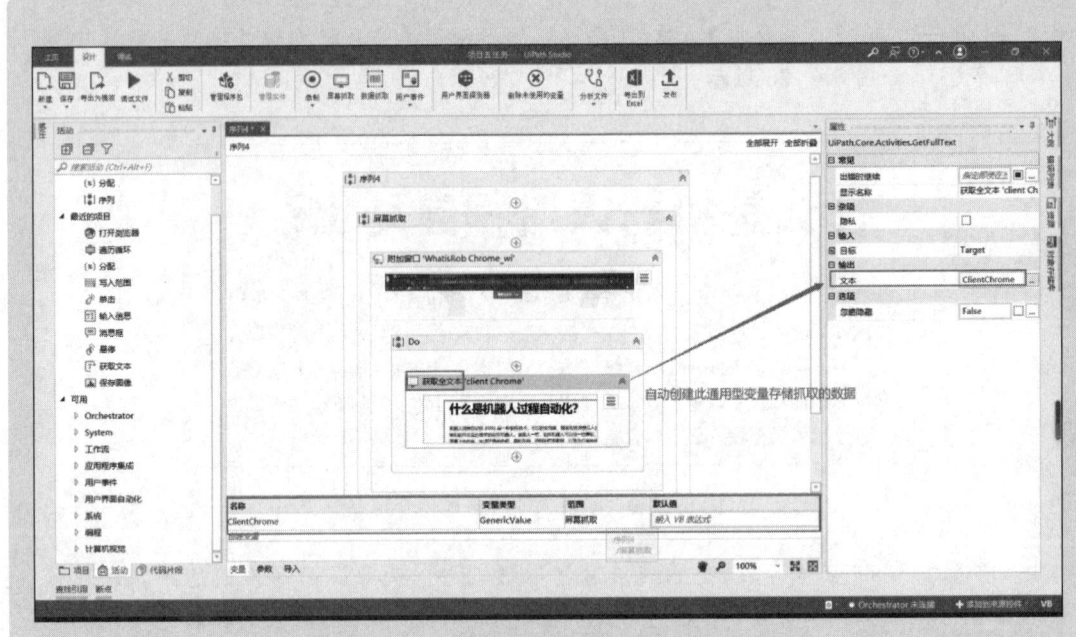

图 5 - 122　"获取全文本"序列

[例 5 - 9]　设计一个机器人,将网页导航至国家税务总局官网中"中华人民共和国个人所得税法"介绍界面,使用【屏幕抓取】功能抓取"中华人民共和国个人所得税法",并创建一个文本文档将抓取的数据写入该文档。其网址为:http://www.chinatax.gov.cn/chinatax/n810341/c101340/c101301/c101302/c5003550/content.html。其中涉及的活动:【打开浏览器】活动和【写入文本文件】活动。

➤ 操作步骤

步骤一:在序列中添加"用户界面自动化—浏览器"类别下的【打开浏览器】活动,输入 URL 为:"http://www.chinatax.gov.cn/chinatax/n810341/c101340/c101301/c101302/c5003550/content.html",打开该活动的"属性面板",修改浏览器类型为"Chrome",如图 5 - 123 所示。

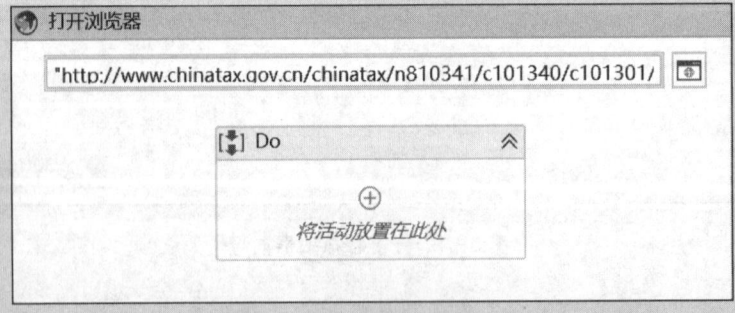

图 5 - 123　添加【打开浏览器】活动

步骤二：将网页导航至"中华人民共和国个人所得税法"介绍界面，单击"Do"序列，再单击"设计"功能区的【屏幕抓取】功能，选择需要抓取的区域，然后会弹出"屏幕抓取向导"，抓取方法默认"全文"，此处不修改，点击"完成"。完成抓取后，UiPath 会自动生成相应的操作序列，由于抓取方法为"全文"，因此该序列中会自动生成一个【获取全文本】活动，该活动下会自动创建变量"Div"，用于存储抓取的数据，修改该变量范围为最外层序列，如图 5-124 和图 5-125 所示。

【注意】先单击 Do 序列，再单击"设计"功能区的【屏幕抓取】功能，会将抓取完数据后生成的序列生成在 Do 序列内。

图 5-124　"设计"功能区的屏幕抓取

图 5-125　"获取全文本"序列

步骤三：在"屏幕抓取"序列下添加"系统—文件"类别下的【写入文本文件】活动，输入文本为变量"Div"，写入文件名为："中华人民共和国个人所得税法.txt"。该步骤表示令机器人将屏幕抓取到的文本写入至文本文件中，如图 5-126 所示。

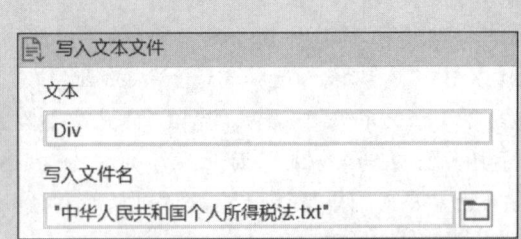

图 5-126　【写入文本文件】活动设置

步骤四：输出结果，如图 5-127 所示。

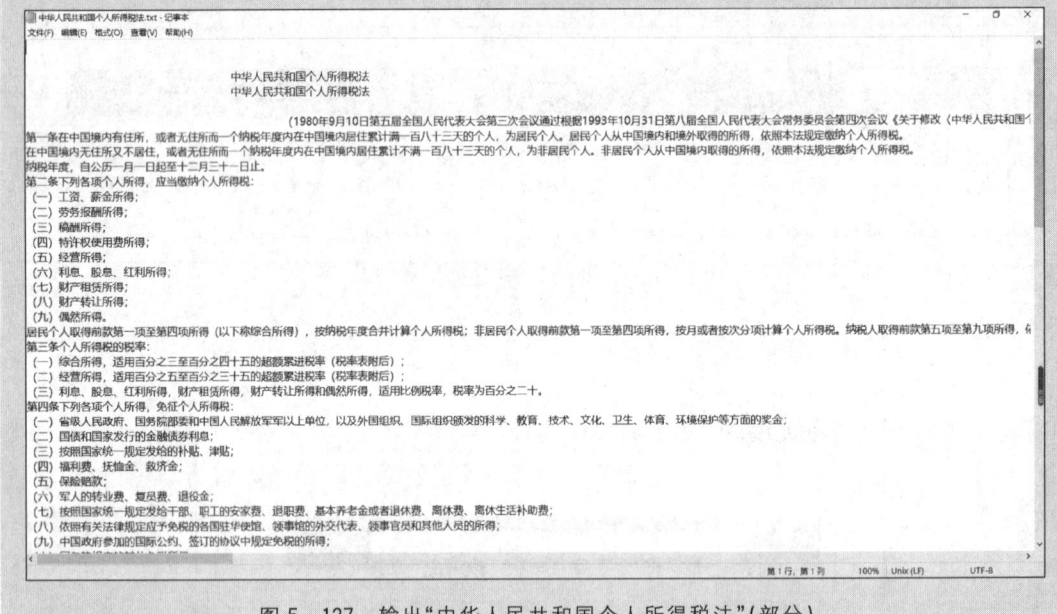

图 5-127　输出"中华人民共和国个人所得税法"（部分）

任务拓展

抓取招聘信息机器人

【任务描述】

身为一名 HR，招聘是日常工作，近日厦门云集股份有限公司的 HR 遇到一些难题：用人部门提出的用人要求，在市场上根本找不到，或者找到这样的人，但是公司给出的薪资又达不到要求。这样导致 HR 很难制定出一个合理的招聘需求和计划。现帮助该 HR 设计一个抓取招聘信息机器人，抓取招聘网站不同岗位的招聘信息，为该 HR 定制招聘需求提供参考。

【任务开发】

步骤一：打开主工作流，在主工作流中添加序列，并将该序列的名称修改为"抓取招聘信息机器人"。如图 5-128 所示。

抓取招聘信息机器人

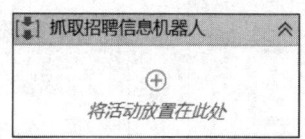

图 5-128 添加"抓取招聘信息机器人"序列

步骤二：在"抓取招聘信息机器人"中添加"系统—对话框"类别下的【输入对话框】活动，输入对话框标题为："抓取招聘信息机器人"，输入标签为："请输入要抓取的岗位名称"。在已输入的值处创建变量，命名为"岗位名称"，变量类型为"String"，范围为"抓取招聘信息机器人"，该变量用于存储输入的岗位名称。如图 5-129 所示。

图 5-129 【输入对话框】活动设置

步骤三：添加"用户界面自动化—浏览器"类别下的【打开浏览器】活动，输入 URL 为："https://www.zhaopin.com/"，修改浏览器类型为"Chrome"。如图 5-130 所示。

图 5-130 【打开浏览器】活动

步骤四：在"Do"序列内添加"用户界面自动化—元素—键盘"类别下的【输入信息】活动，并修改名称为"输入信息（岗位名称）"。单击"指出浏览器中的元素—搜索框"，输入文本为变量"岗位名称"。该步骤表示令机器人模拟用户在网页搜索框内输入岗位名称。如图 5-131 所示。

图 5-131　【输入信息】活动设置　　　　　　　　图 5-132　单击(搜索)

步骤五：添加"元素—鼠标"类别下的【单击】活动,并修改该活动名称为"单击(搜索)",单击"指出浏览器中的元素—搜索"。该步骤表示令机器人模拟用户单击搜索按钮进行搜索。如图 5-132 所示。

步骤六：将网页导航至智联招聘网站,再单击"设计"功能区的"数据抓取"按钮。弹出"提取向导框",点击"下一步",抓取的第一个选项为第一条招聘信息的岗位名称,再点击"下一步",第二个选项为最后一条招聘信息的岗位名称。完成选取后勾选"提取 URL",单击"下一步",可在"最大结果条数"处输入"0"。如果还要提取招聘信息的相关数据,点击"提取相关数据",再进行相同操作抓取数据。相关数据抓取完成后,点击"完成",会弹出"指出下一个链接"向导框。若数据跨多页,点击"是",再拾取浏览器中的"下一页"按钮;若数据未跨多页,点击"否"。完成数据抓取后,UiPath 会自动在【单击】活动后生成"数据抓取"序列,如图 5-133 所示。

【注意】数据抓取完成后,【提取结构化数据】活动会自带一个名为"ExtractDataTable"的数据表变量,该变量用来接收抓取的招聘信息数据。由于该变量默认的范围仅在"数据抓取"活动中有效,为了在后续活动中继续使用该变量的值,此处将变量范围修改为"抓取招聘信息机器人"。

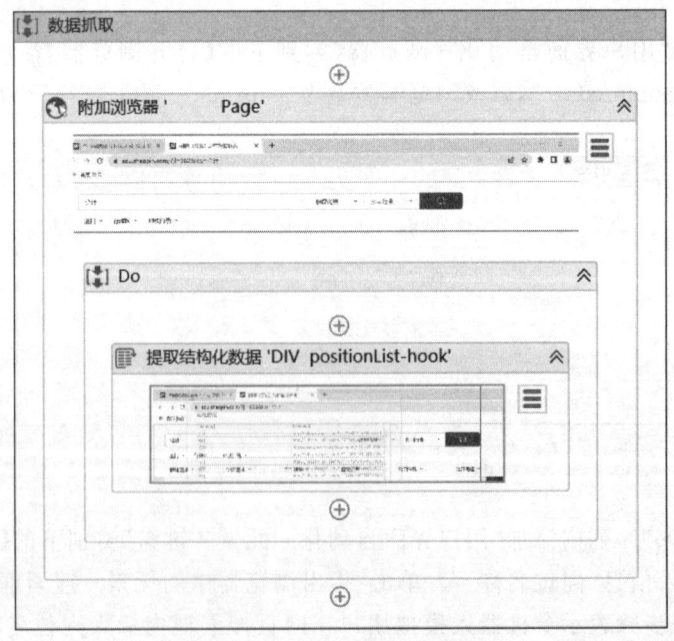

图 5-133　"数据抓取"序列

步骤七：在【打开浏览器】活动后添加"文件—工作簿"类别下的【写入范围】活动，并修改名称为"写入范围（抓取信息）"。输入工作簿路径为："岗位招聘信息.xlsx"，设置目标工作表名称为："Sheet1"，起始单元格为："A1"，输入数据表为"ExtractDataTable"。该步骤表示令机器人将抓取到的信息写入"岗位招聘信息.xlsx"文件中的"Sheet1"工作表中。如图5-134所示。

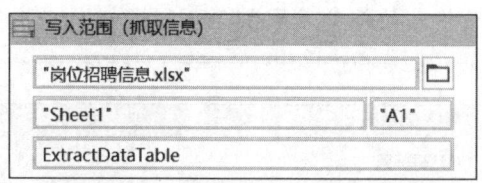

图5-134　【写入范围】活动设置

以会计主管为例，点击"调试文件"，根据弹出的输入对话框输入岗位名称"会计主管"，然后抓取岗位名称、网址、薪资、工作年限、学历要求、招聘公司，如图5-135所示。

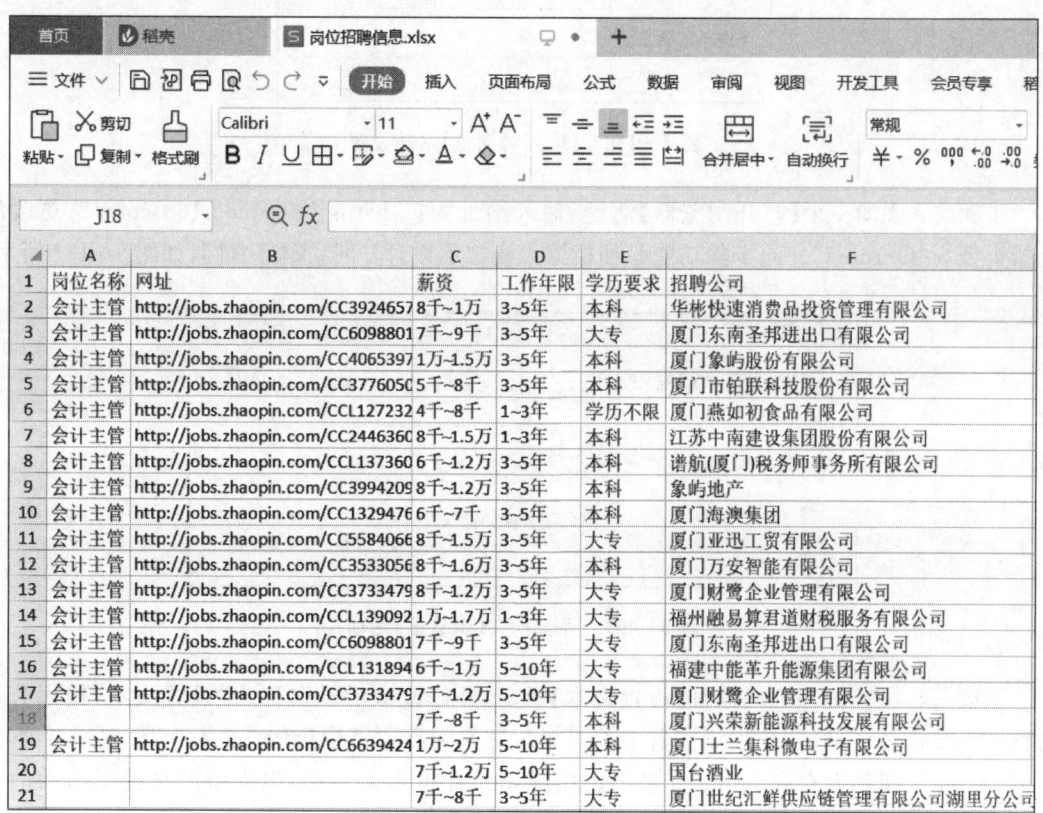

图5-135　"岗位招聘信息"表

 任务实施

➤ **操作步骤**

步骤一：在序列内添加一个【输入对话框】活动，输入对话框标题为："名称"，输入标签

RPA数据抓取机器人

为："请输入需要获取数据的公司名称"。在该活动属性面板的输出结果处创建变量"name"，此变量用于接收输入的公司名称。此步骤功能是在该机器人执行任务时，告诉机器人要获取哪家上市公司所对应的行业数据，如图 5-136 所示。

【注意】流程设计时，此处输入的是贵州茅台。

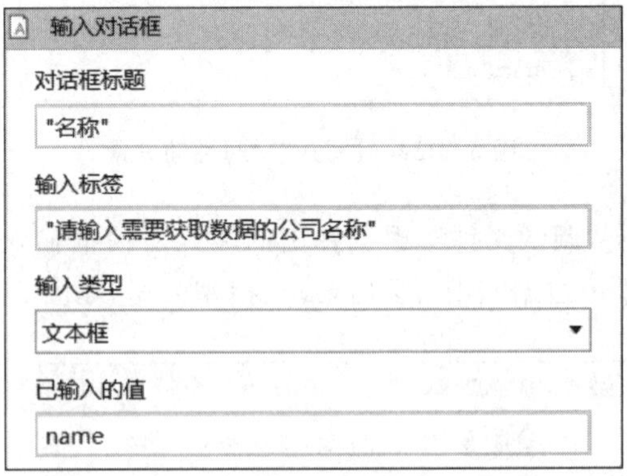

图 5-136　【输入对话框】活动设置

步骤二：添加一个【打开浏览器】活动，输入网址为："https://money.163.com/"，更改浏览器类型为"Chrome"。此步骤功能是使机器人模拟用户打开网易财经官网，如图 5-137 所示。

图 5-137　添加【打开浏览器】活动

步骤三：在"Do"序列内添加【设置文本】活动，并修改该活动名称为"设置文本（输入公司名称）"。单击该活动的"指出浏览器中的元素"，并在网易主页中拾取搜索框元素，输入文本为变量"name"，即将保存在 name 变量中的值赋值给此搜索文本框，以支持后续搜索活动的进行。此步骤是令机器人模拟用户操作将公司名称输入搜索框内，如图 5-138 所示。

图 5-138　【设置文本】活动输入公司名称

步骤四：继续在"Do"序列内添加【单击】活动，并修改该活动名称为"单击搜索"。单击该活动的"指出浏览器中的元素"，拾取网易主页中的搜索按钮。此步骤的功能是令机器人模拟用户单击"搜索"按钮的操作，如图 5-139 所示。

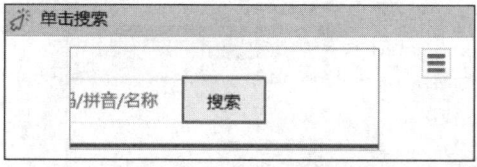

图 5-139 单击搜索

图 5-140 双击行业对比

步骤五：在"Do"序列内添加【双击】活动，并修改该活动名称为"双击行业对比"。单击该活动的"指出浏览器中的元素"，用鼠标拾取"行业对比"，此步骤功能是令机器人模拟用户双击"行业板块"按钮的操作。如图 5-140 所示。

【注意】设计流程时需要手动导航到相应网页，以支持 UiPath 在网页中拾取操作对象。从步骤三到步骤五的流程设计中，采用的是在网易主页中搜索"贵州茅台"这只股票为流程设计进行导航，因此，当单击【双击】活动下拉菜单中的"在用户界面探测器中打开"时（也可单击"编辑选取器"功能进行设置），会在当前活动的用户界面探测器中看到不能验证该元素的提示。此时，重新用"指出元素"功能拾取网页中的"行业对比"，得到结果，如图 5-141 所示。"行业对比"元素的属性中包含一串动态字符串，为了使该活动具有普适性，可以把这个字符串修改为带"＊"通配符的形式，单击"验证"再次进行验证，当验证为绿色即验证通过，单击"保存"。这样，当流程搜索其他股票时，机器人也能准确拾取到该元素。如图 5-142 所示。

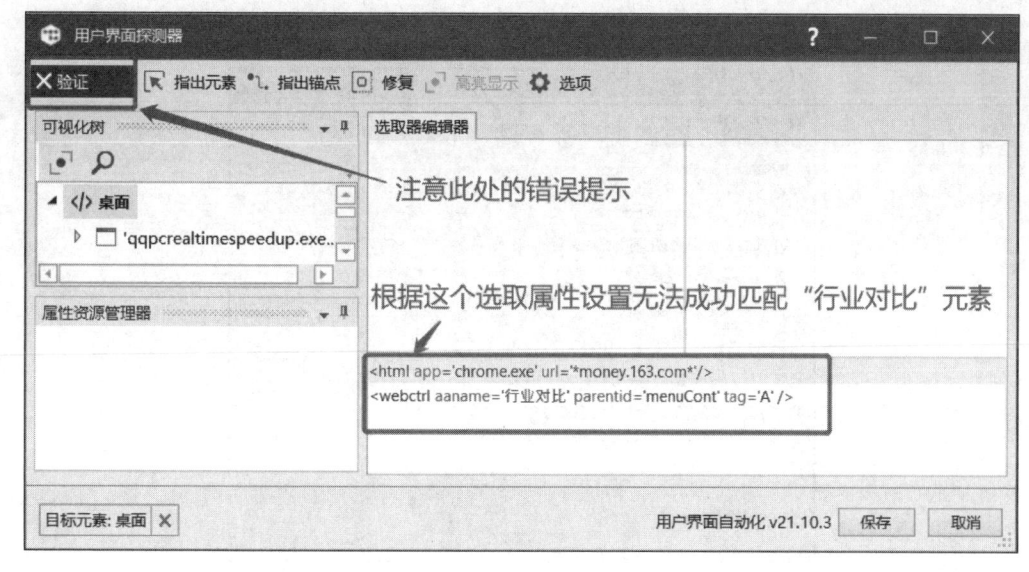

图 5-141 拾取"行业对比"

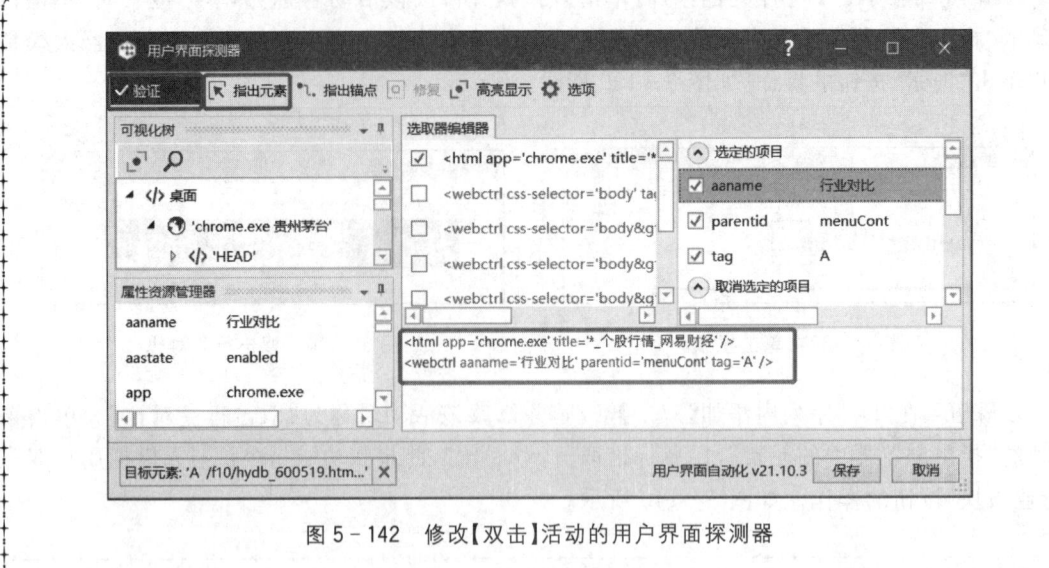

图 5-142 修改【双击】活动的用户界面探测器

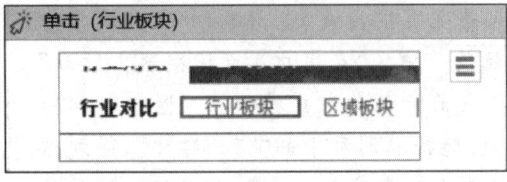

图 5-143 单击行业板块

步骤六：在"Do"序列内添加【单击】活动，并修改该活动名称为"单击行业板块"。单击该活动的"指出浏览器中的元素"，拾取"行业板块"按钮。此步骤功能是令机器人模拟用户使用鼠标单击行业板块链接的操作，从而进入到行业板块页面，如图 5-143 所示。

【注意】拾取到行业板块元素后，同样要为此活动修改选取器属性，打开该活动的"编辑选取器"界面，重新指出网页上的"行业板块"元素后，用"＊"通配符替换 title 中固定内容，如图 5-144 所示。

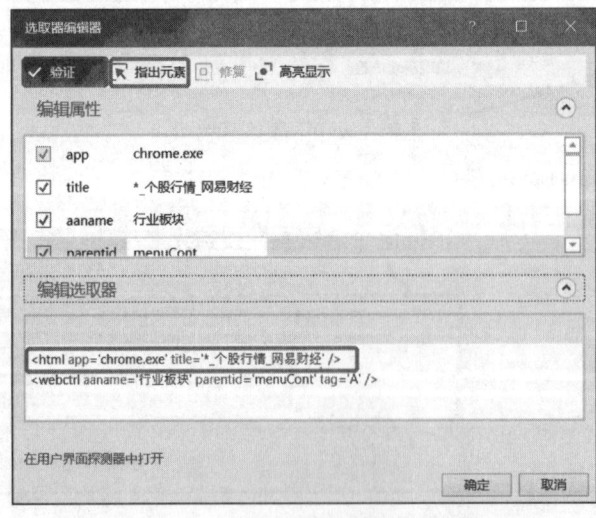

图 5-144 【单击】活动的编辑选取器

步骤七：数据抓取单击 UiPath“设计”功能区中的“数据抓取”功能按钮，弹出“提取向导”对话框，单击其中的“下一步”按钮，准备选取要抓取的数据区域。接着单击行业板块数据表的第一个数据单元，即所选数据区域的第一个字段，如图 5－145 所示。

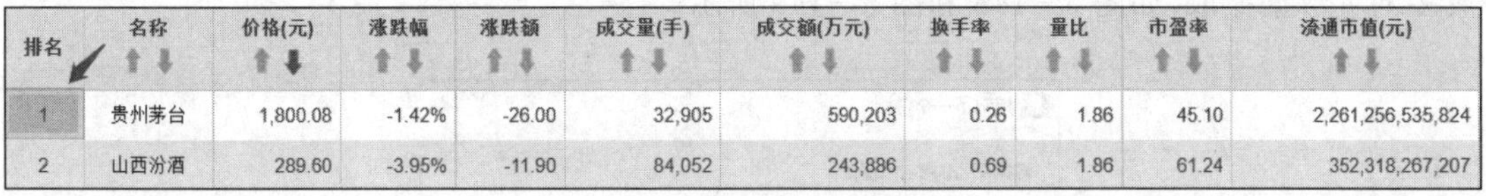

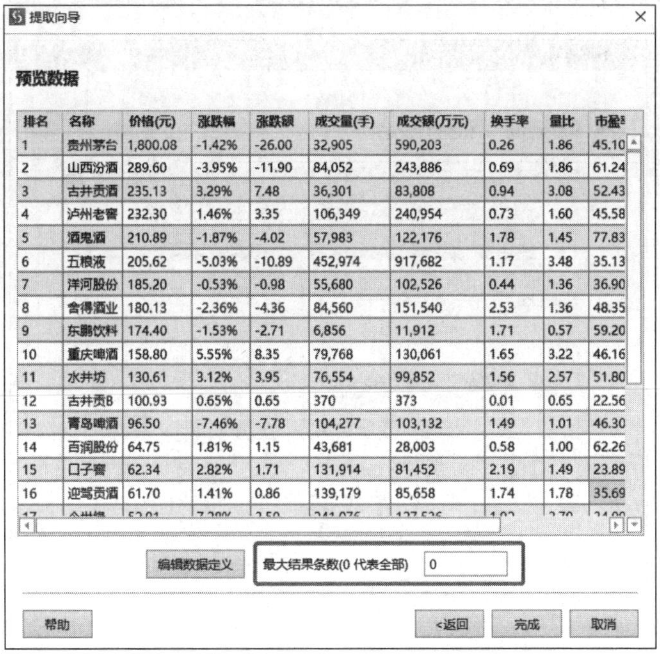

排名	名称	价格(元)	涨跌幅	涨跌额	成交量(手)	成交额(万元)	换手率	量比	市盈率	流通市值(元)
1	贵州茅台	1,800.08	-1.42%	-26.00	32,905	590,203	0.26	1.86	45.10	2,261,256,535,824
2	山西汾酒	289.60	-3.95%	-11.90	84,052	243,886	0.69	1.86	61.24	352,318,267,207

图 5－145　单击第一个数据单元

步骤八：由于上一步单击抓取的第一个字段是表格中的一个表格单元，故向导接着自动弹出一个“提取表”对话框，询问“您已选择了一个表格单元，是否从整个表格中提取数据?”单击“是”即可自动获取该表格中的其他数据。如图 5－146 所示。

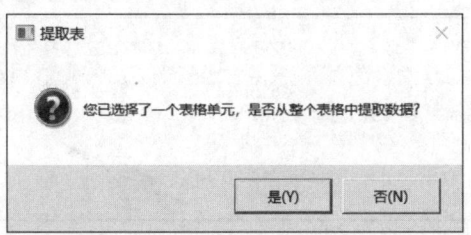

图 5－146　提取表

步骤九：接下来，“提取向导”给出了所抓取数据的预览数据界面，在此界面可以设置所要抓取的数据条数，如果要获取该页面的所有数据，可在“最大结果条数”处输入“0”，单击【完成】按钮完成当前网页数据的抓取，如图 5－147 所示。

排名	名称	价格(元)	涨跌幅	涨跌额	成交量(手)	成交额(万元)	换手率	量比	市盈
1	贵州茅台	1,800.08	-1.42%	-26.00	32,905	590,203	0.26	1.86	45.10
2	山西汾酒	289.60	-3.95%	-11.90	84,052	243,886	0.69	1.86	61.24
3	古井贡酒	235.13	3.29%	7.48	36,301	83,808	0.94	3.08	52.43
4	泸州老窖	232.30	1.46%	3.35	106,349	240,954	0.73	1.60	45.58
5	酒鬼酒	210.89	-1.87%	-4.02	57,983	122,176	1.78	1.45	77.83
6	五粮液	205.62	-5.03%	-10.89	452,974	917,682	1.17	3.48	35.13
7	洋河股份	185.20	-0.53%	-0.98	55,680	102,526	0.44	1.36	36.90
8	舍得酒业	180.13	-2.36%	-4.36	84,560	151,540	2.53	1.36	48.35
9	东鹏饮料	174.40	-1.53%	-2.71	6,856	11,912	1.71	0.57	59.20
10	重庆啤酒	158.80	5.55%	8.35	79,768	130,061	1.65	3.22	46.16
11	水井坊	130.61	3.12%	3.95	76,554	99,852	1.56	2.57	51.80
12	古井贡B	100.93	0.65%	0.65	370	373	0.01	0.65	22.56
13	青岛啤酒	96.50	-7.46%	-7.78	104,277	103,132	1.49	1.01	46.30
14	百润股份	64.75	1.81%	1.15	43,681	28,003	0.58	1.00	62.26
15	口子窖	62.34	2.82%	1.71	131,914	81,452	2.19	1.49	23.89
16	迎驾贡酒	61.70	1.41%	0.86	139,179	85,658	1.74	1.78	35.69

图 5－147　“提取向导”的预览数据

步骤十："提取向导"接着会弹出"指出下一个链接"对话框。如果要获取的网页数据跨多页，就要单击此对话框中的"是"按钮。由于行业板块数据比较多，需要翻多个网页才能抓取完，因此可在此对话框中单击"是"按钮，然后用鼠标单击网页中的"下一页"按钮，如此便可完成多网页数据抓取，如图 5－148 和图 5－149 所示。

指出下一个链接
数据是否跨多个页面?
识别导航至下一页的元素。可以是"下一页"按钮或箭头(而不是页码)。
按"是"后指示它。
是
否

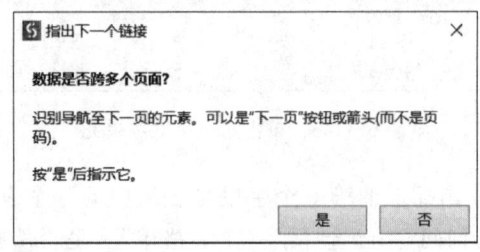

图 5－148　单击"是"

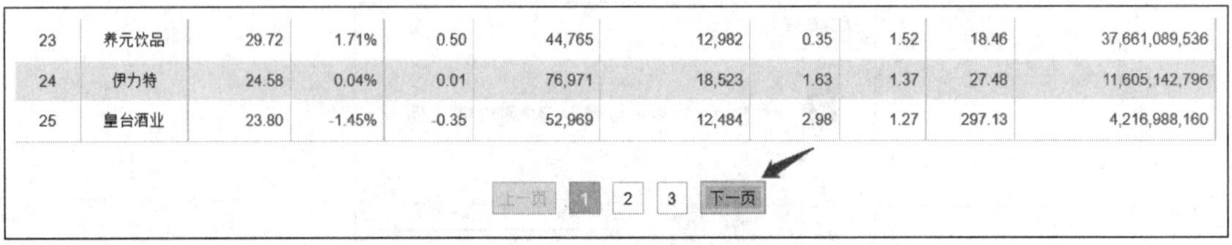

23 养元饮品 29.72 1.71% 0.50 44,765 12,982 0.35 1.52 18.46 37,661,089,536
24 伊力特 24.58 0.04% 0.01 76,971 18,523 1.63 1.37 27.48 11,605,142,796
25 皇台酒业 23.80 -1.45% -0.35 52,969 12,484 2.98 1.27 297.13 4,216,988,160
上一页 1 2 3 下一页

图 5－149　指出下一个链接

步骤十一：数据抓取完成后，UiPath 会自动生成"数据抓取"序列。其中，【提取结构化数据】活动会自带一个名为"ExtractDataTable"的数据表变量，该变量用来接收抓取的数据，但该变量默认的范围仅在"数据抓取"活动中有效，为了在后续活动中继续使用该变量的值，此处将该变量的范围修改为"RPA 数据抓取机器人"，如图 5－150 和图 5－151 所示。

数据抓取
附加浏览器 ' 16380 Page'
Do
提取结构化数据 'TABLE tb'

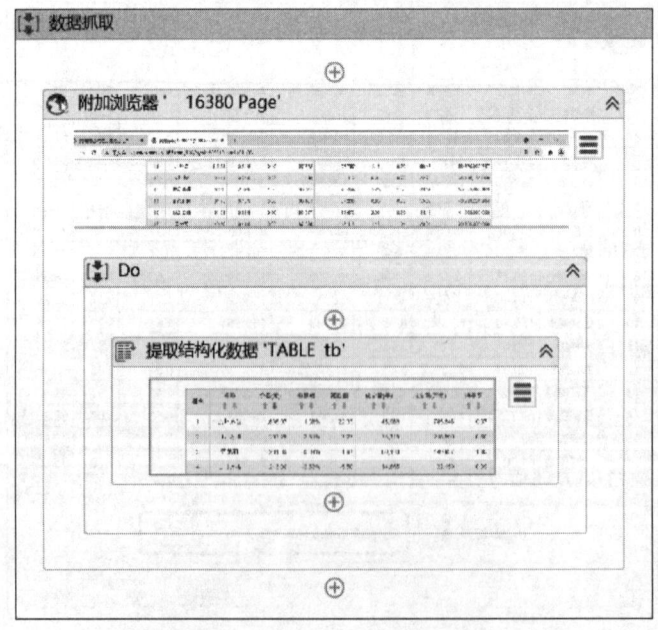

图 5－150　"数据抓取"序列

名称	变量类型	范围	默认值
name	String	RPA数据抓取机器人	*输入 VB 表达式*
ExtractDataTable	DataTable	RPA数据抓取机器人	New System.Data.DataTable
创建变量			

图 5－151　RPA 数据抓取机器人

【注意】【附加浏览器】活动的选取器属性也有一段动态字符串属性,此处把其对应的选取器 title 中的动态内容用通配符"＊"替换,如图 5－152 所示。

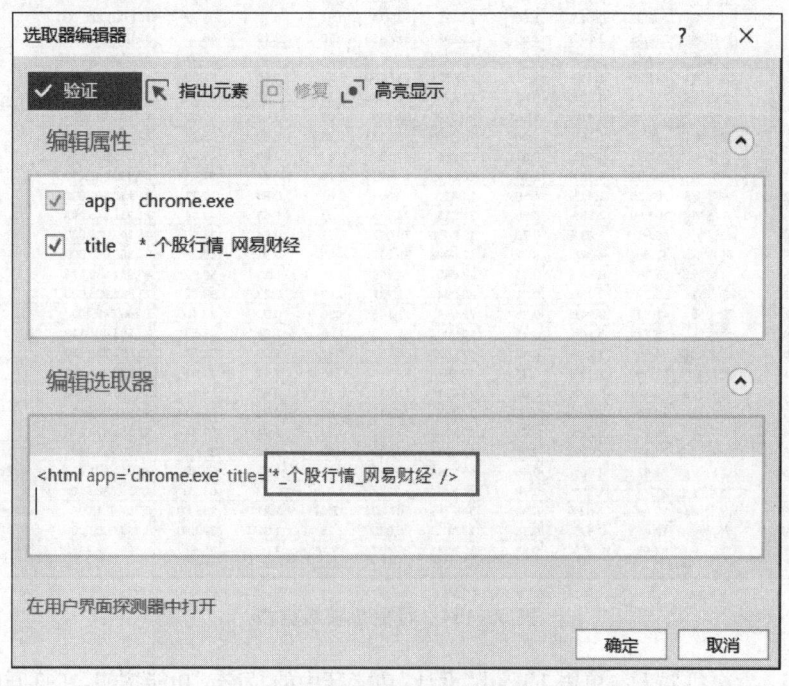

图 5－152　【附加浏览器】活动的编辑选取器

步骤十二:将抓取的数据写入 Excel 文件,继续在序列内添加一个"系统—文件—工作簿"类别下的【写入范围】活动,文件路径为:"行业板块数据.xlsx",写入数据为数据表变量"ExtractDataTable"。该活动属性面板的"添加标头"选项要打钩,否则写入到 Excel 文件中的数据不会添加列名。此步骤的功能是令机器人将抓取的行业板块数据写入"行业板块数据.xlsx"文件的"Sheet1"工作表的从"A1"开始的一片区域内,如图 5－153 所示。

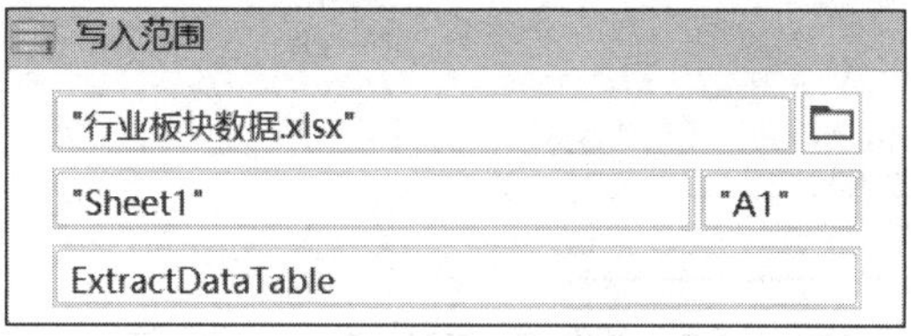

图 5－153　【写入范围】活动设置

步骤十三：调试机器人流程。流程设计完成后，单击“设计”功能区中的“调试文件”，启动流程调试，流程执行结束后，在“RPA 数据抓取机器人”项目文件夹下打开“行业板块数据.xlsx”文件，会看到从网上抓取的数据已写入 Excel 表中，如图 5－154 所示。

排名	名称	价格(元)	涨跌幅	涨跌额	成交量(手	成交额(万	换手率	量比	市盈率	流通市值(元)
1	贵州茅台	1,941.00	2.35%	44.57	54,512	1,055,574	0.43	1.67	48.63	2,438,279,929,800
2	山西汾酒	318.01	3.19%	9.84	112,645	359,203	0.93	2.17	67.18	386,493,953,412
3	古井贡酒	263.30	0.61%	1.60	23,488	62,334	0.61	0.77	58.77	101,001,880,000
4	泸州老窖	234.95	3.94%	8.90	219,433	517,355	1.50	2.19	46.16	344,143,594,236
5	五粮液	224.42	4.48%	9.62	476,278	1,062,788	1.23	2.24	38.31	871,110,468,482
6	酒鬼酒	221.20	2.41%	5.21	102,723	227,460	3.16	1.46	81.59	71,874,290,376
7	舍得酒业	217.34	4.59%	9.53	143,766	313,035	4.33	1.31	58.29	72,172,306,576
8	东鹏饮料	192.85	6.41%	11.61	28,072	53,285	7.02	3.05	65.60	7,715,928,500
9	洋河股份	176.53	1.76%	3.06	161,306	285,123	1.28	1.89	35.18	221,987,887,240
10	重庆啤酒	152.97	0.41%	0.62	32,286	49,593	0.67	0.89	44.47	74,033,074,158
11	水井坊	132.99	4.96%	6.28	105,595	138,235	2.16	2.74	52.71	64,939,482,199
12	古井贡B	108.00	1.41%	1.50	1,082	1,166	0.03	0.83	24.11	41,428,800,000
13	青岛啤酒	102.50	2.56%	2.56	71,818	73,375	1.03	1.68	49.04	71,331,145,743
14	口子窖	68.91	1.03%	0.70	114,450	79,047	1.91	0.84	26.40	41,346,000,000
15	迎驾贡酒	67.96	-0.82%	-0.56	123,943	85,268	1.55	0.91	39.28	54,368,000,000
16	百润股份	61.26	0.54%	0.33	57,045	34,868	0.76	1.11	58.90	45,931,836,574
17	今世缘	60.09	0.35%	0.21	86,094	51,737	0.69	0.82	38.62	75,382,905,000
18	李子园	41.83	0.94%	0.39	29,044	12,148	5.36	0.93	27.16	2,266,349,400
19	金徽酒	35.73	2.14%	0.75	101,005	35,965	2.06	1.84	43.57	17,554,404,148
20	顺鑫农业	34.59	1.23%	0.42	175,827	60,751	2.37	1.59	71.61	25,657,720,150
21	张裕A	31.60	1.12%	0.35	29,491	9,276	0.65	1.41	41.58	14,329,361,280
22	养元饮品	30.88	0.23%	0.07	23,431	7,207	0.19	0.68	19.16	39,078,442,368
23	岩石股份	28.56	-1.14%	-0.33	27,777	7,934	0.83	0.91	114.24	9,552,446,949
24	伊力特	26.61	3.22%	0.83	200,154	52,901	4.24	1.94	29.74	12,558,472,948
25	皇台酒业	24.18	-0.08%	-0.02	124,052	30,128	6.99	1.48	302.25	4,289,725,440
26	老白干酒	23.42	2.00%	0.46	467,094	109,171	5.21	1.75	63.30	21,014,471,938
27	德利股份	21.74	1.30%	0.28	24,549	5,223	2.93	0.62	63.20	1,820,638,910
28	海南椰岛	19.68	2.02%	0.39	548,783	107,004	12.33	1.21	196.80	8,757,631,094
29	青青稞酒	19.66	0.92%	0.18	132,815	26,055	2.95	1.32	290.40	8,847,000,000
30	欢乐家	17.63	5.25%	0.88	153,041	26,497	18.11	2.05	56.63	1,489,875,934

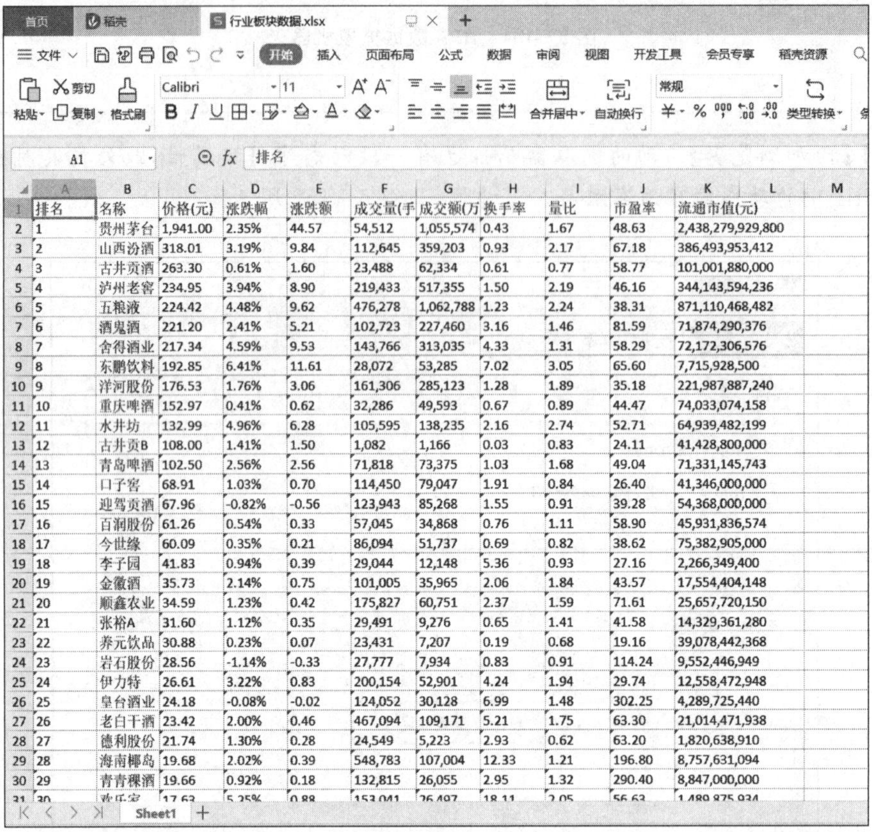

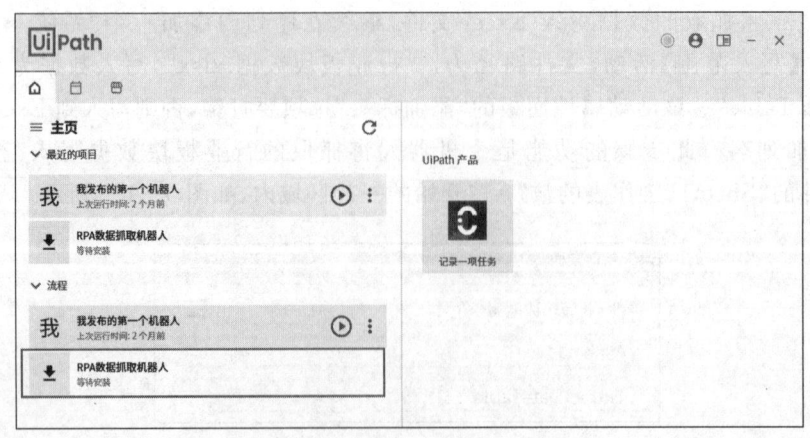

图 5－154　行业板块数据表

步骤十四：发布机器人。单击 UiPath“设计”功能区中的“发布”功能按钮，在打开的“发布流程”对话框中，设置名称为“RPA 数据抓取机器人”。发布完成后，打开“UiPath Assistant”即可看到已发布的 RPA 数据抓取机器人，可以在此界面启动 RPA 数据抓取机器人的运行，如图 5－155 所示。

图 5－155　RPA 数据抓取机器人

⊃ 知识目标

1. 掌握 RPA 网银付款机器人的应用和开发。
2. 掌握 RPA 银企对账机器人的应用和开发。

⊃ 技能目标

1. 能够独立完成 RPA 网银付款机器人的设计与开发。
2. 能够独立完成 RPA 银企对账机器人的设计与开发。

⊃ 素养目标

1. 培养学生利用 RPA 财务机器人进行实战开发的能力。
2. 培养学生良好的数据安全意识和工作流程标准化的职业素养。
3. 培养爱岗敬业的专业素养和勇于创新的职业精神。

思维导图

```
                                          RPA网银付款机器人的应用与开发 ─┬─ 建立RPA网银付款机器人框架
                                                                      └─ 开发子流程
RPA财务机器人之实战开发 ─┤
                                          RPA银企对账机器人的应用与开发 ─┬─ 建立RPA银企对账机器人框架
                                                                      └─ 开发子流程
```

引思明理

万达集团科技赋能全球最大线下商业运营

　　万达集团在全国开出了四百多个万达广场,其管理的物业面积达六千多万平方米,是全球最大的商业运营服务提供商。集团积极开展数字化创新探索,构建了全球最大的科技赋能线下商业运营平台。

　　万达集团单从财务往来来看,对账业务每年自动运行 25 000 多次,解决人力 30 000 多小时。集团的业务系统流程,原本每个核算主体人工耗时 10 分钟,负责 149 个核算主体,涵盖数据量 1 300 家核算主体,需要 20 位操作人员从早 8 点到晚 8 点,连续 3 天的工作才能完成,累计人工耗时约 500 小时。且其中涉及人员较多,大量人工处理工作,容易导致差错。在应用 RPA 数字员工之后,数据处理效率显著提升。RPA 数字员工通过大量机器人开发执行流程,在接收数据后,"7×24 h"不间断进行处理,极大地提升了处理效率,且提高了员工满意度,实现了自动化完成业务系统流程处理,自动将结果反馈至业务人员,减少员工夜间工作时间。

　　而在离职流程自动化和计算薪酬流程自动化方面,RPA 每年帮助万达集团审核 100 000 多项员工流程,节约人力 100 000 多小时。员工离职时往往需要与各个部门进行交接,但员工不清楚整体流程,对于寻找各部门对接人等问题会有疑问,导致频繁咨询人力部门,也容易对人力部门的专业性提出质疑,并且各个部门审批流程的不清晰也让离职员工需要经常问询,致使员工办理离职手续速度慢效率低。若为异地员工,各部门沟通成本又再次增高,甚至会对公司内部信息安全产生风险。在应用 RPA 数字员工后,工作人员只需要在公司系统录入离职员工信息,RPA 数字员工就会自动下载离职员工需要的材料,并自动发起与各部门的交接审批流程,审批完成后,自动申请盖章。RPA 数字员工使得离职审批流更加清晰,分工更加明确。员工不需要再四处询问交接人的所在和流程的办理进度,节省了大量的时间。同时,人力资源专员也可以专注于自身的工作,不需要经常被打扰,使得流程可以更加高效地运转。

　　想一想:通过前面所学知识,我们是否也可以设计并开发几款财务机器人呢?

任务一　RPA 网银付款机器人的应用与开发

任务场景

　　北京诚鼎集团旗下有两家子公司,根据集团财务制度要求,子公司的网银付款操作由集团财务部门每日统一进行。其子公司在全国各地有许多供应商,月支付量大且支付出错率也较高,容易导致最后输出的财务报表不正确。针对这样的支付结算痛点,集团决定开发 RPA 网银付款机器人以代替人工完成此项工作。

任务准备

　　付款业务是财务日常工作中最重要也是风险较大的业务流程之一。传统工作模式下的付款流程主要依赖人工操作,在付款主体多、付款量大的情况下,依赖人工,则效率低下、出错率高,因而付款业务存在着诸多痛点。

例如,在进行网银付款时,若存在多种不同的支付方式和明细指令类型,则操作起来更加繁琐、耗时,导致操作效率也较低。另外,人工处理付款时,出错率较高,带来较大的资金管理风险。同时,大量重复操作也会带来较高的人力成本,无法释放财会人员的精力,去从事资金管理等更具有价值的工作。

RPA 网银付款机器人在开发之前需要准备相关开发环境,如图 6-1 和图 6-2 所示。

(1) 安装好 UiPath 开发工具。

(2) 准备好网上银行 RPA 开发环境。

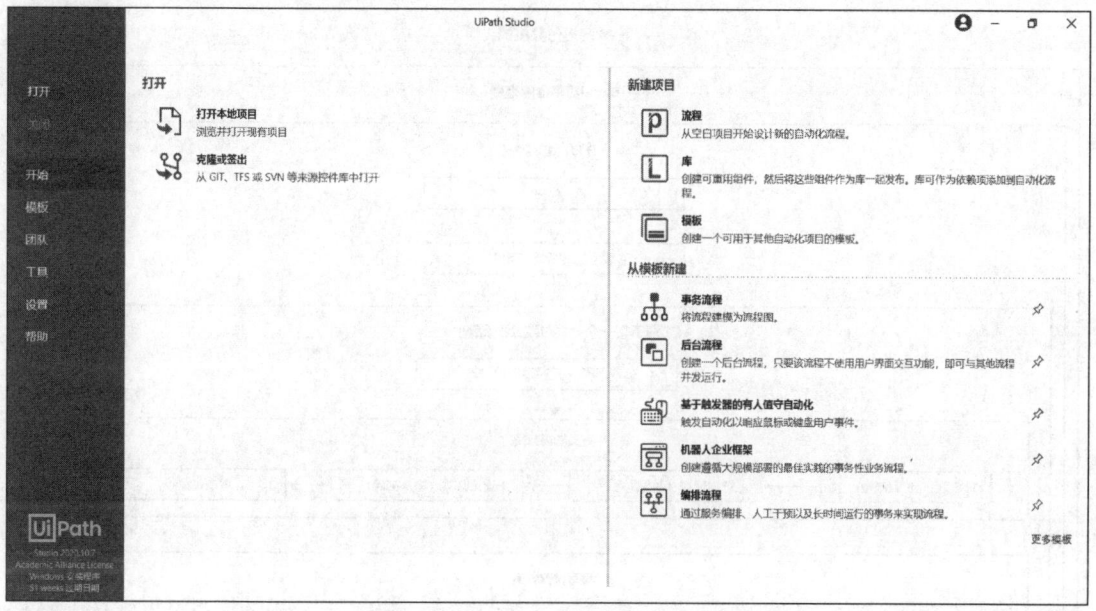

图 6-1　UiPath 开发工具

图 6-2　网上银行 RPA 开发环境

任务实施

在实务中,会计人员登录网上银行系统,根据子公司的付款清单在网银系统上提交付款申请,填写好收款人名称、账号、银行、金额及用途等信息后,即可提交申请。

因此,根据业务的关联程度以及技术层面的难易程度,可把 RPA 网银付款机器人的主流程拆分为三个子流程:读取付款清单、登录网银系统和填写付款申请。每个子流程内又嵌套控制流程和其他流程,RPA 网银付款机器人的流程标准如图 6-3 所示,实施开发要严格遵循标准进行。

小提示:
课件资源可提供操作数据:北京诚鼎集团付款清单（RPA 网银付款机器人）

```
RPA网银付款机器人
┌─────────────────────────────────────────────┐
│  Excel应用程序范围                              │
│ ┌─────────────────────────────────────────┐ │
│ │  打开浏览器                                 │ │
│ │     最大化窗口                              │ │
│ │     读取范围 (子公司信息)                    │ │
│ │ ┌───────────────────────────────────────┐│ │
│ │ │ 对于每一个行 (付款公司循环)                ││ │
│ │ │   读取范围 (子公司付款数据)                ││ │
│ │ │ ┌─────────────────────────────────────┐││ │
│ │ │ │ 登录网银系统                           │││ │
│ │ │ │ 选择项目(付款账号)→选择项目(选择角色)  │││ │
│ │ │ │ →设置文本(输入密码)→单击(登录)        │││ │
│ │ │ └─────────────────────────────────────┘││ │
│ │ │ ┌─────────────────────────────────────┐││ │
│ │ │ │ 填写付款申请                           │││ │
│ │ │ │ ┌─────────────────────────────────┐ │││ │
│ │ │ │ │ 对于每一个行                       │ │││ │
│ │ │ │ │ 设置文本(收款人名称)→设置文本(收款人账号)│││ │
│ │ │ │ │ →设置文本(收款人银行)              │ │││ │
│ │ │ │ │ 单击(提交)←设置文本(校验码)←选择项目(用途)│││ │
│ │ │ │ │ ←设置文本(金额)                   │ │││ │
│ │ │ │ └─────────────────────────────────┘ │││ │
│ │ │ │          单击(退出)                   │││ │
│ │ │ └─────────────────────────────────────┘││ │
│ │ └───────────────────────────────────────┘│ │
│ └─────────────────────────────────────────┘ │
└─────────────────────────────────────────────┘
```

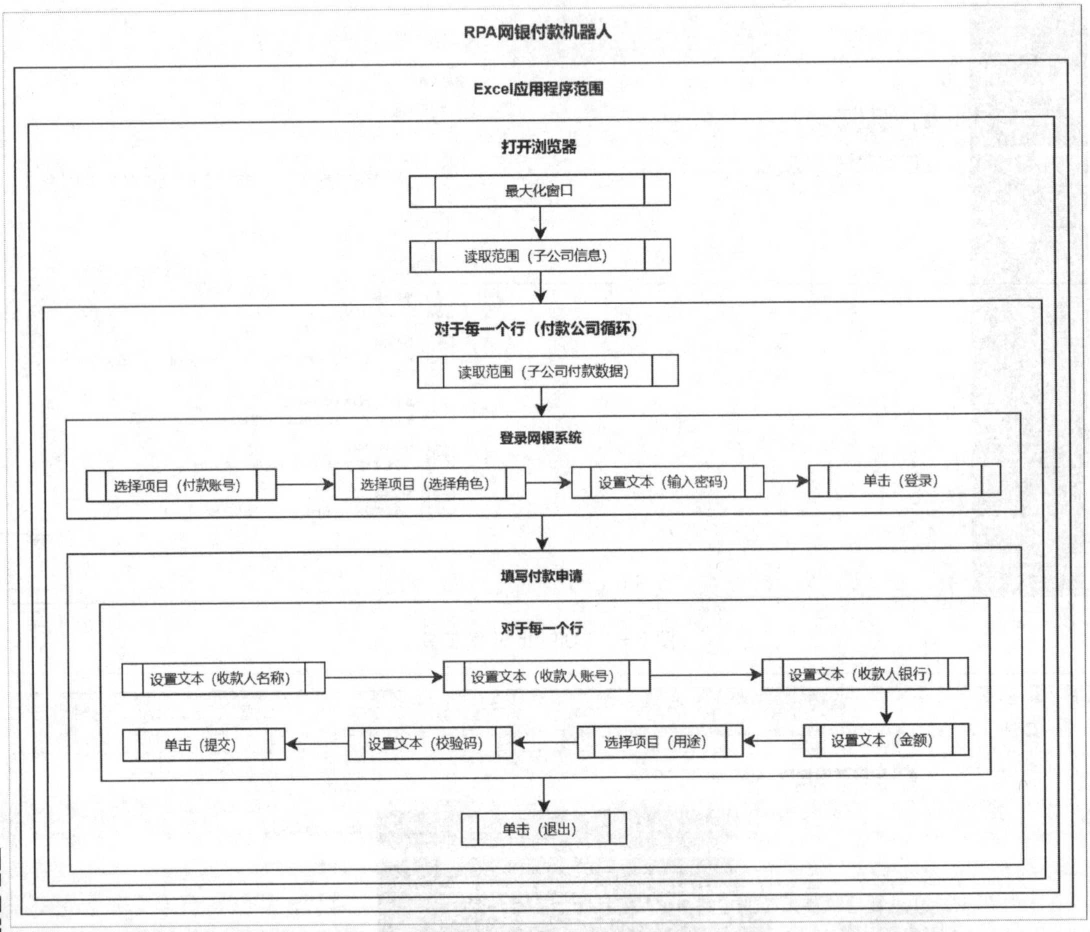

图 6-3　RPA 网银付款机器人的流程标准

RPA 网银付款机器人（一）

一、建立 RPA 网银付款机器人框架

➤ 操作步骤

步骤一:在 UiPath 中新建项目流程(空白流程),项目名称和说明填为“RPA 网银付款机器人”。

步骤二:创建完成后打开主工作流程,然后在 Main 主流程中添加“System—Activities—

RPA 网银付款机器人（二）

Statements"类别下的【序列】活动,并将该活动的名称修改为"RPA 网银付款机器人"。

步骤三:由于 RPA 网银付款机器人的操作涉及 Excel 和浏览器两个应用,因此,须在"序列"RPA 网银付款机器人中添加"应用程序集成—Excel"类别下的【Excel 应用程序范围】活动。

步骤四:在"Excel 应用程序范围"的执行序列中添加"用户界面自动化—浏览器"类别下【打开浏览器】活动。

具体如图 6-4 所示。

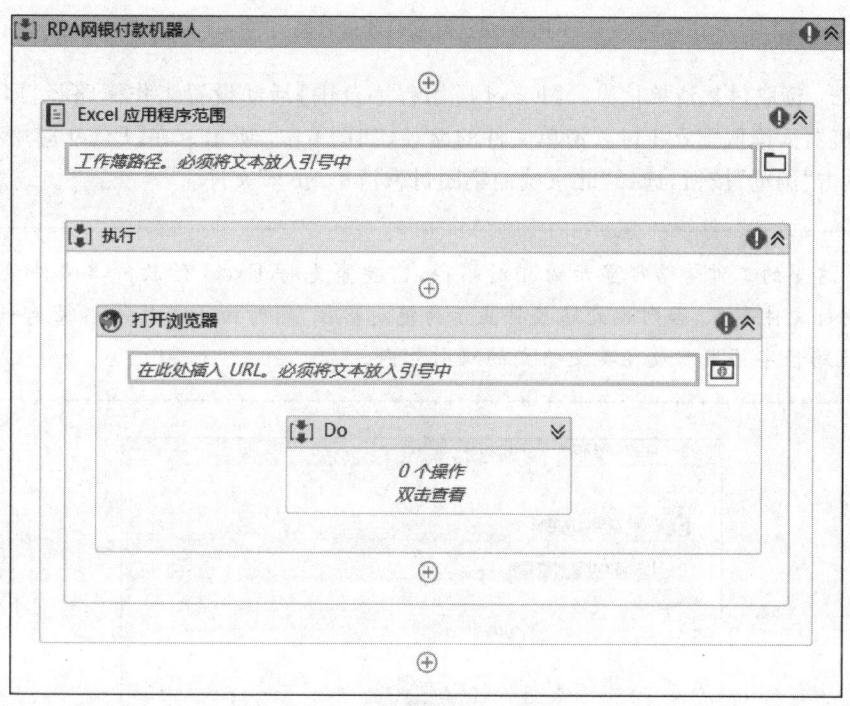

图 6-4　RPA 网银付款机器人的两个子流程

二、开发子流程

➢ 操作步骤

1. 读取付款清单

步骤一:设计付款清单。Excel 付款清单的内容分为两部分,分别是企业信息和子公司付款数据。由于北京诚鼎集团有两家子公司的付款清单需要处理,因此在付款清单文件中增加了一个"企业信息"工作表,包括付款人名称、付款账号、人员权限及操作等内容。通过读取并引用企业信息,可以控制 RPA 机器人登录到子公司对应的网银账号,读取到对应的子公司付款数据,如图 6-5 所示。

付款人名称	付款账号	人员权限	操作
北京浩龙建设有限公司	6213026698354103295	000001　制单员	仅制单
北京真宏建设有限公司	6213022149958548909	000001　制单员	仅制单

图 6-5　付款人信息表

子公司付款数据的工作表应根据在网上银行付款时所需的信息进行设计。根据网银付款的必要填写信息，设计出付款清单的内容应包括网银付款信息表表头和网银付款信息内容。网银付款信息表表头包括收款人名称、收款人账号、收款人银行、金额、用途及制单校验码等，网银付款信息内容是公司计划付款的详细信息，如图 6－6 所示。

收款人名称	收款人账号	收款人银行	金额(元)	用途	制单校验码
深圳鼎伦运输有限公司	6222405********4905	中国农业银行深圳分行	1700.42	服务费	x9t5959bq858v7v9195xp738
哈尔滨途盟开发有限公司	6238418********8134	中国工商银行哈尔滨分行	3757.42	备用金	p1w4693ix877x7z4313aq615
深圳澄金运输有限公司	6252017********3024	中国民生银行深圳分行	5491.18	服务费	m7m8063ty298y6j9255g1727
上海丰润工业有限公司	6249656********3421	中国银行上海分行	3488.81	备用金	j2h3561rv564i3o8228ug567

图 6－6 网银付款信息表

步骤二：读取付款清单信息。【Excel 应用程序范围】活动设置工作簿路径，即设置 RPA 网银付款机器人读取 Excel 付款清单文件的路径，如图 6－7 所示。在【Excel 应用程序范围】活动中，单击"浏览"按钮，选择"北京诚鼎集团付款清单.xlsx"文件。

【注意】这里的工作簿路径显示为相对路径，需要事先将 Excel 付款清单文件放在当前 RPA 项目文件夹下，否则此处路径将显示为绝对路径，同时由于工作簿路径是一个字符串，因此路径字符串需放在英文格式的双引号内。

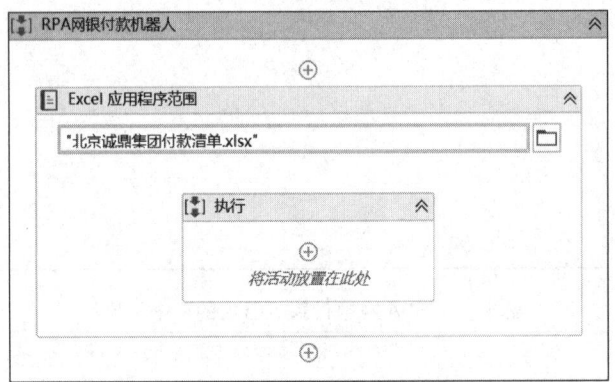

图 6－7 【Excel 应用程序范围】活动设置

步骤三：登录课程平台，打开 RPA 环境，进入网银系统，复制 URL 地址，将复制的地址插入【打开浏览器】活动，前后需要加英文格式双引号。同时，点击"属性面板"，将输入浏览器类型设置为"Chrome"，如图 6－8 和图 6－9 所示。

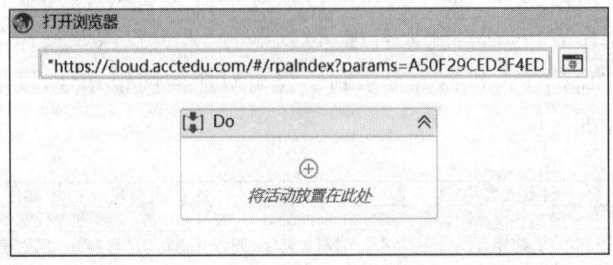

图 6－8 复制 URL 网址，插入【打开浏览器】活动

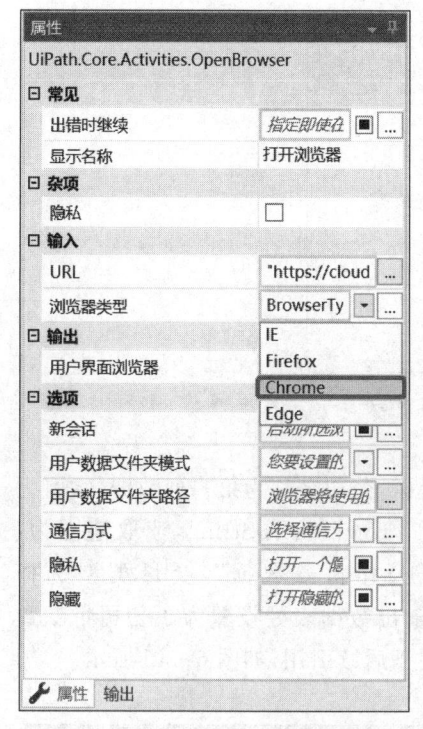

图6-9 【打开浏览器】活动设置

步骤四：在【打开浏览器】活动的"Do"序列中添加"用户界面自动化—窗口"类别下的【最大化窗口】活动，如图6-10所示。

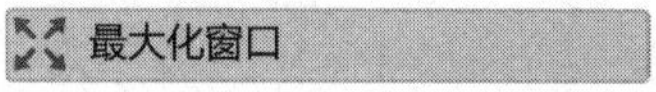

⟨⟩ 最大化窗口

图6-10 添加【最大化窗口】活动

步骤五：现已打开机器人运行所操作的两个软件：Excel和Chrome浏览器，可以开始进行读取数据的操作了。添加"应用程序集成—Excel"类别下的【读取范围】活动，修改活动的显示名称为"读取范围（子公司信息）"，设置输入工作表为："企业信息"，读取范围为："A1"，如图6-11所示。在变量面板中创建变量"子公司信息"，变量类型选择"DataTable"，变量范围设置为"RPA网银付款机器人"，即该变量在整个项目的控制流程范围内都有效。随后，输出数据表处设置为子公司信息，即可将读取的内容储存到变量表子公司信息中，便于后续引用，如图6-12所示。

步骤六：子公司的企业信息已经读取完毕，企业信息工作表的每一行数据代表一家子公司的信息，通过对子公司信息变量的引用，可以控制循环读取每家子公司的付款数据，进行付款操作。添加"编程—数据表"类别下的【对于每一个行】活动，修改显示名称为"对于每一个行（付款公司循环）"，输入数据表处设置为子公司信息，以进行循环引用，如图6-13所示。

属性

UiPath.Excel.Activities.ExcelReadRange

⊟ 常见
　显示名称　　　　　　　读取范围（子公司信息）
⊟ 杂项
　隐私　　　　　　　　　☐
⊟ 输入
　工作表名称　　　　　　"企业信息"　　　...
　范围　　　　　　　　　"A1"　　　　　　...
⊟ 输出
　数据表　　　　　　　　子公司信息　　　　...
⊟ 选项
　使用筛选器　　　　　　☐
　保留格式　　　　　　　☐
　添加标头　　　　　　　☑

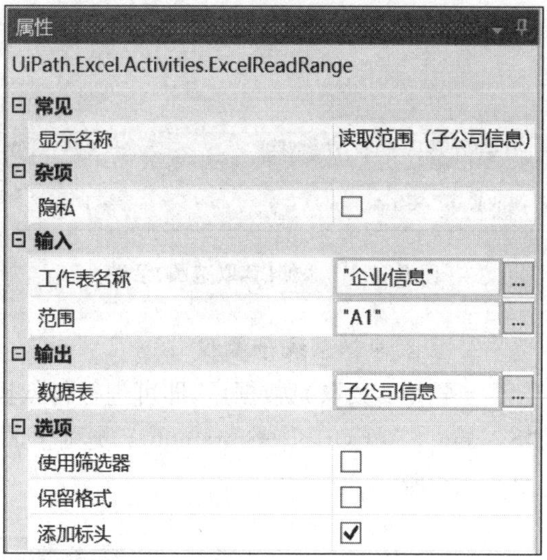

图6-12 设置【读取范围】活动读取子公司信息

▒ 读取范围（子公司信息）

"企业信息"　　　　　　　　　"A1"

图6-11 添加【读取范围】活动

步骤七：在【对于每一个行】的正文序列中，添加"应用程序集成—Excel"类别下的【读取范围】活动，修改显示名称为"读取范围（子公司付款数据）"。在设计付款清单时，付款数据工

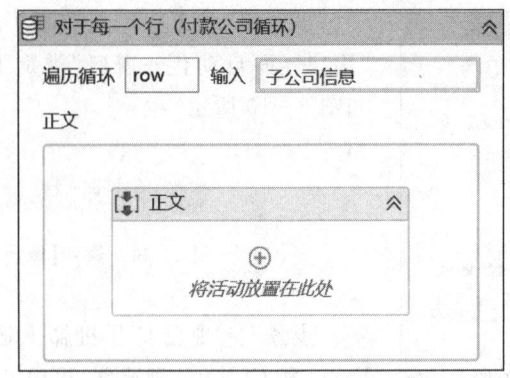

图 6-13　【对于每一个行】活动设置

作表的名称,均为对应子公司的名称,而在子公司信息变量中,公司名称为第一列数据(索引为0)。因此为了读取子公司付款数据,设置输入工作表为:row(0).ToString,读取范围为:"A1",如图 6-14 所示。在变量面板中创建变量"子公司付款数据",变量类型选择"DataTable",变量范围设置为"RPA 网银付款机器人"。输出数据表处设置为子公司付款数据,即可将读取的内容储存到变量表子公司付款数据中,便于后续引用,如图 6-15 所示。

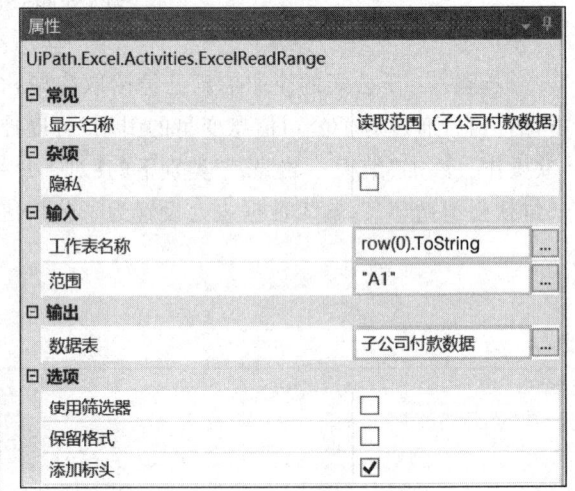

图 6-14　添加【读取范围】活动

图 6-15　【读取范围】活动设置

2.登录网银系统子流程

步骤一:读取完数据后,即可进行付款操作,首先需要登录对应子公司的网银账号。添加"System—Activities—Statements"类别下的【序列】活动,修改显示名称为"登录网银系统",如图 6-16 所示。

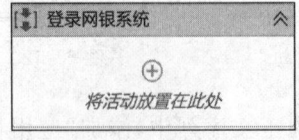

图 6-16　登录网银系统序列

步骤二：添加"用户界面自动化—元素—控件"类别下的【选择项目】活动,修改名称为"选择项目(付款账号)",通过"指明在屏幕上"功能拾取"付款账号"选项。由于付款账号在子公司信息的第二列,因此设置输入文本为"row(1).ToString",如图6-17所示。

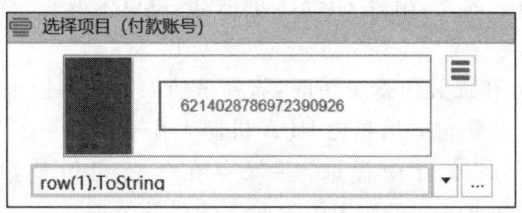

图6-17 【选择项目】活动设置

步骤三：添加"用户界面自动化—元素—控件"类别下的【选择项目】活动,修改名称为"选择项目(选择角色)",通过"指明在屏幕上"功能拾取"角色"选项。由于人员角色在子公司信息的第三列,因此设置输入文本为"row(2).ToString",如图6-18所示。

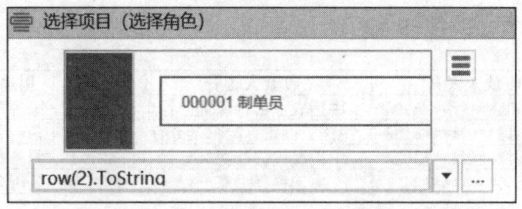

图6-18 【选择项目】活动设置

步骤四：添加"用户界面自动化—元素—控件"类别下的【设置文本】活动,修改名称为"设置文本(输入密码)",通过"指出浏览器中的元素"功能拾取网银登录界面中的密码输入框,并设置输入文本为："123456",如图6-19所示。

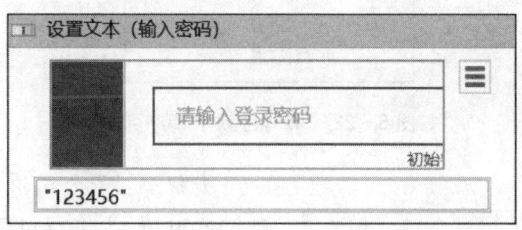

图6-19 设置【设置文本】活动输入密码

步骤五：添加"用户界面自动化—元素—鼠标"类别下的【单击】活动,修改名称为"单击(登录)",通过"指出浏览器中的元素"功能拾取网银登录界面中的"登录"按钮,如图6-20所示。

图6-20 单击(登录)

3. 填写付款申请子流程

该子流程的核心在于自动填写转账申请中的各条信息,因此关键在于填写付款申请中的循环设置。在付款数据工作表中,可以看到表格的每一行都代表着一条付款信息,包含了提交付款申请的必要填写项目。因此,结合 UiPath 的活动,可以采取每一行循环填写的活动,嵌套文本输入,实现自动填写。

RPA 网银付款机器人在提交付款申请时,需要模仿人类在网银系统上循环填写支付给收款人(单位)的转账信息。这些付款信息由 RPA 机器人在子流程——"读取付款清单"中从"北京诚鼎集团付款清单.xlsx"文件中提取,并保存在子公司付款数据变量中。该变量是"DataTable"类型,保存着从 Excel 工作表中提取到的付款数据。

子公司付款数据中存储的数据类似 Excel 中行列交叉的表格数据,其中数据的行和列均从"0"开始编号。例如,若要访问子公司付款数据中存储的"深圳鼎伦运输有限公司"字符串时,使用的代码是子公司付款数据"(0)(0).ToString",".ToString"是调用子公司付款数据"(0)(0)"对象,将其转为字符串类型的 ToString 过程。若要访问子公司付款数据中每一行的第一列信息时,使用的代码是"row(0).ToString",括号中的数字代表索引,第一列的索引为"0"。收款人信息表如图 6-21 所示。

收款人名称	收款人账号	收款人银行	金额	用途	制单校验码
深圳鼎伦运输有限公司	6222405********4905	中国农业银行深圳分行	1700.42	服务费	x9t5959bq858v7v9195xp738
哈尔滨途盟开发有限公司	6238418********8134	中国工商银行哈尔滨分行	3757.42	备用金	p1w4693ix877x7z4313aq615
深圳澄金运输有限公司	6252017********3024	中国民生银行深圳分行	5491.18	服务费	m7m8063ty298y6j9255gl727
上海丰润工业有限公司	6249656********3421	中国银行上海分行	3488.81	备用金	j2h3561rv564i3o8228ug567

图 6-21　收款人信息表

步骤一:添加"System—Activities—Statements"类别下的【序列】活动,修改显示名称为"填写付款申请",在该序列中进行付款信息的填写提交操作,如图 6-22 所示。

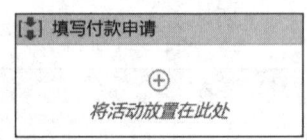

图 6-22　填写付款申请序列

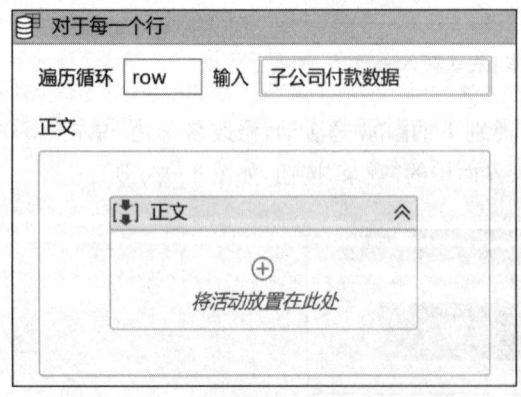

图 6-23　【对于每一个行】活动设置

步骤二:子公司付款数据的每一行代表一条付款申请,为进行付款申请的循环填写提交,可采取【对于每一个行】活动。在填写付款申请序列后,添加"编程—数据表"类别下的【对于每一个行】活动,输入数据表处设置为子公司付款数据,如图 6-23 所示。

步骤三:添加"用户界面自动化—元素—控件"类别下的【设置文本】活动,修改显示名称为"设置文本(收款人名称)",通过"指明在屏幕上"功能拾取"收款人名称"选项,由于收款人名称在每一行的第一列,因此设置输入文本为"row(0).ToString",如图 6-24 所示。

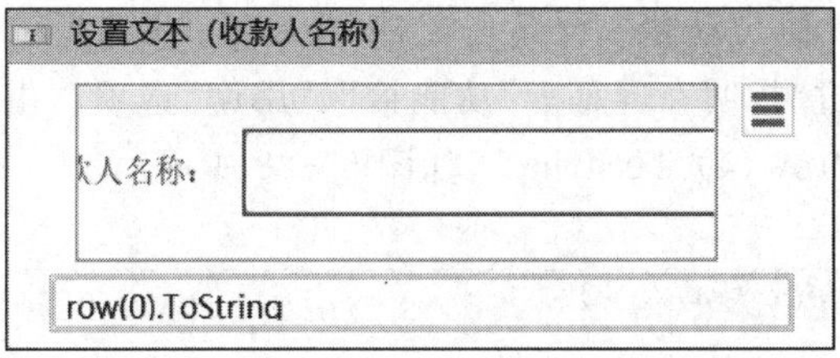

图 6 - 24　设置【设置文本】活动输入收款人名称

步骤四：添加"用户界面自动化—元素—控件"类别下的【设置文本】活动,修改显示名称为"设置文本(收款人账号)",通过"指明在屏幕上"功能拾取"收款人账号"选项。由于收款人账号在每一行的第二列,因此设置输入文本为"row(1).ToString",如图 6 - 25 所示。

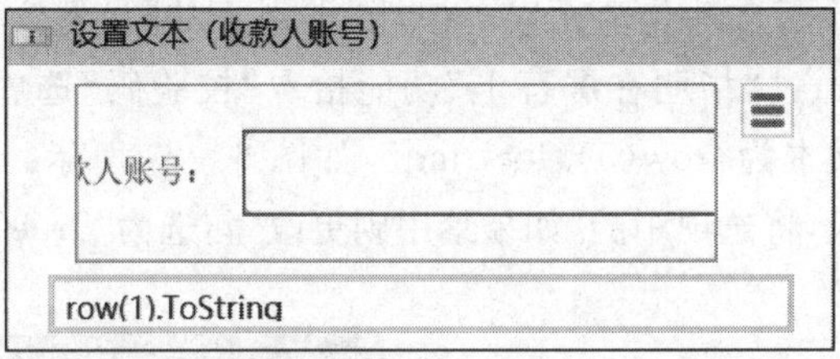

图 6 - 25　设置【设置文本】活动输入收款人账号

步骤五：添加"用户界面自动化—元素—控件"类别下的【设置文本】活动,修改显示名称为"设置文本(收款人银行)",通过"指明在屏幕上"功能拾取"收款人银行"选项。由于收款人银行在每一行的第三列,因此设置输入文本为"row(2).ToString",如图 6 - 26 所示。

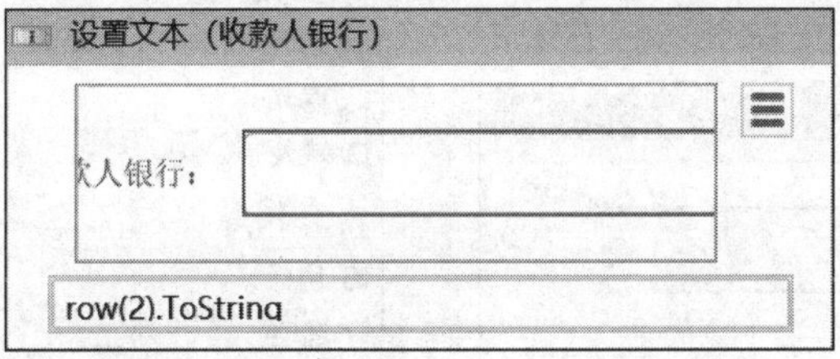

图 6 - 26　设置【设置文本】活动输入收款人银行

步骤六：添加"用户界面自动化—元素—控件"类别下的【设置文本】活动,修改显示名称为"设置文本(金额)",通过"指明在屏幕上"功能拾取"金额"选项。由于金额在每一行的第四列,因此设置输入文本为"row(3).ToString",如图 6 - 27 所示。

图 6 - 27　设置【设置文本】活动输入金额

步骤七：添加"用户界面自动化—元素—控件"类别下的【选择项目】活动,修改显示名称为"选择项目(用途)",通过"指明在屏幕上"功能拾取"用途"选项。由于用途在每一行的第五列,因此设置输入文本为"row(4).ToString",如图6-28所示。

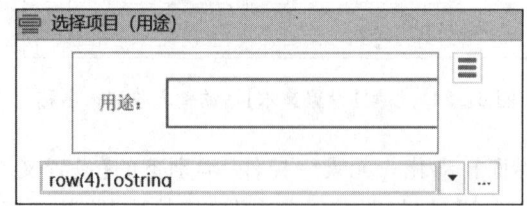

图6-28　【选择项目】活动设置

步骤八：添加"用户界面自动化—元素—控件"类别下的【设置文本】活动,修改显示名称为"设置文本(校验码)",通过"指明在屏幕上"功能拾取"校验码"选项。由于校验码在每一行的第六列,因此设置输入文本为"row(5).ToString",如图6-29所示。由于校验码不可手动输入,因此需要点击属性面板,将选项中的"如果禁用则更改"勾选为"True"状态,如图6-30所示。

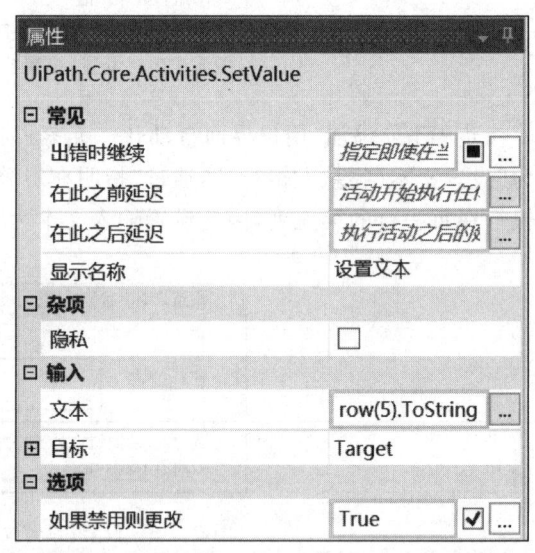

图6-29　添加【设置文本】活动　　　　图6-30　设置【设置文本】活动输入校验码

步骤九：付款信息已经全部填写完毕,可以提交该条付款申请。添加"用户界面自动化—元素—鼠标"类别下的【单击】活动,修改显示名称为"单击(提交)",通过"指明在屏幕上"功能拾取"提交"选项,如图6-31所示。

图6-31　单击(提交)

步骤十：当一家子公司付款数据全部提交完毕，即可退出登录，进行下一家子公司的付款操作。添加"用户界面自动化—元素—鼠标"类别下的【单击】活动，修改显示名称为"单击（退出）"，通过"指明在屏幕上"功能拾取"退出"选项，如图 6-32 所示。

图 6-32 单击(退出)

【总结拓展】

RPA 机器人的开发是为了提高会计人员的工作效率，解放其精力，使其可以从事更有价值的管理工作。但是开发 RPA 机器人并不意味着脱离实际业务，实际上 RPA 机器人的开发正是建立在对实际工作十分熟悉的基础之上的。特别是面对更加复杂、多样化的业务情景，只有深入明白其业务原理，才能结合技术，实现 RPA 机器人的开发。

在本任务网银付款中，付款情景的流程比较简单，登录后填写付款信息即可完成付款申请流程，因此可以根据业务流程大致设计出 RPA 机器人的搭建流程，开发关键在于掌握循环填写的相关活动应用。在熟悉业务流程的基础上，结合循环填写活动，即可搭建出 RPA 网银付款机器人。

【想一想】

1. 对于循环填写付款信息，任务中采取的是【对于每一个行】活动，能否采取 UiPath 中其他活动来达成信息的循环填写呢？

2. 根据任务概述，尝试不依赖流程图和开发步骤的提示，从零自主开发网银付款机器人。

3. 如果将案例中的网银付款场景换成代发工资，应如何设计流程和实施开发？

任务二 RPA 银企对账机器人的应用与开发

 任务场景

北京宏信集团下有三家子公司，分别是北京定采工业有限公司、北京华茂工业有限公司及北京新城工业有限公司。集团财务人员需在月末对子公司的银行存款进行对账工作，编制银行存款余额调节表，并将对账结果储存在集团的银企对账管理系统中。由于子公司有多家且银行存款交易量大，人工进行对账工作量大、效率低下，还存在对账差错的风险。针对这样的工作痛点，本任务要求开发 RPA 银企对账机器人以代替人工完成此项工作。

任务准备

　　银企对账是内部控制的一项经常性工作，对企业而言，银企对账可以保证企业资金安全性，规范企业会计核算。对于财务人员而言，银企对账可以避免和纠正因银行与企业账务不一致而引发的一系列风险隐患。

　　在实际工作中，财务人员需要按银行、账户逐个对账，大量的手工作业往往会造成对账不及时、对账单回收困难等问题，不仅耗费大量人力、物力，有时还存在疏漏，无法起到良好的风险防范效果。因此，如何提高银行对账单处理的效率和正确率已成为企业财务人员及管理层关注的重点问题。

　　RPA银企对账机器人可以将对账流程自动化。通过利用RPA银企对账机器人代替人工执行银企对账工作，不仅降低人力成本，释放人力至具有更高附加值的工作中，还可提高银企对账的效率，大幅降低人工风险及对企业造成损失的概率，进而令企业的应收、应付等资金循环周期都将变短，客户及员工的满意度得到提高。总之，RPA银企对账机器人将会是财会人员未来财务工作中的"得力助手"。

　　开发RPA银企对账机器人之前需要准备相关的开发环境，安装好UiPath开发工具，如图6-33所示。

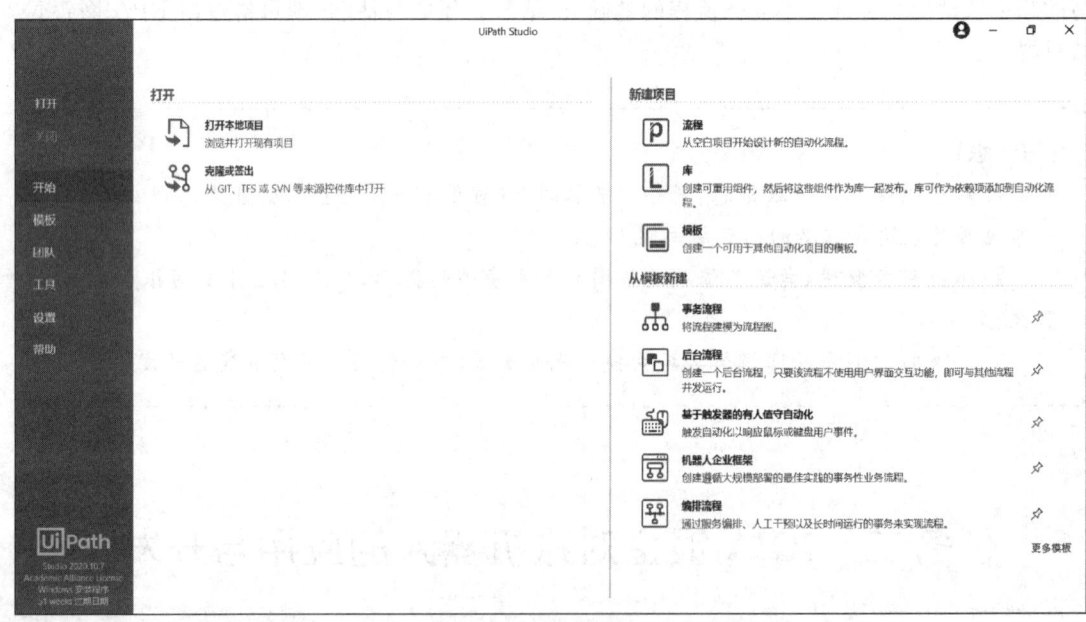

图6-33　安装好UiPath开发工具

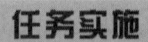

任务实施

　　在月底的会计对账工作中，会计人员需要针对银行存款日记账和银行对账单两者进行对账，编制银行余额调节表来调整二者之间的未达账项。将未达账项分类填入余额调节表的对应栏目，即可算出调节后的余额。

根据业务的关联程度以及技术实现的难易程度,可把 RPA 银企对账机器人的主要流程拆分为五个子流程:筛选银行存款对账单、筛选银行存款日记账、核对不符数据、填写余额调节表、填写平台余额调节表。每个子流程内又嵌套控制流程和其他流程,RPA 银企对账机器人的流程标准如图 6-34 所示,实施开发要严格遵循标准进行。

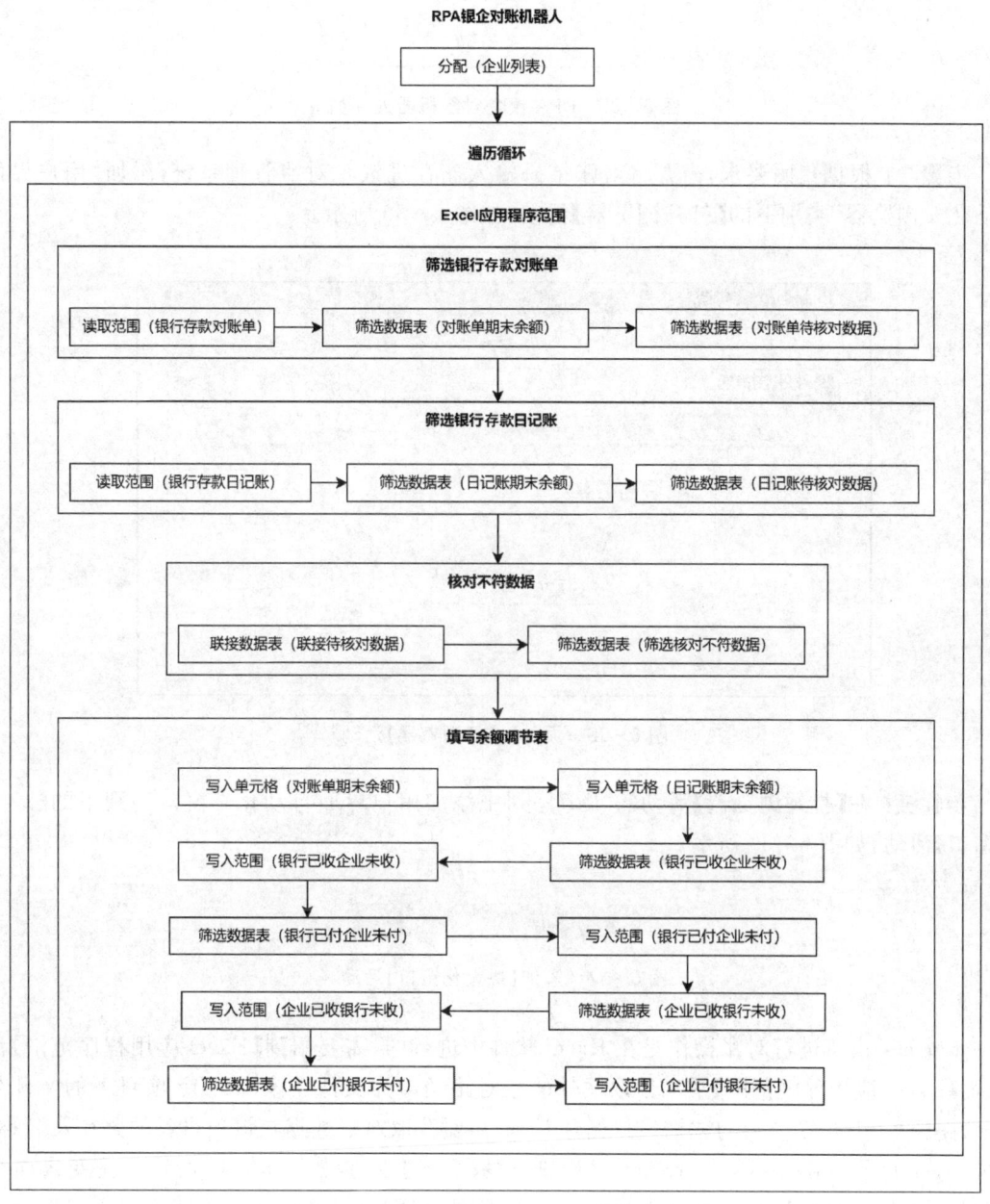

图 6-34　RPA 银企对账机器人的流程标准

一、建立 RPA 银企对账机器人框架

➤ 操作步骤

步骤一:在 UiPath 中新建项目流程(空白流程),项目名称修改为"RPA 银企对账机器

人"。创建完成后打开主工作流,然后在"Main"主工作流中添加【序列】活动,并将【序列】名称修改为"RPA 银企对账机器人",如图 6-35 所示。

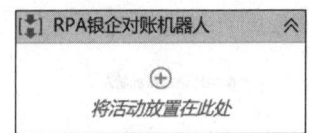

图 6-35　RPA 银企对账机器人序列

步骤二:根据集团要求,需要将对账结果输入储存进银企对账管理系统,添加"用户界面自动化—浏览器"类别下的【打开浏览器】活动,如图 6-36 所示。

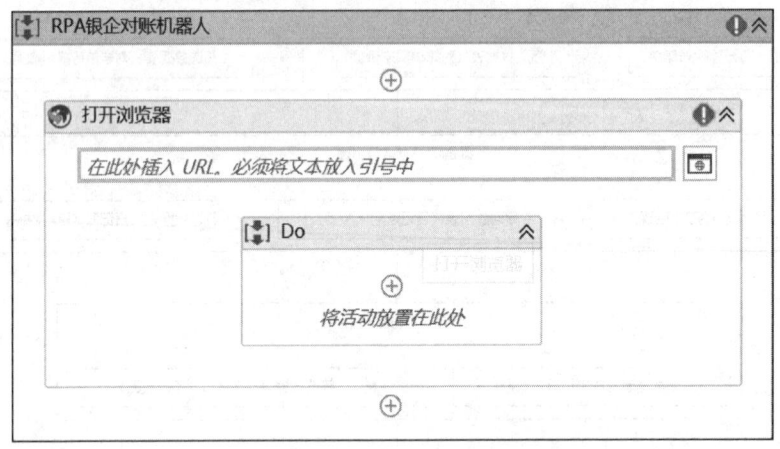

图 6-36　添加【打开浏览器】活动

步骤三:在【打开浏览器】活动的"Do"序列中添加用户界面自动化—窗口类别下的【最大化窗口】活动,如图 6-37 所示。

图 6-37　添加【最大化窗口】活动

步骤四:由于进行对账操作是在 Excel 软件中进行的,需要用到【Excel 应用程序范围】活动,而【Excel 应用程序范围】活动读取文件的相对路径即为文件在该 UiPath 项目下的文件名(包含路径)。对每家公司的数据进行循环对账,需要获取对账数据在该项目下的路径及名称。添加"System—Activities—Statements"类别下的【分配】活动,如图 6-38 所示。在变量面板创建变量"企业列表",变量类型为"String[]",范围为"RPA 银企对账机器人"。此变量用于储存三家子公司对账数据的文件名称(包含其路径),便于后续引用。设置"企业列表 = directory.GetFiles("银企对账数据","＊")"。"Directory.GetFiles(string path,string searchPattern)"函数可返回指定目录中与指定的搜索要求匹配的文件名称(包含其路径),其中:"path"为要搜索的目录的相对或绝对路径,不区分大小写;"searchPattern"为搜索要求,最终返回 path 中的文件名与 searchPattern 匹配的文件,可包含有效文本路径和通配符(＊和?)的组合。由于文件储存在该 UiPath 项目下的"银企对账数据"文件夹,且路径名称不止一个字符,因此 path 为"银企对账数据",searchPattern 使用星号(＊)通配符。

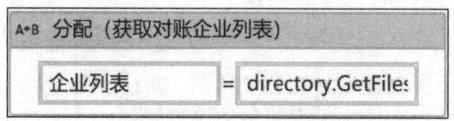

图 6-38 【分配】活动设置

步骤五:添加"工作流—控件"类别下的【遍历循环】活动,设置输入值为变量"企业列表"。之前已将需要对账的文件名称储存在"企业列表"中,此活动用于针对变量"企业列表"中的每一个文件名依次进行遍历循环,如图 6-39 所示。

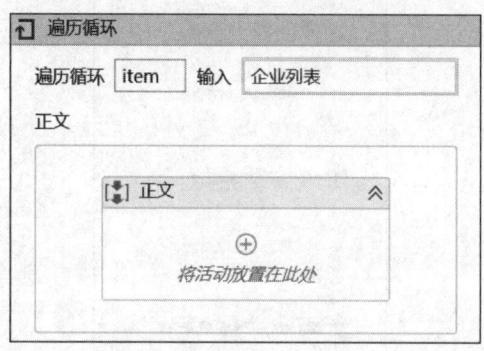

图 6-39 【遍历循环】活动设置

步骤六:在【遍历循环】的正文中添加"应用程序集成—Excel—表格"类别下的【Excel 应用程序范围】活动。对账数据需在 Part1【案例描述】下的业务数据及规范处提前下载,在源码包所在文件夹下新建"银企对账数据"文件夹,将下载的对账数据解压后保存在该文件夹下。每一次循环,"item"会引用企业列表中的元素即对账数据的路径及文件名,因此设置【Excel 应用程序范围】活动的工作簿路径为"item.ToString",如图 6-40 所示。

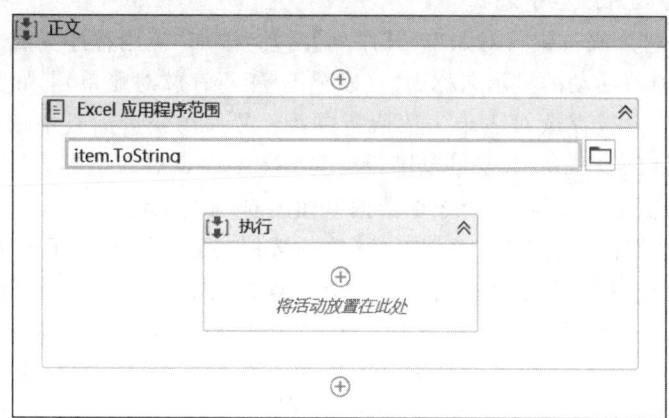

图 6-40 添加【Excel 应用程序范围】活动

步骤七：在【Excel 应用程序范围】活动的执行序列中添加五个【序列】活动，并将这五个活动的显示名称分别命名为"序列(筛选银行存款对账单)""序列(筛选银行存款日记账)""序列(核对不相符数据)""序列(填写余额调节表)"及"序列(填写平台余额调节表)"，如图 6-41 所示。

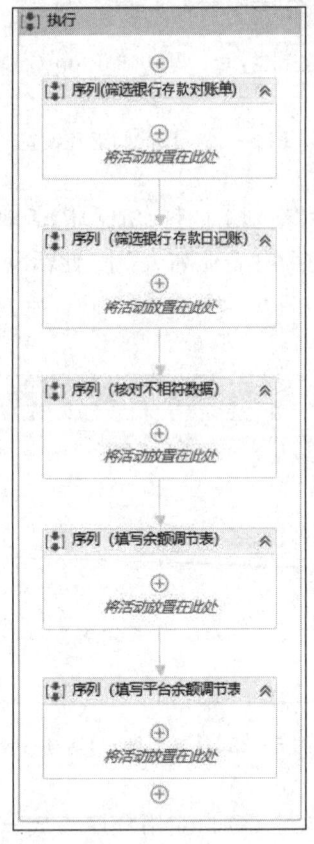

图 6-41 添加五个"序列"活动

二、开发子流程

➤ 操作步骤

1. 筛选银行存款对账单子流程

步骤一：点击进入筛选银行对账单的【序列】活动，添加"应用程序集成—Excel"类别下的【读取范围】活动，修改活动的显示名称为"读取范围(银行存款对账单)"，如图 6-42 所示。输入工作表设置为："银行存款对账单"，读取范围为：""。在变量面板中创建变量"对账单数据"，变量类型选择"DataTable"，变量范围设置为"RPA 银企对账机器人"。随后，针对【读取范围】活动，输出数据表处设置为"对账单数据"，如图 6-43 所示。

步骤二：添加"编程—数据表"类别下的【筛选数据表】活动，在显示名称中增加"(对账单期末余额)"。创建变量"对账单期末余额"，变量类型选择"DataTable"，变量范围设置为"RPA 银企对账机器人"，用于储存期末余额数据。点击"筛选器向导"，输入数据表处设置为"对账单数据"，输出数据表处设置为"对账单期末余额"，如图 6-44 所示。在行筛选模式处将规则定为保留第四列含"本月合计"的行的数据(索引为"3")。这一步是为了将对账单的期末余额提取出来，方便后续余额调节表的填写，如图 6-45 所示。

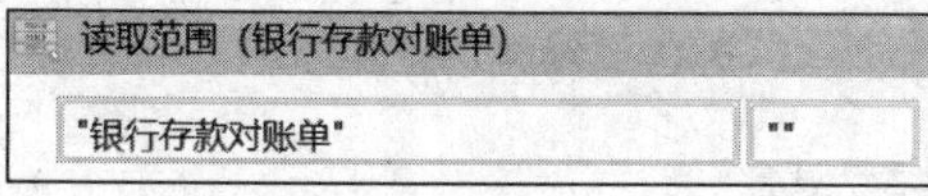

属性

UiPath.Excel.Activities.ExcelReadRange

常见	
显示名称	读取范围 (银行存款对账单)
杂项	
隐私	☐
输入	
工作表名称	"银行存款对账单" ...
范围	"" ...
输出	
数据表	对账单数据 ...
选项	
使用筛选器	☐
保留格式	☐
添加标头	☑

读取范围 (银行存款对账单)

"银行存款对账单"　""

图 6-42　添加【读取范围】活动 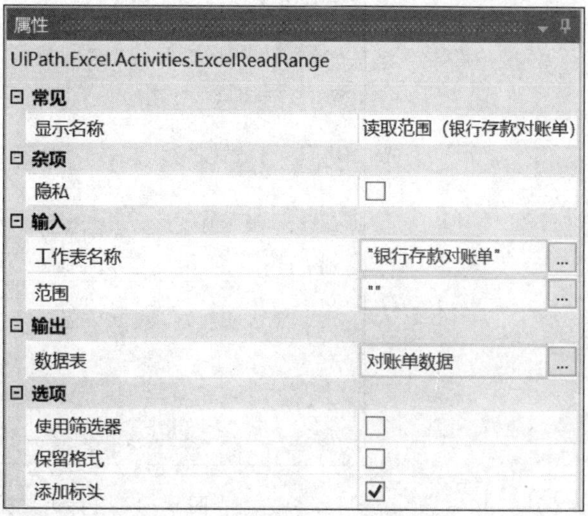　　　　　图 6-43　【读取范围】活动设置

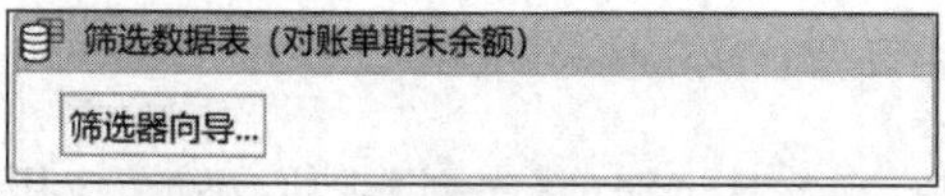

筛选器向导　　　　　　　　　　? ✕

输入数据表 对账单数据　　　　　输出数据表 对账单期末余额

筛选行　输出列

行筛选模式

⊙ 保留　○ 删除

列	操作	值		
3	=	"本月合计"	×	+

确定　取消

筛选数据表 (对账单期末余额)

筛选器向导...

图 6-44　添加【筛选数据表】活动 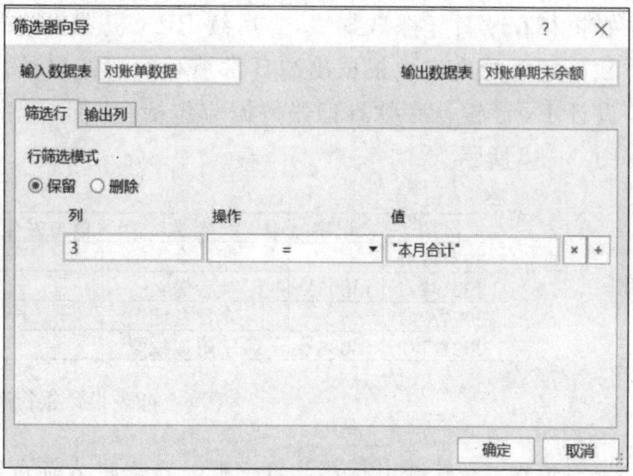　　　　图 6-45　【筛选数据表】活动设置

步骤三：添加"编程—数据表"类别下的【筛选数据表】活动,在显示名称中增加"(对账单待核对数据)",如图 6-46 所示。创建变量"对账单待核对数据",变量类型选择"DataTable",变量范围设置为"RPA 银企对账机器人",用于储存待核对的明细信息,核对未达账项。点击"筛选器向导",输入数据表处设置为"对账单数据",输出的数据表处设置为"对账单待核对数据"。在行筛选模式处将规则定为：删除第四列为空、包含期初余额、包含本月合计的行的数据(索引为"3")。这一步是为了将无关数据剔除,只留下需要核对的每一条交易信息,以便在第三个子流程中进行核对,如图 6-47 所示。

图 6-46　添加【筛选数据表】活动

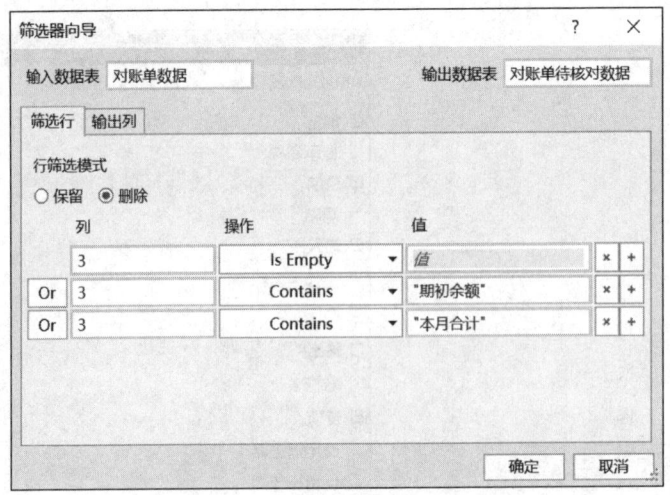

图 6-47 【筛选数据表】活动设置

2. 筛选银行存款日记账子流程

步骤一：设计 Excel 银行存款日记账。银行存款日记账由会计人员编制，因此应先设计好银行存款日记账数据表，为后续 RPA 机器人进行银企对账做好数据准备。Excel 银行存款日记账的内容应根据出纳日常填写的日记账信息进行设计。根据银行存款日记账信息，设计 Excel 银行存款日记账数据应包括：日期、记字、摘要、借方发生额、贷方发生额、余额，如图 6-48 所示。

日期	记字	摘要	借方发生额(元)	贷方发生额(元)	余额(元)
2021/7/1		期初余额	—		4 431 126.00
2021/7/1	记005号	社会保险	—	8 199.90	4 422 926.10
2021/7/1		本日合计	—	8 199.90	4 422 926.10
2021/7/2	记006号	缴纳附加税费	—	840.00	4 422 086.10

图 6-48 设计银行存款日记账

步骤二：筛选银行存款日记账。点击进入筛选银行存款日记账的【序列】活动，添加"应用程序集成—Excel"类别下的【读取范围】活动，修改活动的显示名称为"读取范围（银行存款日记账）"，如图 6-49 所示。输入工作表设置为："银行存款日记账"，读取范围为："A1"。创建变量"日记账数据"，变量类型选择"DataTable"，变量范围设置为"RPA 银企对账机器人"。随后，针对读取范围活动，输出数据表处设置为"日记账数据"，如图 6-50 所示。

图 6-49 添加【读取范围】活动

步骤三：添加"编程—数据表"类别下的【筛选数据表】活动，在显示名称中增加"（日记账期末余额）"，如图 6-51 所示。创建变量"日记账期末余额"，变量类型选择"DataTable"，变量范围设置为"RPA 银企对账机器人"，用于储存期末余额数据，以填写余额调节表。点击"筛选器向导"，输入数据表处设置为"日记账数据"，输出数据表处设置为"日记账期末余额"，在行筛

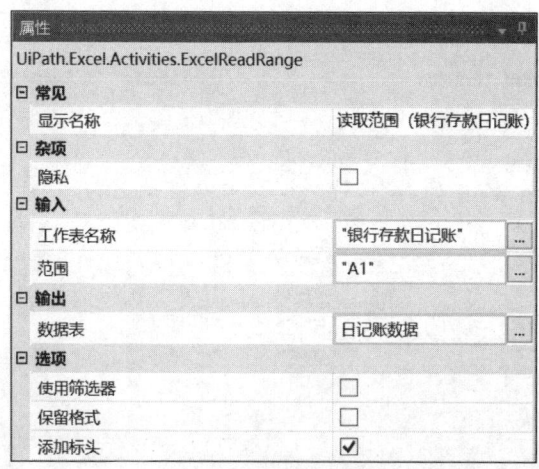

图6-50　【读取范围】活动设置

选模式处将规则定为保留第三列含"本月合计"的行的数据。这一步是为了将日记账的期末余额提取出来,方便余额调节表的填写,如图6-52所示。

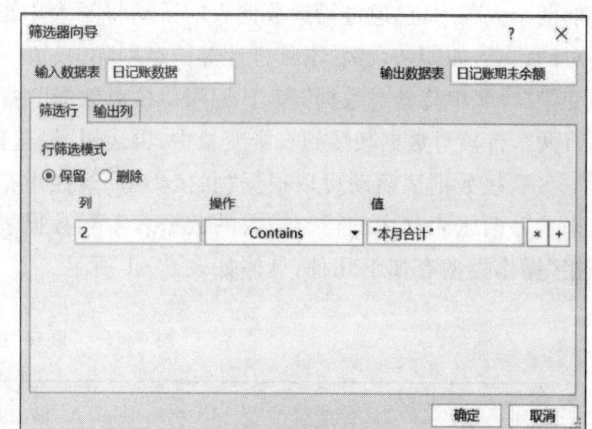

图6-51　添加【筛选数据表】(日记账
　　　　　期末余额)活动

图6-52　【筛选数据表】活动设置

步骤四:添加"编程—数据表"类别下的【筛选数据表】活动,在显示名称中增加"(日记账待核对数据)",如图6-53所示。创建变量"日记账待核对数据",变量类型选择"DataTable",变量范围设置为"RPA银企对账机器人",用于储存待核对的明细信息,核对未达账项。点击"筛选器向导",输入数据表处设置为"日记账数据",输出数据表处设置为"日记账待核对数据",在行筛选模式处将规则定为:删除第三列为空、包含期初余额、包含本日合计、包含本月合计的行的数据(索引为"2")。这一步是为了将无关数据剔除,只留下需要核对的每一条交易信息,以便在第三个子流程中进行核对,如图6-54所示。

图6-53　添加【筛选数据表】(日记账待核对数据)活动

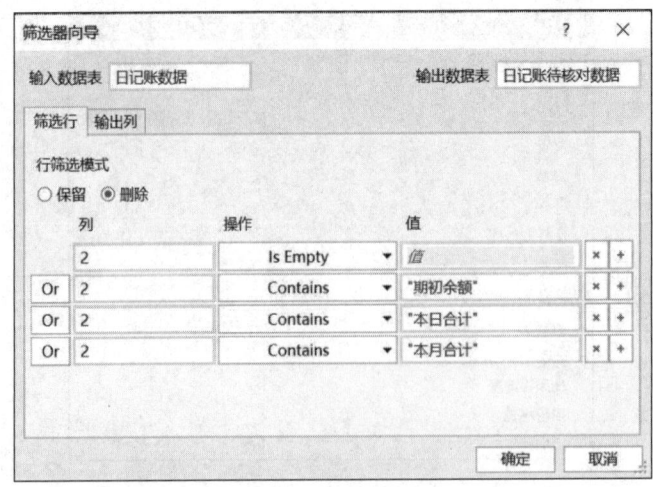

图 6-54 【筛选数据表】活动设置

3. 核对不符数据子流程

本流程为整个银企对账的核心,即核对银行存款对账单和银行存款日记账,找出未达账项。前两个流程中,已通过筛选数据表的活动将子表中银行存款对账单和银行存款日记账中无须核对的信息,如期初余额、本月合计等信息剔除,只留下具体需要核对的每一条明细,并分别存储于变量"对账单待核对数据"和"日记账待核对数据"中。在本流程中,需要用到【联接数据表】活动,将两个待核对数据联接到一个变量中,再运用"筛选数据表"活动对其筛选,找出未达账项。

联接数据表活动可以根据"联接类型"属性中指定的"联接"规则,并使用两张表共有的值来合并两张表格中的行。输入的数据表 1 和数据表 2 都必须是 DataTable 类型,可使用的"联接"操作类型有如下几种,具体如表 6-1 所示。

表 6-1 "联接"操作类型

类 型	操 作 规 则
内部(Inner)	保留"数据表 1"和"数据表 2"中所有满足"联接"规则的行,所有不符合规则的行均会从生成的表中删除
左侧（Left）	保留"数据表 1"中的所有行以及"数据表 2"中仅满足"联接"规则的值,对于在"数据表 2"中不存在匹配项的"数据表 1"中的行,将 null 值插入相应列中
全部(Full)	保留"数据表 1"和"数据表 2"中的所有行,不考虑是否满足"联接"条件,将 null 值插入两张表中不存在匹配项的行

核对不符数据具体步骤如下:

步骤一:点击进入核对不符数据的【序列】活动,添加"编程—数据表"类别下的【联接数据表】活动,在显示名称中增加"(联接待核对数据)",如图 6-55 所示。创建变量"核对完成数据",变量类型选择"DataTable",变量范围设置为"RPA 银企对账机器人",用于储存对账单和日记账合并后的数据。点击联接向导,输入数据表 1 设置为"对账单待核对数据",输入数据表 2 设置为"日记账待核对数据",输出数据表设置为"核对完成数据"。由于本流程不仅需要找出银行对账单和银行日记账之间的未达账项,更需要将这些未达账项填写进后续的余额调节表,因此需要选择"Full"联接类型。联接规则为将对账单的借方(索引为"4")与日记账的贷方(索引为"4")核对,将对账单的贷方(索引为"5")与日记账的借方(索引为"3")核对。设置规则如图6-56所示,不满足规则的,说明企业和银行没有同时记录该笔明细,系统会将null值插入两张表中不存在匹配项的行。

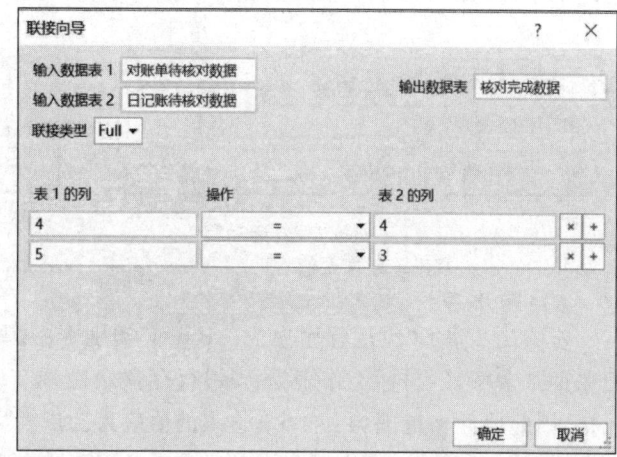

图6-55　添加【联接数据表】活动　　　　　图6-56　【筛选数据表】活动设置

步骤二:添加"编程—数据表"类别下的【筛选数据表】活动,在显示名称中增加"(筛选核对不符数据)",如图6-57所示。创建变量"核对不符数据",变量类型选择"DataTable",变量范围设置为"RPA银企对账机器人",用于储存未达账项。点击"筛选器向导",输入数据表处设置为"核对完成数据",输出数据表处设置为"核对不符数据"。在上一步中,不符合匹配规则的,将会被插入null值。若第一列和第九列的数据同时不为空,则说明企业和银行均有记录该笔明细,该笔明细不是未达账项。在行筛选模式处将规则定为删除第一列和第九列同时非空的数据。这一步是为了将符合的数据剔除,只留下未达账项,以便在第四个子流程中进行提取填写,如图6-58所示。

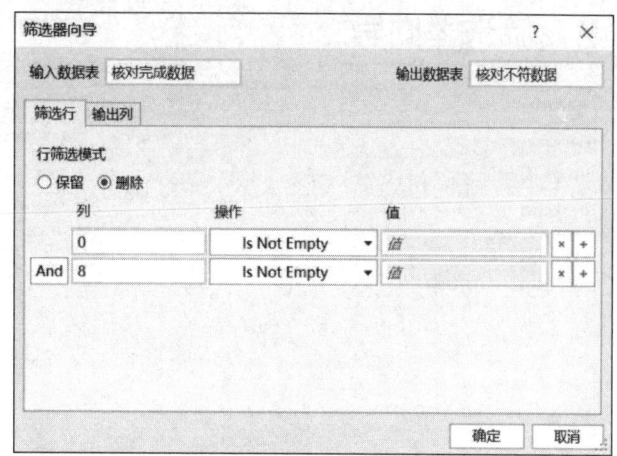

图6-57　添加【筛选数据表】活动　　　　　图6-58　【筛选数据表】活动设置

4.填写余额调节表子流程

步骤一：点击进入填写余额调节表的【序列】活动，添加"应用程序集成—Excel"类别下的【写入单元格】活动，在显示名称中增加"（对账单期末余额）"，目标工作表为："银行存款余额调节表"，对账单期末余额填写位置在 D5 单元格，因此单元格范围为："D5"，输入的值应为变量表"对账单期末余额"中储存的数据，由于位置在第一行第七列，因此输入值处设置为：对账单期末余额(0)(6).ToString，如图 6-59 所示。

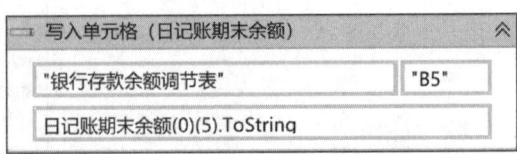

图 6-59　设置【写入单元格】活动写入　　　　图 6-60　设置【写入单元格】活动写入
　　　　对账单期末余额　　　　　　　　　　　　　　日记账期末余额

步骤二：添加"应用程序集成—Excel"类别下的【写入单元格】活动，在显示名称中增"（日记账期末余额）"，目标工作表为："银行存款余额调节表"，日记账期末余额填写位置在 B5 单元格，因此单元格范围为："B5"，输入的值应为变量表"日记账期末余额"中储存的数据，由于位置在第一行第五列，因此输入值处设置为：日记账期末余额(0)(5).ToString，如图 6-60 所示。

步骤三：添加"编程—数据表"类别下的【筛选数据表】活动，创建变量"银行已收企业未收"，变量类型选择"DataTable"，变量范围设置为"RPA 银企对账机器人"，用于储存属于银行已收企业未收的未达账项。点击"筛选器向导"，输入数据表处设置为"核对不符数据"，输出数据表处设置为"银行已收企业未收"，在行筛选模式处将规则定为保留第六列（索引为"5"）大于 0 的数据，这是因为在核对不符数据的表格中，第六列是银行对账单中的贷方发生额，属于银行已收企业未收的未达账项。由于在填写余额调节表时仅需要时间与金额两项信息，因此在列筛选模式处将规则定为保留第一列和第六列的数据，如图 6-61 所示。

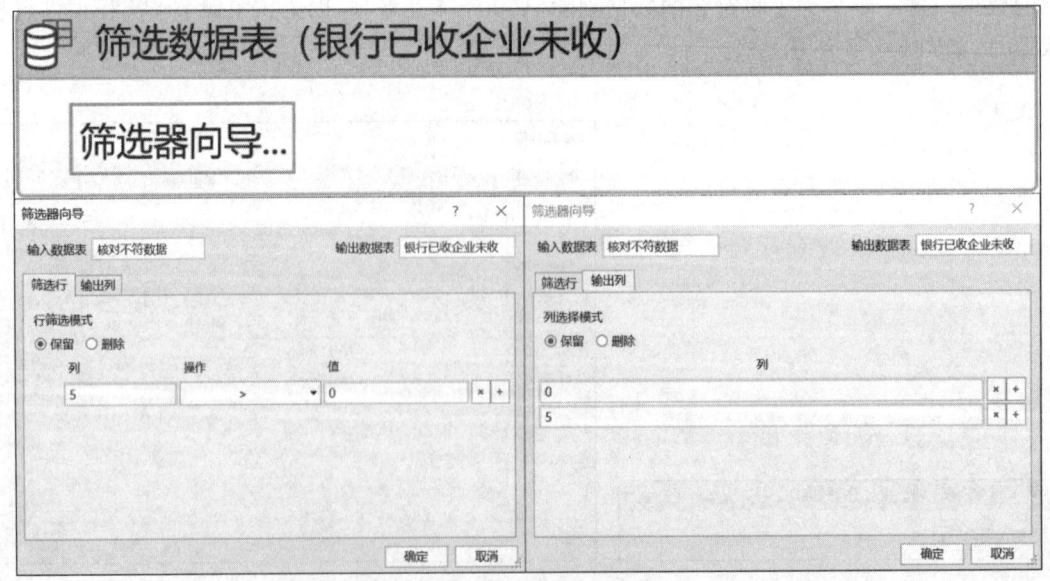

图 6-61　【筛选数据表】活动设置

步骤四：添加"应用程序集成—Excel"类别下的【写入范围】活动,目标工作表为："银行存款余额调节表",银行已收企业未收起始于 A7 单元格,因此起始单元格输入:"A7",输入数据表应设置为变量表"银行已收企业未收",如图 6-62 所示。

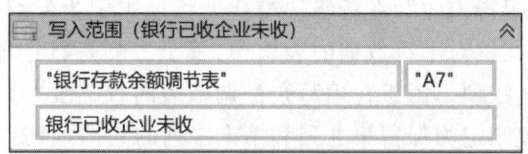

图 6-62 【写入范围】活动设置

步骤五：添加"编程—数据表"类别下的【筛选数据表】活动,创建变量"银行已付企业未付",变量类型选择"DataTable",变量范围设置为"RPA 银企对账机器人",用于储存属于银行已付企业未付的未达账项。点击"筛选器向导",输入数据表处设置为"核对不符数据",输出数据表处设置为"银行已付企业未付",在行筛选模式处将规则定为保留第五列(索引为"4")大于0的数据,这是因为在核对不符数据的表格中,第五列是银行对账单中的借方发生额,属于银行已付企业未付的未达账项。由于在填写余额调节表时仅需要"日期"与"余额"两项信息,因此在列筛选模式处将规则定为保留第一列和第五列的数据,如图 6-63 所示。

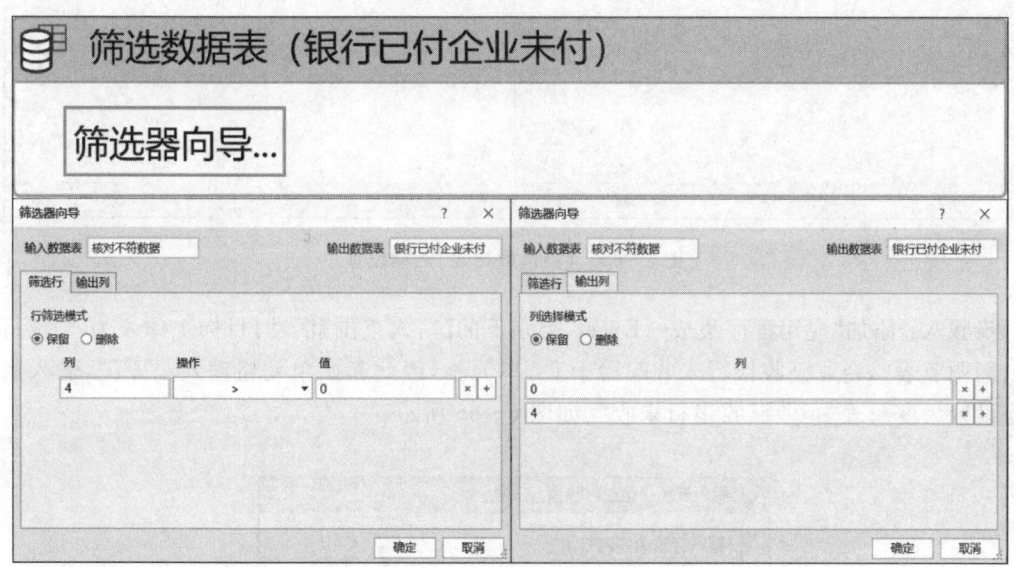

图 6-63 【筛选数据表】活动设置

步骤六：添加"应用程序集成—Excel"类别下的【写入范围】活动,目标工作表为："银行存款余额调节表",银行已付企业未付起始于 A23 单元格,因此起始单元格输入:"A23",输入数据表应设置为变量表"银行已付企业未付",如图 6-64 所示。

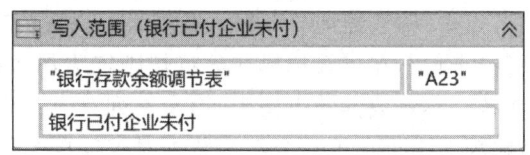

图 6-64 【写入范围】活动设置

步骤七：添加"编程—数据表"类别下的【筛选数据表】活动,创建变量"企业已收银行未收",变量类型选择"DataTable",变量范围设置为"RPA银企对账机器人",用于储存属于企业已收银行未收的未达账项。点击"筛选器向导",输入数据表处设置为"核对不符数据",输出数据表处设置为"企业已收银行未收",在行筛选模式处将规则定为保留第十二列(索引为"11")大于0的数据,这是因为在核对不符数据的表格中,第十二列是日记账中的借方发生额,属于企业已收银行未收的未达账项。由于在填写余额调节表时仅需要"日期"与"余额"两项信息,因此在列选择模式处将规则定为保留第九列和第十二列的数据,如图6-65所示。

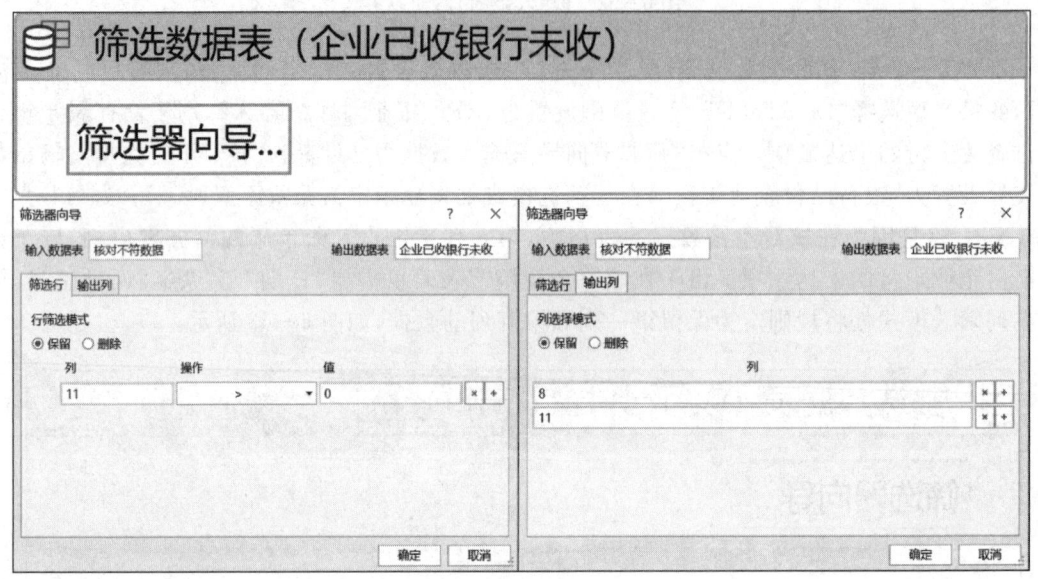

图6-65　【筛选数据表】活动设置

步骤八：添加"应用程序集成—Excel"类别下的【写入范围】活动,目标工作表为:"银行存款余额调节表",企业已收银行未收起始于C7单元格,因此起始单元格输入:"C7",输入数据表应设置为变量表"企业已收银行未收",如图6-66所示。

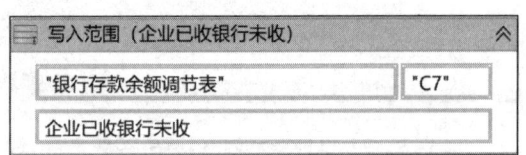

图6-66　【写入范围】活动设置

步骤九：添加"编程—数据表"类别下的【筛选数据表】活动,创建变量"企业已付银行未付",变量类型选择"DataTable",变量范围设置为"RPA银企对账机器人",用于储存属于企业已付银行未付的未达账项。点击"筛选器向导",输入数据表处设置为"核对不符数据",输出数据表处设置为"企业已付银行未付",在行筛选模式处将规则定为保留第十三列(索引为"12")大于0的数据,这是因为在核对不符数据的表格中,第十三列是日记账中的借方发生额,属于企业已付银行未付的未达账项。由于在填写余额调节表时仅需要"日期"与"余额"两项信息,因此在列选择模式处将规则定为保留第九列和第十三列的数据,如图6-67所示。

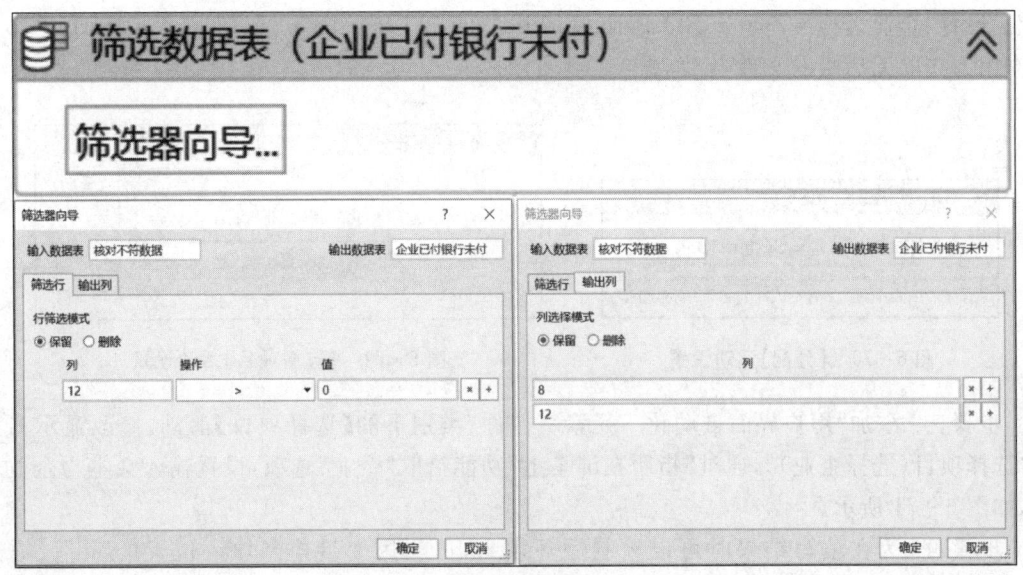

图 6 - 67　【筛选数据表】活动设置

步骤十：添加"应用程序集成—Excel"类别下的【写入范围】活动,目标工作表为："银行存款余额调节表",企业已付银行未付起始于 C23 单元格,因此起始单元格输入："C23",输入数据表应设置为变量表"企业已付银行未付",如图 6 - 68 所示。

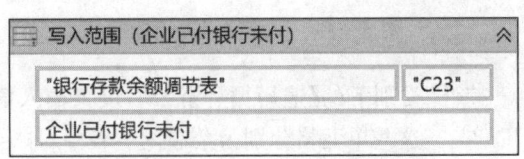

图 6 - 68　【写入范围】活动设置

5. 填写平台余额调节表子流程

步骤一：点击进入填写平台余额调节表的【序列】活动,添加"用户界面自动化—元素—鼠标"类别下的【单击】活动,修改名称为"单击(银行存款余额调节表)",通过"指出浏览器中的元素"功能拾取银企对账管理系统界面中的"银行存款余额调节表"按钮,如图 6 - 69 所示。

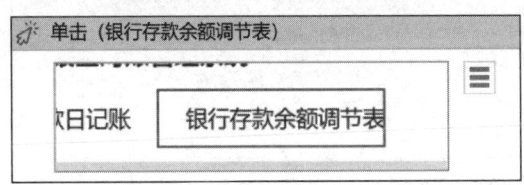

图 6 - 69　【单击】活动设置

步骤二：企业列表变量中储存了对账数据所在的路径和文件名,而对账数据的文件名正是对应公司的公司名称,因此在对文件处理完成后,可以获取文件名中的公司名称,以在系统中选择对应企业进行对账结果的填写。添加"System—Activities—Statements"类别下的【分配】活动。在变量面板创建变量"企业名称",变量类型为"String",范围为"RPA银企对账机器人"。设置"企业名称＝System.IO.Path.GetFileNameWithoutExtension(item.ToString)",函数作用为获取无后缀的文件名,如图 6－70 所示。

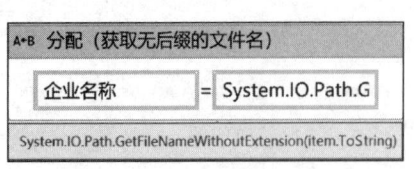

图 6－70 【分配】活动设置

图 6－71 【选择项目】活动设置

步骤三:添加"用户界面自动化—元素—控件"类别下的【选择项目】活动,修改显示名称为"选择项目(选择企业)",通过"指明在屏幕上"功能拾取"企业"选项,设置输入文本为企业名称,如图 6－71 所示。

步骤四:为在填写结果时可以控制循环填入,可利用变量控制填入位置的"id"。添加"System—Activities—Statements"类别下的【分配】活动。在变量面板创建变量"m",变量类型为"Int32",范围为"RPA 银企对账机器人",设置"m＝1",如图 6－72 所示。

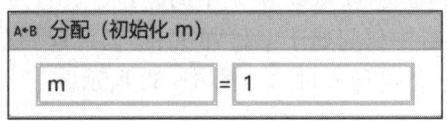

图 6－72 【分配】活动设置

步骤五:添加"工作流—控件"类别下的【遍历循环】活动,设置输入值为:{"B5","B6","B22","B43","D5","D6","D22","D43"}。这些单元格分别为余额调节表中对账结果所在的位置。通过对这些位置的遍历循环,可以循环进行读取对账结果和将结果填入平台的操作,如图 6－73 所示。

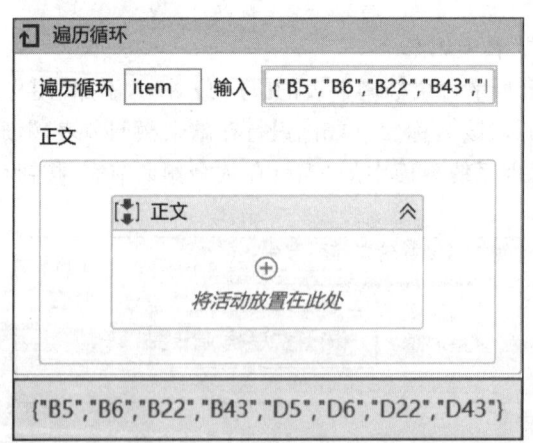

图 6－73 【遍历循环】活动设置

步骤六:在【遍历循环】活动的正文序列中添加"应用程序集成—Excel—表格"类别下的【读取单元格】活动,修改显示名称为"读取单元格(获取余额调节表金额)"。读取工作表名称为"银行存款余额调节表",单元格为"item.ToString"。在变量面板创建变量"金额",变量类型为"Double",范围为"RPA 银企对账机器人"。在【读取单元格】属性面板输出结果处填入变量"金额",如图 6-74 所示。

图 6-74 设置【读取单元格】活动获取余额调节表金额

步骤七：添加"用户界面自动化—元素—控件"类别下的【设置文本】活动,修改显示名称为"设置文本(填写平台余额调节表)",通过"指出浏览器中的元素"功能拾取银企对账管理系统界面中的日记账余额的金额输入框(第一个),并设置输入文本为"金额.ToString",如图 6-75 所示。

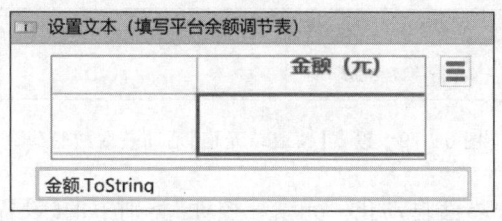

图 6-75 设置【设置文本】活动填写平台余额调节表

步骤八：为了能循环填入金额,针对上一步添加的【设置文本】活动,打开选项菜单,点击"编辑选取器",可以看到目前选取的金额输入框的 id 为"a1",如图 6-76 所示。而【遍历循环】的输入值为：{"B5","B6","B22","B43","D5","D6","D22","D43"},通过用户界面探测器,可以发现这些单元格对应的金额,在系统界面填写位置的 id 依次为"a1 到 a8",因此可以使用变量"m"进行控制。选中"<webctrl id='a1' tag='INPUT' />"中 a1 的"1",右键单击,选择变量"m",即可将固定的 id 位置"1"替换成变量"m",如图 6-77 所示。

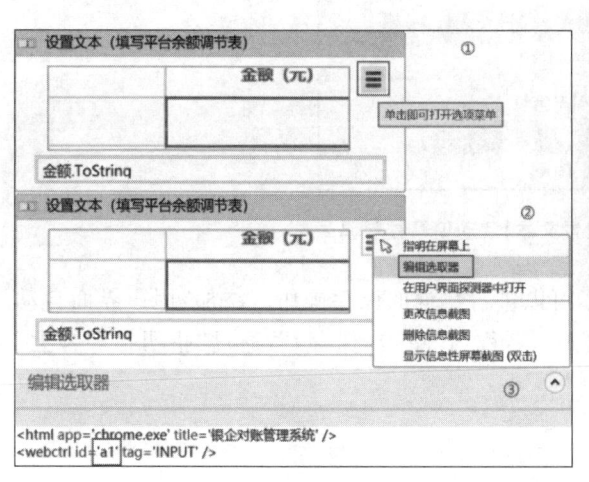

图 6-76 添加【设置文本】活动

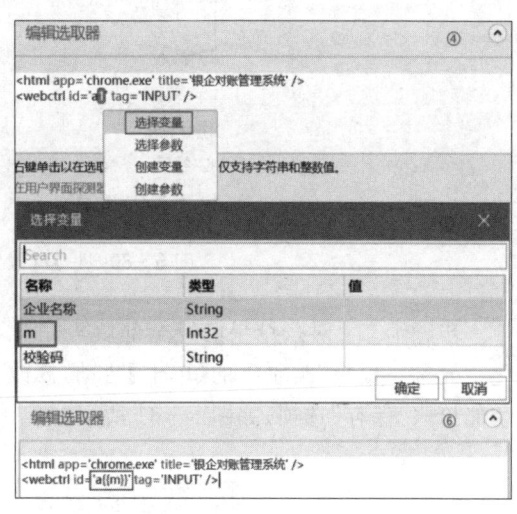

图 6-77 【设置文本】活动的编辑选取器

步骤九：添加"System—Activities—Statements"类别下的【分配】活动,修改显示名称为"分配(赋值 m 循环填表)"。为使 m 的数值增加,填写下一个对账结果,设置【分配】活动,令"m=m+1",如图 6-78 所示。

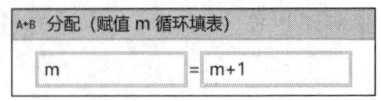

图 6 - 78　【分配】活动设置

步骤十：至此对账结果的循环填入流程结束，在【遍历循环】活动后，添加"应用程序集成—Excel—表格"类别下的【读取单元格】活动，修改显示名称为"读取单元格（获取校验码）"。读取工作表名称为："银行存款余额调节表"，单元格为："D3"。在变量面板创建变量"校验码"，变量类型为"String"，范围为"RPA 银企对账机器人"。在【读取单元格】属性面板输出结果处填入变量"校验码"，如图 6 - 79 所示。

图 6 - 79　设置【读取单元格】活动获取校验码

步骤十一：添加"用户界面自动化—元素—控件"类别下的【设置文本】活动，修改显示名称为"设置文本（填写校验码）"，通过"指出浏览器中的元素"功能拾取银企对账管理系统界面中校验码的输入框，并设置输入文本为变量"校验码"。由于校验码不可手动输入，因此需要点击"属性面板"，将选项中的"如果禁用则更改"勾选为"True"状态，如图 6 - 80 所示。

图 6 - 80　设置【设置文本】活动填写校验码

步骤十二：对账结果已经全部填写完毕，可以进行数据的保存操作。添加"用户界面自动化—元素—鼠标"类别下的【单击】活动，修改显示名称为"单击（保存）"，通过"指明在屏幕上"功能拾取"保存"选项，如图 6 - 81 所示。

图 6 - 81　【单击】活动设置

【总结拓展】

在本任务银企对账中,实际对账业务需要会计人员对银行日记账和银行对账单进行核对,并根据核对结果填写余额调节表,从而完成对账调整工作。因此根据业务流程可知,对账流程中最核心的是核对和填写工作。根据前面教学环节和网银付款案例的学习,同学们已经掌握了使用RPA机器人完成自动填写的能力。因此本任务的关键在于如何使用RPA机器人完成两份数据的核对筛选,需要重点学习理解"联接数据表"和"筛选数据表"的使用。更重要的是学会根据业务特点和数据特点,完成联接、筛选规则的设置,真正学会将业务逻辑运用到工具中。

【想一想】

1. 对于核对银行对账单和银行日记账,任务中采取的是【联接数据表】活动和【筛选数据表】活动相结合的方式,能否采取UiPath中其他活动来达成对账的目的呢?

2. 根据任务概述,尝试不依赖流程图和开发步骤的提示,从零自主开发RPA银企对账机器人。

项目七　RPA 财务机器人之部署与运维

⊃ 知识目标

1. 了解 RPA 财务机器人部署相关理论知识。
2. 了解 Orchestrator 的相关部署功能以及实现方式。
3. 了解 RPA 财务机器人运维的必要性。
4. 了解 RPA 财务机器人运维的常见措施。
5. 掌握 UiPath 常见异常活动的处理方法。

⊃ 技能目标

能够进行 RPA 财务机器人的部署与运维。

⊃ 素养目标

1. 培养精益求精的工匠精神和爱岗敬业的劳动态度。
2. 培养良好的数据安全意识和工作流程标准化的职业素养。
3. 增强自我技能提升意识和抗压能力。

思维导图

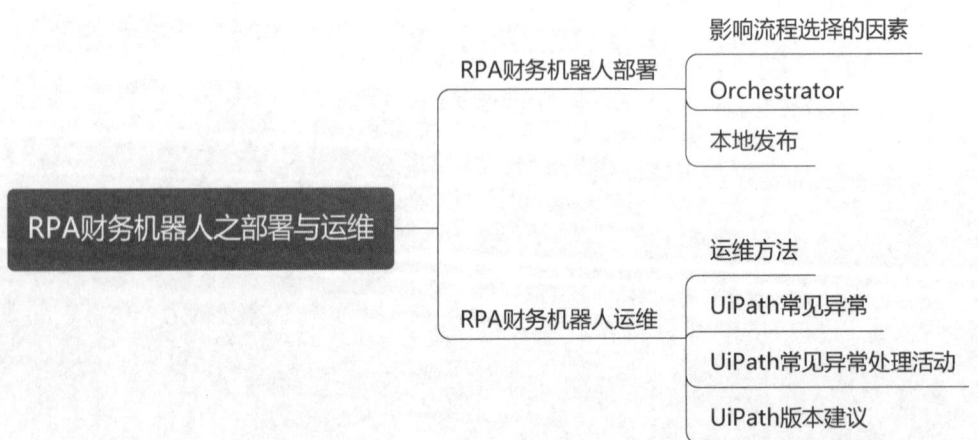

引思明理

RPA 赋能兴澄特钢数字化与工业化融合升级

兴澄特钢具备年产 690 万吨特殊钢的生产能力,为全球 60 多个国家和地区的用户提供多规格、多品种、高品质的特殊钢产品及整体服务方案。

兴澄特钢财务部项目痛点为:兴澄特钢财务部在产品盈利分析报告、人工三单两个业务流程中需要耗费业务人员大量的工作时间。对于产品盈利分析报告,业务人员每月都要耗费一周时间进行数据的分发、收集和整理,在完成初步的报表编制后还需要输入到 Word 版的报告中,并处理对应的图表编制和相关排版工作,这一部分的工作内容耗时费力且还会导致报告出具时间受月末结账时间的影响产生延迟;对于人工三单,在该业务流程中,业务人员需要日常去系统重复下载 180 多个文件并整理成凭证导入模板,然后导入 SAP 系统,该工作在下载文件的过程中非常耗时且重复操作。

在兴澄特钢自动化项目中,通过梳理财务部典型业务流程,完成了流程中的 RPA 智能机器人与业务系统的适配。在第一阶段工作中,将引导业务部门挖掘更多的可以适用的业务场景。

RPA 智能机器人自动执行该业务流程要点:

(1) 规则梳理和模板化。对流程相关逻辑规则进行标准化、精简化梳理和统一后,进行相关流程自动化节点的开发工作。

(2) 多种技术并用。流程中涉及的 Excel 数据处理和 Word 文件内容更新可能会运用 Python 开发插件等方式或直接使用 RPA 内置组件来实现最终效果,届时会根据实际需求选择最为稳定、易维护且效率最高的技术实现方式。

(3) 流程执行结果通知。流程节点执行完毕时可通过邮件(或其他约定的方式)通知对应业务人员执行结果,同时保留执行日志等关键信息以备复核。

(4) 其他潜在优化点。各分厂业务人员的收件地址可维护在一张配置表内,RPA 智能机器人可根据配置表自动分发邮件给指定业务人员。

想一想: 通过项目六的学习,思考在 RPA 财务机器人不断落地应用的今天,财务工作者应该如何与时俱进,实现工作流程优化升级?

任务一　RPA 财务机器人部署

任务场景

以项目六中开发的网银付款机器人为例,完成该机器人的本地发布。

RPA财务机
器人部署

任务准备

一、影响流程选择的因素

(一)成本效益原则

部署财务机器人需要一定的成本,因此在部署前需要做好 RPA 财务机器人应用的成本分析,并分析现有财务流程的成本,如果低于现有财务成本,说明其是符合成本效益原则的。

(二)必要性

RPA 财务机器人的自动化、标准化特点使其在面对具有大量重复的工作业务时,更加具有实施的必要性,特别是在具体业务都是手动操作的情况下,出错率高或者有较高财务风险的,更加适合使用 RPA 财务机器人。

(三)可行性

RPA 财务机器人的开发需要明确的标准和规则,因此在考虑哪些流程适用 RPA 机器人的同时,需要注意该业务流程本身是否有具体规则,具有编程的可行性。

与此同时,该项业务流程需要较为稳定、成熟的规则,这样在 RPA 财务机器人运行后,只需进行必要的运行维护,不必花费过多的精力在更新维护上,否则有悖于使用 RPA 财务机器人节省成本的初衷。

二、Orchestrator

(一)Orchestrator 概述

Orchestrator 是 UiPath 下的自动化管理工具,可以配置、部署、启动、监控、测量和跟踪财务机器人。在这上面可以管理所有的自动化流程,对其进行调度运行。UiPath Orchestrator 如图 7-1 所示。

图 7-1 Orchestrator

(二)Orchestrator 的作用

Orchestrator 的作用有:

(1)创建并维护与机器人直接的联系。

(2)确保将正确的流程包分发给指定机器人。

(3)维护机器人环境和流程之间的配置。

(4)确保机器人之间自动化工作负载的分配。

(5)跟踪机器人识别数据并维护用户权限。

(三)Orchestrator 的具体功能

Orchestrator 的具体功能为:

(1)前置工作。在使用 Orchestrator 进行流程管理等功能之前,首先需要完成安装注册、服务配置、机器人配置、计算机配置、环境配置等前置工作。

（2）流程配置。在 Orchestrator 上管理、部署 RPA 财务机器人，需要将 Studio 中开发的自动化流程打包发送到"Orchestrator"，以进行流程配置。

（3）数据储存。使用资产和队列两种形式储存管理数据。

（4）任务调度。流程配置完成后，即可配置任务进度，安排流程的启动时间。

（5）作业日志。记录所有自动化流程的执行轨迹。

三、本地发布

当开发完成后无须进行流程配置和监控管理时，可以选择本地发布形式。完成开发后，点击上方功能区的发布按钮，发布流程包。

 任务实施

> **操作步骤**

步骤一：点击上方功能区的"发布按钮"，发布流程包，如图 7 - 2 所示。

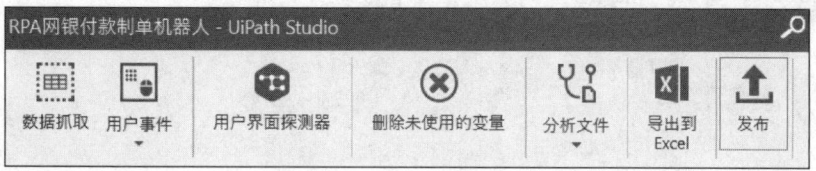

图 7 - 2　点击"发布按钮"

步骤二：确认发布信息，确认无误后点击"发布"，如图 7 - 3 所示。

图 7 - 3　发布流程

步骤三：发布成功的提示中可以看到流程包上传的本地路径，信息提示发布成功如图 7 - 4 所示。

图 7-4　信息提示发布成功

步骤四：输出结果，如图 7-5 所示。

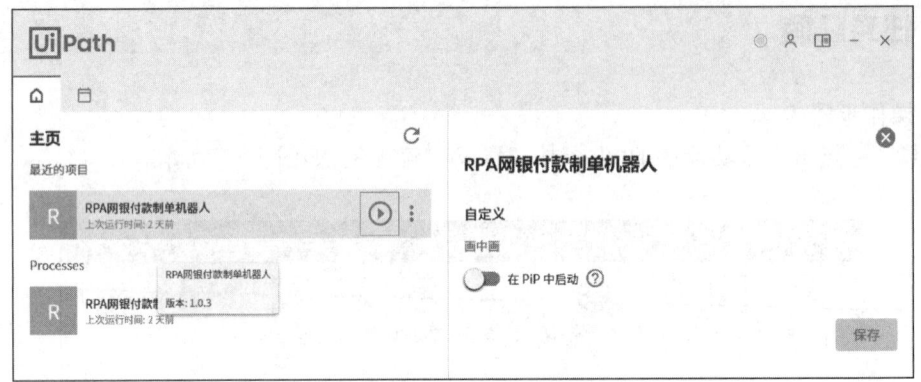

图 7-5　输出 RPA 网银付款制单机器人

任务二　RPA 财务机器人运维

任务场景

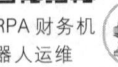

RPA 财务机器人运维

不同操作环境下，网络速度会有差异。本任务为在开发的 RPA 网银付款机器人基础上，对涉及网页操作的活动进行属性的修改，以确保在网速较低的情况下，也能正常运行。

任务准备

运维即运行和维护，由于 RPA 开发的灵活性和敏捷性，再加上 RPA 解决的是系统外的业务层面的操作，涉及操作界面变动、经常性访问用户文件、业务流程复杂多变。因此，自动化流程存在不稳定性。在开发完财务机器人后还需要做好机器人的运行维护工作，增加程序稳定性，以确保在财务流程中能够良好运行，达到既定目标。

一、运维方法

运维方法有：

（1）编写运维文档，记录系统运行环境、部署方案、维护日志等各项内容，便于后期查询和工作对接。

（2）编写标准操作程序手册（Standard Operation Procedure，SOP），为运维工作的开展提供规范性、标准化的指导。

（3）制定运营管理计划，定期查看运行效率报告。

（4）制定员工的分工和职责表，准备应急预案，以便发生异常情况时，迅速对接到负责人和操作人员等相关者。

二、UiPath 常见异常

程序异常指的是自动化流程执行过程中，未能按既定流程完成自动化任务。常见的异常程序有：

（1）界面控制操作部分选择器失效，未发现 UI 元素；

（2）调用的对象是空的，例如未事先给变量赋值；

（3）找不到读取的文件，例如对应读取的表格或者子表不存在；

（4）数据格式不符合要求，例如强制转化数字、日期等被转化字符串不符合要求。

为了程序的稳定性，在开发完 RPA 财务机器人后，可以通过某些属性的设置以增加流程的稳定性。稳定性是指程序可以适应正常和非正常的运行环境，在这两种环境下都可以正确地运行。

三、UiPath 常见异常处理活动

（一）Try Catch

可以捕获自动化流程中的指定异常类型，并显示错误通知或通过提前设置好的补救环节将其解除并继续执行。Try Catch 分为以下三个部分：

（1）Try，保存可能引发异常的活动；拖放自动化流程的正常流程组件。

（2）Catches，在 catch 部分需要指定异常类型，至少指定一个。

（3）Finally，无论是否发生异常都会执行的部分，可以不设置任何活动，也可以选择输出重要的日志信息。

（二）Throw

如果在某些重要关键环节，已知可能发生某种错误，可以在该步骤后添加 Throw 进行异常处理。在该步骤发生异常时，Throw 会识别出异常，并将该异常抛出，提示程序运行错误。

（三）Rethrow

当流程十分复杂，可能主流程下面嵌套了许多子流程。当子流程发生异常时，可能会影响到主流程的执行，因此在使用 Try Catch 捕捉到异常后，需要使用 Rethrow 将其抛出，以提示异常的存在。

　　［例 7-1］　令机器人登录国家税务总局的"智能咨询"界面，人为关闭国家税务总局网页，制造异常出错环境，程序异常时捕捉到异常并自动登录国家税务总局，还原环境执行点击"智能咨询"的动作。

　　步骤一：使用 Chrome 浏览器打开国家税务总局，打开 UiPath 主工作流添加一个【单击】活动，活动显示名称修改为"单击（智能咨询）"。点击指明在屏幕上拾取国家税务总局网页下的"智能咨询"，如图 7-6 所示。

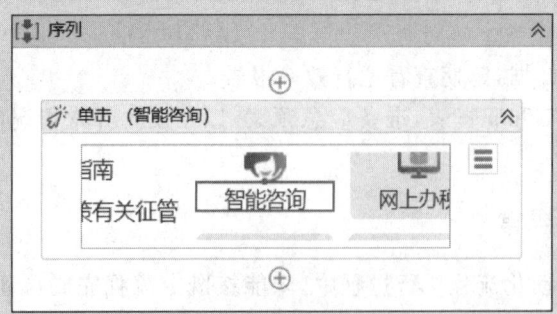

图 7-6 单击"智能咨询"

步骤二：关闭国家税务总局网页，制造异常，此时点击"调试文件"，会弹出错误提示，如图 7-7 所示。

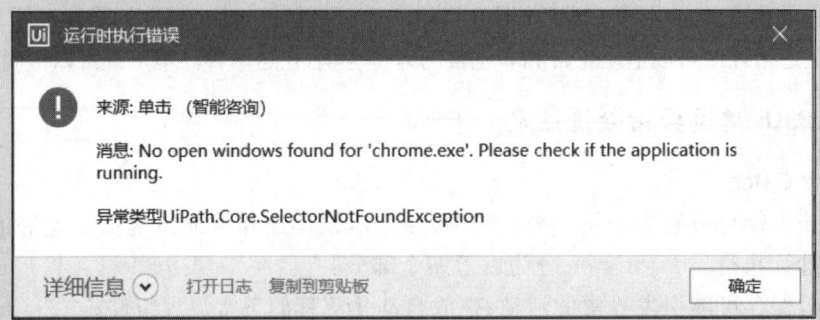

图 7-7 运行时执行错误提示

步骤三：停止运行文件，点击"单击(智能咨询)"，再按下鼠标按键弹出下拉框，选择"环绕着异常处理(Ctrl+T)"，如图 7-8 所示。

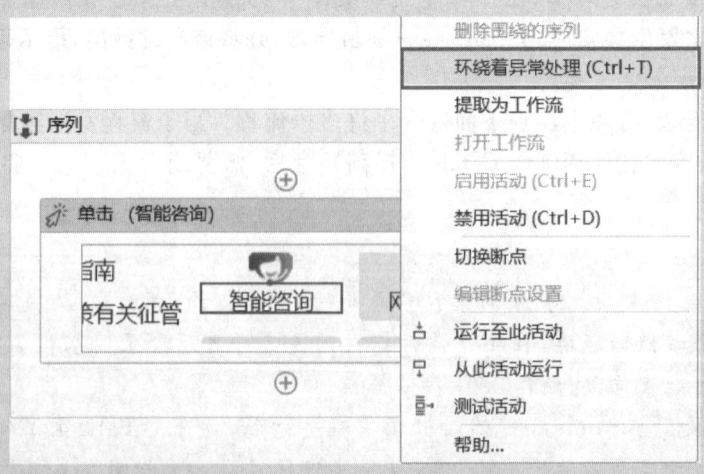

图 7-8 选择环绕着异常处理

步骤四：异常活动会包含在 Try 内,如图 7-9 所示。

图 7-9　Try Catch 异常处理

步骤五：点击"Catches",选择 System.Exception 异常类型,如图 7-10 所示。

图 7-10　选择异常类型

步骤六：在 Catches 内添加一个【序列】活动,在序列内添加一个【日志消息】活动,设置该活动日志级别为"Info",消息为:"单击异常"+exception.Message,用于打印输出异常信息,如图 7-11 所示。

图 7-11 【日志消息】活动设置

步骤七：在【日志消息】活动后再添加一个【打开浏览器】活动，输入 URL 为："http://www.chinatax.gov.cn/"，修改浏览器类型为"Chrome"。在【打开浏览器】活动的"Do"序列内再添加一个【单击】活动，点击"指出浏览器中的元素"拾取国家税务总局网页下的"智能咨询"，如图 7-12 和图 7-13 所示。

图 7-12 【打开浏览器】活动设置

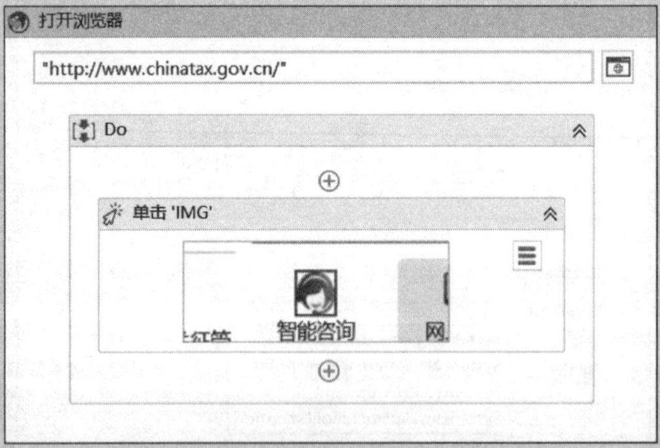

图 7-13 【单击】活动设置

步骤八：点击"调试运行"，此时程序不会出现"步骤二"的错误，而是捕捉到异常后执行"Catches"环节，重新打开国家税务总局网页，执行单击"智能咨询"动作进行补救，最终实现正常单击操作。打开输出面板可以查看到 Catches 环节捕捉的错误信息，如图 7-14 和图 7-15 所示。

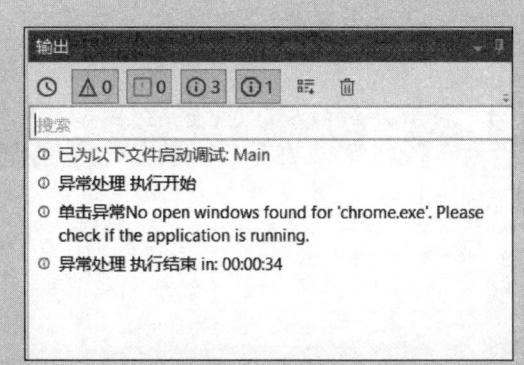

图 7-14 输出面板

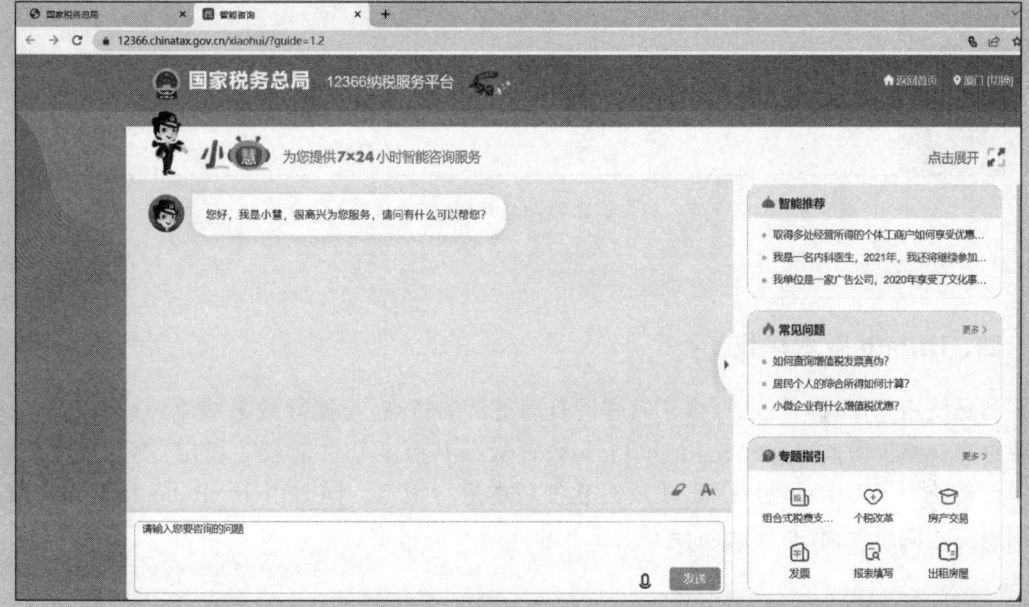

图 7-15 国家税务总局"智能咨询"网页

步骤九：输出结果，如图 7-16 和图 7-17 所示。

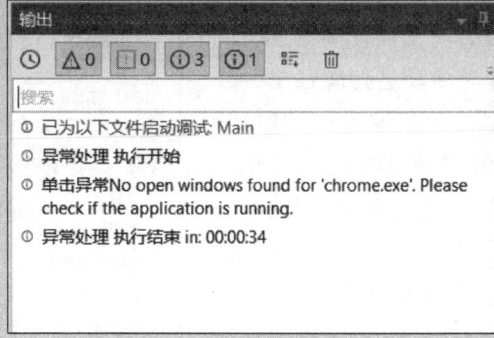

图 7-16 输出面板

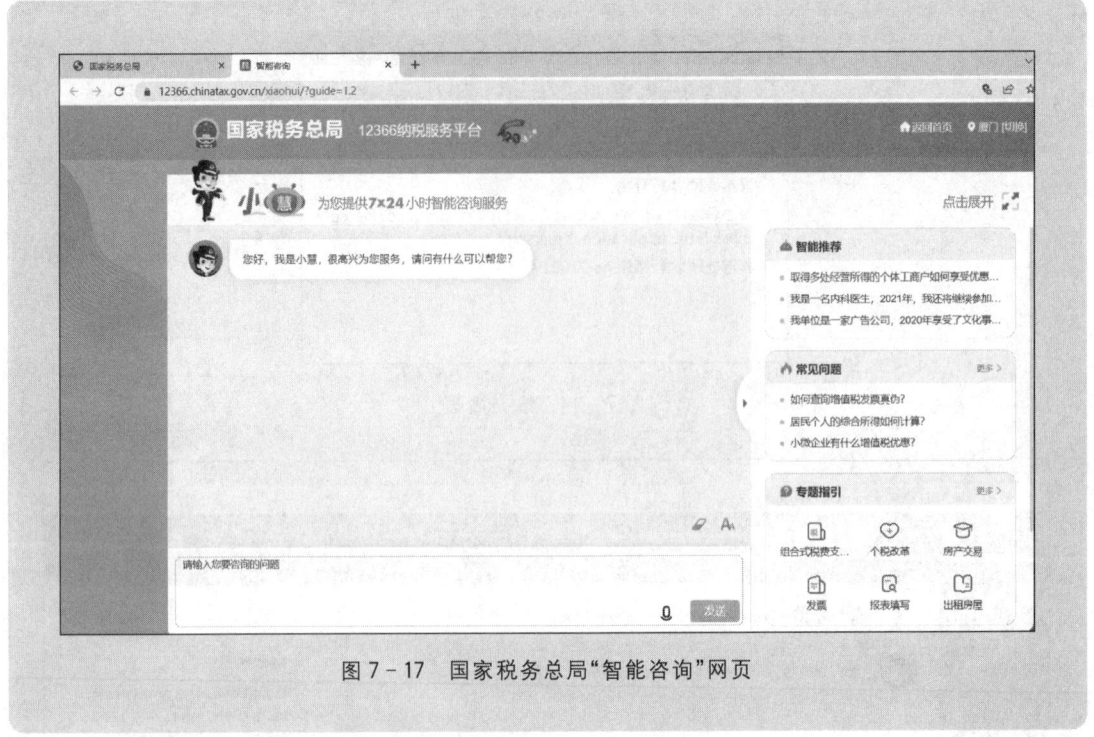

图 7－17　国家税务总局"智能咨询"网页

四、UiPath 版本建议

若是使用 UiPath 社区版,由于其联网自动更新的特点,可能导致某些流程或者活动设置需要再次调整。因此更建议使用"UiPath 教育版",其版本和性能较为稳定,不会自动更新。如果已经使用了 UiPath 社区版,建议对软件版本进行锁定。同时由于 Studio 和 Robot 需要匹配版本才能搭配使用,因此同样要注意 Robot 版本的锁定。

 任务实施

➤ 操作步骤

步骤一:对于针对所有涉及网页操作的活动,如【选择项目】活动、【单击】活动、【设置文本】活动、【输入信息】活动等,均可针对活动进行属性中目标选项的设置。以 RPA 网银付款机器人中的【选择项目】(付款账号)活动为例,打开属性面板,找到"输入"下的"目标"选项,将"等待准备就绪"的状态选择为"WaitForReady.COMPLETE"。设置完成后,流程会等待目标准备就绪,加载完成,再执行本活动,如图 7－18 所示。

步骤二:除了步骤一的设置,还可以针对不同网页操作进行延迟时间的设置。针对网银账号登

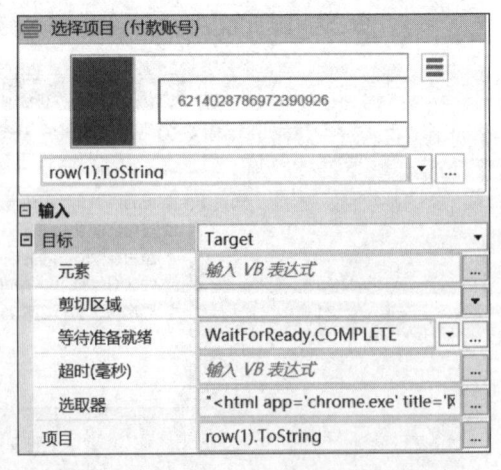

图 7－18　设置【选择项目】活动选择付款账号

录的相关操作,以 RPA 网银付款机器人中的【选择项目】(付款账号)活动为例,打开属性面板,找到【常见】下的"在此之前延迟"和"在此之后延迟"功能,可以设置延迟时间之前和之后各延迟"500",确保登录成功,如图 7-19 所示。

图 7-19　设置【选择项目】活动的延迟功能　　　　图 7-20　【设置文本】活动设置

步骤三:而针对填入付款信息的相关操作,由于有批量申请需要进行,可以调整延迟时间,适当加快运行速度。以 RPA 网银付款机器人中的【设置文本】(收款人名称)活动为例,打开属性面板,找到【常见】下的"在此之前延迟"和"在此之后延迟"功能,可以设置之前和之后各延迟时间"100",如图 7-20 所示。

步骤四:由于填入付款信息相关活动的延迟时间设置较短,为了确保信息填入时网页已加载完成且能成功填入,可以增加元素的判断操作。将【对于每一个行】活动下的正文序列替换成【流程图】活动,在【流程图】活动的添加"用户界面自动化—元素—查找"下的【存在元素】活动,修改名称为"存在元素(第 1 空存在)",通过"指出浏览器中的元素"功能拾取网银系统界面中收款人名称的输入框,以该输入框作为判断网页准备就绪的依据。由于该活动的输出字段仅支持布尔值(True 或 False),在变量面板中创建变量"isTrue",变量类型为"Boolean",范围为"RPA 网银付款机器人"。打开属性面板,将【存在元素】活动的输出变量设置为"isTrue",如图 7-21 所示。

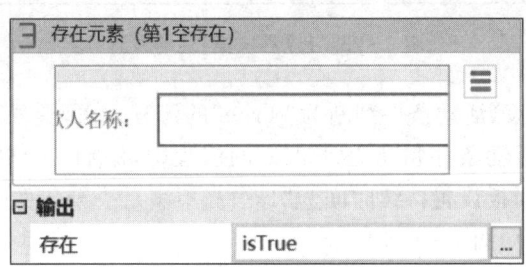

图 7-21　【存在元素】活动设置

步骤五:除了判断输入框是否存在,还可以判断输入框是否为空,以防当前页面未加载完成,仍为上一份制单申请的数据。添加"用户界面自动化—元素—控件"下的【获取文本】活动,修改名称为"获取文本(第 1 空为空)",通过"指出浏览器中的元素"功能拾取网银系统界面中收款人名称的输入框。在变量面板创建变量"str",变量类型为"String",范围为"RPA 网银付款机器人"。打开属性面板,将【获取文本】的输出值设置为变量"str",如图 7-22 所示。

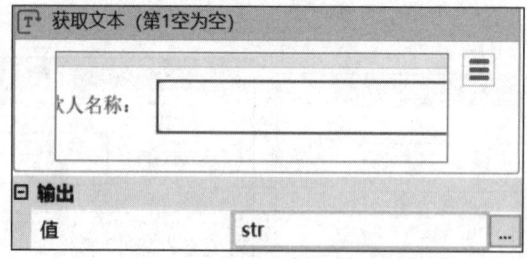

图 7-22 【获取文本】活动设置

步骤六:添加"工作流—流程图"类别下的【流程决策】活动,设置该活动属性界面中的判断条件为:str=""and isTrue,即第一个输入款存在为"True"且内容为"空"时执行【流程决策】活动左侧为真的流程——填入付款信息;当两个条件不能同时满足时执行【流程决策】活动右侧为假的流程——延迟后重新判断元素存在和获取文本,如图 7-23 所示。

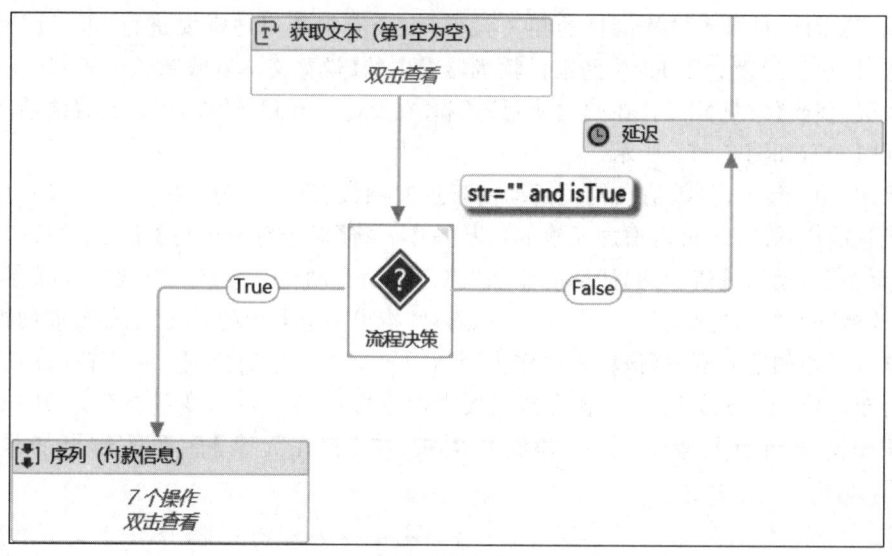

图 7-23 【流程决策】活动设置

步骤七:在【流程决策】活动条件判断为"True"的流程中,即为填入付款信息并提交的七项活动。在【流程决策】活动条件判断为"False"的流程中,添加"工作流—控件"类别下的【延迟】活动,在此活动属性面板设置持续时间为"1s",当不满足决策条件时延迟一秒钟,再重新判断元素存在和获取文本,如图 7-24 所示。

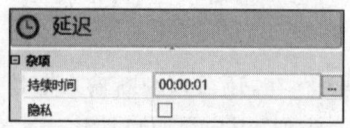

图 7-24 【延迟】活动设置

项目一　走进 RPA 财务机器人世界

任务一　认识 RPA 机器人

技能自评表和素质自评表如附表 1-1、附表 1-2 所示。

附 表 1-1　技 能 自 评 表

序号	技　　能	佐　　证	达标	未达标
1	能够正确使用 RPA 机器人	能够说明 RPA 的概念、功能及特点		
2	能将 RPA 的基本功能运用到财务工作中	能够说明 RPA 在财务工作中的优势		

附 表 1-2　素 质 自 评 表

序号	素　　质	佐　　证	达标	未达标
1	创新意识	能够把 RPA 运用到财务工作中		
2	自我学习能力	能够借助网络资源自主学习 RPA 相关的知识		

任务二　了解 RPA 机器人的应用领域及应用场景

技能自评表、素质自评表如附表 1-3、附表 1-4 所示。

附 表 1-3　技 能 自 评 表

序号	技　　能	佐　　证	达标	未达标
1	了解 RPA 机器人的应用领域	能够正确说出 RPA 机器人的应用领域		
2	了解 RPA 在各领域的应用案例	能够熟练说出 RPA 机器人的应用场景		

附表 1-4　素 质 自 评 表

序号	素　　　质	佐　　　证	达标	未达标
1	创新意识	能够把 RPA 机器人运用到生活、工作当中		
2	自我学习能力	能够借助网络资源自主学习 RPA 机器人相关的知识		

任务三　了解 RPA 机器人在财务中的应用

技能自评表、素质自评表如附表 1-5、附表 1-6 所示。

附表 1-5　技 能 自 评 表

序号	技　　　能	佐　　　证	达标	未达标
1	了解 RPA 适用于财务领域的原因	能够说明新时代对财务人的要求以及 RPA 适用财务的原因		
2	了解 RPA 财务机器人带来的成效	能够清楚 RPA 财务机器人应用		

附表 1-6　素 质 自 评 表

序号	素　　　质	佐　　　证	达标	未达标
1	创新意识	能够把 RPA 机器人运用到财务工作当中		
2	自我学习能力	能够借助网络资源自主学习 RPA 相关的知识		

项目二　RPA 财务机器人基础之 UiPath 认知

任务一　UiPath 认知

技能自评表、素质自评表如附表 2-1、附表 2-2 所示。

附表 2-1　技 能 自 评 表

序号	技　　　能	佐　　　证	达标	未达标
1	能够正确使用 UiPath 相关术语	能够说明 UiPath 中专业术语的含义		
2	能熟练运用 UiPath 的基本功能	能独立、准确地完成任务		

附表 2-2　素 质 自 评 表

序号	素　　质	佐　　证	达标	未达标
1	创新意识	能够把 UiPath 运用到生活、工作当中		
2	自我学习能力	能够借助网络资源自主学习 UiPath 相关的知识		

任务二　UiPath 变量认知

技能自评表、素质自评表如附表 2-3、附表 2-4 所示。

附表 2-3　技 能 自 评 表

序号	技　　能	佐　　证	达标	未达标
1	掌握变量的创建与删除操作	能够独立在控制面板中操作		
2	掌握几种常用变量的数据类型、运算符	能独立、准确地实施任务		
3	掌握几种常用变量数据类型的转换	能独立、准确地进行转换变量数据类型		

附表 2-4　素 质 自 评 表

序号	素　　质	佐　　证	达标	未达标
1	独立思考意识	能够利用 UiPath 等新技术解决现实问题		
2	自我学习能力	能够借助网络资源自主学习 UiPath 相关的知识		

任务三　UiPath 常用活动认知

技能自评表、素质自评表如附表 2-5、附表 2-6 所示。

附表 2-5　技 能 自 评 表

序号	技　　能	佐　　证	达标	未达标
1	能够正确认识活动	能够掌握活动下载方式		
2	能掌握常用的鼠标操作、键盘输入等活动	能独立、准确地实施任务		
3	能掌握案例实施步骤	能独立、准确地实施任务		

附表 2-6　素质自评表

序号	素　　质	佐　　证	达标	未达标
1	创新意识	能够利用 UiPath 做出更多实用的软件机器人		
2	自我学习能力	能够借助网络资源自主学习 UiPath 相关的知识		

任务三　条件分支活动认知

技能自评表和素质自评表如附表 2-7 和附表 2-8 所示。

附表 2-7　技能自评表

序号	技　　能	佐　　证	达标	未达标
1	能够掌握【IF 条件】活动的使用	能独立、准确地实施任务		
2	能够掌握【切换】活动、【流程】活动的使用	能独立、准确地实施任务		
3	能掌握案例实施步骤	能独立、准确地实施任务		

附表 2-8　素质自评表

序号	素　　质	佐　　证	达标	未达标
1	创新意识	能够利用条件分支活动创建相关软件机器人并运用到财务工作中		
2	自我学习能力	能够借助网络资源自主学习条件分支活动相关的知识		

任务五　条件循环活动认知

技能自评表和素质自评表如附表 2-9 和附表 2-10 所示。

附表 2-9　技能自评表

序号	技　　能	佐　　证	达标	未达标
1	能够正确理解条件循环活动相关术语	分清先条件循环活动与后条件循环活动		
2	掌握遍历循环与循环中断活动	能独立、准确地完成任务		
3	能掌握案例实施步骤	能独立、准确地实施任务		

附表 2-10　素 质 自 评 表

序号	素　　质	佐　　证	达标	未达标
1	创新意识	能够把条件循环、企业所得税测算机器人运用到财务工作当中		
2	自我学习能力	能够借助网络资源自主学习条件循环活动相关的知识		

项目三　RPA 财务机器人之 Excel 应用

任务一　Excel 基本活动认知

技能自评表、素质自评表如附表 3-1、附表 3-2 所示。

附表 3-1　技 能 自 评 表

序号	技　　能	佐　　证	达标	未达标
1	能够掌握 Excel 基本活动	能够熟练利用使用 Excel 处理数据		
2	能熟练创建工资结算机器人	能独立、准确地实施任务		

附表 3-2　素 质 自 评 表

序号	素　　质	佐　　证	达标	未达标
1	创新意识	能够把 Excel 相关知识运用到会计工作当中		
2	自我学习能力	能够借助网络资源自主学习 Excel 相关的知识		

任务二　数据表活动认知

技能自评表、素质自评表如附表 3-3、附表 3-4 所示。

附表 3-3　技 能 自 评 表

序号	技　　能	佐　　证	达标	未达标
1	能够掌握读取数据表方法	能够熟练操作数据表类别下常用活动		
2	能熟练运用费用汇总机器人的基本功能	能独立、准确地实施任务		

附表 3-4　素 质 自 评 表

序号	素　　质	佐　　证	达标	未达标
1	创新意识	能够把 Excel 读取功能运用到会计工作当中		
2	自我学习能力	能够借助网络资源自主学习 Excel 相关的知识		

项目四　RPA 财务机器人之 Email 应用

任务一　RPA 操作 Email 的环境准备

技能自评表、素质自评表如附表 4-1、附表 4-2 所示。

附表 4-1　技 能 自 评 表

序号	技　　能	佐　　证	达标	未达标
1	能够理解什么是 POP3、IMAP、SMTP 服务	能够说明 POP3、IMAP、SMTP 服务的含义		
2	能够运用 RPA 机器人操作 EMAIL	能独立、准确地实施任务		

附表 4-2　素 质 自 评 表

序号	素　　质	佐　　证	达标	未达标
1	举一反三能力	能够把 RPA 机器人运用到生活和工作当中		
2	自我学习能力	能够借助网络资源自主学习 RPA 机器人相关的知识		

任务二　RPA 发送邮件

技能自评表、素质自评表如附表 4-3、附表 4-4 所示。

附表 4-3　技 能 自 评 表

序号	技　　能	佐　　证	达标	未达标
1	能够使用 RPA 发送单个邮件	能独立、准确地实施任务		
2	能够使用 RPA 批量发送邮件	能独立、准确地实施任务		

附表 4－4　素 质 自 评 表

序号	素　　质	佐　　证	达标	未达标
1	创新意识	能够把 RPA 机器人应用到其他场景中		
2	爱岗敬业素养	能够在工作领域上不断钻研		

任务三　RPA 读取邮件

技能自评表、素质自评表如附表 4－5、附表 4－6 所示。

附表 4－5　技 能 自 评 表

序号	技　　能	佐　　证	达标	未达标
1	能够正确运行【获取 POP3 邮件消息】活动	能独立、准确地实施任务		
2	能够正确运行【保存附件】活动	能独立、准确地实施任务		

附表 4－6　素 质 自 评 表

序号	素　　质	佐　　证	达标	未达标
1	独立思考能力	能够针对新事物进行独立思考探究		
2	勇于创新的职业精神	能够把 UiPath 运用到生活、工作当中		

项目五　RPA 财务机器人之 Web 应用

任务一　Web 基本操作认知

技能自评表和素质自评表如附表 5－1、附表 5－2 所示。

附表 5－1　技 能 自 评 表

序号	技　　能	佐　　证	达标	未达标
1	能够掌握打开浏览器活动、网页单击活动	能独立、准确地实施任务		
2	掌握获取文本活动、附件浏览器活动	能独立、准确地实施任务		

附表 5-2　素质自评表

序号	素　　质	佐　　证	达标	未达标
1	创新意识	能够把 UiPath 运用到生活、工作当中		
2	自我学习能力	能够借助网络资源自主学习 UiPath 相关的知识		

任务二　Web 数据抓取功能

技能自评表和素质自评表如附表 5-3、附表 5-4 所示。

附表 5-3　技 能 自 评 表

序号	技　　能	佐　　证	达标	未达标
1	能够掌握数据抓取活动	能独立、准确地实施任务		
2	能够掌握屏幕抓取活动	能独立、准确地实施任务		

附表 5-4　素 质 自 评 表

序号	素　　质	佐　　证	达标	未达标
1	创新意识	能够把 UiPath 运用到生活、工作当中		
2	自我学习能力	能够借助网络资源自主学习 UiPath 相关的知识		

项目六　RPA 财务机器人之实战开发

任务一　RPA 网银付款机器人的应用与开发

技能自评表和素质自评表如附表 6-1、附表 6-2 所示。

附表 6-1　技 能 自 评 表

序号	技　　能	佐　　证	达标	未达标
1	能够掌握 RPA 网银机器人开发活动	能独立、准确地实施任务		
2	能够掌握 RPA 网银付款机器人的应用活动	能独立、准确地实施任务		

附表 6-2　素 质 自 评 表

序号	素　　质	佐　　证	达标	未达标
1	创新意识	能够把 RPA 网银付款机器人运用到生活、工作当中		
2	自我学习能力	能够借助网络资源自主学习 RPA 网银付款机器人的相关的知识		

任务二　RPA 银企对账机器人的应用与开发

技能自评表和素质自评表如附表 6-3、附表 6-4 所示。

附表 6-3　技 能 自 评 表

序号	技　　能	佐　　证	达标	未达标
1	能够掌握 RPA 银企对账机器人	能独立、准确地实施任务		
2	能够掌握 RPA 银企对账机器人的应用活动	能独立、准确地实施任务		

附表 6-4　素 质 自 评 表

序号	素　　质	佐　　证	达标	未达标
1	创新意识	能够把 RPA 银企对账机器人运用到生活、工作当中		
2	自我学习能力	能够借助网络资源自主学习 RPA 银企对账机器人的相关的知识		

项目七　RPA 财务机器人之部署与运维

任务一　RPA 财务机器人部署

技能自评表和素质自评表如附表 7-1、附表 7-2 所示。

附表 7-1　技 能 自 评 表

序号	技　　能	佐　　证	达标	未达标
1	能够说明影响流程选择的因素	能够简要说明影响流程选择的因素		
2	能说明 Orchestrator 相关部署功能以及实现方式	能简要阐述 Orchestrator 相关部署功能以及实现方式		

附表7-2 素质自评表

序号	素 质	佐 证	达标	未达标
1	创新意识	能够把 UiPath 运用到生活、工作当中		
2	自我学习能力	能够借助网络资源自主学习 UiPath 相关的知识		

任务二 RPA 财务机器人运维

技能自评表和素质自评表如附表7-3、附表7-4所示。

附表7-3 技 能 自 评 表

序号	技 能	佐 证	达标	未达标
1	能够掌握 RPA 运维方法	能够说明 RPA 常见运维方法		
2	掌握 UiPath 常见异常处理活动	能独立、准确地实施任务		

附表7-4 素 质 自 评 表

序号	素 质	佐 证	达标	未达标
1	创新意识	能够把 UiPath 运用到生活、工作当中		
2	自我学习能力	能够借助网络资源自主学习 UiPath 相关的知识		

主要参考文献

［1］程淮中，蔡理强.RPA 财务机器人开发与应用［M］.北京：高等教育出版社，2022.

［2］达观数据.智能 RPA 实战［M］.北京：机械工业出版社，2020.

［3］王萱，闫佳.RPA 财务机器人实训教程［M］.北京：中国人民大学出版社，2022.

［4］杨智慧，韦兰英，陈少强.RPA 财务机器人设计开发与应用［M］.上海：立信会计出版社，2022.

［5］程平.RPA 财务机器人开发教程（基于 UiPath）［M］.北京：电子工业出版社，2021.

［6］程平.RPA 财务机器人原理应用与开发［M］.北京：中国人民大学出版社，2022.

［7］孙玥璠.RPA 财务机器人开发与应用（基于 UiPath StudioX 基础版）［M］.北京：中国人民大学出版社，2021.

［8］付阳.RPA 机器人在财务中的应用［M］.武汉：华中科技大学出版社，2023.

［9］达观数据.智能 RPA 实战［M］.北京：机械工业出版社，2020.

［10］陈虎，孙彦丛，赵旖旎，等.财务机器人［M］.北京：中国财政经济出版社，2019.

［11］贾小强，郝宇晓，卢闯.财务共享的智能化升级［M］.北京：人民邮电出版社，2020.

［12］朱龙春.RPA 智能机器人：实施方法和行业解决方案［M］.北京：机械工业出版社，2020.

［13］财智未来编委会.RPA 财税机器人开发与应用［M］.北京：电子工业出版社，2021.

［14］李俊峰，王琳.财务机器人应用与开发［M］.北京：高等教育出版社，2021.

软件授权提货单

学校和院系名称：_____（需院系盖章）

学校联系人：_____ **联系方式：**_____

感谢贵校使用徐佳等编写的《RPA 财务机器人应用与开发》(978－7－04－060801－4)。为便于学校统一组织教学，学校可凭本申请单向厦门科云信息科技有限公司(简称"厦门科云")免费申请《RPA 财务机器人应用与开发云平台》(以学校为单位申请免费体验 1 次、开通账号之日起免费 180 天使用期)。

申请方式：

1. 详细填写本提货单第一行学校和院系名称(院系盖章)及相关信息。

2. 把本提货单传真或拍照发给高等教育出版社相关业务部门审核(联系方式见下)，获取提货单编号。

3. 凭完整的提货单号和院系名称，向厦门科云申请试用。

4. 本申请单最终解释权归厦门科云所有。

高等教育出版社联系方式：

手机：13761157915　　座机：021－56718737

传真：021－56718517　　QQ：122803063

厦门科云联系方式：

手机：13799743015　　QQ：948798906

座机：0592－8264471　　传真：0592－5973796

客服热线：400－8014－660

厦门科云信息科技有限公司

感谢您使用本书。为方便教学，我社为教师提供资源下载、样书申请等服务，如贵校已选用本书，您只要关注微信公众号"高职财经教学研究"，或加入下列教师交流QQ群即可免费获得相关服务。

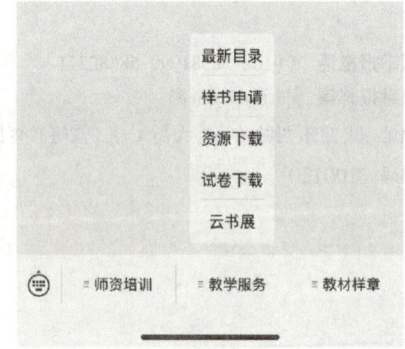

"高职财经教学研究"公众号

资源下载： 点击"**教学服务**"—"**资源下载**"，或直接在浏览器中输入网址（http://101.35.126.6/），注册登录后可搜索相应的资源并下载。（建议用电脑浏览器操作）

样书申请： 点击"**教学服务**"—"**样书申请**"，填写相关信息即可申请样书。

试卷下载： 点击"**教学服务**"—"**试卷下载**"，填写相关信息即可下载试卷。

样章下载： 点击"**教材样章**"，即可下载在供教材的前言、目录和样章。

师资培训： 点击"**师资培训**"，获取最新会议信息、直播回放和往期师资培训视频。

🎯 联系方式

会计QQ3群：473802328　　　会计QQ2群：370279388　　　会计QQ1群：554729666

（以上3个会计QQ群，加入任何一个即可获取教学服务，请勿重复加入）

联系电话：（021）56961310　　　电子邮箱：3076198581@qq.com

🎯 在线试题库及组卷系统

我们研发有10余门课程试题库："基础会计""财务会计""成本计算与管理""财务管理""管理会计""税务会计""税法""审计基础与实务"等，平均每个题库近3000题，知识点全覆盖，题型丰富，可自动组卷与批改。如贵校选用了高教社沪版相关课程教材，我们可免费提供给教师每个题库生成的各6套试卷及答案（Word格式难中易三档，索取方式见上述"试卷下载"），教师也可与我们联系咨询更多试题库详情。